Philippe Coupey (Hg.)

SIT ZEN DER DRACHE

Lehren von Meister Taisen Deshimaru
(29.11.1914 – 30.4.1982)

*Ich widme dieses Buch
dem Sitzenden Drachen.*

Angkor Verlag

Der Herausgeber dankt: Walter Krepulat, Stefan Arndt, Tilman Hoppe.

Sitzender Drache. Lehren von Meister Deshimaru. Hg. von Philippe Coupey. Aus dem Englischen von Bertrand Schütz. – Frankfurt: Angkor Verlag, 2001.

Titel der englischen Originalausgabe: *Sit.* Erschienen 1996 bei Hohm Press, Prescott, AZ. Website: www.hohmpress.com. Der Verleger dankt Regina Sara Ryan für die Vermittlung des Kontaktes zu Herausgeber und Übersetzer.

Das Coverfoto zeigt Taisen Deshimaru Rôshi
neben einer Hängerolle mit Bodhidharma.
Umschlaggestaltung: Angkor Verlag
Herstellung: Books on Demand GmbH
ISBN: 3-936018-13-8

Website: www.angkor-verlag.de
Kontakt: verlag@angkor.de

Inhalt

Wasserfall

Tosend wie eine Regenwolke stürzt er voran.
Aus einer Linie werden zwei,
und sollte irgendwer die Frage stellen, wo denn der Quell' –
Es ist der gewaltige Donner, dessen Löwengebrüll den hohen Fels aufbricht.

Daichi (1290-1366)

Einführung

In diesem Buch sind die mündlichen Unterweisungen gesammelt, die Meister **Deshimaru*** seinen Schülern im Sommer 1978 in Val d'Isère in den französischen Alpen gab. Die Lehren des **Soto**- und des **Rinzai**-Zen sind das Haupt-Thema. Über den bloßen Vergleich hinaus unternimmt der Meister eine energische Kritik an beiden Schulen des **Zen** in ihrer heutigen Ausformung.

Eine Erziehung

Dieses Buch handelt von Erziehung. Es stellt die Grundfrage: Worum geht es beim Erziehen? In gewisser Weise ist es ein Leitfaden. Soll nur das Vorderhirn erzogen werden und dabei weiterhin das instinktive oder Zentralhirn (**Hypothalamus** und **Thalamus**, direkt über der Wirbelsäule), der Ort der Verbindung zwischen Körper und Geist, vernachlässigt bleiben? Erziehen im Sinne des Zen bedeutet, den menschlichen Charakter zu einer vollständigen Entwicklung hinzuführen, was voraussetzt, dass der ganze Körper und der ganze Geist, dass das ganze Gehirn lebendig werden. Zen ist eine Religion, in der nicht nur das Gehirn denkt, sondern auch der Körper. Zu dieser Frage der Erziehung bemerkt der **Dogen**-Kenner Professor Doshu Okubo: »Akademische Interpretationen oder Darstellungen sind in dieser Hinsicht ungeeignet. Erst müssen wir klären, was ‚Zen' ist, und dann, wie es erzieherisch wirksam werden kann.«[1] Darum bemüht sich Meister Deshimaru in seinen Unterweisungen.

Vielfalt der Zen-Schulen

Ursprünglich gab es eine einzige Lehre und alle Meister wiesen auf dieselbe Wahrheit, dieselbe Quelle. Es gab wirklich nichts, was sie voneinander unterschied, außer ihren Charakterzügen. Alle Unterweisungen entsprangen ein- und derselben Wurzel; allen gemeinsam waren die siebenundzwanzig indischen Patriarchen, angefangen mit dem Buddha, ebensoso die sechs chinesischen Patriarchen, angefangen beim ersten Patriarchen des Zen, **Bodhidharma.** Nach und nach jedoch führten Unterschiede dazu, dass sich Übende in verschiedenen Schulen organisierten und schließlich verschiedene Lehren entstanden. Zur Zeit von **Sekito** (gest. 790) gab es zahlreiche Meister und die Schüler begannen die Lehre ihres jeweiligen Meisters zur einzig wahren auszurufen. Manche Schulen öffneten sich diversen Einflüssen (etwa die Hogen-Schule) und übernahmen zum Beispiel Elemente des **Nembutsu**; andere ließen keine andere Praktiken zu (so zum Beispiel die Soto-Schule) und verbanden sich nicht mit anderen Strömungen. Einige waren sehr schroff und streng (**zusan**), andere behutsam und mild (**men mitsu**); wo bei den einen *Koan* und **Kensho** zur Praxis gehörten, übten andere nur **Zazen** (**Shikantaza**). Außerdem war Zen sehr polemisch geworden. Die Schulen führten Streitgespräche, *Mondo* und Dharma-Dispute kamen auf. Das veranlasste Sekito, sein Gedicht *Sandokai* zu verfassen. Damals waren Mönche und

---

* Fett gedruckte Begriffe im Text sind am Ende des Buches im Glossar erläutert.

[1] Doshu Okubo, *Dokumentation zu einer Konferenz von Soto-Zen-Lehrern* (1976; Übersetzung: Kosen Nishiyama und John Stevens). Professor Okubo war ehemals Rektor der Zen-Universität von Sendai Fukushi.

andere Schüler mit der Frage beschäftigt, welche Lehre »häretisch« und welche »überliefert«, welche also die »richtige Lehre« sei. Auf diese Frage antwortete Sekito in seinem *Sandokai*. Und da dies eine immer wiederkehrende Frage ist, hat Meister Deshimaru in unserer Zeit darauf geantwortet. Das ist meine Ansicht.

Der Ursprung des Soto- und des Rinzai-Zen

Ein großer Zeitgenosse Sekitos war Meister **Baso**. Sekitos Temperament entsprach es, mit der behutsamen (*men mitsu*) Methode das Erwachen seiner Schüler zu fördern, Baso dagegen neigte zur rauheren Methode (*zusan*). Es ist sogar ziemlich sicher, dass er der erste große Meister war, der zu Unterweisungszwecken schrie, zum Stock griff und schlug. Baso (gest. 788) errichtete sein **Dojo** in Kosei, westlich des Flusses Jangtse. Sekito ließ sich zur gleichen Zeit südlich des Sees Toung-Ting nieder und die Schüler suchten oft das jeweils andere *Dojo* auf. Zwischen den beiden Meistern gab es keine großen Unterschiede, erst bei ihren Schülern wurden solche spürbar. Darauf geht eine alte Redewendung zurück: »Westlich des Flusses, südlich des Sees«. Hier mag der eigentliche Ursprung von Rinzai- und Soto-Zen zu suchen sein – das *Dojo* von Baso westlich des Flusses wäre dann »Rinzai«, das *Dojo* Sekitos südlich des Sees »Soto« gewesen. Dementsprechend ist der wahre Vorfahre des Rinzai Meister Baso, und der wahre Vorfahre des Soto ist Meister Sekito. Wichtige Meister der beiden Linien:

Eno	
Seigen	Nangaku
Sekito	Baso
Yakusan	Hyakujo
Ungan	Obaku
Tozan	Rinzai
[*Soto-Zen*]	[*Rinzai-Zen*]

Rinzai und Soto-Zen

Das Rinzai-Zen wird gemeinhin auf die Unterweisung von Meister Rinzai (gest. 867) zurückgeführt. Ein guter Teil seiner Lehre findet sich im *Rinzai Roku (Aufzeichnungen Rinzais)*, einem kleinen, einbändigen Werk, das Rinzais Schüler Enen geschrieben hat. Heute gilt es als ein Klassiker des Zen-Buddhismus, für Heinrich Dumoulin[2] hat es den Rang eines Klassikers der religiösen Weltliteratur überhaupt. Auf diese Schrift bezieht sich Meister Deshimaru. Das Soto-Zen, das kurz danach in der Zeit Meister Tozans (gest. 869) als Entgegnung auf das Rinzai-Zen ins Leben gerufen wurde, gründet sich weder auf ein Buch noch auf die Lehre eines einzigen Meisters. Gewiss gibt es Dogen und sein berühmtes **Shobogenzo**, das jedoch erst im dreizehnten Jahrhundert in Japan entstanden ist. Während also das *Rinzai Roku* die Grundlage der Rinzai-Unterweisung bildet, ist das *Shobogenzo* nicht als Basis der Soto-Schule anzusehen, das Werk Dogens stellt vielmehr eine Bestätigung der

[2] Heinrich Dumoulin, *Zen Buddhism: A History*. (New York: Macmillan, 1988), S. 180.

sogenannten Soto-Unterweisung dar (das heißt der Unterweisung von Bodhidharma, Eno und **Nyojo**, dem Lehrer Dogens).

Erziehung ist für Dogen die Übung, *jetzt hier zu sein.* Das Zen gewinnt seine wirkliche Gestalt nicht in einer Theorie oder verschiedenen Lehrmethoden, sondern, laut Dogen, nur im gegenwärtigen Ausüben, in der Praxis, die nicht nur vom Geist, sondern auch vom Körper vollzogen wird. **Satori** ist in der Auffassung des Soto, anders als im Rinzai, die ausgezeichnete Übung selbst, *Shikantaza*. Das Rinzai-Zen bemüht sich um etwas, was es eine »besondere Unterweisung« (**Kyo ge betsuden**) nennt, die außerhalb der Schriften und ein wenig vom übrigen Buddhismus gesondert ist. Es geht im Rinzai um die Erlangung des Satori, und zu diesem Zweck wurden bestimmte Methoden entwickelt, namentlich die Verwendung der Koan. Ein Koan ist eine Aussage, Handlung oder Gebärde, die als Mittel dient, die Wahrheit, das Satori herbeizuführen. Die Soto-Schule ist ganz anders als das Rinzai. Im Soto gibt es kein Ziel, keinen Gegenstand: **mushotoku**. Man übt »für nichts«. Deshalb sagen viele, die das nicht verstehen, darunter auch Rinzai-Mönche und Zen-Gelehrte, die Soto-Praxis des Sitzens und „nichts zu tun" sei nur zum Schlafen gut. Der berühmte Professor D. T. Suzuki meinte, wer einfach nur *shikantaza* übe, der »falle in die Finsternis«. Aber Zazen ist nicht so, es hat mit Schlafen nichts zu tun. Um wirklich in Zazen zu sitzen, muss man ganz wach bei seiner Atmung und aufmerksam auf seine Haltung sein. „Zazen ist einerseits eine entschiedene Geistes- und eine kraftvolle Körperhaltung", sagte Meister Deshimaru, „und andererseits ist es fein und geschmeidig, wie der Duft von Sandelholz oder Weihrauch."

Die Unterweisung von Geist zu Geist

Deshimarus Unterweisung hatte nichts Geheimnisvolles oder Besonderes an sich. Er hielt kein **Dokusan** ab. Im eigentlichen *Dojo* gab es kein Studium von Koan, und während der Praxis wurden keine **Sutras** rezitiert, keine Atemzüge gezählt, nichts visualisiert, keine **Mantras** aufgesagt, man erstrebte nicht das Satori. Zazen war schon Satori. „Wenn wir Zazen üben", sagte der Meister, „ist das wie nach dem Mond fischen und die Wolken pflügen. Der Geist wird weit, alles wird ruhig und wir werden mit uns selbst zutiefst vertraut." Der Kontakt von Mensch zu Mensch war das Wichtigste. Mit oder ohne Worte. Die Begegnung von Charakteren war ausschlaggebend. Ob der Meister sprach oder schwieg, war nicht von Belang. Letztlich waren es nicht so sehr die **Kusen** (mündlichen Unterweisungen) an sich, auf die es ankam, sondern vielmehr das **I shin den shin**, die Weitergabe von Geist zu Geist. *I shin den shin* liess die Übung von Zazen aufleuchten und machte das Leben um ihn so fesselnd. Was uns Meister Deshimaru gegeben hat, ist die Weitergabe des Geistes, die er von seinem eigenen Meister, Kodo **Sawaki,** empfangen hatte.

Im Dojo

In Deshimarus *Dojo* gab es keine lauten **Kwatz** nach Art des Rinzai; und keine Schlägereien. Es gab keine Einführungen in Zazen, keine vorbereitenden Stufen, die zu durchlaufen gewesen wären. Alle saßen zusammen, der Anfänger in seinen Jeans und der erfahrene alte Hase in seinem **Kesa**, sie übten sich in derselben Praxis und hörten dasselbe *kusen.* Sicher gab es eine Hierarchie, doch beruhte sie nicht auf irgendwelchem besonderen Zen-Wissen, auf besonderer Weisheit, auf Vollendung im Dharma oder irgendeinem **Shiho**-Ausweis. Vielmehr hatte sie damit zu tun, wieviel man mit anpackte: Die, die am meisten mithalfen, waren oben. Eine andere Rangordung gab es nicht, keine Mönche erster Klasse, keine zweiter Klasse, auch nicht Stammgäste und Neulinge. Natürlich war da während Zazen die Körperhaltung, die von vorrangiger Bedeutung war, genauso wie die Geisteshaltung und die Atmung. Deshimaru erwies sich dabei als orthodoxer Soto-Mönch der echten, unvermischten Tradition. Und wenn Mönche der Rinzai-, der tibetanischen oder der Theravada-Schule das *Dojo* Deshimarus besuchten, wie etwa der tibetanische Karmapa und andere wichtige Persönlichkeiten des religiösen Lebens, hielten sie keine Ansprachen und es gab keine besonderen Zeremonien. Sie saßen einfach nur still mit uns zusammen in Zazen.

Die Praxis von Zazen

Deshimaru war kein strenger Mensch, er machte niemandem Vorschriften. „*Comme vous voulez!*“ (Ganz wie Sie wollen!), sagte er gern. Doch im *Dojo* übte man nur Zazen und **Kinhin**. Man setzte sich in der Lotus- oder Halblotushaltung, legte die rechte Hand, mit der Handfläche nach oben, auf den linken Fuß, und die linke Hand, mit der Handfläche nach oben, in die rechte Hand. Man saß aufrecht, atmete ein und aus und ließ den Geist aus dem Grund des Nicht-Denkens heraus denken (*Hishiryo*).

Die Geistesverfassung während Zazen

Deshimaru sagte uns immer, wir sollten sitzen ohne irgendeinen Gegenstand, ohne irgendein Ziel. Jenseits der Gedanken sein. Die Geschichte, die er am häufigsten wiederholte, bezog sich auf ein Gespräch, das sich zwischen Yakusan und einem Mönch zugetragen hat. Während Zazen erzählte Deshimaru: „Eines Tages fragte ein Mönch nach dem Zazen den großen Yakusan: ‚Während Zazen, was tun sie da, was wie der unbewegliche Berg ist?’ – ‚Ich denke nicht-denkend.‘ – ‚Wie machen sie das?’ – ‚*Hishiryo!*‘, antwortete Yakusan. [*Hi* bedeutet jenseits, *shiryo* heißt denken.] *Hishiryo* schließt alles ein“, sagte Deshimaru. „Es schließt alle Daseinsformen ein, das Gute und das Böse, das Relative und das Absolute, das Rationale und das Irrationale. *Hishiryo* ist nicht egoistisch; es ist kosmisches Denken. Es ist die geheime Essenz des Zen.“

Die Atmung während Zazen

Die Ausatmung ist tief und lang, die Einatmung kurz und ruhig. Die Atmung ist das Verbindungsglied zwischen Bewusstem und Unbewusstem, zwischen Körper und Geist. Letztlich beruht unsere Fähigkeit, unseren Körper und unseren Geist zu kontrollieren und unser Leben, unser *Karma* zu verändern, auf dieser Atmung. Man muss sich auf die Atmung konzentrieren und insbesondere auf die Ausatmung. Alle Schulen des Buddhismus sind sich darin einig, dass *anapanasati* (»Auf unser Atmen achten«) die erste Unterweisung des Buddha war.

Taisen Deshimaru

Taisen Deshimaru wurde am 29. November 1914 in Japan in der Präfektur Saga auf Kyushu in eine alte Samurai-Familie geboren, von seinem Großvater, der ein *yawara*-Meister war, und von seiner Großmutter erzogen, einer gläubigen Anhängerin der buddhistischen Shinshu-Sekte. Er absolvierte ein Studium an der Universität Yokohama, war als Geschäftsmann berufstätig und übte Rinzai-Zen in Engaku-ji. Doch wandte er sich von dieser Praxis ab, nachdem er Kodo Sawaki getroffen hatte, der damals die **Shusso**- (oder Stellvertreter-) Funktion im Tempel von Eiheiji innehatte. Als sie einander begegneten, besaß Kodo Sawaki keinen offiziellen Meister-Titel, schon gar nicht den eines **Roshi**, dennoch folgte ihm Deshimaru. Bei Ausbruch des 2. Weltkriegs wurde Deshimaru auf die Insel Bangka beordert, um eine Kupfermine zu beaufsichtigen, die sich unter der Kontrolle der Japaner befand. Die Bewohner von Bangka, zum Großteil Chinesen, wurden von den Invasoren planmäßig gefoltert und geköpft. Deshimaru konnte das nicht untätig mitansehen. Er setzte sich für die Bevölkerung ein und wurde deshalb in ein japanisches Militärgefängnis gesperrt. Von Gefängnis zu Gefängnis verschoben kam er schließlich in ein amerikanisches Kriegsgefangenenlager nach Singapur. Nach dem Krieg schloss er sich Kodo Sawaki an und reiste mit ihm in verschiedene Gegenden Japans. Nachdem er Eiheiji verlassen hatte, gründete Kodo Sawaki nie ein eigenes *Dojo* oder einen Tempel. Vielmehr lehrte er in Gefängnissen, an Universitäten und auf dem Land, daher sein Name „Kodo der Unbehauste". Als Sawaki 1965 starb, begrub Deshimaru den Schädel des Meisters vor dem Tempel von Antaiji und brach dann nach Russland und Europa auf.

Deshimaru kam 1967 in Paris an, weder angekündigt noch erwartet, von keiner religiösen oder sonstigen Organisation entsandt, ohne Familie (die er in Japan zurückgelassen hatte) und ohne Geld. Er kannte so gut wie niemanden, war einfach nur ein vollkommen freier Zen-Mönch. So schloss er Bekanntschaft mit ein paar Anhängern der Makrobiotik und konnte seine Matte und sein **Zafu** im Untergeschoss des Ladens unterbringen. Dann bot er Massagen an, um seinen Lebensunterhalt zu verdienen. Die Leute kamen, um sich massieren zu lassen, manche blieben, um zu sitzen. Rasch entwickelte sich ein *Dojo*, zuerst in Paris, dann entstanden *Dojo* in der französischen Provinz und in anderen Ländern. 1979 gründete er mit seinen Schülern den Zen-Tempel La Gendronnière, im Loire-Tal, südlich von Paris. Deshimaru gehörte nicht zum Strom japanischer Exporte. Er war kein Zen-Missionar, der von der Soto-Hierarchie in Japan entsandt worden war. Diese bürokratische Hierarchie schickt ihre Mönche und Roshis als bestätigte Dharma-Erben mit entsprechend offiziellem Zeugnis (*Shiho*) in den Westen und zahlt deren Spesen. Ihre Linien des Dharma-Erbes, die ursprünglich vom-Buddha-an-den-Meister-an-den-Schüler weitergegeben wurden, werden jetzt meist vom-Buddha-an-den-Vater-an-den-Sohn übermittelt, so dass heutzutage die Unterweisung des Buddha im Westen eigentlich von Linien herrührt, die auf Geburtsrecht beruhen. Deshimaru hat die Essenz der Zen-Unterweisung von seinem Meister erhalten, *I shin den shin*, es ist aber wahr, dass er kein offizielles *Shiho* der Soto-Organisation besaß; das bedeutete u. a., dass seine Unterweisung in Japan nicht akzeptiert wurde. Viel später natürlich, als sein Wirken beinahe das heutige Ausmaß erreicht hatte, wurde er schließlich von den japanischen Autoritäten anerkannt. Der verstorbene Reirin Yamada Zenji schrieb in seinem Vorwort zur *Stimme des Tals*, dass „Kodo Sawaki Deshimaru die Mönchs-Ordination gegeben hat, und damit das Zen, wie es von Buddha zu Buddha und von Patriarch zu Patriarch weitergegeben wird. Doch Kodo Sawaki starb plötzlich, und als Vertreter des Großen Meisters sowie als Oberhaupt von Eiheiji, habe nun ich, Yamada, Deshimaru offiziell das *Shiho* gegeben."[3] In der Zwischenzeit entwickelte sich eine **Sangha** um den Meister, und zehn Jahre nach seiner Ankunft in Frankreich belief sich die Zahl der Teilnehmer an den Übungsperioden im Sommer auf etwa 1500.

„Ich war sehr beeindruckt von der Geschichte **Genshas",**[4] sagte Deshimaru einmal, als er in einer Unterweisung über diesen Zen-Meister sprach. „Wissen wir auch sehr wenig über die Geschichte des Zen-Buddhismus, ist es doch erstaunlich zu sehen, dass die Zen-Meister und Patriarchen, die die Geschichte des Zen gestaltet haben, zum Großteil nicht aus Kreisen der organisierten Religion stammten, sondern aus Gesellschaftsschichten, von denen man sich nur sehr schwer lösen konnte. Entweder gehörten sie großen aristokratischen Familien oder Fürstengeschlechtern an oder der völlig mittellosen Unterschicht. Was diese Mönche anzog, war die Vorstellung einer echten Berufung. Sie waren das genaue Gegenteil der großen Zahl derer, die wegen ihres Geburtsrechts sich verpflichtet sahen, den Aufgaben ihrer Stellung als Mönche nachzukommen – oder derer, die Mönche wurden aus Enttäuschung, Verzweiflung oder Menschenfeindlichkeit oder einfach nur, weil sie sich davon persönliche Vorteile erhofften. Letztere kann ich nicht respektieren. Sie sind weit entfernt vom lauteren Glauben, der in aufrichtigen Menschen lebendig war, die zu allen Zeiten Dinge vollbracht haben, die so gut wie unmöglich waren. Lauterkeit, Reinheit des Geistes hat diese großen Menschen geleitet, wie Gensha, Dogen oder Kodo Sawaki[5], Menschen, die sich nicht quälten oder ängstigten, nicht kompliziert waren, aber frei von Vorurteilen. Die kosmische Lebenskraft durchdrang sie unbewusst, natürlich, automatisch und erfüllte sie plötzlich mit einer vollkommenen Entschiedenheit. So erwachten solche Menschen zum wahren Geist, was sie befähigte, die größten Meisterwerke zu schaffen, ohne den geringsten Schatten eines Zweifels ..."

Deshimaru wurde durch die zunehmende Zahl seiner Schüler kaum verändert, seine Unterweisung blieb immer dieselbe. In den frühen Zeiten, als er in einem kleinen Zimmer bei der Avenue du Maine im Pariser 14. Bezirk lehrte – als niemand Zermonien machte, geschweige denn schwarze Gewänder trug – bis heute im Tempel La Gendronnière, wenn das *Dojo* sich mit Schülern füllt, die schwarze Gewänder, **Rakusu** und *Kesa* tragen, ist die Unterweisung immer dieselbe geblieben. „Sich selbst verstehen", erklärte der Meister, „heißt das Universum verstehen. Mikrokosmos und Makrokosmos sind eins. Entwicklung beginnt immer beim Einzelnen. Wenn ein Mensch einen Schritt vorwärts macht, dann ist das Welt-Bewusstsein einen Schritt weitergekommen."

---

[3] Roshi Taisen Deshimaru, *The Voice of the Valley, Zen Teachings* (Old Tappan, N.Y.: Bobbs-Merril, CO, 1979).

[4] Gensha (gest. 908) ließ seinen Vater im Fluss ertrinken. Derart von der Vater-Sohn-Tradition befreit, war er schlißlich in der Lage, dem Weg zu folgen. Siehe auch Glossar.

[5] Dogen stammte aus aristokratischem Milieu, Kodo Sawaki und Gensha dagegen aus bitterster Armut.

Die Eine Unterweisung wurde zu vielen verschiedenen Lehren, so dass die Fünf Schulen des Zen entstanden; ihre jeweiligen Schüler ließen sich durch deren Eigenheiten festlegen. Das veranlasste Sekito, das *Sandokai* zu schreiben, veranlasste Nyojo, auf dem Berg Tendo in Zazen zu sitzen, veranlasste Dogen, das Kloster Eiheiji zu gründen und Deshimaru, nach Europa aufzubrechen. Heutzutage gibt es die Rinzai- und die Soto-Schule, von ihnen leiten sich weitere Zweige ab, in denen Mönche ohne *Kesa* Zazen üben, manche ohne jede Zeremonie. Dann gibt es welche, die während Zazen an Gott denken, während andere an ihren Koan arbeiten. Manche Schulen kombinieren Koan-Arbeit und *shikantaza* (wörtlich: nur in Zazen sitzen). Professor H. Finney von der Universität Vermont schreibt über die Praxis des Zen in den Vereinigten Staaten: „Letztlich stellt der Synkretismus eine Wachstums-Strategie dar, die von einigen Zen-Zentren angewandt wird. Um der Zen-Praxis eine vertrautere Gestalt zu verleihen und sie kulturell bedeutungsvoller erscheinen zu lassen, haben manche Lehrer versucht, sie mit religiösen Aspekten oder anderen spirituellen Praktiken zu verbinden, die den Amerikanern schon vertraut sind.“[6] Die Folgen eines derartigen Synkretismus konnte man schon zur Zeit von Nyojo im China der Sung-Dynastie beobachten. Damals begannen Zen-Meister, die Philosophie und die Praxis des Zen mit Taoismus und Konfuzianismus zu verbinden. Nyojo, also Dogens Meister, hat derartige Verquickungen entschieden kritisiert, er lehrte ausschließlich *Shikantaza,* nur Zazen. Aber es war zu spät (sagte Deshimaru). Nyojo ist der letzte der großen chinesischen Meister gewesen. Nach seinem Tod verschwand Soto-Zen, das durch intellektuelle Diskussionen und Koan-Gespräche verwässert war, fast völlig aus China. Es verdient festgehalten zu werden, dass der Buddhismus tausend Jahre davor in ganz ähnlicher Weise auf dem indischen Subkontinent seine Bedeutung einbüßte. „Tatsächlich ist der Buddhismus viel eher wegen ungeeigneter Vermischung mit dem Hinduismus verschwunden als wegen der islamischen Eroberung“, schreibt Sivaraksa, ein französischer katholischer Priester in Thailand.[7] Meister Deshimaru lehnte derartige Vermischungen ab – die Art von Verbindungen, die zu Nyojos Zeit unternommen wurde genauso wie derartige Versuche heutzutage. Er hat sogar einmal Nyojos Zeit mit unserer Zeit in Parallele gesetzt. Wie Sekito, Nyojo und Dogen vor ihm wollte Deshimaru „herausfinden, welche Lehre die ‚wahrste' oder die ‚tiefste' ist.“ Nicht selten wird die Ansicht vertreten, es sei verwerflich Vergleiche anzustellen. Es werden zwar unter Umständen die Lehren und Unterweisungen vermischt, aber wenn es darum geht zu sagen: „Diese Unterweisung ist besser als jene“, so wird das vermieden. Beim Thema Religion wird uns dringend nahegelegt – um mit Christmas Humphreys zu sprechen – „unser Augenmerk darauf zu richten, worin wir übereinstimmen, und nicht, worin wir uns unterscheiden“. Ohne echte Kritik, sagte der Meister, gehe die Religion zugrunde. „Ich muss einen tiefen Vergleich anstellen, und nicht bloß oberflächlich kritisieren“, schreibt Deshimaru in diesem Buch. „Das Rinzai-Zen ist manchmal sehr treffend. Manche Dinge im *Rinzai Roku* haben mich sehr beeindruckt. Doch inzwischen verstehe ich, dass

---

[6] Henry Finney, “American Zen's ‘Japan connection': A critical Case Study of Zen Buddhism's Diffusion to the West”, in: *Sociological Analysis* (1991, 52:4), S.395.

[7] Sivarksa, “A Talk at Bad Ball Academy”, Deutschland, 13.4.86 (veröffentlicht in *Seeds of Peace,* einer Zeitschrift, die in Bangkok, Thailand, publiziert wird).

Dogens Zen viel tiefer ist. Deshalb stelle ich jetzt diesen Vergleich an.“ Worum es Meister Deshimaru vor allem ging, war nicht so sehr die Frage der Reinheit oder Unreinheit der Einen Unterweisung, sondern vielmehr das *Kesa*, die Bekleidung des Mönchs, das man bei der Ordination erhält. „Die japanischen Mönche haben das wahre *Kesa* vergessen“, sagt er am Ende dieses Buches. Sie „tragen heutzutage das *Kesa* nur bei Zeremonien und bei Begräbnissen, im Alltag und auf ihren Reisen sieht man nicht viele *Kesa*. Doch jetzt verbreitet sich dieses *Kesa* im Westen. Die [die ein *Kesa* tragen], sind der kostbare Schatz dieses Austausches zwischen Ost und West; sie sind historische Kostbarkeiten. Seit zwei- oder dreitausend Jahren und bis zum heutigen Tag setzt sich die Weitergabe des *Kesa* fort. Alle Zivilisationen verändern sich und genauso die Religionen; sie gehen vorbei wie Wasser in einem Strom. Wie Luftblasen an der Wasseroberfläche. Doch Zazen und das wahre *Kesa* sind bis heute fortgeführt worden, von Patriarch zu Patriarch, von China und Japan und jetzt nach Europa. Zazen und das *Kesa* sind wieder frisch geworden.“

Val d'Isère: das Dojo und die Kusen

Während dieser fünf Wochen in Val d'Isère saßen wir in vier oder fünf Reihen, einer hinter dem anderen. Durch die große Fensterfront, über den Köpfen der Übenden, waren schneebedeckte Gipfel zu sehen und man hörte den Fluss Isère unter dem *Dojo* rauschen. Der Tradition gemäß saß der Meister rechts vom Eingang, links davon saßen die vier *Kyosaku-Verantwortlichen.* Gleich rechts vom Meister saß der Dolmetscher; dann die Sekretärin und neben ihr die Schreiber, einer zeichnete die Unterweisung auf französisch auf, der andere (ich selbst, ein Amerikaner) den englischen Originalwortlaut. Diese *kusen* (mündliche Unterweisungen) gab der Meister in gebrochenem Englisch, der Herausgeber dieses Buches hat sie festgehalten und in lesbares Englisch redigiert.[8] Wenn Meister Deshimaru aus dem *Rinzai Roku* und aus anderen, ursprünglich chinesisch oder japanisch verfassten Texten zitierte, hat er oft spontan die Übersetzung umgestaltet und auf die Bedürfnisse seiner Zuhörer in der jeweiligen Situation zugeschnitten. An anderen Stellen übersetzte er die Originale direkt. Der Herausgeber hat sich bemüht, die Quellen aufzufinden, doch war der Nachweis nicht immer möglich, da ihm nicht alle Texte zugänglich waren, auf die der Meister zurückgriff. Wenn nicht anders vermerkt, sei dem Leser deshalb geraten, die in der Unterweisung des Meisters zitierten Stellen als dessen persönliche Fassungen anzusehen und nicht als eine wortgetreue Wiedergabe von ‚offiziellen‘ Übersetzungen.

Dieses Buch ist nicht das Werk eines Zen-Schriftstellers oder eines buddhistischen Gelehrten, sondern eines Schülers, eines ordinierten Mönchs, der regelmäßig mit seinem Meister zusammen saß, von 1972 bis zu dessen Tod am 30. April 1982.

Philippe Coupey, Paris, 19.9.1995

[8] In der deutschen Fassung wurde gelegentlich versucht, einige für Deshimarus Sprachduktus offenbar typische Eigenheiten, besonders grammatikalischer Art, beizubehalten. Auf Längungsstriche und diakritische Zeichen wurde weitgehend verzichtet [Der Verleger].

1. ÜBUNGSPERIODE

21. JULI – 29. JULI

21. Juli – 10:00
Keine Stufen

Nicht bewegen! Sich nicht zu bewegen, das ist der wichtigste Grundsatz beim Zazen. Streckt das Rückgrat. Laßt die Daumen nicht fallen. Während Zazen heißt sich konzentrieren, sich auf seine Haltung zu konzentrieren. Nur *Shikantaza*. Stört nicht die andern, werdet nicht aggressiv. Es ist nicht gut und bringt nichts zu versuchen, sich hervorzutun. *Mushotoku*: kein Ziel, kein Gegenstand. Das ist sehr wichtig. Einfach nur *Shikantaza*. Der kosmischen Ordnung folgen. Nicht für das eigene Ego, nicht für das individuelle Ego. Sondern dem wahren Geist näher zu kommen, ihn zu berühren. Das ist die Bedeutung von *Sesshin*.

Im Alltag folgen wir immer dem egoistischen Geist. Während eines *Sesshin* müssen wir den egoistischen Geist aufgeben und der kosmischen Ordnung folgen. Wir müssen zum Berg werden, wir müssen dem Klang des Tales folgen. Es ist ein schöner Klang, das Rauschen des Flusses Isère gleich unter dem Fenster des *Dojo*.

Wenn wir allein Zazen machen, ist es nicht dasselbe wie mit andern zusammen. Übt man allein, ist das Ergebnis nicht so tief. Und allein weitermachen ist schwierig. Aber Zazen mit vielen zusammen, das ist so wie viele brennende Holzscheite. Heute üben mehr als zweihundert Menschen Zazen hier in diesem *Dojo*. Sie kommen aus ganz Europa, von Amerika, von Japan, aus der ganzen Welt. Das ist ein richtig internationales *Sesshin*. Die, die heute hier üben, werden ewige spirituelle Freunde werden. Unsere eigene Familie ist nur eine Familie und dauert die Zeit eines Lebens. Aber ihr, die ihr hier zusammen übt, ihr schafft Beziehungen in Ewigkeit.

Was ist Satori? Satori bedeutet Zazen. Zazen selbst ist Satori. Satori bedeutet, zum Normalzustand des Geistes und des Körpers zurückzukehren. In der modernen Zivilisation sind die meisten Menschen in keiner normalen Verfassung, weder in ihrem Geist noch in ihrem Körper. Zazen ist die beste Methode, um zum Normalzustand zurückzukehren, rasch. Es gibt da keine Stufen hinaufzusteigen.

21. Juli – 21:00
Zwei Gehirne: Die große Krise

Nun, wie denken wir während Zazen? Manche Meditationen lehren uns, nichts zu denken. Andere Meditationen, wie die christliche, bringen uns bei, uns Gott oder Christus vorzustellen und mit ihnen in Verbindung zu treten. Das ist eine Art von Denken. Beide Methoden sind schlecht.

Wie denken wir während Zazen? Denkt ans Nicht-Denken. Denkt nicht ans Denken. Wie denken wir ans Nicht-Denken? Wie denken wir ans Denken? *Hishiryo. Hishiryo* ist das Geheimnis von Zazen. Es ist die geheime Methode des Zen. *Hi* bedeutet absolut, darüber hinaus. *Shiryo* heißt denken. Also müssen wir über das Denken hinaus sein. Hier und jetzt, konzentriert euch. Das ist die Bedeutung von *Sesshin.* Wie denkt man aus dem Grund des Nicht-Denkens? Wie nicht-denkt man aus dem Grund, aus dem Zustand, des Nicht-Denkens? *Hishiryo-tei.* [*Tei* bedeutet Grund oder Zustand.]

Wie lösen wir die Widersprüche zwischen dem Vorderhirn – der Intelligenz, die sich immer einen Gewinn ausrechnet – und dem zentralen Gehirn, dem Thalamus? Es ist für Menschen schwieriger, mit Hilfe des Thalamus sich zurechtzufinden, als für Tiere. Der Intellektuelle benutzt lieber sein Vorderhirn, seine Verstandesfähigkeiten, als sein instinktives Gehirn einzusetzen, das auf Praxis beruht. Ein großes Ungleichgewicht ist zwischen diesen beiden Gehirnen entstanden, und dieses Ungleichgewicht ist die Ursache für die gefährlichste Krise in der Geschichte der modernen Zivilisation. Die moderne Psychologie hat das bestätigt. Alle Religionen, alle Morallehren müssen sich letztlich mit diesem Problem auseinandersetzen.

Unser Erziehungssystem beruht darauf, das Vorderhirn zu entwickeln und es zu füllen wie ein Lexikon. Und doch haben wir den Impuls, den ursprünglichen Instinkten und Wünschen der Menschheit zu folgen – zu handeln, zu essen, zu lieben; ins Santa Lucia [das Dorflokal] zu gehen und uns zu bewegen und zu tanzen; zu lieben und Leidenschaft zu empfinden. Das ist Instinkt, der vom Zentralhirn kommt. Das sind Handlungen, die dem Thalamus entspringen. Wie lösen wir diesen Widerspruch, diesen Dualismus? Wie lösen wir das Problem, das zwischen Materiellem und Spirituellem besteht? Zwischen Naturheilkunde und chemisch-pharmazeutischer Medizin? Zwischen dem Wirklichen und dem Ideal? Zwischen den Evolutionisten und den Traditionalisten? Zwischen dem Künstlichen und dem Natürlichen? Zwischen Verneinung und Bejahung? Zwischen dem Einzelnen und der Gemeinschaft? Zwischen dem Zivilisierten und dem Wilden? Zwischen dem Philosophischen und dem Methodologischen? Zwischen Bewegung und Nichtbewegung? Zwischen dem Objektiven und dem Subjektiven? Wie lösen wir diese dualistischen Widersprüche des Menschseins? Das ist das Problem der Menschheit; fast alle Menschen antworten darauf, indem sie der einen oder der andern Seite den Vorzug geben. Aber das geht nicht, und so haben wir die große Krise der modernen Zivilisation. In der modernen Zeit sind viele »Ismen« entstanden. Und so haben wir die Zweiheit, den Dualismus geschaffen. Doch der Berg hat nur einen Gipfel.
Chukai!

22. Juli – 7:30

Sanfte Erziehung oder harte?

[Der Meister kommt gleich nach dem Beginn von Zazen. Eine Nonne, die ein kleines Glöckchen schlägt, geht ihm voran ... Der Meister macht *Gassho* und setzt sich. Nach etwa 40 Minuten Stille spricht der Meister zu den Übenden.]

Zazen ist die beste Haltung des Menschen. Zazen ist Satori; es ist Gott; es ist Buddha. Wenn ich zu Beginn des Zazen das *Dojo* betrete, mache ich nicht nur vor der Haltung des Buddha *Gassho*, sondern auch vor eurer Haltung. Vor eurer lebendigen Buddha-Haltung. Vor dem, was ihr jetzt seid.

Wissenschaftliche Ausbildung, die Erziehung, die man auf der Universität und in der Schule erfährt – das sind größtenteils intellektuelle Methoden, die in Europa während der Renaissance entwickelt wurden. Diese Erziehung beruht auf der Anhäufung von Wissen. Und sie entwickelt nur das Vorderhirn des Menschen. Heutzutage ist die Erziehung zu sanft. Ihr hier habt alle sanfte Erziehungen erhalten. Ihr habt alle eine Erziehung gehabt, durch die euer Geist wie ein Lexikon geworden ist.

Was ist besser, sanfte Erziehung oder harte? Ist die spartanische Erziehung richtig? Früher in England und noch heute an der Gordonstoun School[9] erziehen sie sehr streng, wie die Armee. Ist das der richtige Weg? Was ist besser, das Zen, das sich in China entwickelte, oder der Buddhismus Indiens? Im indischen Buddhismus, wie auch in der modernen Hindu-Meditation, ist die Einbildungskraft wichtig geworden – in beiden wird mit dem Gehirn gedacht. Also, wie soll eine Erziehung der Menschheit sein? In diesem *Sesshin* hoffen wir, dieses Problem zu lösen.

Jetzt will ich die Erziehungsmethoden der Rinzai- und der Soto-Schule vergleichen. Bodhidharma ging nach China um das Jahr 500 herum. Er übertrug Eka die Weitergabe, von Eka ging es weiter über Sosan, Doshin, Konin zu Eno, dem sechsten Patriarchen. An diesem Punkt trennten zwei Schüler, Seigen und Nangaku, die Linie in die beiden Zweige, die jetzt unter dem Namen Soto- und Rinzai-Linie bekannt sind. Von Nangaku kam Baso und das wurde bald zur Rinzai-Linie. Baso hatte eine große Stirn - er machte immer *Sanpai* [eine Niederwerfung, bei der die Stirn den Boden berührt] auf einem Stein. Während er *Sanpai* auf einem Stein machte, erwachte Basos Geist voll und ganz. Das Schriftzeichen ‚Baso' bedeutet „Ahne des Pferdes". Er hatte ein Gesicht wie ein Pferd. Er war ein sehr starker

[9] Bekannt für ihre spartanische Auffassung von Erziehung.

Meister. Basos Schüler Hyakujo ist in der Geschichte des Zen berühmt für die Einführung des *Samu*. Er organisierte das Zen-*Dojo* und schrieb sein *Hyakujo Shingi* [Die Regeln von Hyakujo]. Und so wurde das chinesische Zen aktiv. Hyakujo schrieb, wenn ein Schüler einen Tag lang nicht arbeitet, isst er einen Tag lang nicht.

22. Juli – 21:00

Ein Held des chinesischen Zen: Rinzai, Schüler von Obaku

Zazen heißt, mit sich selbst innig vertraut werden, mit dem eigenen Ego. Im Alltag vergessen wir unser wahres Ego. Wir sind immer durch unsere Umgebung beeinflusst. Aber in Zazen sind wir völlig allein und in der Einsamkeit. So können wir uns selbst anschauen, unseren Geist, objektiv. Es ist nicht notwendig, nach der Wahrheit zu streben, nach dem Satori zu streben. Wir müssen die Erleuchtung erlangen, aber Erleuchtung ist ein Fehler. Es ist nicht notwendig, unsere *Bonno* [Illusionen] zu kappen. Wir dürfen nicht hinter etwas herrennen und wir sollen auch nicht vor etwas weglaufen. Mit der Gewohnheit von Zazen werdet ihr weder hinter etwas herrennen noch vor etwas davonlaufen, was es auch immer sein mag. Die meisten von uns rennen hinter etwas her, und nicht nur hinter einer Sache, sondern hinter vielen Dingen. Es ist dasselbe mit dem Weglaufen vor den Dingen. Zazen bedeutet, damit aufhören hinterherzurennen und wegzulaufen.
Kyosaku!

[Nachdem der Meister dieses Wort gesprochen hat, nehmen vier Mönche den *Kyosaku* – einen flachen Stock – und geben nun denjenigen die darum bitten, einen Schlag.]

Die *Kyosaku*-Verantwortlichen müssen sich die Haltungen ansehen. Sie sollen korrigieren. Sie sollen nicht einfach nur regungslos dastehen wie Bäume. Konzentriert euch auf eure Ausatmung. Die Ausatmung muss lang sein, lang, wobei sich der Bauch unter dem Nabel vorwölbt. Darauf folgt die Einatmung, die kurz ist. Unter dem Nabel haben wir, was man *Ki kai tanden* nennt. *Kikai* bedeutet Ozean der Energie und Aktivität, *Tanden* bedeutet das Feld der Essenz.

Ich mache jetzt weiter mit dem *Kusen* [mündliche Unterweisung] von heute früh. Obaku, der Gründer der Obaku-Sekte, war der Nachfolger von Hyakujo; und Rinzai war der Schüler von Obaku. Seit der Zeit von Seigen und Nangaku begann das Zen sich zu verbreiten. Nach Nangaku bildeten sich die Rinzai- und die Igyo-Schule. Und nach Seigen und seinem Schüler Sekito entstand die Soto-Schule. Die dritte Generation des Zen begann mit Nyojo und ging weiter mit Dogen. Mit Dogen begann das japanische Zen. Als Dogen aus China zurückkehrte, bewunderte er Rinzai, er schrieb, dass Rinzai ein großer Held des chinesischen Zen sei, ein großer

Meister und ein wahrer Schüler von Obaku. Rinzai folgte der Unterweisung Obakus drei Jahre lang, in völliger Lauterkeit und Hingabe an die Praxis. Aber er stellte seinem Meister nie irgendeine Frage – er hatte nicht einmal ein einziges *Mondo* mit ihm. Er folgte einfach Obaku konsequent drei Jahre lang. Und so sagte eines Tages Chin Son Shoku, der Chef des *Dojo*, zu Rinzai: »Sie müssen den Meister aufsuchen. Haben Sie ihm keine Frage zu stellen?« - »Nein«, antwortete Rinzai. »Was sollte ich ihn fragen?« Drei Jahre mit dem Meister und nicht eine Frage! Vielleicht hatte Rinzai schon Satori. »Wenn Sie keine Frage haben«, sagte der andere, »dann fragen Sie ihn, was die Essenz des Buddhismus ist.« Also ging Rinzai in Obakus Zimmer. »Was ist die Essenz des Buddhismus?«, fragte er. Obaku antwortete nicht. Stattdessen gab er Rinzai *Rensaku* [eine Reihe von Schlägen, die mit dem *Kyosaku* gegeben werden]. Obaku war groß und stark wie sein eigener Meister Baso; als er Rinzai schlug, lief Rinzai schnell weg. »So schnell schon zurück?«, fragte der *Dojo*-Chef. »Ja«, antwortete der Schüler, »weil ich von ihm nur den Stock bekommen habe.« »Sie müssen sich gedulden. Gehen Sie wieder hin und stellen Sie wieder die gleiche Frage.« Rinzai ging wieder hin. Er machte *Sanpai*, und Obaku gab ihm nochmals *Rensaku*, zwanzig *Kyosaku*-Schläge. Rinzai lief wieder weg. Der *Dojo*-Chef wartete schon auf ihn: »Was? Schon wieder da?« - »Mir reicht's jetzt!« - »Ach, sie müssen wieder hin, los!« - »Ich bin kein Fussball!«, antwortete Rinzai, aber er ging trotzdem wieder hin. Diesmal bekam Rinzai den Stock, noch bevor er seine Frage ganz gestellt hatte. Rinzai sagte dem *Dojo*-Chef, dass er es leid sei und dass er auf Reisen gehen wolle. Der *Dojo*-Chef, der sehr aufmerksam war, sagte ihm, er könne gehen. »Aber Sie müssen den großen Meister Taigu besuchen.« Taigu heißt auf Chinesisch ‚großer Narr'. »Taigu ist wirklich ein großer Meister. Sein *Dojo* ist weit weg, aber Sie müssen ihn aufsuchen.« Rinzai brach auf, eine Woche später war er in Taigus *Dojo*. Der Meister fragte: »Warum kommen sie zu mir?« - »Ich bin jetzt drei Jahre lang bei Meister Obaku gewesen«, erwiderte Rinzai. Und er erzählte Taigu alles, was zwischen ihm und Obaku vorgefallen war. »Und als ich Obaku fragte, was die Essenz des Buddhismus sei, gab er mir insgesamt sechzig Schläge. Also bitte sagen Sie mir, was ist die Essenz des Buddhismus?« - »Obaku hat Ihnen die treffende Antwort auf Ihre Frage gegeben«, antwortete Taigu. »Sie sind ein Narr und Ihr Schädel ist dick.« Rinzai fiel die Kinnlade runter. In dem Moment hatte er Satori. »Aber jetzt müssen Sie zu Obaku zurückkehren«, sagte Taigu. »Er ist ein großer Meister, und sowieso ist es Ihr Karma, sein Fußball zu sein.« Also kehrte Rinzai zurück und ging direkt in Obakus Zimmer. »Wie geht's?«, fragte Obaku, »verstehen Sie die Essenz des Buddhismus jetzt?« - »Oh ja, ich verstehe ganz und gar.« Rinzai stand auf, gab Obaku einen Faustschlag und sagte: »Das ist die Essenz des Buddhismus.« Rinzai hatte ihm einen harten Schlag gegeben, Obaku war nicht gerade glücklich. »Sie müssen ins *Dojo* zurück«, sagte er, »und nächstes mal geben Sie acht, dass Sie nicht die Barthaare des Tigers berühren.« Aber Rinzai hatte verstanden. Er hatte Satori.[10]

Meister Tokusan hielt man für stärker als Obaku. Als Antwort auf jede Frage gab er immer *Kyosaku* und so nannte man ihn *Kyosaku*-Tokusan. Aber Rinzai konnte er nicht aus dem Sattel werfen. Rinzai wurde der herausragendste unter den vorzüglichen Meistern. Und bald wurde er ein Held des chinesischen Zen. Wie Tokusan, der für seinen starken *Kyosaku* berühmt war, wurde Rinzai für sein lautes Schreien berühmt: *Kwatz!* Die Geschichte von Rinzai ist interessant. Es ist spannend zu lesen, spannend, sich damit zu beschäftigen. Und Dogen bewunderte anfangs diese Berichte. Er bewunderte Rinzai. Aber Dogen hatte nicht viel übrig für die *Kyosaku*-Technik von Tokusan. Auch nicht für das *Kwatz*-Schreien Rinzais. Im letzten Teil des *Shobogenzo* unternimmt Dogen eine sachte, behutsame Kritik von Rinzai.[11]

23. Juli – 7:30

Shikan Samu – Kiefern pflanzen und Pilze trocknen

Als Rinzai in Obakus *Dojo* lebte, pflanzte er mit ein paar anderen Schülern Kiefern in die Erde. Eines Tages, als Rinzai mit dem Bäumepflanzen beschäftigt war, kam es zu einem *Mondo* zwischen Obaku und Rinzai. »Warum pflanzt du diese Kiefern im tiefen Gebirge?«, fragte Obaku. »Erstens, um den Gebirgstempel schöner zu machen«, antwortete Rinzai, »und zweitens als ein Symbol der Berufung für künftige Generationen und für Nachfolger der Weitergabe.« Dogen stellte diese Antwort Rinzais später in Frage. *Samu* ist nur *Samu*. Man braucht kein Ziel zu haben für das, was man tut. Es sollte *Shikan Samu* sein [d. h. Konzentration einzig und allein auf die Arbeit selbst]. Dann sagte Obaku und zeigte dabei mit seinem Stock: »In Ordnung. Du bist nicht so verrückt. Aber du weißt, du hast sechzig Stockschläge von mir bekommen. Du hast meine sechzig Schläge unlängst in meinem Zimmer gegessen.« Rinzai antwortete, indem er dreimal tief ausatmete. Das hat eine tiefe Bedeutung. Dann schlug Rinzai mit seiner Hacke auf den Boden, dreimal. Das ist alles. Ein Koan. Obaku bewunderte Rinzai. Er sagte zu ihm: »Sicherlich wirst du unser Zen in der Zukunft verbreiten und unseren Sitz entwickeln.«

Samu ist sehr wichtig, und Dogen verstand dies. Dogen war sehr intelligent, ein Philosoph. Und sehr fein. Doch er verstand die Wichtigkeit von *Samu*. Als er in China war und drauf und dran, sich wieder nach Japan einzuschiffen, kam ein alter

---

[10] Professor Heinrich Dumoulin schreibt, dass dieser Bericht von Rinzais Großer Erfahrung zu den berühmtesten Fällen von Erleuchtung in der Zengeschichte gehört.

[11] Dogen schrieb bei seiner Rückkehr aus China mit Bewunderung und Achtung über Meister Rinzai. Zwölf Jahre später schrieb er wieder über ihn, diesmal jedoch kritischer.

Mönch an Bord, um ein paar Pilze zu kaufen. Dogen beobachtete ihn, wie er in der heißen Sonne die Pilze trocknete, und er sagte zum alten Mönch: »Warum verrichten Sie so eine harte Arbeit, und dann auch noch in der heißen Sonne? Sie sind sehr alt. Stattdessen könnten Sie Zazen machen. Oder Bücher und Sutras in Ihrem Tempel lesen. Sie sind bestimmt ein großer Roshi, das kann ich sehen.« - »Sie kennen nicht das wahre Zen«, antwortete der Mönch. »Sich mit dem wahren Zen auseinandersetzen, den wahren Weg erforschen – das findet man nicht nur in Büchern oder in Zazen. Sich auf den wahren Weg konzentrieren heißt: ihn im Alltag finden. Ich bin *Tenzo* [Chefkoch], also ist es eben das, was ich zu tun habe: *Tenzo* sein. Das ist meine Verantwortung. Andere können meine Arbeit nicht tun. Sie sind nicht ich, so können Sie meine Arbeit nicht tun.« - Durch Samu können wir das Gehirn ins Gleichgewicht bringen; Hypothalamus und Vorderhirn kommen ins Gleichgewicht.

Dogen schrieb 1243 im *Shobogenzo Katto*, dass das Rinzai-Zen zu streng ist, zu barbarisch und nicht fein genug für erzieherische Zwecke. **Joshu** dagegen wurde von Dogen sehr bewundert. Joshus Unterweisung war viel feiner als die von Rinzai oder Tokusan.

23. Juli – 20:30

Der behutsame Joshu

Diejenigen, die beim Abendessen zuviel Spaghetti gegessen haben, schlafen jetzt während Zazen. Ihr dürft nicht zuviel essen. Die, die schläfrig sind: Bitte tut euren Geist nach innen, hinter die Augenlider. Und konzentriert euch auf eure Haltung. Konzentriert euch auf die Haltung eurer Finger ... Schläfrigkeit nennt man *Kontin*: Der Geist fällt und fällt, er wird dunkel und dösig. *Sanran* ist die entgegengesetzte Geistesverfassung; da ist der Geist erregt, zerstreut und unkonzentriert. *Hishiryo*-Bewusstsein bedeutet kein *Kontin*, kein *Sanran*; es ist zwischen *Kontin* und *Sanran*. Es ist jenseits des Bewusstseins.

Meister Dogen schrieb im *Fukanzazengi*, dass Zazen keine Kasteiung ist. Wahres Zen hat keine Stufen. Es ist nicht wie Yoga. Im wahren Zen, dem Tor zum *Dharma*, gibt es keine Stufen. Versteht ihr das, so versteht ihr die Essenz von *Hishiryo*. Durch *Hishiryo*-Geist die wahre Freiheit finden. Das ist wie der Drache, der ins Wasser taucht, wie der Tiger, der ins Gebirge dringt. Wenn ihr *Hishiryo*-bewusst werdet, dann werden *Kontin* und *Sanran* sich auflösen.

Kyosakuman! Wer zuviel Spaghetti gegessen hat, der soll *Kyosaku* erhalten. Dann verdaut man schneller. [Die Glocke für *Kinhin* wird geläutet und alle, die Zazen machen, stehen auf. *Kinhin* – Zazen in Bewegung – übt man in einer Reihe, einer hinter dem andern.]

Ich sage immer, dass *Kinhin* die Grundhaltung an der Wurzel aller Kampfkünste ist. Es ist die Haltung eines Königs. Es ist die königliche Haltung. Man muss Würde in seinem Gang erlernen. Konzentriert euch auf die Ausatmung unter dem Nabel. [Die Glocke, die das Ende von *Kinhin* anzeigt, wird geläutet und alle kehren an ihren Platz zurück.]

Manche Frauen sitzen auf ihren *Zafu* [Kissen], als wären sie auf der Toilette – sie heben ihre Röcke von hinten und man kann sie ganz sehen. Das Zafu soll nicht von einem Kimono oder Rock bedeckt sein. Nur das große *Kesa* [Mönchsgewand] darf das Zafu bedecken. Sonst nichts.

Betragen und Benehmen sind sehr wichtig. Heutzutage haben die Menschen nicht viel übrig für Formalismus. Aber gutes Verhalten und Benehmen ist nicht Formalismus. Wenn wir fortfahren, gutes Benehmen und Verhalten zu wiederholen, wird es zu einer Gewohnheit. Und so beeinflusst es das Gehirn und das Bewusstsein. Wenn wir *Sanpai* machen, die Zeremonie, so beeinflusst das auch das Gehirn und das Unbewusste und wird zu gutem Karma.

Dogen sah Joshu als großen Rinzai-Meister an. Joshu ist der Mond, Rinzai und Tokusan sind die Sterne. Und wenn dann Joshus Mond scheint, ist das Licht so stark wie das des Vollmondes, so dass man die Sterne nicht sehen kann, weil der Mond so hell ist. Im *Shobogenzo Katto* wird von Joshus berühmtem Koan *mu* berichtet. Das ist das schönste Koan im *Mumonkan* [eine Sammlung von Koan, die Meister Mumon im 13. Jh. zusammengestellt hat]. Ein Mönch fragte Joshu: »Hat ein Hund die Buddha-Natur?« - »*Mu*«, antwortete Joshu. Dieses »*mu*« ist keine Verneinung. In der Rinzai-Schule stellt dieses Koan ein sehr wichtiges Problem dar.

Der sanfte und freundliche Joshu erhielt die Mönchsordination, als er schon gute achtzig Jahre alt war. Er starb mit hundertzwanzig Jahren und so war er in vielen Dingen sehr erfahren. Aber warum bewunderte Dogen Joshu so sehr? Ein Schüler betrat Joshus Zimmer für ein *Mondo* und fragte den Meister: »Was ist die Essenz des Zen?« Das ist dasselbe wie Rinzais Frage: »Was ist die Essenz des Buddhismus?« Mönch: »Was ist die Essenz des Zen? Bitte Meister, unterweist mich.« Joshu: »Bist du mit deinem Frühstück fertig?« Mönch: »Natürlich, ich bin fertig.« Joshu: »Und hast du deine Schale richtig sauber gemacht?« Dieses *Mondo* ist historisch geworden. Joshu lehrt das, was das Wichtigste ist. *Ici-et-maintenant* [Hier-und-Jetzt]. Tat, Arbeit. Wie man sich beträgt, was man nach dem Essen tut. Das ist nicht Idealismus. Der Weg existiert unter unseren Füßen. Wenn man das *Dojo* betritt, ist es äußerst wichtig, wie ihr die Schuhe hinstellt. Macht es richtig, und der Geist wird rein. Der Geist wird rein, unbewusst und automatisch. Zen ist eine körperliche Erziehung. Es ist keine Turnübung und auch keine Kampfkunst. Das Tun des Körpers beeinflusst Geist und Bewusstsein. Also antwortete Joshu dem Mönch direkt, angemessen und einfach. Dieses *Mondo* wurde in allen Zen-Schulen historisch. Zwar kritisierte Dogen schließlich Rinzais *Kwatz*-Methode, doch bewunderte er Joshus behutsame Erziehung und alle seine Methoden ohne Vorbehalt. Seine Methode ist sehr sanft, aber ihr Schrei stimmt.

24. Juli – 7:30

Mit dem Stock und dem Kwatz antworten

Zazen üben, automatisch, unbewusst und natürlich, heißt: sich selbst anschauen. Schaut während Zazen nicht auf die, die neben euch sitzen. Manche Leute hier können mit ihren Augen nicht still halten, und so schauen sie umher, schauen die andern an, manchmal blinzeln sie sogar. So verstehen sie bestimmt die Haltung anderer Leute. ‚Oh, seine Haltung ist nicht so gut, nicht so gerade. Hm, die hat aber breite Hüften!' Aber die eigene Haltung anzuschauen, das ist eine andere Geschichte. Das zu tun ist sehr schwer. Bitte, Schultern runter. Drückt gegen den Himmel mit dem Kopf, drückt auf die Erde mit den Knien.

Die Unterweisung von Rinzai ist im *Rinzai Roku* aufgezeichnet. Es heißt in diesem Text, dass der Gouverneur der Provinz, in der Rinzai lehrte, den Meister einmal einlud, auf dem Vortragssitz Platz zu nehmen. Der Gouverneur war nun auch der Chef der Polizei, und so besuchte ihn Rinzai, dachte aber bei sich: »Mein Wunsch ist nicht, ihn zu besuchen, aber da ich das nicht gut vermeiden kann, so werde ich hingehen.« Bei dem Vortrag, den der Gouverneur veranstaltete, sagte Rinzai also: »Ich konnte eure Aufforderung, zu kommen und zu sprechen, nicht ablehnen. Gemäß der Tradition der Patriarchen sollte ich nicht einmal meinen Mund öffnen, um dieses wichtige Thema zu behandeln. Aber sie werden nirgends irgendeinen Halt finden. Ich bin heute vom Gouverneur eingeladen worden, wie könnte ich die Prinzipien meiner Linie verbergen und euch die wichtigen Punkte des Dharmas vorenthalten? Also werde ich euch alles sagen. Bitte, öffnet eure Ohren, hört mir zu und bereitet euch auf einen Wortwechsel vor. Ich will der Wahrheit gemäß bezeugen, was wahr ist und was nicht.« Und so trat ein Mönch vor und fragte Rinzai: »Meister, was ist die Essenz des Buddhismus?« Das war dieselbe Frage, die Rinzai selbst seinerzeit Obaku gestellt hatte. »*Kwatz!*«, schrie Rinzai rasch. Der Mönch machte *Sanpai*. Er verstand und so dachte Rinzai, dieser Mönch sei sicherlich fähig, mit ihm einen Wortwechsel zu haben. Da fragte der Mönch leise: »Woher kommt diese Musik, die Sie singen? Welcher Stil, welche Schule ist das?« Offensichtlich wusste der Mönch, dass Rinzai von der Obaku-Linie stammte. Also antwortete Rinzai: »Als ich in Obakus *Dojo* war, stellte ich dreimal an Obaku dieselbe Frage und dreimal bekam ich von ihm den Stock.« Gerade da zögerte der Mönch einen Moment lang und Rinzai schrie rasch: »*Kwatz*!« Und genauso plötzlich schlug er den Mönch mit dem *Kyosaku*. »Das ist wie einen Nagel in den Himmel schlagen«, sagte Rinzai.

Rinzais zweites im *Rinzai Roku* aufgezeichnetes Koan beginnt so: »Der Lehrer der Schriften fragte, ob die drei Fahrzeuge und die zwölf Abteilungen die Buddha-Natur bestätigen.« - Dieser Text, den ich lese, hat viele Fehler. - Rinzai antwortete: »Ihr Unkraut ist noch nicht ausgerissen worden.« Lehrer der Schriften: »Wie könnte der Buddha Menschen täuschen?« Rinzai: »Wo ist er, der Buddha?« Der Lehrer der Schriften war sprachlos. Rinzai: »Hier vor dem Gouverneur wollten sie den alten Mönch hinters Licht führen! Gehen Sie hinaus! Stören Sie nicht die andern und hindern Sie sie nicht am Fragenstellen.«[12]

Dieses *Mondo* stellt ein großes Problem dar. Meister Dogen kritisiert diesen Wortwechsel. Im Rinzai sprechen sie immer von *Kensho*, was soviel bedeutet wie: den Buddha in seinem eigenen Geist suchen. Daher ist dieses *Kensho* im Rinzai sehr wichtig; es zeigt an, ob man Satori erlangt hat. Findet man die Buddha-Natur im eigenen Geist, so gibt der Meister das *Shiho* [die Weitergabe]. Was ist Buddha-Natur? Meister Dogen schreibt, dass Rinzais *Mondo* immer so sind. Diese Frage wird oft gestellt, aber nie gibt ein Rinzai-Meister eine Antwort, außer durch ein *Kwatz* oder mit dem *Kyosaku*. Eine verbreitete Frage in allen Zen-Schulen, aber in der Rinzai-Schule bleibt die Frage immer ein Koan, und so wird sie nie gelöst. Das Ergebnis ist, dass Rinzai-Mönche immer denken: »Was ist die Buddha-Natur? Was ist die Essenz des Buddhismus? Der Religion?« Die Mönche denken an diese Koan während sie essen, während sie auf der Toilette sind. Das ist Rinzai-Zen. Aber der Rinzai-Meister Joshu war anders. Ich habe das Koan Joshus über die wahre Verwirklichung des Satori erklärt: »Bist du mit deinem Frühstück fertig? Dann musst du deine Schale waschen.« Diese Methode der Unterweisung ist sehr natürlich. Dogen mochte sie. Ich frage euch auch manchmal: »Wie geht's, *ça va, Madame*?«

Dogen leugnet nicht die Buddha-Natur. Es ist nur so, dass wir sie nicht finden können. Alle Daseinsformen im Kosmos sind die Buddha-Natur. Im *Shobogenzo Bussho* erklärt Dogen eingehend, was die Buddha-Natur ist. Jedes Kapitel im *Shobogenzo* ist ein Kommentar zu tiefen und wirklichen Koan. Das ganze *Shobogenzo* und

[12] Frei nach I. Schloegel, *The Zen Teaching of Rinzai (The Record of Rinzai)* (Berkeley, CA: Shambala, 1976), S. 14.

sogar der Titel[13] selbst ist ein Koan. Dagegen handelt es sich beim *Rinzai Roku* nur um die Worte Rinzais und nichts wird gelöst. Das *Rinzai Roku* besteht größtenteils aus Fragen. Nur Fragen. Nichts ist gelöst. In den Kapiteln *„Bussho"* und *„Bukkyo"* des *Shobogenzo* gibt Dogen viele Kommentare zur Buddha-Natur. Was ist die Buddha-Natur? Dogen erklärt behutsam, fein und tief. Das Rinzai-Zen ist aktiv; es ist faszinierend. Das Soto-Zen von Dogen ist fein, ruhig, überlegt.

Zu dieser Frage des Meisters der Schriften [»Was ist die Buddha-Natur?«] erklärt Dogen, dass die drei Fahrzeuge und die zwölf Abteilungen *Hinayana*-Lehre sind und dass sie die 5000 Sutras von *Bukkyo* [die Buddhistische Lehre] darstellen. Dogen erklärt, dass alle Sutras des Buddha, alle Unterweisungen des Buddha, der Geist Buddhas sind. Den Geist Buddhas verstehen heißt die Sutras Buddhas verstehen.

Außerhalb der Unterweisung des Buddha – sagt die Rinzai-Schule – gibt es einen anderen weitergegebenen Geist. Beim großen Vortrag, den Shakyamuni Buddha einmal hielt, da verstand ihn keiner außer **Mahakasyapa**. Als Buddha die Blume in seinen Fingern drehte, verstand Mahakasyapa. In diesem Moment also gab Buddha diesen besonderen Geist an seinen Schüler Mahakasyapa weiter. Dogen ist damit nicht einverstanden. Kein spezieller Geist wurde je weitergegeben. Mahakasyapa kannte alle Unterweisungen Buddhas, als Buddha starb, sammelte er sie alle. Und Dogen sagt, dass der Geist Buddhas seine Unterweisung ist, seine Sutras. Wir sollen alle Sutras Buddhas achten. Sie sind der Eine Geist und die kosmische Ordnung.

In Dogens Gedicht *San Sho Doei* heißt es:

> Die Farbe des Berges,
> der Klang des Tals,
> alles zusammen
> ist unseres Shakyamuni Buddhas
> heilige Haltung und seine Stimme!

Was sind Sutras? Sie sind alle Erscheinungsformen, die ganze kosmische Ordnung. Der Fluss in den Bergen, der Klang im Tal, sie wiederholen immer die Sutras Buddhas.

---

[13] *Shobo* bedeutet die absolute Wahrheit über das Dharma (d. h. die Wahrheit betreffend die Wahrheit); *Gen* bedeutet Auge (d. h. das, was zur wahren Wahrheit erwacht); *Zo* bedeutet Speicher oder Schatzkammer (d. h. der Ort, wo das Auge zur wahren Wahrheit erwacht).

Meister Rinzai gab immer Stockschläge und schrie *Kwatz*, so fuhr jedermann fort, die gleiche Frage zu stellen: »Was ist die Buddha-Natur?« Und schließlich erlangte man dann das Rinzai-*Kensho*. Dogen gab, als er aus China zurückkehrte, seinen Schülern keine Koan. Und im Tempel von Koshoji in Uji bei Kyoto erklärte Dogen die Bedeutung von **Genjo Koan** [*Genjo* ist die unmittelbare Manifestation der Dinge, wie sie sind] und des *Maka Hannya Haramitsu* [Großes Sutra der tiefen wesentlichen Weisheit und des Darüberhinaus]. Im *Bendowa* [Untersuchung über die Bedeutung der Praxis] erklärte er die Unterweisung Buddhas. Was ist sie? Sie ist so. Dogen erklärt all das genau. Das ist Dogens Geschmack, es ist sein Stil, es ist sein Zen. Dogens Kommentare in *Bussho* [Buddha-Natur] sind sehr lang ... Jeder hat die Buddha-Natur. Sie ist immer da und verändert sich nie. Jede Daseinsform ist die Verwirklichung der Buddha-Natur. Dogen macht Kommentare in viele Richtungen. Dogen war behutsam und fein und er gab nie merkwürdige Koan. Er erklärt eingehend, genau, sorgfältig, und das ist *Shobogenzo*.

27. Juli – 7:00

[Das Morgen-Zazen beginnt, der Meister ist an seinem Platz und das *Dojo* ist vollkommen ruhig. Dann plötzlich hört man Stimmen am anderen Ende des *Dojo*, beim Bach, und dann eine Frau, die schreit. Sie wird rasch zum Ausgang begleitet. Nach einiger Zeit sagt der Meister:]

Verrückt werden bedeutet etwas festhalten. Man bleibt auf etwas fixiert und der Geist wird krank.

27. Juli – 10:00

5000 Sutras – Zubehör des großen Weges

Was ist *Bussho*, was die Buddha-Natur? Im Rinzai wird diese Frage immer zu einem Koan und nie wirklich erklärt. Also denkt der Schüler während Zazen darüber nach. Was ist die Buddha-Natur? Überall denkt er darüber nach, auf der Toilette, im Bett und schließlich sogar in seinen Träumen; am Ende wird er wie ein Verrückter. »Warum muss ich essen?« Das ist, was das verrückte Mädchen [die die Unruhe kurz vorher verursacht hatte] mich heute morgen bei der *Genmai* [Reissuppe] fragte. Bei einem Gedanken steckenzubleiben ist sehr gefährlich.

Im Rinzai sagt man, man solle nicht die Unterweisungen der Patriarchen hüten, man solle nicht die Sutras lesen. »Benutzt nicht die Sutras. Während Zazen nur Koan. Macht euren Körper und Geist wie trockene Bäume, wie tote Asche. Seit wie ein Bottich ohne Boden.« - »Auf diese Weise«, schreibt Meister Dogen, »geraten Rinzai-Schüler völlig in Häresie und Teufelei. Sie gebrauchen das, was sie nicht benutzen sollten. Und so wird das wahre Buddha-Dharma ein verrücktes Dharma, ein Teufels-Dharma. Das ist ein Jammer.« Dogen bewunderte die Sutras.

Ich verstehe Rinzais Methode. Aber er kritisiert die Sutras zu sehr. Es gibt mehr als 5000 Sutras und sehr wenige Leute haben sie je gelesen. Die Rinzai-Leute haben die Sutras nicht gelesen und doch kritisieren sie sie. Rinzai ging selbst zum Hohen Sitz, nannte sich selbst einen wahren Meister und eröffnete ein *Dojo*. Er ist kein wahrer Meister, und so befinden sich Rinzai-Anhänger mehr und mehr im Irrtum und in der Dunkelheit und in der Finsternis. Das ist ein großer Jammer. Wenn jemand eine Frage stellt, erhält er nichts weiter als ein *Kwatz!* Oder man zeigt ihm den Daumen ... Gewiss ist diese Technik manchmal ganz in Ordnung, wenn man sie verstehen kann.

Dogen sagt immer, dass es nur *Shikantaza* gibt. Dass man sich nur auf Zazen konzentrieren soll. Aber Sutras lesen ist auch wichtig. Ein Gleichgewicht ist notwendig. Rinzai selbst verstand. Aber seine Schüler und seine Schule imitieren nur Rinzai und Nachahmung ist nicht so gut. Diese Meister verstehen überhaupt nicht. Einfach nur *Kwatz!*, den Daumen zeigen, den Fliegenwedel hin und her schwenken, mit dem Stock schlagen. Die Erziehungsmethode des Soto-Meisters Tozan mit den *Goi* [Methode der fünf Stufen] war auch nicht ganz stimmig. Weil Tozans Schüler Sozan sie überentwickelt hat. Sozan haftete zu sehr an dieser Methode[14] ... Gleichgewicht ist wichtig.

Man soll die Sutras nicht kritisieren. In den Sutras kann man den wahren **Bodhisattva**, die wahre Unterweisung Buddhas finden. Die Sutras sind das Zubehör des großen Weges. Wenn wir die Sutras bewahren und wenn wir sie auf tiefe Weise lesen, dann sind wir wahre Buddhisten. Dogen beschäftigte sich eingehend mit Rinzai; schließlich nannte er Rinzais Weg den »verrückten Weg«.
Jetzt machen wir ein *Mondo*.

---

[14] Tozan und Sozan ware berühmte chinesische Meister des 9. Jahrhunderts. Das *To* und das *So* in ihren Namen wurde in der Folge zusammengeschrieben, um das Wort „Soto" zu bilden. Die bekannte *Goi*-Methode [Fünf Stufen], die Tozan einführte und Sozan weiterentwickelte, ist eine philosopische Ausarbeitung der beiden grundlegenden Soto-Texte *San Do Kai* und *Hokyo Zanmai*.

Mondo

[Alle drehen sich um, damit sie am *Mondo* – Fragen und Antworten – zwischen Meister und Schülern teilnehmen können.]

Tabak – nicht so gut, nicht so schlecht

Frage: Viele Leute hier rauchen. Ist Tabak gut oder schlecht?

Meister: Nicht so gut, nicht so schlecht. Tabak beruhigt. Und für Leute, die zuviel denken, ist Tabak gut. Whisky ist auch nicht so schlecht. Aber zuviel von irgendetwas ist nicht gut. Gleichgewicht ist wichtig. Aber mit Drogen bin ich nicht einverstanden. Mit Drogen wird das Gehirn krank. Und dann ist es nachher schwierig, zum Normalzustand zurückzukehren. Viele, die als erste zum Pariser *Dojo* kamen, nahmen Drogen. So habe ich sie sachte sachte erzogen ... Stéphane war vollkommen verrückt, als er anfangs ins *Dojo* kam. Er ist immer noch verrückt, aber nicht mehr so sehr. Jetzt ist er gewitzt geworden ... Früher nahm er alle möglichen Drogen, da habe ich ihm gesagt, er soll auf Whisky überwechseln – Whisky ist besser. So ist er zu Whisky übergegangen und trank und trank und vergaß die Drogen. Dann sagte ich ihm, er solle weniger trinken, und er folgte meiner Erziehung und trank sehr wenig. Eine gute Erziehung. Jetzt trinkt er überhaupt nicht. Er ist ein guter Mönch jetzt, kein Sex, kein Whisky, keine Drogen. Ein großer Mönch, unbewusst, automatisch und natürlich.
Verstehen Sie? Was den Tabak betrifft?

Ein Dojo ist ein heiliger Ort, kein Krankenhaus

Frage: In bezug auf das, was heute morgen geschah, mit der kranken Frau ...

Meister: Ja, Madame?

Madame (erregt): Sie wollte Hilfe! Sie wollte Liebe! Aber sie wurde schnell aus dem *Dojo* entfernt. Schließt die Zen-Gemeinschaft hier solche Leute aus?

Meister: Wenn eine Person zweihundert andere stört, ist es notwendig, dass sie rausgeht. Sie muss ins Krankenhaus gehen. [Es entsteht plötzlich Unruhe im *Dojo* und mehrere Leute stehen auf und versuchen, alle gleichzeitig Fragen zu stellen.]

Madame: Ich verstehe! Es ist die Art, was ich meine, die Art und Weise!

Meister (er tut den Zeigefinger an die Schläfe): Sie sind auch ein bisschen wie sie.

Zweite Person (steht auf und unterbricht): Warum wurde sie denn nicht von Nonnen hinausgeführt statt von Mönchen?

Meister (Zeigefinger an der Schläfe): Auch Sie, Madame, sind ein bisschen verrückt. Die Nonnen wären nicht kräftig genug gewesen.

Dritte Person (unterbricht): Sie brauchte Liebe und Freundlichkeit!

Madame: Sie haben nichts für sie getan!

Meister: Wir haben mit ihrem Vater gesprochen. Wir haben mit ihrem Arzt gesprochen. Wir haben mit dem Krankenhaus gesprochen. Ich muss mich erst einmal um meine normalen Schüler kümmern. Nicht um verrückte Menschen. Ein *Dojo* ist ein heiliger Ort, nicht ein Krankenhaus ... Als der Sohn von Madame [der Meister zeigt auf seinen Schüler Stéphane, dann zur Mutter, die als erste die Frage stellte] – als Stéphane anfangs das Pariser *Dojo* aufsuchte, da kam seine Mutter immer, um mich anzuschreien und zu kritisieren. Doch dann war sie von ihrem Sohn beeindruckt und wie er sich veränderte, und jetzt ist sie auch hierher gekommen. Zum Schluss war sogar sie beeindruckt; aber nicht ganz. Als sie die verrückte Frau sah, wurde sie von ihr beeinflusst, und jetzt ist sie auch ein bisschen verrückt. Ich hätte dem kranken Mädchen helfen können. Wie ich es beim anderen *Sesshin* in Lodève machte, in Südfrankreich. Damals in Lodève sagte ich ihr, sie solle mir ins Gesicht schauen. »Schauen Sie mir ins Gesicht.« Aber sie tat es nicht. Sie schaute überall hin, aber nicht in mein Gesicht. Ich könnte ihr helfen, natürlich, aber es würde sehr viel Zeit brauchen, und wenn ich viel Zeit mit ihr verbringe, dann kann ich Sie hier nicht unterweisen. Ich könnte für Sie alle heute kein Kusen halten! Heute morgen gab es kein Kusen. Warum?
Bon Appétit! [Der Meister beendet das *Mondo* und steht auf.]

***

27. Juli – 16:00
Das Theater der schnatternden Enten

Wenn ihr euch während Zazen nicht voll und ganz auf eure Haltung konzentrieren könnt, konzentriert euch auf eure Atmung, auf eure Ausatmung. Sie sollte lang sein. Drückt unter den Nabel und das *Kikai Tanden* wird sich vorwölben. Dann atmet ein und konzentriert euch wieder auf eure Ausatmung. Eure Atmung sollte kein Geräusch machen.

Meister Rinzai sagte vom Hohen Sitz: »Auf dem Klumpen roten Fleisches ist ein wahrer Mensch ohne Stellung« - das ist sehr berühmt im Rinzai - »der ohne Unterlass durch die Tore eures Gesichtes ein und aus geht. Wer ihn noch nicht erkannt hat, schaue hin! Schaut!« Ein Mönch trat vor und fragte: »Was ist der wahre Mensch ohne Stellung?« Der Meister stieg von seinem Hohen Sitz, packte den Mönch und sagte: »Sprich! Sprich!« Der Mönch zögerte. Der Meister ließ ihn gehen und sagte: »Was für ein Kotstock dieser wahre Mensch ohne Stellung ist!« Dann zog er sich in sein Zimmer zurück.
Sehr witzig.

„Auf dem Klumpen roten Fleisches" bedeutet unseren Körper oder die fünf Aggregate[15]. *Mui Shin Jin,* der Mensch ohne Stellung – das bedeutet der Mensch keiner Klasse, ohne Grad, der Mensch der Nicht-Stellung, der wahre Mensch. Dieses *Mondo* Rinzais ist sehr interessant. Aber Meister Dogen kritisierte es. Im *Shobogenzo Sesshin Sessho* [Die Darlegung des Geistes, der Natur] schrieb Dogen, dass Rinzai nur *Mui Shin Jin* kennt. Warum hat sich Rinzai nicht auch mit *Wui Shin Jin* beschäftigt, schrieb Dogen. [*Wui* ist die Bejahung von Grad, Stellung, während *Mui* die Verneinung von Stellung ist.] Warum? Weil Rinzai den Menschen mit Stellung nicht kennt. Er kennt nur den Menschen ohne Stellung[16]. Rinzai würde Dogens *Genjo Koan* nicht verstanden haben, und letzten Endes gelangt er nicht zum tiefen Grund. Er geht nur den halben Weg hinunter.

Als Meister Tozan mit Meister Shinzan Somitsu unterwegs war, zeigte Tozan auf eine Einsiedelei nahe bei der Straße und sagte: »In dieser Einsiedelei lebt jemand. Und dieser ‚jemand' legt dar in Bezug auf Geist und in Bezug auf Natur.« Meister Somitsu: »Wer ist er?« Meister Tozan: »Du hast gefragt, und so ist er [aufgrund der Frage] gestorben.« - »Wer ist er?«, fragte Somitsu erneut. »Wer legt dar in Bezug auf Geist, auf Natur? Wer legt dar?« Tozan: »Er ist tot, aber er kann im Tod leben[17].«

Das ist ein schwieriges *Mondo.* Das kann mit der Logik, mit dem gewöhnlichen Menschenverstand nicht verstanden werden. Aber Dogen erklärt Natur, erklärt Geist, indem er dieses *Mondo* benutzt. Es ist die große Quelle des Buddha-Weges. Dogen erklärt das sehr tief, weil sein Geist sehr tief ist. Es ist ein wunderbarer Vortrag. Ohne den Geist zu erklären, ohne die Natur zu erklären, gäbe es keinen wunderbaren Vortrag, es gäbe keine Entscheidung Mönch zu werden, Zazen zu

---

[15] Siehe *Skandha* im Glossar.
[16] Siehe die *Vier Prinzipien Rinzais* im Glossar.
[17] Hier, wie anderswo, zitiert der Meister ein Soto-*Mondo* zum Vergleich mit dem vorher erwähnten Rinzai-*Mondo.*

üben; und es gäbe kein Satori des Buddha. So erklärt das Dogen, immer und immer tiefer. Rinzai konnte nicht bis ganz auf den Grund gelangen. Durch den wahren Menschen ohne Stellung kann er nicht Satori erlangen. Das ist nur die Hälfte. Er muss auch durch den Menschen mit Stellung Satori erlangen.

Während der Meister auf dem Hohen Sitz saß, ging ein Mönch auf den Meister zu und machte *Gassho*. Rinzai stieß einen *Kwatz*-Schrei aus. Der Mönch, überrascht, sagte: »Alter Ehrwürdiger, es wäre besser mich nicht zu prüfen.« Rinzai: »Dann sag du es – wohin fiel es, das *Kwatz*?« Schließlich gab auch der Mönch ein *Kwatz* von sich! Dogen bemerkt etwas Interessantes zu diesem *Mondo*: Warum hat Meister Rinzai in diesem Moment dem Mönch nicht den Stock gegeben? Sogar der berühmte japanische Rinzai-Mönch Daito Kokushi schrieb in seinen Kommentaren zu diesem *Mondo*: »In dem Moment hätte Rinzai dem Mönch den *Kyosaku* geben sollen, aber er vergaß es.«

[Der Meister liest aus dem *Rinzai Roku*:][18] Ein anderer Mönch fragte: »Was ist die Essenz des Buddhismus?« Rinzai antwortete mit einem *Kwatz*. Der Mönch antwortete mit einem *Gassho*. Rinzai: »War das ein gutes *Kwatz*?« Mönch: »Der Straßenräuber erlitt eine große Niederlage.« Rinzai: »Wer ist dann auf dem Holzweg?« Mönch: »Es ist nicht erlaubt, es ein zweites Mal zu tun.« Rinzai stieß ein *Kwatz* aus. *Rinzai Roku*: »Die leitenden Mönche trafen einander, und beide stießen zusammen einen *Kwatz* aus.« Interessantes Theater. Dogens *Shogogenzo* ist nicht so. Ein Mönch fragte: »Was ist die Essenz des Buddhismus?« Rinzai hob sein **Hossu** [Fliegenwedel]. Der Mönch schrie *Kwatz!* Der Meister schlug ihn.
Sehr interessant.

Ein anderer Mönch: »Was ist die Buddha-Natur?« Rinzai hebt sein *Hossu*. Der Mönch macht *Kwatz*, Rinzai macht *Kwatz*. Wie Hunde, wie Enten. Das mit dem gewöhnlichen Menschenverstand zu verstehen ist unmöglich. Der Mönch zögerte und Rinzai schlug ihn. Im *Rinzai Roku* wird das *Kwatz* immer wiederholt. Und spätere Rinzai-Meister imitierten einfach nur Rinzai wie Enten, die quaken. Im *Shobogenzo* schreibt Dogen, dass sein eigener Meister Nyojo immer über diese Rinzai-Methoden lachte und spaßte, genauso wie über den Stock von Unmon.

Das ist nicht der wirkliche, der wahre Weg, den Buddha zu erkunden. Der Weg, der vom Buddha den Patriarchen weitergegeben wurde, sagt Dogen, ist nicht so. Tief mit Körper und Geist verstehen. Wenn wir tief verstehen wollen, gibt es kein Theater. Sicher, wir müssen unsere eigene Methode erschaffen. Aber es ist nicht

---

[18] Vgl. Schloegel, op.cit. 4 b,c und 5 a,b, S. 16.

nötig, Diskussionen und *Mondo* zu veranstalten. Weiter *Shikantaza* üben und wir können verstehen; weiter Theater machen und wir können nicht verstehen.

Wir dürfen nicht diesen Fehler machen. In einem wahren *Mondo* müssen wir unseren wahren Geist fragen. Da ist keine Zeit andere zu verstehen; denkt an andere und ihr vergesst euch selbst. Es ist nicht nötig über verrückte Menschen nachzudenken. Ihr hier in diesem *Dojo* erforscht euren eigenen wahren Geist. Ihr erforscht euch selbst. Der Weg des Buddha heißt, sich selbst zu verstehen; mit Zazen weitermachen. Erkenne dich selbst, sagte Sokrates. Man braucht nicht an verrückte Menschen zu denken oder an seine Familie oder an andere Menschen, hier während des *Sesshin.* Uns selbst zu erforschen heißt: uns selbst vergessen. Am Ende muss man sich selbst vergessen. Zazen ist wahres *Shikantaza.* Aber die Menschen denken gerne an andere und so vergessen sie völlig ihren eigenen Geist.

Jetzt halten wir ein *Mondo* ab. *Mondo* für Idioten. *Mondo* für Narren. *Messieurs, Mesdames, tournez-vouz.*

Mondo

Sex und der Zen-Mönch

Frage: Was ist ihre Ansicht über Sex?

Meister (überrascht): Sex? ... Notwendig. Die Menschen brauchen ihn. Vor allem die jungen. Aber das Gleichgewicht ist auch notwendig. Zu viel Sex ist nicht gut. Immer den Partner wechseln, immer an Sex denken. Das Gleichgewicht ist notwendig, aber wenn Sie es nicht aufrechterhalten können, dann ist es besser aufzuhören. Während eines *Sesshin* ist es nicht notwendig, an Sex zu denken. Haben Sie einen Gatten?

Antwort: Ja. *(Wägt die Frage ab.)* Ja, mehrere.

Meister: Ah, Sie haben also oft andere Männer? Jeder ist anders. Manche haben ein starkes Karma für Sex und manche haben kein Bedürfnis danach. Für jede Person sind Sex und Liebe verschieden.

Frage: Und wie ist es mit dem Sex für Zen-Mönche?

Meister: Sie brauchen nicht an die Mönche zu denken.

Frage: Nein, nein. Alles was ich will ist, Zen-Mönche mit christlichen Priestern vergleichen.

Meister: In der Vergangenheit heirateten Zen-Mönche nicht. Heutzutage heiratet jeder. Mein Meister allerdings war nicht verheiratet. Besser nicht verheiratet sein. Aber wenn Sie es sind und in Frieden und ruhig sind und in ihrem Zazen weiterkommen, dann ist das in Ordnung. Das ist kein wichtiges Problem. Wichtig ist, Zazen zu machen. Wichtig ist, ein wahrer Zen-Mönch zu werden. Zen ist nicht Kasteiung. Es ist auch nicht Askese. Wenn ihr im Kloster dauernd an Sex denkt, dann wird es zu einem Problem. Allein ohne eine Frau und immer an Sex denken und immer onanieren ist nicht gut. Als ich die Trappisten besuchte war das erste, was die christlichen Mönche mich dort fragten, wie ich mit dem Sexproblem umgehe: »Wie lösen Sie Sex für die jungen Menschen, die mit Ihnen üben?« - »Oh, kein Problem«, sagte ich. Im Trappistenkloster war Sex verboten. Selbstbefriedigung auch. Die Trappisten sagten mir, dass ihre Religion diesbezüglich sehr streng sei. Also antwortete ich, dass es natürlich ist, dass alle ihre Mönche weglaufen ... Das ist ein heikles Problem und man kann es nicht kappen oder lösen. Wie dem auch sei, Sex ist kein wichtiges Problem. Die Zeit löst es.

Die Zeremonie

Frage: Wozu die Zeremonie?

Meister: Eine kleine Zeremonie ist notwendig.

Frage: Jeden Tag?

Meister: Ja, jeden Tag. Es soll eine Gewohnheit werden. Gutes Betragen, gutes Verhalten. Wiederholen Sie es jeden Tag und Ihr Verhalten wird schön. Die Zeremonie ist sehr gut für die Konzentration. Wenn Sie das Sutra des *Hannya Shingyo* singen, können Sie sich auf die Ausatmung konzentrieren. Es ist schwierig, sich immer auf die Ausatmung zu konzentrieren während Zazen, aber wenn Sie es während des Singens tun, wird es unbewusst, automatisch und natürlich. Genauso für das *Mokugyo* [der Holzfisch, der während des Singens geschlagen wird], das gleiche mit *Sanpai.* Man muss wiederholen. Das ist sehr wichtig. Wiederholt die guten Dinge und euer Karma kann besser werden. Wiederholt Sex und ihr werdet einfach nur müde. Sex ist weder gut noch schlecht, aber wiederholt die guten Dinge und euer Karma kann sich verändern. Euer Gesicht kann sich verändern. Wiederholt die schlechten Dinge und euer Gesicht verändert sich auch. Wenn wir vor dem Essen das *Bussho Kapila* singen, so sagen wir, der erste Löffel bedeutet, dass wir das Gute tun. Der zweite bedeutet, dass wir mit dem Schlechten aufhören. Der dritte ist da, um allen Lebewesen zu helfen. Was bedeutet es, andern zu helfen? Es ist nicht das, was Stéphanes Mutter denkt. Wenn wir gute Dinge tun und mit schlechten Dingen aufhören, dann können wir den andern wirklich helfen. Wenn wir Zazen machen, können wir den Menschen helfen – indem wir sie unbewusst beeinflussen. Anderen helfen bedeutet nicht, sich selbst zu vergessen. Die Zeremonie wiederholen – das ist sehr wichtig. Und sehr einfach. Einfach nur *Sanpai*. Es ist besser, die Zeremonie zu wiederholen als bloß zuzuschauen. Diejenigen, die praktizieren, sind besser beraten als die, die nur beobachten. Es ist nicht so, wie wenn ihr im Theater seid[19]. Zeremonie ist nicht das Theater. Eine andere Frage? Nein? Dann ist es Zeit aufzuhören.

Madame: Ich habe eine Frage.

Meister: Morgen, morgen, Madame.

Madame: Es ist nur eine kleine Frage.

Meister: Ah? Eine kleine Frage? Na gut, eine kleine Frage.

Madame: Wenn der *Kyosaku*-Verantwortliche den *Kyosaku* gibt, gibt er ihn dann kräftigen Menschen genauso stark wie schwächeren?

Meister: Nein, nicht gleich. Die *Kyosaku*-Verantwortlichen wurden unterwiesen, ihn schwachen Leuten wie Ihnen anders zu geben.

Madame: Nun, einer der *Kyosaku*-Verantwortlichen hat mich sehr stark geschlagen. Aber vorher haben sie mich nicht stark geschlagen.

Meister: So? Macht nichts. So ist es besser. Sie sollten zum *Kyosaku*-Verantwortlichen sagen: Vielen vielen Dank. Sicher kommt es daher, dass Ihre Haltung von hinten gesehen sehr stark aussieht. Am Anfang waren Sie sicherlich schwach. Aber jetzt sind Sie stärker. Deshalb bekommen Sie jetzt einen kräftigeren *Kyosaku*. Ein starker *Kyosaku* ist besser; es ist keine Massage, der *Kyosaku*. Ein sanfter *Kyosaku* ist überhaupt nicht wirksam. Wenn ich Ihnen den *Kyosaku* gebe, gebe ich ihn kraftvoll und Sie können Satori haben.

---

[19] Manche Leute sitzen während der Zeremonie ganz hinten und schauen nur zu.

27. Juli – 20:30
Treffende Kritik, die Worte Buddhas

Wenn wir Menschen kritisieren ist es am besten, wenn wir treffend kritisieren. In der modernen Zivilisation sind die Mütter zu weich mit ihren Kindern, und so haben wir die moderne Krise. Die Mütter sind zu weich, sie kritisieren nicht richtig und die Kinder machen Fehler. Die klügeren Kinder erwarten Kritik von ihren Eltern. Aber die Eltern sind dümmer als ihre Kinder und wenn die Kritik nicht kommt, sind die Kinder nicht glücklich und verlassen bald ihre Familie. Man muss treffend kritisieren. Aber egoistische Kritik ist nicht gut. Politiker heutzutage kritisieren andere zum eigenen Vorteil. Aber wirkliche Kritik ist heutzutage notwendig und sie kann der künftigen Entwicklung der Zivilisation helfen. So steht es im *Shodoka* geschrieben. Die Worte der Kritik, wenn sie treffend sind, sind die Nektar-Worte von Buddha Shakyamuni. Die meisten Menschen mögen keine Kritik. Aber sie sollten. Sie sollten sich bedanken. Doch ist die Kritik meistens falsch.

Die meisten Menschen, die verrückt sind, sind das wegen ihrer Mütter. Die Mutter hat zwei Liebhaber im selben Haus, und das Kind wird kompliziert ... Die, die Selbstmord begehen, die, die neurotisch sind – die Nervenheilanstalten sind voll von solchen Leuten. Warum? Wegen der Erziehung der Mütter.

Die Frauenbewegung ist nicht notwendig. Hier, während dieses *Sesshin*, gibt es eine Frau, die Werbung macht für die Frauenbewegung. Tun Sie's draußen, aber nicht während des *Sesshin*. Es ist zwecklos zu einem *Sesshin* zu kommen, um das zu tun ... Hier gibt es eine andere Frau, die viele Jahre bei uns war, und jetzt unterstützt sie auch die Frauenbewegung. Sie ist eine »goldene« Schülerin[20]. Ich verstehe nicht. Sie geht in die Richtung einer kleinen Schülerin.

Dogens Kritik von Rinzai im *Shobogenzo* ist treffend. *Shobogenzo* ist kein dramatisches Werk, auch kein theatralisches. Doch für mich ist es sehr interessant. Mein Schüler Monsieur Brosse hat eine Kritik an Professor D. T. Suzukis Zen veröffentlicht. Seine Kritik war treffend. Jemand - ich sage nicht den Namen, er ist der Vizepräsident von »Zen d'Europe« - sagte, man solle Professor Suzuki nicht kritisieren. Dieser Vizepräsident ist überhaupt nicht intelligent[21]. In der Religion ist es notwendig zu kritisieren. Ohne genügend Kritik geht es mit der Religion abwärts. Wie mit dem Christentum. Christus selbst hat das verstanden, und er kritisierte. Er kritisierte und wurde dafür zum Tode verurteilt, und er kritisierte dennoch weiter. Christus war groß und jetzt lebt er in alle Ewigkeit.

---

[20] Auf einer Liste der engeren Schüler des Meisters stehen die besten oder die »goldenen« zuoberst.
[21] Damals die einzige finanzielle Stütze des Meisters.

Rinzai war ein Schüler von Obaku gewesen. Und er erhielt sechzig Schläge mit dem *Kyosaku*. Schließlich suchte er Meister Taigu auf, den Großen Narren ... Dann kehrte Rinzai zu Obaku zurück und die Geschichte wurde berühmt. Und von da an wurde Rinzai zum Schüler Nummer eins von Obaku. Rinzai gab das wahre Zen von Obaku weiter. Die meisten Menschen denken, dass Rinzais Zen größer ist als Obakus Zen. Aber Rinzais Zen ist töricht. Drei Jahre lang stellte er seinem Meister Obaku keine einzige Frage. Er fürchtete sich in Obakus Zimmer zu gehen und machte nichts anderes als Zazen. So drängte ihn der *Shusso*, zum Meister zu gehen. »Du hast keine Frage zu stellen?« - »Nein«, sagte Rinzai. Dann, wozu Mönch werden? Um Mönch zu werden muss man eine wichtige Frage haben, die man dann einmal stellt. Obaku gab Rinzai den *Rensaku* und Rinzai lief davon. »Warum hast du das Zimmer des Meisters so rasch verlassen?«, fragte der *Shusso*. »Tut sehr weh«, antwortete Rinzai. »Der *Kyosaku* des Meisters ist sehr stark, und ich bekam Angst.« Damals war Rinzai zu schwach, zu schüchtern – wie die Frau im *Mondo* heute. Dogens Kritik ist tief, stark und treffend. Wenn man Mönch wird, muss man sich auf sein ganz eigenes Problem konzentrieren. Es ist nicht nötig, über die verrückte Frau nachzudenken.

Bis heute hat Rinzai nicht ein wirkliches, wahres Wort hervorgebracht. Alles, was er tat war, andere Meister zu imitieren. Dass er Obaku schlug, gutes Theater. Aber als er das tat, machte Rinzai nichts anderes als Meister Taigu zu imitieren[22]. Taigu erzog ihn und Rinzai tat dann nichts anderes, als ihn nachzuahmen. Bloß Imitation. Ein großer Meister muss schöpferisch sein. Goethe hat den *Faust* geschrieben; ich war von Goethe beeindruckt. Aber von dieser Art von Schauspielerei bin ich nicht beeindruckt. Nur Theater. Nur Nachahmung. Die Nachfolger Rinzais sind bloß Schauspieler. Wohingegen Goethe, als er den Faust schrieb, ihn schuf. Das ist Zen.

Man muss aus dem Grund des Geistes erschaffen. Auf diese Weise werden andere beeinflusst. Schauspieler – wenn sie aus ihrer eigenen Erfahrung heraus schaffen, dann beeinflusst ihr Spiel auch die andern. Das ist Kunst. Das ist Schöpfertum. Der Irrtum der Demokratie besteht darin, dass die Menschen andere nachahmen und überhaupt nichts neu schaffen. Sie haben vergessen, schöpferisch zu sein. Kreativ sein ist sehr wichtig. Während Zazen ersteht die Schöpferkraft automatisch, unbewusst, natürlich. Sicherlich, wenn ihr weiter Zazen macht, wird eure

[22] Es wird berichtet, dass Meister Taigu, als er Rinzais Frage hörte (»Was ist die Essenz des Buddhismus?«), Rinzai ziemlich genau so schlug, wie Rinzai dann in der Folge den Obaku.

schöpferische Fähigkeit groß werden. Ich bezeuge das ... Also bitte, macht weiter Zazen ... Es bleiben nur anderthalb Tage.
Chukai!

28. Juli – 7:00
Die Vier Prinzipien von Rinzai

Ich will nun das *Shi Ryoken* von Rinzai erklären. *Shi* bedeutet vier. Also ist *Shi Ryoken* die ‚Vier Prinzipien der Rinzai-Schule'. Gemäß dem zehnten Kapitel des *Rinzai Roku* erklärt Rinzai die Vier Prinzipien folgendermaßen: »Manchmal schnappe ich den Menschen weg, aber nicht die Umwelt [Umgebung, Gegenstände]. Manchmal schnappe ich die Umwelt weg, aber nicht den Menschen. Manchmal schnappe ich sowohl Mensch als auch Umwelt weg. Und viertens: Manchmal schnappe ich weder den Menschen noch die Umwelt weg.« Diese Aussage ist berühmt geworden, es sind die Prinzipien von Rinzai. Im *Rinzai Roku,* Kapitel 10, heißt es weiter: „Ein Mönch fragte den Meister: »Wie schnappen sie den Menschen, aber nicht die Umwelt weg?« Rinzai antwortete: »Der warme Sonnenschein bedeckt die Erde mit einem Brokat-Teppich. Das Haar eines Kindes ist weiß wie ein Seidenfaden.« Der Mönch fragte: »Wie schnappen sie die Umwelt weg, aber nicht den Menschen?« Rinzai: »Wenn der König befiehlt, dann gelangen seine Befehle bis hin zu den Generälen an der Grenze und der Kampf hört auf.« Mönch: »Wie schnappen sie sowohl Menschen als auch Umwelt weg?« Rinzai: »Die Provinzen Hei und Fu sind völlig abgeschnitten, jede allein an ihrem eigenen Platz.« Mönch: »Wie schnappen Sie Mensch oder Umwelt nicht weg?« Rinzai: »Wenn der König seinen kostbaren Palast betritt, dann brechen die Bauern auf dem Felde in lautes Singen aus.« - Das sind analytische Methoden des Denkens, die auf vier Kategorien beruhen.

In der europäischen Philosophie gibt es die materialistische Dialektik der Kommunisten, des Marxismus und des Leninismus, mit ihrem System der drei Thesen: die These, die Antithese, die Synthese. Es gibt auch Einsteins Relativitätstheorie. Im Orient ist es komplexer; die westliche Relativität ist dualistisch. Für die abendländische Wissenschaft ist diese Theorie, diese Behauptung und Verneinung, diese These, Antithese und Synthese hinreichend. Es ist eine mehr intellektuelle Methode, eine mehr dualistische Methode, und so ist sie weniger komplex als im Orient. Westliche politische Strömungen, die männlich-weibliche Bewegung, sie mögen den *Monsieur-Madame*-Dualismus ... Frauen kritisieren Männer ... Sogar während des *Sesshin*. Immer diese Zweiheit. Und so ist es nicht möglich, zum Einklang zu finden ... Das geht eine Zeit lang. Aber dann kommt die Scheidung. Es gibt keine Möglichkeit, diese gegensätzlichen Dualitäten in Einklang zu bringen. Und so haben wir das Verhängnisvolle, das es in der abendländischen Philosophie gibt. Sogar hier werben die Frauen für die Frauenbewegung. Selbst zwischen Mann und Mann kommt es zum Dualismus: Der Mann wird eine Frau. Ein Homosexueller. Das zeigt die Krankheit der Zivilisation.

Zen ist jenseits von all dem: Da ist kein Mann, keine Frau. Während Zazen: nicht Weibchen, nicht Männchen. Nicht männlich, nicht weiblich. Die Geschlechtsorgane sind überhaupt nicht wichtig. Die Frauen in Zazen haben es besser – sie haben keine Hoden, die im Weg sind. Dualismus ist nicht gut, er bringt nichts ... Es ist schwierig für mich, im Französischen männlich und weiblich zu unterscheiden. Manche Flüsse sind männlich, andere weiblich. Die Seine, der Rhein. Dasselbe mit den Bergen.

In der indischen Logik gibt es vier Elemente. Rinzai hat das imitiert. Die Prinzipien von Rinzai sind keineswegs Prinzipien, die Rinzai geschaffen hat. Im *Hannya Shingyo* haben wir *Shiki soku ze Ku*, *Ku soku ze Shiki* – Gestalt ist Leerheit, Leerheit ist Gestalt. *Shiki* ist das erste Prinzip, d. h. manchmal schnappe ich den Menschen weg, aber nicht die Umwelt. Also ist das erste Prinzip, den Menschen abzuwerfen, aber nicht die Umwelt. Der Mensch ist das Subjektive – während die Umwelt, der Gegenstand, das Objektive ist. Also ist das erste Prinzip die Verneinung des Subjektiven und die Bejahung des Objektiven. Anders gesagt: *Shiki* ist das Objektive, die Erscheinung, während *ku* das Subjektive ist – es ist nicht *Shiki,* sondern die Leerheit. *Shiki* bedeutet Erscheinung und *Ku* bedeutet Leerheit.

Das zweite Prinzip: Manchmal schnappe ich die Umwelt weg, aber nicht den Menschen. Die Umwelt ist das Objektive. So haben wir Verneinung des Objekts, des Gegenstands, und Bejahung des Subjekts. So haben wir nur *Shiki*, und nicht *Ku.*

Das dritte Prinzip: Manchmal schnappe ich sowohl den Menschen als auch die Umwelt weg. Das ist die Verneinung von beidem. Hier werden Subjekt und Objekt beide verneint.

Das vierte Prinzip: Keins von beiden wird weggeschnappt. Es ist die Bejahung von beidem. So ist das erste das Objekt, nicht das Subjekt. Das Zweite ist das Subjekt, nicht das Objekt. Das Dritte ist die Verneinung von beidem. Das Vierte ist die Bejahung von beidem.

Im *Rinzai Roku* erklärt Rinzai, dass er keines von beiden verwirft. Wie das, wie dies. Und Rinzais Schüler sagen, dass ihre Erziehungsmethode, dass diese Vier Prinzipien eine sehr tiefe Philosophie sind. Aber ihre Erziehungsmethode ist überhaupt nicht schöpferisch, überhaupt nicht frisch und nur eine Nachahmung, die der alten indischen Logik entnommen wurde.

In der westlichen Wissenschaft hat man die Synthese der drei Stufen, und dabei lässt man es bewenden. Erstens, die Welt ist begrenzt. Zweitens, die Welt ist unendlich. Drittens, sie ist begrenzt, aber unendlich: Mann oder Frau. Das ist die Negation. In diesem Fall kann nichts entschieden werden, nichts entdeckt, nichts gelöst werden: Das ist Skeptizismus. Die Welt ist nicht begrenzt und sie ist auch nicht unendlich. Und viertens, die Welt ist sowohl begrenzt als auch unbegrenzt. Das ist der Kompromiss. Diese vier Kategorien sind notwendig. In der Dialektik gibt es keinen Zweifel, keinen Skeptizismus. Nur These, Antithese und Synthese. Aber in unserem Alltag ist das nicht so ... Ich liebe dich. Du liebst mich? Nein. Manchmal Liebe, manchmal nicht ... Und damit erscheint dann die doppelte Persönlichkeit. Vieles mehr tritt dann in Erscheinung: Zweifel, Skeptizismus ... Der Körper liebt, aber der Geist nicht. Von diesem Gesichtspunkt aus tauchen viele Kompliziertheiten auf. Der Thalamus und das Vorderhirn befinden sich im Gegensatz. Wir sprechen nett, süß; aber was wir sagen ist nicht, was wir fühlen. Im täglichen Leben werden wir kompliziert. Wie können wir dieses Problem in unserem Alltagsleben lösen? Das ist nicht nur eine Frage der Relativität.

Die *Vier Rinzai Ryoken* [Die vier Arten des Urteils] sind weiter entwickelt als Einsteins Relativitätstheorie. Die vier Faktoren sind tiefer als das, was wir hier im Westen haben. Nichtsdestoweniger sind sie doch lediglich eine Imitation.

Im Soto haben wir die *Fünf Go-i*, die Fünf Stufen. Eine Stufe, ein Prinzip, ist hinzugefügt worden zu den vier von Rinzai. Ich habe die *Go-i* oft erklärt. *Sho* ist das Subjekt, *Hen* ist das Objekt. So hat man *Sho chu Hen* – was in der Zeit von **Tozan** und Sozan sehr bekannt wurde. Das Objekt im Subjekt und das Subjekt im Objekt. *Sho chu Rai* ist nur das Subjekt. *Hen chu Sho* ist nur das Objekt. *Ken chu To* ist beides.

Aber für Meister Dogen sind nicht nur die *Vier Rinzai Ryoken,* sondern auch die *Fünf Go-i* des Soto kindische Methoden. Die Methode von Rinzai ist sehr praktisch für Koan-Diskussionen. Aber diese Methode und die Methode des Soto sind nur eine Frage der Philosophie und sie aktivieren lediglich das Vorderhirn.

Der Weg des Buddha ist jenseits von reich oder arm, Überfluss oder Mangel, schreibt Dogen im *Genjo Koan*, jedoch gibt es Geburt und Tod, Illusion und Satori, fühlende Wesen und Buddha. Aber selbst wenn dem so ist, auch wenn wir die Blume lieben, wird sie sterben. Selbst wenn wir das Unkraut hassen und selbst wenn wir diesen Hass des Unkrauts loslassen, wird es wachsen. Dogens Philosophie ist sehr tief, sehr tief.

Was ich gerade gesagt habe ist sehr kompliziert und viele hier schlafen. Aber es ist nichtsdestoweniger ein wichtiger Punkt. Was ist das Zen von Dogen? Und das von

Rinzai? Und die Physik? Und die Metaphysik? Die meisten Religionen sind metaphysisch und die Philosophie haben die Fragen der Metaphysik immer beschäftigt: Existiert das oder existiert das nicht? Eine solche Methode, solche Fragen wie diese sind in unserem Alltag von keinerlei Nutzen.

Was ist wichtig? Wozu das Satori gegenwärtig machen, verwirklichen? Das Hier-und-Jetzt. Wie wir handeln, hier und jetzt. Es ist die Erscheinungsform, das Phänomen, das wichtig ist. Philosophien und Metaphysik sind Diskussionsthemen in den meisten Religionen, aber sie sind nicht wichtig. Wie handeln wir? Wie können wir erfahren? Wie praktizieren wir? Das ist es, was wichtig ist. Das Problem von hier und jetzt. Das ist Soto-Zen. Das Jetzt ist wichtig. Nicht die Vergangenheit oder die Zukunft. Jetzt, hier. Was und wie tun. Aber viele denken an die andern und vergessen sich selbst. Sogar während Zazen. Selbst während Zazen denken sie an andere Dinge und sie vergessen, sich selbst anzuschauen.

28. Juli – 10:00
Jenseits der Vier Prinzipien

Viele Leute sind heute nicht zum Zazen gekommen. Die *Kyosaku*-Verantwortlichen müssen in den Zimmern nachsehen und Namen aufschreiben und herausfinden, warum diese Leute nicht zum Zazen gekommen sind. Warum? Krank? 15 Personen krank? Das ist erst der zweite Tag des ersten *Sesshin.*

[30 Minuten später sagt der Meister:] *Kyosaku!* [Kein *Kyosaku*-Mann erscheint.] Es sind keine *Kyosaku*-Leute da!? Sie sind noch nicht zurückgekehrt. Jetzt sind sie es, die sich ausruhen. Zazen ist von großer Wirkung. Und wenn ihr müde seid und wenn ihr mit eurem Zazen weitermacht, dann ist es von noch größerer Wirkung. Magische Kräfte bedeutet Willenskraft. Wenn ihr in Schwierigkeiten seid, dann zwingt euch selbst und ihr könnt magische Kräfte erlangen. [Zu den *Kyosaku*-Verantwortlichen, die inzwischen zurückgekehrt sind:] Bei den älteren Leuten und bei denen, die Schwierigkeiten haben sollen die *Kyosaku*-Verantwortlichen Taille und Schultern massieren.

Dogens *Genjo Koan* setzt sich nicht mit Metaphysik auseinander. Es löst praktische Probleme: Wie wir in unserem Alltag zurechtkommen sollen. Es setzt sich damit auseinander, wie wir die Widersprüche in unserem Leben lösen. Den Widerspruch, der zwischen unserem Bewusstsein und unserem Unterbewusstsein existiert. Die meisten Menschen, die von komplizierten Dingen beeinflusst sind, entwickeln eine Doppelpersönlichkeit. Ihr Denken, ihre Worte, ihre Handlungen: Keines von all dem stimmt überein.

Alle Menschen haben Wünsche, die nicht verwirklicht werden können. Aber diese Zivilisation stimuliert diese Wünsche, Wünsche wie unverwirklichte Liebe, und so werden die Menschen komplizierter. Diese unbefriedigten Wünsche werden zu dem, was als kollektives Unbewusstes bekannt ist. Im Gehirn gibt es viele Widersprüche. In Zazen können diese Widersprüche gelöst werden. Nach einem *Sesshin* werden unsere Augen klar, unser Gesicht rein. Das *Sesshin* ist kurz, aber wenn ihr euch konzentriert, kann es sehr wirksam sein.

Wie sollen wir es anstellen, um hier und jetzt zu sein? Wir müssen darüberhinaus sein, jenseits der Formeln der Logik. In der Philosophie gibt es These, Antithese und Synthese. Nur Logik. Alles andere wird negiert. Das ist Dualismus. Jedoch, im Strom der Geschichte kommt es zu Widersprüchen, zu Veränderungen. So ist es nicht möglich, gegen etwas zu entscheiden. Im Laufe der Geschichte von sozialen Bewegungen ist der Zustand von ‚Anti', von Opposition, nicht ein einziger oder irgendwie festgelegt. Man kann nicht logisch entscheiden. Logik ist eine niedere Dimension. *Genjo Koan*, anders als Dialektik, anders als Einsteins Relativitätstheorie, anders als Meister Rinzais Vier Prinzipien und als Meister Sozans Fünf Stufen, ist jenseits von Konstruktionen der Logik[23].

Die Wirklichkeit muss das Ideal werden. Aber auch hier ist Widerspruch. Die Welt Buddhas, Gottes, und unser Alltag sind nicht dasselbe. Zwischen Illusion und Satori ist der Unterschied groß. Die Welt des Sohnes und die Welt der Mutter sind weit voneinander entfernt. Wir fühlen immer den Widerspruch zwischen dem Ideal und der Wirklichkeit. Wie also bringen wir das in Einklang? Das ist das Problem, das Koan. Während Zazen wird der Mensch Buddha. Wirklichkeit und Ideal werden eins. Im *Hokyo Zanmai* [‚**Samadhi** des Kostbaren Spiegels' von Meister Tozan] wird gesagt, dass Hinterherrennen oder Weglaufen beides Irrtümer sind. Berührt man die Flamme, wird man verbrannt, läuft man vor der Flamme weg, friert man. Wir müssen über beides hinaus sein, jenseits von *Shiki* und jenseits von *ku*, von Existenz und Nicht-Existenz. Keins von beiden ist wahr. Man muss auch jenseits der Vier Prinzipien von Rinzai sein. Denkt nicht an Vorher oder Nachher. Das ist das Geheimnis des Kendo. Nur an hier und jetzt. Während eines Kampfes, denkt nicht an Niederlage oder an Sieg, sondern seid in der Freiheit des Hier und Jetzt. Wenn wir eine Sache erlangen, verlieren wir eine andere. Eine Sache ist alles. Alles ist eine Sache.

---

[23] Der Meister kommentiert das *Genjo Koan* später eingehend. Siehe 3. Übungsperiode, 12. August, 20:30: *Genjo: Die höchste Verwirklichung*.

Was ist Satori? Mein Meister Kodo Sawaki fragte dies immer. Satori bedeutet, einen Verlust erleiden. Es ist Nicht-Gewinn. *Mushotoku.* Wenn wir vom Sarg aus schauen, können wir die höchste Dimension sehen. Selbst wenn wir die Blumen lieben, sterben sie. Selbst wenn wir Unkraut ablehnen, wächst es. Eine Blume ist eine Blume. Sie denkt nicht. Selbst wenn die Menschen die Blume lieben, selbst wenn sie das Unkraut hassen, werden sie alt und sterben. Im Leichenhaus zeigte der Schüler Zangen seinem Meister den Sarg: »Ist das tot oder lebendig? » Dogo: »Ich werd's nicht sagen.« - »Tot oder lebendig?«, wiederholte der Schüler verärgert. Das ist ein großes Koan. Wie kann es gelöst werden?

Mondo

Mitgefühl, nicht Liebe

Frage: Im Buddhismus sprechen wir von Mitgefühl. Was ist das genau?

Meister: Universelle Liebe. Universelle Liebe und egoistische Liebe sind nicht dasselbe. In der ersteren muss man Mitgefühl haben. Wenn einer traurig wird, dann werden Sie traurig. Gleicher Geist. Es ist nicht für das eigene Selbst, nicht aus egoistischen Gründen. Wahres Mitgefühl Buddhas heißt: zur Quelle gehen. Liebe ist wichtig, aber Mitgefühl ist tiefer. Das müssen wir tiefgründig lösen. Mitgefühl haben heißt, den gleichen Geist haben wie der andere. Verstehen Sie? [Der Fragende sieht verdutzt aus.]

Frage: Ich will wissen, ob Mitgefühl Barmherzigkeit ist, Mitleid.

Meister: Ich sagte, es heißt: der gleiche Geist werden. Es ist nicht Dualismus. In der Liebe besteht immer Zweiheit. Die beiden Partner stehen sich immer gegenüber. Aber im Mitgefühl wird der Mann zum Geist der Frau. Im allgemeinen besteht ein Gegensatz, wenn es zwei Menschen gibt, und so wird Liebe relativ. Ohne Weisheit ist die Liebe blind und blinde Liebe ist nicht wahre Liebe. Heutzutage zeigen die meisten Eltern für ihre Kinder Liebe, Liebe, Liebe. Verhaftung. Egoistische Liebe. Und so laufen die Kinder weg. Eine Mutter, deren Tochter immer Zazen machte, beklagte sich bei mir. Diese Mutter war überhaupt nicht glücklich. Sie wollte ihre Tochter für sich behalten und sie beschützen. Die Tochter war fünfundzwanzig Jahre alt und wollte weg. Und so gab ihr die Mutter ein schönes Haus, aber die Tochter riss die Mauern nieder. Da war zuviel Haften. Das ist nicht wirkliche Erziehung, nicht wirkliches Mitgefühl.

Die Obaku-Sekte: Lärmend im Geist

Frage: Wie war die Weitergabe der Obaku-Sekte?

Meister: Sie existiert heutzutage noch. Die Schüler von Obaku haben die Weitergabe fortgesetzt. Aber in China gibt es die Sekte nicht mehr. In Japan gibt es sie weiter, in Uji, in Obakusan. Es gibt einen Obaku-Tempel in fast allen Präfekturen in Japan. Nicht so viele. Die Rinzai-Linie existiert heute auch; aber es war der *Shusso* von Obaku, der in Wirklichkeit die Obaku-Linie schuf, und nicht Obakus Schüler Rinzai. Ingen, ein chinesischer Mönch, brachte die Obaku-Linie nach Japan. Um 1650. Die Architektur der Obaku-Tempel ist völlig chinesisch. Wie der Obakusan-Tempel in Uji bei Kyoto. Viele meiner Schüler haben Obakusan besichtigt. Sehr schön und das Essen ist auch gut. Murase Roshi ist der Haupterzieher von Obakusan. Er ist ein großer Sake-Trinker und einer meiner guten Freunde. Er hat das Pariser *Dojo* besucht und jedesmal, wenn ich nach Japan zurückkehre, lädt er mich nach Obakusan ein. Letztes Jahr habe ich ein *Sesshin* in Obakusan mit einhundert meiner Schüler gemacht. Nach der Zeit von Obaku [gestorben 850] begann seine Sekte Zen und *Nembutsu* zu vermischen. Während Zazen rezitieren sie das *Nembutsu.* Ein bisschen lärmend im Geist. In den kontinentalchinesischen Tempeln, die ich vor dem zweiten Weltkrieg besuchte, ist auch diese völlige Mischung zu beobachten. In China gab es kein Tendai, kein Shingon, keinen tibetanischen Buddhismus, sondern nur *Nembutsu* und Zen. Und die Obaku-Sekte hat beides gemischt. In Japan sind die Rinzai-, Soto- und Obaku-Schulen getrennt. In Japan sind die Rinzai-Tempel sehr schön, wie Dai Nan Myoshinji in Kyoto und Kenchoji in Kamakura. Aber diese Tempel sind völlig voneinander getrennt. In der Rinzai-Schule gibt es kein Oberhaupt, jeder Tempel hat seinen eigenen Oberen und er ist selbständig. Während es im Soto nur einen Chef [Eihei-ji] gibt. Das ist so seit der Zeit des Gründers Dogen.

Schale und Kesa: Symbole

Frage: Was die Schale und das *Kesa* betrifft, die von Bodhidharma an Eka weitergegeben wurden, handelt es sich dabei wirklich um Schale und *Kesa* des Buddha Shakyamuni oder um Nachahmungen?

Meister: Ich weiß es nicht. Niemand weiß es. Wenn jemand vor tausendfünfhundert Jahren das *Kesa* in einen luftleeren Raum gelegt hätte, dann könnte man das vielleicht wissen. Einmal schaute ich mir das *Kesa* von Fuyo Dokai, der um das Jahr 1000 herum lehrte, an. Es war in Eihei-ji in der Schatzkammer. Meister Nyojo hat es Dogen gegeben, der es aus China mit sich brachte, etwa vor 800 Jahren. Ich öffnete die Truhe und schaute hinein. Da war fast nichts, nur Staub und ein paar

Fetzen. Es hatte nicht die Gestalt eines *Kesas*. Aber die Schale des Buddha war aus Eisen, also ist es möglich, dass sie erhalten ist. Nein, das ist nicht möglich. Das Symbol ist genug. Symbol: Das *Kesa* von Shakyamuni ist dasselbe wie das von Bodhidharma. Wichtig ist nicht die Wirklichkeit, sondern das Symbol. Eine andere Frage?

Ohne Ziel und Gegenstand

Frage: Gestern haben Sie gesagt, es genüge Zazen zu machen, um jemandem zu helfen. Und heute haben Sie gesagt, dass Sie dem betreffenden Mädchen [dem verrückten Mädchen] geholfen haben, indem Sie sich auf sie konzentrierten. Also ist es möglich sich auf jemanden zu konzentrieren, ohne zu denken?

Meister: Beides ist das beste. Sie wollen immer Kategorien machen, und so ist es sehr schwierig für Sie. Es gibt viele Methoden, um ihr zu helfen. Es gibt nicht nur das Hier-und-Jetzt. Was heißt helfen? [Keine Antwort.] Weisheit ist notwendig.

Frage: Ja, aber wie helfen Sie ihr – konkret?

Meister: Wenn Sie sie nicht vergessen, werden Sie jemand anderen vergessen. Wenn Sie sich auf sie konzentrieren, können Sie sich nicht auf jemand anderen konzentrieren. Also ist es besser ohne Gegenstand und Ziel. Wenn Sie denken, ich muss jetzt Zazen machen, um ihr zu helfen, dann ist das nicht so ein gutes Zazen. *Mushotoku*-Zazen ist das wichtigste. Es ist jenseits von Gegenstand und Ziel. Das ist das höchste Zazen. »Ich muss Zazen machen, damit ich jemand anderen beeinflussen kann«: Es ist nicht nötig so zu denken. *Shikantaza* bedeutet ohne Zweck. Machen Sie Zazen unbewusst, automatisch und natürlich, und es wird einen unendlichen Einfluss haben. Dann ist alles möglich. Aber wenn Ihr Gegenstand begrenzt ist, dann ist dieser Gegenstand nicht so groß, er ist nicht unendlich. Dogen schreibt, dass wenn ein Mensch nur eine Stunde lang Zazen macht, es alle Menschen beeinflussen wird, die ganze Welt. Das gilt für Jedermanns Zazen. Das wichtige ist, darüberhinaus zu sein. Wenn ihr Kategorien machen wollt, werdet ihr eng, beschränkt. Das *Hishiryo*-Bewusstsein ist unendlich. Es ist schwierig, das zu lösen, indem man nur eine einzige Methode benutzt.

Kommentar zur Metaphysik

Frage: Ein tibetanischer Mönch hat einmal gesagt: »Die Welt existiert, aber die Welt ist nicht wirklich«.

Meister: Mag sein, dass dieser Mönch das Prinzip von *ku* erklären wollte. Im tibetanischen Buddhismus, der **Mahayana** ist, ist es das gleiche wie im Zen. Es gibt kein **Numenon**, keinen Wesenskern.. Die Welt existiert, aber der Wesenskern existiert nicht. Es gibt keine Substanz. Ich existiere, aber was heißt das? [Der Meister greift sich an den Kopf.] Ah, aber nein, das ist nur mein Kopf. Das ist Haut ... Heute, morgen: Der Körper wandelt sich. Die Zellen wandeln sich. In sieben Jahren werden sich alle Zellen erneuert haben. Die Haut, die Eingeweide. In sieben Jahren ist das nicht mehr ich. Dasselbe gilt für die Welt.

Frage: Ja, aber was ist wirklich?

Meister: Die Welt existiert: Das ist ein physisches Problem. Die Welt existiert nicht: Das ist ein metaphysisches Problem. Die Wirklichkeit ist ein physisches, physikalisches Problem, sie ist körperlich. Und es ist schwierig beides, das heißt das Physische und das Metaphysische, miteinander zu vergleichen. Die Religionen machen manchmal diesbezüglich Fehler und dann kommt es zu Verwirrungen. Aber im wahren Zen gibt es keinen Kommentar zur Metaphysik. Im Buddhismus auch nicht. Im Mahayana, in der Philosophie von *Nagarjuna*, in den Sutras von Buddha gibt es keine Kommentare zur Metaphysik. Es ist unmöglich, in bezug auf metaphysische Probleme zu entscheiden, in bezug auf den Tod, auf das, was nach dem Tod kommt, was vor der Geburt ist. Metaphysische Probleme können nicht durch Vorstellungen und Begriffe, durch die Wissenschaft gelöst werden. Es ist Unsinn, über das Leben nach dem Tod nachzudenken. Das sind Sorgen egoistischer Menschen. Über solche Dinge kann man nur mittels der Phantasie und Vorstellungskraft nachdenken. Das ist eine egoistische Religion. »Wenn ich ein großes **Fuse** [Gabe] gebe, werde ich sicher in den Himmel kommen.« Das ist religiöser Krämergeist. Es kann nicht durch Metaphysik gelöst werden und man kann nur mithilfe der Phantasie etwas damit anfangen. Wenn man stirbt existiert eine andere Welt. Jeder Mensch hat seinen eigenen Kosmos und wenn er stirbt endet sein Kosmos. Aber dieses Karma geht weiter, immer weiter. Wenn wir sterben, kehrt unser Körper zurück zu den Elementen der Erde und so enden wir nie. Geist und Körper sind eins ... Aber metaphysische Probleme können nicht bestätigt werden. Das ist Phantasie. Und kein religiöses Problem. In einer wahren Religion beschäftigt man sich nicht mit diesem Problem und es werden keine Kommentare dazu gemacht. Nur egoistische Menschen denken daran, in alle Ewigkeit zu leben.

Die Metaphysik der Reinkarnation

Frage: Also glauben Sie nicht an die Reinkarnation?

Meister: Iwazu! Iwazu! Dazu sage ich nichts. Reinkarnation ist überhaupt nicht wichtig. Ob es das gibt oder nicht gibt, es ist überhaupt nicht nötig daran zu glauben. Reinkarnation ist ein subjektives Problem. Ich bin diesbezüglich nicht negativ, aber ich sage nicht: »Ich muss an die Reinkarnation glauben«. Ich bin dem überhaupt nicht verhaftet. Reinkarnation ist praktisch – für Vorträge. So benutze ich es manchmal: Reinkarnation, Seelenwanderung. Hier, letztes Jahr in Val d'Isère, habe ich 40 Tage lang über dieses Problem gesprochen. Ich habe ein Buch darüber geschrieben. Also kaufen Sie mein Buch: *Die Stimme des Tales*. Ich gebe tiefe Erklärungen zum Karma und es ist sehr interessant. Ich will jetzt nicht Zeit damit verlieren mich zu wiederholen. Reinkarnation? Niemand ist je zurückgekommen, niemand hat das je gesehen. Dieses Thema beschäftigt sehr die Phantasie und in primitiven Religionen gab es darüber viele Vorstellungen. Aber man kann nicht vollkommen entscheiden, ob so oder so. Manchmal glauben, manchmal nicht. Dogen hat über metaphysische Probleme geschrieben und ich selber habe viele metaphysische Erfahrungen gemacht. Ich glaube an die metaphysische Welt, aber man soll nicht etwas Kleines daraus machen: Der Kosmos ist unendlich. Die Menschen schreiben über metaphysische Dinge, aber sie schreiben nur über einen kleinen Punkt. Doch die metaphysische Welt ist unendlich. Kategorien machen die Dinge klein. Also bitte, hängt nicht so sehr an der Reinkarnation.

Weitergabe der höchsten Haltung

Frage: Warum in der Lotushaltung sitzen? Was ist ihr Vorteil?

Meister: Immer warum? Warum? Warum? Aus physischen Gründen? Aus gesundheitlichen Gründen? Aus geistigen Gründen? Worauf bezieht sich Ihre Frage?

Antwort: Auf alles.

Meister: Vom medizinischen Gesichtspunkt aus ist es sehr wirksam. Der Druck des Fußes auf den Oberschenkel: Das ist eine Meridianlinie in der Akupunktur. Drükken Sie gar auf beide Seiten [der Meister zeigt die Stelle, wo die Fersen auf die Schenkel drücken], und das bewirkt eine Selbstmassage. Im Lotus kann man lange sitzen, ohne müde zu werden. Aber wenn Sie auf den Knien sitzen, im japanischen Stil, sind Sie nicht stabil. Sie neigen nach vorn und zurück, sie werden rasch müde und die Knie beginnen gleich weh zu tun. Die Lotushaltung ist sehr genau. [Der Meister nimmt die Voll-Lotushaltung ein.] Sehen Sie? Jetzt ist die Haltung fest. Das ist die höchste Haltung. Es ist die von Buddha weitergegebene Haltung. Und mein Meister gab sie mir weiter. Kodo Sawaki sagte, dass es die beste Haltung ist. Es ist eine Sache des Glaubens, nicht der Logik. Ich glaube, habe den Glauben an Zazen. Wenn die Wissenschaft beweisen würde, dass Zazen sehr schlecht ist, würde ich trotzdem noch den Glauben daran haben. Ich habe es jetzt schon zu lange gemacht, seit mehr als 40 Jahren, und ich kann nicht aufhören. Jedenfalls, die moderne Wissenschaft hat bewiesen, dass die Zazenhaltung physiologisch hervorragend für die Gesundheit ist. Bitte glauben Sie es.

***

28. Juli – 16:00

Über das Denken hinaus, über das Nicht-Denken hinaus

Es ist heiß hier. Alle schwitzen. Es ist gut zu schwitzen. *Shojin*: Man muss eine Anstrengung unternehmen. Wenn eure Praxis schwierig wird und ihr euch noch mehr anstrengt, ist es das Beste. Zazen ist keine Askese. Es ist das Tor zum Dharma. Es ist die Unterweisung von Frieden und Freude. Wenn ihr Zauberkräfte erlangen wollt, dann ist die Askese notwendig. Im Hinduismus, im tibetanischen Buddhismus, im traditionellen Yoga suchen die Anhänger dieser Religionen magische Kräfte. Und so praktizieren sie Askese. Wenn ihr euer metaphysisches Verstehen vertiefen wollt, wenn ihr die metaphysische Welt betreten wollt, dann ist die Praxis der Askese notwendig. Setzt eure Praxis fort, eine, zwei, drei Wochen, ohne zu essen, und euer Gehirn wird klarer werden und eure Phantasie wird sich ausbreiten. Euer Gehirn wird sich verändern und euer metaphysisches Verstehen wird sich ausweiten.

»In diesem Sarg, Meister, ist da Leben oder Tod?« - »*Iwazu, Iwazu*. Dazu sage ich nichts.« - »Bitte, Meister, unterweist mich! Lebendig oder tot?« Aber Dogo sagte es ihm nicht. Es ihm zu sagen war nicht möglich. Bei der Rückkehr zum Tempel sagte der Schüler Zangen wieder: »Bitte, sagt mir!« - »*Iwazu*.« Der Schüler schlug den Meister und es war ein harter Schlag. Früher waren die Schüler sehr stark. Aber Dogo war es auch. [Dogo gehörte zur Linie von Seigen und Yakusan.] Wäre Rinzai an Dogos Stelle gewesen, hätte er Zangen gewiss mit einem *Kwatz* geantwortet! Jedenfalls, sogar nachdem sein Schüler ihn geschlagen hatte, sagte Dogo nichts weiter. Nachdem Dogo gestorben war, suchte Zangen Meister Sekiso auf und stellte dieselbe Frage. »Lebendig werde ich nichts sagen«, antwortete Sekiso, »und tot werde ich nichts sagen.« - »Warum gebt ihr mir keine Antwort?« - »Ich werde nichts sagen«, antwortete Sekiso. Dann begegnete Sekiso eines Tages Zangen, als der mit einer Hacke im Boden grub und fragte ihn: »Warum gräbst du in der Erde?« - »Ich suche die geistigen Knochen des Meisters«, sagte Sangen. »Und selbst wenn ich sie nicht finden kann, wird meine Kraft stark werden.« Zangen hatte jetzt Respekt vor dem Meister, auch wenn der tot war. Davor zweifelte er und schlug den Meister. Jetzt gräbt er, ohne Zweifel.

Was ist *Iwazu*? ... Ein tibetanischer Mönch sagte einmal, dass die Welt existiert, aber dass sie nicht wirklich ist. Dieses Problem ist sowohl physisch als auch metaphysisch. Nehmt diese beiden Faktoren zusammen und vier mögliche Antworten tauchen auf. Diese Antworten werden durch eine Methode erklärt, die in der alten indischen Logik zu finden ist und später in Rinzais Vier Prinzipien. Eins: Leben, Nicht-Tod. Zwei: Tod, Nicht-Leben. Drei: Nicht-Tod, Nicht-Leben. Und vier: Leben, Tod.[24] Indem man solche Kategorien wie eins, zwei, drei, vier aufstellt, wird es kompliziert. *Iwazu, Iwazu*: Diese Antwort ist jenseits der Kategorien und viel tiefer. Existiert die Erde oder nicht? Der tibetanische Mönch gab nur eine Antwort: Sie existiert, aber sie existiert nicht. Sie existiert, also ist sie nicht-existent. Meister Dogen und Dogo antworten nicht. Warum? Es ist jenseits der Logik. Dogen drückt das in seinem *Genjo Koan* aus – indem er nicht antwortet. Das ist tiefer. Doch habe ich heute während des *Mondo* auf die Frage der Frau geantwortet [ob die Welt existiere oder nicht]. Ein gutes *Mondo*. Besser als die meisten. In diesen *Mondo* gibt es zu viele Fragen. So würde ich auch gerne *Kwatz*! rufen wie Rinzai. Aber ich bin ein Soto-Mönch und ich mache kein *Kwatz* ... Manche Fragen sind so dumm. Die Welt existiert, aber existiert nicht, das ist eine Antwort. Und Dogos »*Iwazu, Iwazu*!« ist auch eine Antwort. Aber *Hishiryo* geht über all das hinaus. Keine Antwort. Stille ist manchmal die beste Antwort. Während Meister Rinzai die Methode der Vier Prinzipien benutzte, benutzte Dogen das unendliche Denken. Dogen wiederholte immer, dass die Methode von Zazen, dass *Shikantaza* das Tiefste ist. Jedoch dachte er sehr gründlich über das Thema nach. Er dachte *Hishiryo*. Absolutes Denken. Er schuf keine Vorstellungen oder Kategorien. Sein Denken war darüberhinaus. Es geht in die Unendlichkeit.

In Rinzais Text finde ich Zazen nicht ein einziges Mal erwähnt. Im *Shobogenzo* taucht es hin und wieder auf. Die Lösungen dieser Koan lassen sich in Dogens Werk finden, aber sie sind in einer Form zu finden, die über die Fünf Stufen des Soto-Meisters Sozan hinausgeht, über die Vier Prinzipien von Meister Rinzai hinaus, über die Relativitätstheorie von Professor Einstein hinaus.

Meine Schüler haben mir gesagt, dass wir für das nächste *Mondo* hinaus in die Berge sollten. Also werden wir rausgehen. Ich bin kein starker Meister. Manchmal folge ich meinen Schülern ...

[24] Hier wendet der Meister Rinzais Vier Prinzipien auf diesen Fall an.

[Zweihundert Menschen, die meisten in schwarzen Gewändern und *Kesa*, gehen mit dem Meister in das Tal. Sie überqueren die Brücke, die über den Fluss Isère führt, und setzen sich auf das Gras, nicht weit vom *Dojo*. Ringsum in allen Himmelsrichtungen Berge, das sind die französischen Alpen. Die Gipfel, schneebedeckt, ragen in einen wolkenlosen blauen Himmel.]

Frage [Stéphane]: Manchmal, wenn ich ein großes Problem habe, setze ich mich in Zazen hin und es geht vorbei. Wie wenn ich Kopfschmerzen habe – es geht vorbei, wenn ich in Zazen sitze ...

Meister: Ist dein Problem gelöst?

Stéphane: Ja.

Meister: Gut. Aber Zazen ist keine Methode, um Kopfschmerzen zu heilen. Wenn du aus diesem Grund Zazen machst, dann kann ich dir das *Shiho* [Weitergabe] nicht geben.

Stéphane: Ist das *Shiho* gut gegen Kopfschmerzen?

Meister (lacht): Du bist verrückt wie deine Mutter. Du bist nur einen Schritt weiter als das verrückte Mädchen ... *Stéphane* ist sehr aufrichtig und rein und er hat viel Humor – aber nicht viel Weisheit. Eine andere Frage?

Die Verdienste von Zazen: Keines

Frage: Ich komme vom Straßburger *Dojo* und manchmal, wenn Leute zum *Dojo* kommen, fragen sie mich, warum man Zazen üben sollte. Was soll ich Neuankömmlingen antworten?

Meister: Kein Ziel. Ich mache einfach nur Zazen. Weil ich daran glaube. Zazen ist gut, aber ich kann seine Verdienste nicht erklären. Es ist unendlich und ich kann das nicht erklären! Für jeden von uns ist es anders. Das erste Mal, als ich meinen Meister fragte, was das Verdienst von Zazen ist, antwortete er: »Nichts.« ... Das beeindruckte mich sehr, es begann mich sehr zu interessieren. Aber mein Freund, der mich begleitete, ging weg, als er diese Antwort hörte ... Wenn du Zazen machst, werde ich dir ein Stückchen Schokolade geben – das ist Nahrung für Kinder. Ziel und Gegenstand von Zazen ist *mushotoku* [kein Ziel und Gegenstand].

Wenn ihr das *Shiho* bekommen wollt, müsst ihr *mushotoku*-Zazen verstehen. Aber da jeder anders ist, müsst ihr in das Gesicht eures Gegenübers schauen, bevor ihr antwortet. Auch wenn die Verdienste von Zazen unendlich sind, müsst ihr doch ein Mittel benutzen. Eine andere Frage?

Die Weitergabe

Frage: Was ist das *Shiho*?

Meister: *Shiho* ist die echte Bestätigung, die dem Schüler gegeben wird, durch die er ein Meister werden kann. Nicht nur ein Meister, sondern ein wahrer Meister, ein Nachfolger. Mein Nachfolger, voll und ganz. Wenn ich sterbe, dann stellen Sie mich dar ... Es ist nicht notwendig, das *Shiho* nur einem Schüler zu geben. Ich will es 100 meiner Schüler geben. Aber bis heute – und während dieser zehn Jahre – habe ich es keinem gegeben. Nicht einer hat es bekommen. Es tut mir sehr leid. Ich will es geben, aber es gibt niemanden, dem ich es geben könnte. Stéphane: gut. Er hat lange mit mir weitergemacht. Er lebt im *Dojo* in Paris und er macht Zazen von morgens bis abends. Er ist Nummer eins. Jedoch versteht er nicht die Essenz. Wenn ich will, kann ich das *Shiho* jedem geben. Das *Shiho* erhalten bedeutet, dass ihr mein Zen versteht. Dogen hat sehr ausführlich über die Weitergabe des *Shiho* geschrieben. Man braucht drei Papiere. Das *Shiho* wird gegeben: allein mit dem Meister um Mitternacht. Zwei Kerzen. Das Dokument. Der Meister und der Schüler schneiden sich in den Finger und vermischen das Blut. Dann kommen die Unterschriften und das Siegel. Danach kommt die geheime Unterweisung. Heutzutage ist es nicht so schwierig, das *Shiho* zu geben. Aber um es von mir zu erhalten, müssen Sie zuerst die Mönchsordination empfangen. Dann, drei Jahre nach der Ordination, können Sie das *Shiho* bekommen. Dieses Jahr habe ich darüber nachgedacht, wem ich es geben könnte. Das *Shiho* ist überhaupt nicht schwierig; aber ich muss die Dokumente zum Hauptquartier nach Japan [Eihei-ji] schicken. Das ist Formalismus. Wenn ich das *Shiho* gebe und wenn es nicht wirklich offiziell ist, so ist es doch das wahre *Shiho*. Damit können Sie ein wahrer, großer Meister werden. Ein internationaler Meister.

Frage (auf Deutsch): Kreativität ist Kunst. Ist also Zen auch Kunst?

Meister: Kunst? Sie sollen keine Kategorien machen. Deutsche machen immer Kategorien. Zen und Kunst sind nicht dasselbe. Zen ist unendlich und so kann es natürlich auch Kunst mit einschließen. Zen ist Kunst, gut. Zen schließt Kunst mit ein. Manchmal Kunst, manchmal Religion. Es schließt alles mit ein. Verstehen Sie? Nein. Er kann nicht verstehen, weil er einen engen Geist hat. Sie wollen Ihre eige-

ne persönliche Logik schaffen, so ist es sehr schwierig für Sie. Zen ist auch logisch. Dogens Zen ist sehr logisch. Verstehen Sie? Nein.
Kwatz!

15.000 Sotomeister

Frage: Wieviele Soto-Zenmeister gibt es in der Welt?

Meister: Jetzt hauptsächlich in Japan. Es gibt keine mehr in China, oder sehr wenige – und einen in Hong Kong. Und auch sehr wenige in Amerika. In Japan gibt es mehr als 15.000 Soto-Tempel und es sollte in jedem einen Meister geben. Gemäß der Regel muss man das *Shiho*[25] haben, um Tempeloberhaupt zu werden. In Frankreich gibt es den Tempel von Avalon und von Paris. Wenn ich also das *Shiho* gebe, wird jeder von euch nominell das Oberhaupt dieser Tempel werden für die Dauer von einem oder drei Monaten. Ich mache es sehr leicht. Nun denn, ich denke es gibt ungefähr 15.000 Soto-Meister.

Wahres Ego: Euer ursprüngliches Selbst

Frage: Sie haben einmal gesagt, dass wir Ego sein müssen und dass wir über das Ego hinaus sein müssen. Was bedeutet das?

Meister: Widerspruch. Aber ihr müsst beides haben. Ein starkes Ego haben und ein egoistisches Ego haben ist nicht dasselbe. Sie müssen Selbstvertrauen haben. Sie müssen Ihr wahres Ego finden – und zur gleichen Zeit es aufgeben. Doch Sie sollen sich nicht vergessen. Machen Sie weiter Zazen und Ihr wahres Ego wird stark werden und Sie werden ihr ursprüngliches Selbst finden. Sie sind nicht mit jemand anderem auswechselbar. Sie sind nur Sie. Ein Mensch ist nicht nur seine Haare und seine Organe. Sie haben etwas eigenes, eine eigene Einzigartigkeit. Aber wenn Sie sie finden wollen, müssen Sie Ihr Ego aufgeben. Geben Sie alles auf und nur das wahre Ego bleibt übrig. Jeder hat Karma, alles hat eins – Staub, Schmutz. Aber läutern Sie Ihr Karma und Sie können Ihre wahre Einzigartigkeit finden. Sein Ego aufgeben, sein Karma aufgeben. Gebt das egoistische Ego auf und ihr werdet wahres Ego. Dieses Ego da ist sehr wichtig. Sokrates sagte: »Erkenne dich selbst«. Sie sind nicht ein anderer. Sie müssen Ihr wahres Selbst finden.

---

[25] Es gibt grundsätzlich zwei Arten von *Shiho*, das eine ist die Weitergabe von Patriarch zu Patriarch, die Weitergabe des Geistes, des Dharmas [Deshimarus erste Antwort auf die Frage: „Was ist *shisho*?"], und die andere ist die Weitergabe von Tempelchef zu Tempelchef [von der hier die Rede ist]. Heutzutage wird dieses letztere *Shiho* allgemein patrimonial, d.h. vom Vater an den Sohn weitergegeben.

Frage: Diese *Mondo* scheinen aus besonderen Antworten zu bestehen und die Leute draußen, in der Gesellschaft, können sie nicht verstehen. Leute von außen können Ihre Antworten nicht verstehen.

Meister: Ich antworte für Sie. Es gibt Leute hier, die verstehen. Meine Antworten sind klar. Nur verrückte Leute können nicht verstehen.

Wahre Kritik ist notwendig

Meister: Ja, Madame, Sie haben eine Frage?

Madame: Ja, meine Frage betrifft die Frau, die gestern im *Dojo* die Störung verursachte [die verrückte Frau]. Bis jetzt dachte ich, Buddhismus sei eine sehr tolerante und mitfühlende Religion. Ich kann einfach nicht die Kritik an ihr verstehen.

Meister: Das Diskutieren ist notwendig, um weiterzukommen. Persönliche Kritik ist nicht so gut und für religiöse Menschen ist diese Art von Kritik sogar verboten. Aber Diskussion über verschiedene Schulen, über Lehren, über Philosophie, Diskussion über das, was wahr ist, ist notwendig. Wahre Kritik ist wichtig. Ich wünsche, wahre Kritik zu erhalten. Dogens Kritik des Rinzai-Zen ist wahre Kritik. Wenn Sie wahres Zen suchen wollen, dann ist Kritik notwendig.

Ein historischer Vergleich: Rinzai und Soto

Frage: Wenn Dogen Rinzai kritisiert, dann kritisiert er auch Obaku, der Rinzai das *Shiho* gab. Doch Obaku, sagen Sie, war ein größerer Meister ... ?

Meister: Manche sagen, Rinzai ist größer als Obaku, aber Dogen ist damit nicht einverstanden. Für Dogen ist Obaku größer. Rinzai-Zen hat sich sehr verbreitet zur Zeit Dogens [im 13. Jahrhundert], und viele, viele Rinzai-Mönche vom Festland besuchten Japan. Und so hatte Dogen das Gefühl, dass auch er das Soto-Zen verbreiten müsse und beschäftigte sich immer eingehender mit Rinzai. Früher bewunderte auch ich wie Dogen das Rinzai-Zen.[26] Aber jetzt, da ich Soto-Zen bezeugen muss, ist es notwendig, beides zu vergleichen. Ich muss einen tiefen Vergleich anstellen und nicht nur eine leichte Kritik anbringen. Rinzai-Zen ist manchmal sehr treffend. Manche Punkte im *Rinzai Roku* haben mich sehr beeindruckt. Aber jetzt verstehe ich, dass Dogens Zen viel tiefer ist. Das ist also der Grund, weshalb ich beides jetzt vergleiche. Niemand hat sie bis heute so vergli-

[26] Die erste Erfahrung des Zen, die Meister Deshimaru machte, geschah unter der Leitung eines Rinzai-Meisters.

chen. Ich unternehme einen wahren, tiefen Vergleich. Gewiss will ich herausfinden, wo Rinzai-Zen tiefer ist als Dogen-Zen, aber ... Sicherlich werde ich den einen oder anderen Punkt finden können, da oder dort. Ich will das finden. Es ist notwendig.

***

28. Juli – 20:30

Nicht anders als die Patriarchen

Dieses zehntägige *Sesshin* ist fast vorüber. Während dieser zehn Tage bin ich sehr glücklich gewesen. Jeder hat weiter Zazen gemacht. Eure Haltungen sind sehr gut. Die neuen Leute sind sehr aufrichtig und meine Schüler aus Paris haben sich ganz und gar entwickelt. Jetzt sind sie es, die die neuen Schüler erziehen müssen.

Ich habe gesagt, dass es in Zazen kein Ziel und keinen Gegenstand gibt: *mushotoku*. Manche stellen das in Frage. Während Zazen, dürfen wir nicht an einem Gegenstand, an einem Ziel festhalten; nicht daran festhalten, stark oder gesund zu werden, nicht daran, *kensho* zu erhalten, nicht am Satori haften. Wir sollen kein Ziel haben. Aber wir müssen Hoffnung haben, ein Ideal. Ich denke, der Grund, weshalb ihr euch alle hier versammelt habt, um Zazen zu machen, ist der, dass ihr den wahren Weg sucht. Wenn ihr hier nur eben für eure eigene Gesundheit wärt, dann hättet ihr an den Strand gehen können, nach Cannes oder Nizza ... Warum seid ihr hierher gekommen? Wegen der Berge und der frischen Luft? Das glaube ich nicht. Ich sehe das an eurem Rücken, wenn ihr in der Haltung sitzt.

Letzten Endes sind wir völlig allein. Unser Leben ist eine einsame Reise. Wir gehen alleine, wir sind allein unterwegs. Aber für die, die den Weg suchen, für die, die ihn gefunden haben, ist es möglich zu spielen und zusammen zu spielen. Zazen ist Spiel. Zazen ist das wahre Tor des Dharmas, das Tor zum wahren Frieden, zur wahren Freiheit, zur Ewigkeit. Zazen ist das höchste Spiel und ich bin sehr froh, hier zusammen mit euch gespielt zu haben. Ich habe gesagt, allein Zazen zu üben ist gut – ich habe selbst diese Erfahrung viele Jahre gemacht –, aber Zazen mit andern zusammen zu üben ist beeindruckender, es ist kraftvoller. Ihr hier zusammen bildet eine spirituelle Familie, die sich in Ewigkeit ausbreitet. Eure Vertrautheit hier ist größer als jede andere; größer als die Vertrautheit der Familie, von Eltern, von Bruder oder Schwester. Die Familie ist nur für eine Lebenszeit, aber für diejenigen, die das *Dojo* betreten und sich nebeneinander setzen und zusammen dieses zehntägige *Sesshin* üben, ist eine ewige Familie entstanden.

Nur noch eine halbe Stunde. Bitte seid konzentriert und ruhig. Nur während Zazen könnt ihr wirklich tief werden. Hier könnt ihr euer wahres Ego finden und euer Karma kann sich auflösen – selbst wenn ihr Schmerzen habt, selbst wenn *Bonno* auftauchen. »Ungetrübt im Wasser des Geistes«, sagt Dogen im *Sansho Doei*, »klar ist der Mond. Selbst die Wellen brechen sich darauf und werden in Licht verwandelt.«[27] Unsere Leben sind alle kompliziert und schwierig, selbst in der besten Lage, in einem glücklichen Familienleben, in einer guten Mann-Frau-Beziehung. Im Leben läuft nicht immer alles glatt. Manchmal kommt es zu ernsthaften Schwierigkeiten: in der Familie, beim Leben in der Gesellschaft, bei der Arbeit. Große Wellen, riesige Stürme entstehen. Aber übt Zazen und alle Wellen, die kleinen und die großen, und auch die Stürme – alles wird sich brechen an dem Mondlicht von Zazen.

Eine Frau hat mich heute im *Mondo* gefragt, wann mein Glaube zum ersten Mal erwachte. Das war für mich eine tiefe Frage. Manchmal vergesse ich das und die Frage von Madame rief das wieder in mir wach. Mein Glaube wurde wieder frisch. Mein Glaube an Zazen geht bis heute weiter, seit der Zeit, als ich meinen Meister Kodo Sawaki in meiner Jugend traf. Ich hoffe, auch ihr glaubt an Zazen. Ich kann genau bestätigen, dass Zazen euch euer ganzes Leben lang helfen wird.

Wenn wir sterben, betreten wir alleine den Sarg. Letzten Endes ist unsere Reise völlig allein. Aber durch Zazen sind wir schon allein: Wir werden mit uns selbst vertraut, mit unserem Ego, und so brauchen wir, wenn wir sterben, keine Angst zu haben und sterben auf natürliche Weise. Ich habe eine lange Erfahrung der Einsamkeit und nun sind mein Geist und mein Gesicht gefestigt ... Unterwegs in meiner Jugend und 50 Jahre lang gab es viele Wellen, viele Schwierigkeiten und Widrigkeiten, und es war nicht immer leicht. Zazen allein half mir meinen Geist zu stützen und so konnte ich doch stark werden. Mein Schüler Stéphane sagte, dass er immer, wenn er Schwierigkeiten hat und sogar Kopfschmerzen, Zazen macht und seine Probleme verschwinden. Ich sagte zu ihm, er sei verrückt, aber das ist nicht wahr. In solchen Zeiten trägt Zazen unser Leben.

Kodo Sawaki wurde gleich von Anfang an zum Gegenstand meines Glaubens. Er sagte mir immer: Du sollst nicht an mich glauben, sondern an Zazen. Und manchmal wurde er böse auf mich und kritisierte mich. Aber sein Zorn und seine Kritik waren voller Mitgefühl. Jedem sagte er: »*Baka! Baka!* Völlige Narren!« Aber dieses »*Baka*« war voller Mitgefühl. »Ruhe! *Baka!*« Mein Meister erzog diploma-

[27] Dogen schrieb 30 Gedichte, die unter dem Titel *Sansho Doei* gesammelt wurden, ihr Thema ist der Geist während Zazen.

tisch. Aber nicht immer. Wenn er immer diplomatisch gewesen wäre, dann wäre er nicht in der Lage gewesen, große Menschen zu machen. Wenn jemand einen großen Fehler macht, dann ist wahrer Zorn notwendig für eine wirkliche Erziehung. Bei manchen Menschen ist die Kritik notwendig, um ihr schlechtes Karma zu kappen. Ein großer Lehrer kappt das Karma seiner Schüler – denn man kann Karma nicht selbst kappen ... So kritisierte Dogen das Rinzai-Zen ... Dogens *Ketsumyaku*[28] umfasst sowohl die Rinzai- als auch die Soto-Linie. Nichtsdestoweniger ist es notwendig zu entscheiden, zu realisieren, welche Methode die beste ist, welche die stimmigste. Das ist die Rolle eines wahren Erziehers. Es ist nicht notwendig diplomatisch zu sein.

Dogen war zuerst vom Rinzai-Zen völlig beeindruckt. Aber als er zu anderen Tempeln ging, als er vom Tempel Uji zehn Jahre später nach Eiheiji wechselte, entwickelte und vertiefte sich Dogens Religiosität, und so sah er die Dinge anders. In dieser Zeit kamen viele chinesische Rinzai-Mönche aus China nach Japan. Sie waren vom Gouverneur von Kamakura eingeladen worden und auch vom Kaiser selbst. Aber der Kaiser machte Fehler in Bezug auf das Rinzai-Zen. Wenn Fehler gemacht werden hinsichtlich Zen, wenn die Richtung falsch ist, dann ist es die Aufgabe wirklich religiöser Menschen, zu kritisieren. Und so begann Dogen, Rinzai zu kritisieren. Fast alle Rinzai-Mönche bewundern Dogens *Shobogenzo*, damals und heute. Und Rinzai-Meister benutzen das *Shobogenzo* als Text, sogar heute. Ja, jetzt vergleiche ich gerade das *Shobogenzo* mit dem *Rinzai Roku*. Das *Shobogenzo* ist vollständig. Es enthält viele Widersprüche, aber diese Widersprüche sind *Hishiryo*. Lest es sorgfältig und ihr werdet sehen, dass diese Widersprüche keine Widersprüche sind. Dogen schrieb in viele Richtungen und deshalb ist es so tief. Achtzig Prozent des *Rinzai Roku* sind wie Soto. Rinzai war ein naher Bruder von Soto. Er hatte die Erfahrung von Zazen gemacht ... Doch schrieb er nie darüber, und so irren sich die Leute diesbezüglich. Rinzai sagte: »*Doru*« - die dem Weg folgen; hier wendet sich Rinzai an alle im *Mondo*, *Messieurs, Mesdames*, die ihr dem Weg folgt: »*Doru,* laßt euch nicht von irgend jemanden täuschen – das ist alles, was ich lehre. Wenn ihr davon Gebrauch machen wollt – von einem echten inneren Geist –, dann macht jetzt davon Gebrauch, ohne Aufschub oder Zweifel. Aber den Schülern heutzutage gelingt es nicht, weil es ihnen an Selbstvertrauen fehlt. Wegen dieses Mangels rennen sie hin und her und werden von den Umständen hin- und hergerissen und von den zehntausend Dingen herumgewirbelt. Auf diese Art könnt ihr nicht die Befreiung finden, aber wenn ihr euer Herz davon abbringen könnt, Einflüsterungen des Willens nachzurennen, werdet ihr nicht anders sein als der Buddha und die Patriarchen. Wollt ihr den Buddha kennen? Kein anderer als

[28] Nachweis der Ahnenreihe, des Stammbaums, die von Buddha und den Patriarchen den Schülern weitergegeben wird. Vom Meister ausgehändigt, wenn der Schüler die Mönchsordination erhält.

Der-hier-und-jetzt-in-eurer-Gegenwart hört nun das Dharma. Nur weil es euch an Selbstvertrauen mangelt, wendet ihr euch nach außen und rennt ihr der Suche hinterher. Selbst wenn ihr dabei etwas findet ist es nichts als Wörter und Buchstaben und nichts vom Geist des Buddha oder der Patriarchen.« Rinzai mochte keine Bücher und Sutras. »Ehrwürdige Schüler des Zen, wenn ihr ihm nicht in eben diesem Moment begegnet, werdet ihr in den Eingeweiden von Eseln und Kühen wiedergeboren werden. Schüler des Wegs, ihr seid nicht anders als Shaka.«[29] Wenn ihr den sechs Sinnen folgt, dann seid ihr nicht anders als Shakyamuni Buddha. Ich sagte heute, dass ihr und Shakyamuni dasselbe seid. Ich habe 30 Jahre in der Haltung von Shakyamuni Buddha gesessen. Es ist dieselbe wie die Haltung des Bodhisattva. Es ist dieselbe Haltung wie die Dogens. Wenn die Haltung dieselbe ist, ist der Geist derselbe. Der Fluss der sechs Sinne hört nie auf. Was Meister Rinzai hier sagt, ist völlig wahr. Dogen jedoch, der demütiger und respektvoller war, sagt, dass wir uns Shakyamuni Buddha »nähern« sollen. Er sagt, er wolle werden »wie« Shakyamuni Buddha. Rinzai, dessen Worte kräftiger sind, sagt, dass ihr dasselbe seid wie Buddha und »nicht anders« als die Patriarchen. Aber dann wird diese Aussage Rinzais ein Koan.
Chukai!

29. Juli – 7:00

Die alte Fehde: Die Praxis wurde vergessen

Zur Zeit des Soto-Meisters *Wanshi* und des Rinzai-Meisters Daie im 12. Jahrhundert entwickelte sich in China ein starker Gegensatz zwischen beiden. Schüler der Rinzai-Schule nannten die Soto-Schüler *Mokusho-Zen*. *Moku* bedeutet Stille und *sho* bedeutet leuchten. Stille, nur Stille, aber zur gleichen Zeit leuchten – auf die andern leuchten, auf andere Daseinsformen; die Haltung von Zazen, ihr Geist, leuchtend; aber nicht nur selbst leuchten, nicht nur das eigene Ego leuchtet, sondern auch: für die andern leuchten. Gleichzeitig nannten die Soto-Leute die Rinzai-Schüler *Kanna-Zen*. *Kanna-Zen*, das von Meister Daie entwickelt wurde, bedeutet: das gesprochene Wort beachten. Das war ein Zen des Sprechens, ein Zen der Diskussion und der Debatte. Es endete immer mit einem *Kwatz*. Der Gegensatz wurde spürbar, als das Rinzai-Zen sich rasch verbreitete, mit dem Koan-System als Wahrzeichen. »Hat ein Hund die Buddhanatur?« - »*Mu!*« Was ist *Mu*[30]? Viele interessante Diskussionen entwickelten sich um das Koan herum, und die Praxis von Zazen wurde fast vergessen. Und es waren nur die Soto-Mönche, die mit der Praxis fortfuhren: keine

---

[29] Deshimaru benutzt das *Rinzai Roku* in freier Anlehnung an die Übersetzung von Schloegel, *The Zen Teaching of Rinzai*, op.cit. 11 a, S. 19-20.

[30] *Mu*: nichts. Dieses Gespräch, das während der späteren Tang-Dynastie stattfand und als »Joshus *Mu*« bekannt ist, wurde zum berühmtesten Koan aller Zeiten (siehe Glossar).

Diskussionen, nichts, nur Zazen gegenüber einer Wand. In Diskussionen und Streitgesprächen waren die Soto-Mönche nicht gewitzt. Also verbreitete sich das Rinzai-Zen in China, das Soto-Zen aber nicht. Weil Soto nur *Mokusho*, Stille, war. Über die anderen leuchten in Stille. Aus sich selbst heraus leuchten. Diskussion hat nichts mit Zen zu tun. Nicht alle Rinzai-Schüler sind so. Im Soto sind sie auch nicht immer so gut. Mönche, die während Zazen schlafen, die nur essen und schlafen und nie denken, diese Mönche sind das Ärgste.

Nyojo und Dogen respektierten vollkommen Meister Wanshi [1091-1157]. *Und Fuyo Dokai* [1043-1118] ebenfalls. Fuyo Dokai war ein anderer großer Meister der Soto-Linie. Aber er bekam Schwierigkeiten mit dem Kaiser. Der Kaiser schenkte Fuyo Dokai das höchste, violette *Kolomo*[31] und lud ihn auch ein, in der Hauptstadt zu lehren. Aber Fuyo Dokai lehnte es ab – sowohl das Geschenk als auch die Einladung –, worüber der Kaiser verärgert war und deswegen Fuyo Dokai ins Gefängnis sperren liess. Als er wieder herauskam, ging er in die Berge und baute dort ein *Dojo*. Sehr bald war der Andrang groß. Viele aus der Stadt und aus dem Kaiserpalast suchten ihn dort auf. Sie kamen und erhielten die Ordination, sogar manche Prinzessinnen wurden Nonnen. Fuyo Dokai begann, sich Sorgen zu machen, der Kaiser könnte ihm das wieder übelnehmen. So schuf Fuyo Dokai strenge Regeln in seinem *Dojo*. Er wollte sie entmutigen, er wollte sie veranlassen, zur Hauptstadt zurückzugehen. Schließlich beschloss er, weniger zu essen zu geben. Askese und Kasteiung sind gute Methoden, um die Menschen zu testen. Eine andere Methode besteht darin, den Jungen Sex zu verbieten. Schwierig, aber möglich – in einem Gefängnis. Aber weniger Nahrung, das ist noch schwieriger auszuhalten. In einem Zen-*Dojo* isst man nur zweimal am Tag, Frühstück und Mittagessen. Es gibt kein Nachtessen. Also, je nach Anzahl der Leute, die regelmäßig in sein *Dojo* kamen, reduzierte Fuyo Dokai den Reis, indem er mehr Wasser in die morgendliche *Genmai*-Suppe tat. Mehr Leute, mehr Wasser. Manchmal imitiere ich im Pariser *Dojo* diese Methode. Also streckte Fuyo Dokai die morgendliche *Genmai* mit Wasser. Und manchmal ließ er das Mittagessen aus. Und selbst dann ging niemand weg.

[31] Das violette *Kolomo,* auch als das Purpurgewand oder ‚das buntschillernde Dharma-Gewand' bezeichnet. Manchmal werden diese Gewänder von Meister zu Schüler weitergegeben, manchmal von Kaiser, Gouverneur oder andern dem Meister übergeben. Meister der Soto-Linie tragen selten, falls überhaupt, ihr purpurnes Gewand und manchmal weigern sie sich sogar ganz offen, so wie es Doshin, Fuyo Dokai, Nyojo, Dogen usw. getan haben. »Wer sich an einem prächtigen Gewand erfreut ist ein niedriger Mensch«, sagte Nyojo einmal zu Dogen. »Irgend ein staubiger Fetzen entspricht der alten Mönchstradition. Denkt daran.« Gelehrte und andere haben oft das Wort »Gewand« mit dem Wort »*Kesa*« verwechselt. Sie haben nicht verstanden, dass der Unterschied nicht in der Gestalt des Kleidungsstücks besteht, sondern in seinem Wesen. Anders als das Gewand wird das *Kesa* vom Meister dem Schüler übergeben, meist während der Mönchsordination. Es kommt darauf an, wer das Kleidungsstück gibt. Wenn es der Kaiser ist, dann wird die Übergabe zu einer Frage der Gestalt, der Farbe, der Qualität und des Wertes; deshalb wird das Stück »Gewand« genannt. Doch wenn es ein Meister ist, ein Patriarch oder ein Buddha, der es übergibt, dann wird es unabhängig von seiner Gestalt, seiner Farbe oder seiner Qualität »*Kesa*« genannt.

Das war die Zeit, als das Soto-Zen zu blühen begann. Dann kamen der Soto-Meister Wanshi und der Rinzai-Meister Daie. Und im Streit zwischen den beiden Schulen entwickelten sich die beiden Methoden [*mokusho* und *kanna*]. Schließlich respektierte Daie Wanshi und sie wurden noch gute Freunde. Als Wanshi starb, organisierte Daie eine große Zeremonie für den toten Soto-Meister.

29. Juli – 10:00

Zazen, der Gipfel des Berges

Das ist das letzte Zazen des ersten *Sesshin*. Die permanenten Schüler aber werden weiter während des ganzen August Zazen machen.

Soto-Zen: Stille. *Iwazu, Iwazu*. Jenseits aller Diskussionen. **Mokusho Zen**: Stille ist leuchten. Aber mit Weisheit. Meister Dogen schrieb im *Fukanzazengi* , dass es im Zazen kein Auswählen gibt. Wählt nicht die Klugen aus, scheidet nicht die Tölpel aus. Zazen ist für Jeden. Jeder kann Satori erlangen. Im Buddhismus ist Weisheit die vollkommene und höchste Dimension. Es ist nicht Klugheit, es ist nicht einfach Intelligenz. Dogen konzentrierte sich auf die Erziehung seiner Schüler. Insbesondere, nachdem er sich in Eiheiji niedergelassen hatte. Er konzentrierte sich auf seine Schüler, um aus ihnen wahre Erzieher zu machen, Meister zu machen. Wenn ihr Zazen macht, könnt ihr euch selbst tief verstehen und ihr könnt ein großer Erzieher, ein großer Meister werden. Für alle Menschen. Für alle Menschen in der Welt der Gesellschaft. In dieser modernen Zivilisation gibt es wenige wahre Erzieher. Es gibt viele Professoren, viele Gelehrte – es gibt genug davon für diese Zivilisation. Aber wahre Erzieher, davon gibt es nicht genug. Und so haben wir die Krise der modernen Zeit. Der erste Löffel, so heißt es im Sutra *Bussho Kapila*, um das Böse abzuschneiden. Der zweite, um das Gute auszuüben und der dritte, um zu helfen, um zu erziehen, die ganze Menschheit. Das bedeutet nicht, durch das Wissen zu erziehen oder durch die Wissenschaft zu erziehen.

Man muss allen geben: *Hannya Haramitsu. Paramita* im Sanskrit. Ein **Fuse** [Gabe, Geschenk] besteht nicht nur darin Geld zu geben; nicht nur materielle Dinge. Sondern gute Worte geben, gutes Wissen, gute Weisheit, gute Erziehung – das anderen zu geben ist auch ein Geschenk. Den *Kyosaku* geben kann auch ein Geschenk sein. Und dasselbe gilt für Zorn, wenn es dabei um Erziehung geht.

Die **Kai** oder die *Sila* im Sanskrit sind die **Gebote**, die Moral, die Regeln. Im Mahayana-Buddhismus haben die *Sai* eine sehr hohe Dimension. Zur Zeit des Buddha gab es keine Regeln, aber wenn ihr zusammen mit andern Zazen in einem *Dojo* macht, sind Regeln notwendig. Stört nicht die andern ... Es müssen also im Gemeinschaftsleben Regeln geschaffen werden. Im Buddhismus sind es die *sechs*

Paramita, die am wichtigsten sind. Die erste ist *Fuse* – Geben ohne Absicht. Die zweite ist Moral, Harmonie. Die dritte ist Geduld. Die vierte *Paramita* ist *Shojin*, das Bemühen, die Anstrengung. Die fünfte ist *Samadhi*, Konzentration, und die sechste ist Weisheit. Es ist dasselbe wie in den alten Zeiten: Nicht bewegen! Nicht bewegen! In Zazen ist Geduld letzten Endes das wichtigste, das wirksamste. Erfüllt diese sechs *Paramita* und ihr könnt ein großer Meister werden. Aber Zazen ist von größter Bedeutung. Es ist das *Shikantaza* des *Samadhi*. Es ist sehr schwierig, eine vollkommene, normale Persönlichkeit zu haben. Selbst ich habe es bis jetzt nicht geschafft, eine vollkommene, ganze Persönlichkeit zu werden. Aber ich konzentriere mich auf Zazen und Zazen reißt alles mit sich. Glaubt nur an Zazen, unbewusst, automatisch und natürlich, und wir können den Gipfel des Berges besteigen, wir steigen auf ohne Stufen, die Drahtseilbahn nimmt uns mit.
[Die Glocke für *Kinhin* wird zweimal geläutet und alle stehen auf.]

Streckt den Nacken. Streckt die Knie. Das ist die letzte Gelegenheit, um sie zu strecken. [Der Meister geht die Reihen der 200 Leute ab, die *Kinhin* machen. Er schaut sich die Haltungen an.] Jeder hier hat jetzt eine gute Haltung. Vergesst diese Haltung nicht, wenn ihr nach Hause zurückkehrt. Kommt zu einem anderen *Sesshin* wieder. Kommt zurück und praktiziert wieder. Jedermanns Gesicht hat sich verändert seit dem Anfang. Jeder hat sich vollständig verändert. Würde. [Die Glocke wird geschlagen und jeder kehrt an seinen Platz zurück. Nach einer Zeit der Stille setzt der Meister seine Unterweisung fort.]

Der dritte Löffel, um die andern zu beeinflussen, um sie tief zu erziehen, durch Zazen. Manchmal muss man in das trübe Wasser des Lebens in der Gesellschaft springen. Im Mahayana-Buddhismus soll man rein werden, nicht nur für sich selbst, sondern auch für die andern. »Selbst wenn ich, der ich zu närrisch bin, nicht ein Buddha werde – «, schreibt Dogen im *San Sho Doei*. Dogen spricht hier von sich selbst; er sagt, dass er zu verrückt ist, um Buddha zu werden, aber *tant pis*, das macht nichts ... »Selbst wenn ich, zu närrisch, kein Buddha werde, so hoffe ich, der Körper eines wahren Mönchs zu werden, der alle fühlenden Wesen dazu bringt, hinüberzugelangen.« Das ist *Hannya Haramita*: die andern vorbeilassen. Manchmal muss man seine eigene Persönlichkeit opfern. Das ist der wahre Bodhisattva.

Manche Männer sagen, sie müssen den anderen helfen, und was sie dann tun ist, den Frauen zu helfen. Sie gehen von der einen zur anderen. Das gleiche bei Frauen: Sie gehen von einem Gigolo zum andern Gigolo. Man soll nicht die *Kai* vergessen, die moralischen Gebote, denn sie sind auch wichtig. Im Mahayana-Buddhismus ist es letzten Endes so: Wenn ihr die *Kai* brechen wollt, ist selbst das nicht möglich. Weshalb? Weil schließlich alles dasselbe ist. Kein Zuwachs, keine Verringerung. Zum Beispiel der Dieb: Die Gegenstände wechseln den Ort, und von einer hohen Dimension betrachtet gibt es kein Verbrechen, nirgends. Aber vergesst nicht die Moral, sie ist auch wichtig. Nicht töten, nicht stehlen, keine sexuellen Perversionen praktizieren, nicht lügen oder mit Wörtern schaden. So ist das. In Buddhas Zeit war es nicht erlaubt, Alkohol zu trinken. Auf unsere Zeit übertragen bedeutet das: nicht betrunken werden, nicht den Kopf verlieren. Heutzutage: Nehmt keine Drogen.

Geduld, Anstrengung. In der modernen Erziehung, in den Schulen unternehmen die Schüler nicht genug Anstrengungen. Um andere zu erziehen, um sie zu beeinflussen ist Anstrengung notwendig. Durch die Geduld wird eure Fähigkeit zur Anstrengung zunehmen; sie wird automatisch zunehmen. Um zu erziehen sind diese Faktoren sehr wichtig. Geduld. Das ist das letzte Zazen, der letzte *Kyosaku*, das letzte *Fuse*. Erhaltet den *Kyosaku* und es wird zu einem *Fuse*. Verringert die Wünsche, werdet ruhig, habt keine Illusionen, habt keine verrückten Diskussionen. Stille ist jenseits von Diskussion. Das sind die letzten Worte von Dogens Testament: Zazen ist vollkommene Stille. Wenn ihr nach Hause zurückkehrt, so hoffe ich, dass ihr nie eure Haltungen vergessen werdet, wie sie jetzt sind. Und euren reinen Geist. Ich hoffe wirklich, dass ihr euch daran erinnern werdet.
Chukai!

2. ÜBUNGSPERIODE

1. AUGUST – 9. AUGUST

1. August – 10:00

Sesshin: Den wahren Geist berühren

[Den Klang des **Inkin** (Glöckchen) kann man von fern hören. Der Meister kommt. Bevor er sich hinsetzt, geht er rasch hinter den 250 Menschen[32] vorbei, die in Zazen sitzen, und überprüft ihre Haltungen. Wenn er seinen Rundgang beendet hat, setzt sich der Meister und im *Dojo* breitet sich Stille aus. Nach etwa 30 Minuten Schweigen wendet er sich an alle Übenden:]

Wer neu ist, muss verstehen, was ein *Sesshin* ist. *Sesshin* ist die Ausübung von Zazen, aber nicht nur Zazen. Von morgens bis abends muss man sich auf alles, was man tut, konzentrieren, auf sein Betragen, auf die Art und Weise wie man sich im täglichen Leben verhält. Wie wir essen. Wie wir Laute und Geräusche machen. Wie wir auf die Toilette gehen, wie wir unser Gesicht waschen, uns die Zähne putzen. Meister Dogen spricht darüber im *Shobogenzo*. *Sesshin* bedeutet: den wahren Geist berühren. Ihr müsst euren eigenen wahren Geist finden. Zazen bedeutet, das wahre Ego zu finden, Zazen bedeutet: mit sich selbst innigst vertraut werden. Also müsst ihr während Zazen den *Dojo*-Regeln folgen – wie wir im *Dojo* Zazen machen. Wie wir im *Dojo* gehen, wie wir stehen. Wenn ihr genau diesem *Sesshin* folgt, könnt ihr euren Körper und euren Geist verändern. Dogens Zen ist in Bezug auf die Haltung sehr streng: die Zazen-Haltung, die *Kinhin*-Haltung, euer Verhalten. Wenn eure Haltung stimmt, dann werden euer Körper und euer Geist zum Normalzustand zurückkehren.

Es gibt hier viele Deutsche während dieses *Sesshin*. Das Rinzai-Zen hat sich in ganz Deutschland verbreitet, erstens wegen Professor Suzuki und nun wegen Professor Dürckheim und dem christlichen Pater Lassalle. Verschiedene indische Arten von Meditation und verschiedene esoterische und mystische Arten von Praxis beginnen sich in Deutschland zu verbreiten. Dogens Zen ist mit nichts von alledem vergleichbar. Ich habe eben eine japanische Zeitung bekommen, in der mit Bewunderung davon berichtet wird, dass Dogens Zen heute in Europa Fuß fasst und sich verbreitet. Anhänger des Rinzai in Kyoto und in Kamakura und an andern Orten in Japan folgen heutzutage ebenfalls Dogens Zen, wie es im *Shobogenzo* dargestellt wird. Das gilt auch für die Obaku-Sekte in Japan. Mein Freund Murase im Obaku-Tempel in Uji lehrt Dogens Zen. Soto-Zen und Rinzai-Zen sind nicht dasselbe. Professor Suzuki verbreitete Rinzai-Zen, aber nur durch Bücher. Nicht durch Pra-

[32] Es sind etwa 150 Neuankömmlinge da. Diese abzüglich derjenigen, die die Übungsperiode verlassen haben, ergeben eine Zahl von etwa 250 Anwesenden.

xis. Er übte nicht Zazen.[33] Das ist sehr schade. Ich habe Dogens Zen nach Europa gebracht und nun ist es zum ersten Mal hier. Und so hoffe ich, dass die, die zu diesem *Sesshin* gekommen sind, dass alle hier Erzieher und Meister des Soto-Zen werden. Es ist schwierig, nach nur einem *Sesshin* ein Meister zu werden. Aber wenn ihr weiter macht, ein Jahr, zwei, drei, fünf Jahre, so ist es möglich.Wie dem auch sei, ihr könnt verstehen, was die wahre Haltung ist, was die Essenz des Soto-Zen ist, ihr könnt das genau verstehen, sogar nach einem einzigen *Sesshin*. Wenn euch in Deutschland oder anderswo die Leute fragen, was Soto-Zen ist, hoffe ich, dass ihr in der Lage sein werdet es zu erklären und es genau zu lehren.[34]

Rinzai Erziehung: Streng, aber nicht stark

Soto ist nicht so streng wie Rinzai. Es gibt keine *Kwatz*, keine harten *Kyosaku*. Das Rinzai-Zen ist streng, aber seine Erziehung ist nicht stark. Sie erziehen durch *Mondo*, durch lebhafte Diskussionen zwischen dem Schüler und dem Meister. Sie setzen laute *Kwatz* ein und heftige Schläge mit dem *Kyosaku*. Der Rinzai-*Kyosaku* ist sehr groß und sehr lang und wird während der *Sesshin* benutzt, während Zazen und im Garten. Er wird überall benutzt. Rinzai-*Sesshin* sind sehr stark und für kräftige Menschen ist das nicht so schlecht. Ich habe die Erfahrung von *Sesshin* in einem Rinzai-Tempel gemacht, als ich jung war. Ich bin davongerannt. Rinzai-Zen ist härter als die Armee.[35] Professor Suzuki hat nie diese Erfahrung gemacht.

Schlagen, um zu erziehen

Diejenigen, die den *Kyosaku* erhalten wollen, sollen darum bitten. Wenn ihr in *Kontin* oder in *Sanran* seid, dann müsst ihr darum bitten. Wenn eure Knie schmerzen und ihr euch nicht länger gedulden könnt, dann ist es gut, den *Kyosaku* zu erhalten. Den *Kyosaku* zu erhalten bedeutet nicht, eine Strafe zu erhalten. Dogen selbst hat den *Kyosaku* selten benutzt. Nichtsdestoweniger war Dogen sehr von Meister Nyojos Art zu erziehen beeindruckt: Manchmal benutzte der den *Kyosaku* und manchmal sogar seine Sandalen. Wenn Nyojo zornig wurde, dann schlug er nur aus einem tiefen Mitgefühl heraus. »Ich will nicht schlagen«, sagte Nyojo zu Dogen, »aber wenn ich es tue, dann tu' ich es nur, um tiefer zu erziehen. Manchmal

---

[33] D. T. Suzuki gilt allgemein als Persönlichkeit, die es mit großem Geschick verstanden hat, das Zen im Osten wie im Westen zu verbreiten. Aber was Zazen oder die sitzende Meditation anbelangt ist Suzuki keine Autorität. Er hat eine große Gefolgschaft von Intellektuellen in der Welt des Zen. Suzuki schreibt in seiner *Einführung in den Zen-Buddhismus:* »Neben der Übung des Koan ist die Praxis von Zazen zweitrangig.«.

[34] Weil viele Anwesende Deutsche sind, werden die jetzt gehaltenen *Kusen* (mündliche Unterweisungen) gleich ins Deutsche übersetzt.

[35] »Rinzais Zen-Stil trug ihm den Namen General Rinzai ein«, schreibt ein zeitgenössischer Rinzai-Meister. (zitiert nach: *The Collected Works of Hisamatsu Shin'ichi*. Vol. vi, „Kyoroku-shu." Tokyo: Risosha, 1973).

schlage ich, weil es nicht anders geht.« Im Soto wird Schlagen als Mittel eingesetzt, um die Erziehung wirklich zu vertiefen. Es geschieht nicht aus Formalismus. Erhaltet ihr den *Kyosaku* während eines *Sesshin*, wird euer Gehirn klar. Man schlägt auf Akupunkturpunkte über den Schultern. Wenn ihr also den *Kyosaku* erhaltet, dann hört eure Nervosität, eure Verspanntheit auf. Auch wird der Geist stark. Er verändert sich. Er verändert sich deutlich.

Rensaku[36] geben

Während des freien Tages gestern gingen ein paar Permanente ohne Erlaubnis in die Küche. Das ist verboten. Während des freien Tages in die Küche gehen und während des *Sesshin* die Lebensmittel essen, das ist verboten! Und es ist seit dem Beginn so gewesen. Im Soto-Zen ist der *Tenzo* [Chefkoch] sehr wichtig. Wie der Chef des *Dojo*. Wenn der *Tenzo* während des *Sesshin* auch nur den kleinsten Fehler macht, wird er als *Tenzo* ausgetauscht. Die Atmosphäre des *Sesshin* hängt auch vom *Tenzo* ab, und so ist die Unterweisung des *Tenzo* sehr wichtig. Dogen hat das im *Tenzo Kyokun* geschrieben. Ich wünsche nicht, diesen Leuten *Rensaku* geben zu lassen, aber gestern haben sie einen schwerwiegenden Fehler gemacht. Also ist es unvermeidlich. Ich will ihre Namen nicht erwähnen. Sie sind zwei starke Burschen, sie müssen ihn wohl erhalten. Sie haben Essen aus der Küche genommen. Sie haben Essen gestohlen, das nicht einmal der Hund gestohlen hat. Schlimmer als Hunde. Sie müssen den *Rensaku* zehnmal auf jeder Schulter erhalten. [Der *Shusso* gibt *Rensaku*. Die Schläge hallen im *Dojo* wieder.]

Heute früh werden wir eine Totenzeremonie anläßlich des Todes eines Schülers feiern. Er war ein Bodhisattva, der einen sehr großen Glauben hatte und viele Jahre bei uns war. Er starb gestern plötzlich in Paris an einer Herzoperation. Ich will für ihn eine kraftvolle Zeremonie machen! Bitte, singt das *Hannya Shingyo*! *Kan ji Zai Bo Satsu* [Bodhisattva der wahren Freiheit]. Bitte singt mit kräftiger Stimme! Sicher wird er im Himmel ankommen.

1. August – 20:30

Zazen ist wie Wasser in einem Glas. Laßt das Wasser ruhig werden und bald wird der Schmutz hinuntersinken, tiefer und tiefer, und das Wasser wird klar. Wenn wir Zazen machen, setzt sich unser Schmutz ab und unser Geist wird ruhig und gelassen. Das ist auch während *Kinhin* so. Macht während der nächsten zehn Tage weiter Zazen und ihr werdet vollkommen ruhig werden ... Aber man muss auch den

---

[36] Eine Reihe von Schlägen mit dem *Kyosaku*.

Dojo-Regeln folgen und nicht ins Santa Lucia gehen und schmutzig und abnormal werden.[37]

Der Geist bewegt sich

Unser Leben gleicht einer Fahrt auf der Autobahn. Wenn wir nur hinaus auf die Landschaft schauen, dann täuschen wir uns; wir glauben, dass die Landschaft sich fortbewegt und vergessen, dass es das Auto ist, das sich fortbewegt. Aber wenn wir zu uns selbst zurückkehren, wenn wir genau auf uns selbst schauen, wenn wir das Auto selbst anschauen, so sehen wir, dass es das Auto ist und nicht die Landschaft, was sich bewegt. Es ist, wie wenn man mit dem Boot fährt. Dogen beschreibt das im *Genjo Koan*. Wir schauen aus dem Boot hinaus und haben den Eindruck, dass es das Ufer ist, das sich bewegt. Aber schaut man hinunter auf das Boot[38], sehen wir, dass es nicht das Flussufer ist, das sich fortbewegt, sondern das Boot. Zazen ist genauso. In unserem täglichen Leben schauen wir immer nach außen. Ah, der große Berg, der Mont Blanc! Die große Stadt, der große prächtige Wald! So ist es, und wir gelangen nie zu irgendeinem Verständnis von uns selbst. Es ist nicht die Landschaft, die sich fortbewegt, wir sind es, wir bewegen uns. Also bedeutet Satori: zum Normalzustand zurückkehren, zum ursprünglichen Zustand. Satori ist kein besonderer Zustand. Man braucht keine besondere Sprache. Den Zustand von Satori zu erlangen ist überhaupt nicht schwierig. Satori schreitet fort, ändert sich, wird tiefer. Aber macht auch nur einmal Zazen und ihr habt Satori. Weil Satori bedeutet, zum Normalzustand zurückzukehren. Aber dann, nach Zazen, nach der Trommel [die das Ende von Zazen ankündigt], nach der Zeremonie, rennt jeder in die Stadt [nach Val d'Isère] und beginnt von Neuem zu tanzen – besonders die Permanenten hier – und der Schmutz ist wieder da. Nach außen schauen ist leicht. Nach innen schauen ist schwierig und nicht sehr interessant. Mit sich selbst innig vertraut werden ist nicht so leicht. Und viele Leute haben Angst davor, mit sich selbst vertraut zu werden, in sich selbst zu blicken. Doch wenn ihr nach innen schaut, könnt ihr zum Normalzustand zurückkehren. Es ist so, wie wenn man das Auto anschaut, in dem man ist. Oh, das Auto ist es, das sich fortbewegt! ... Sich auf den Sarg zubewegen. In dem Moment kommt der wahre religiöse Geist auf. Aber die meisten Menschen verstehen das nicht. Sie glauben, es sei die Landschaft, die sich fortbewegt. Besonders das Kind. Für das Kind ist alles schön, alles bewegt sich. Die Landschaft ist schön. So ist der tibetanische Buddhismus. So ist Yoga. Während des ersten *Sesshin* gab mir eine Frau ein Buch von Castaneda. Es ist auf

[37] Die vorangegangenen zwei Tage waren *hosan*, Urlaub. Von den 200 oder mehr Teilnehmern am letzten *Sesshin* sind nur etwa 50 dageblieben. Während des »Urlaubs« blieben viele und halfen alles herzurichten, um die nächste Welle von Neuankömmlingen zu empfangen; währenddessen gingen andere in die Alpen wandern oder trieben sich in der Dorf-Bar von Val d'Isère herum, im Santa Lucia.

[38] D. h.: Schauen wir auf uns selbst.

Englisch und ich habe ein bisschen darin gelesen. Interessante Landschaft. Die Klänge auch: Don Juan. Die Frau sagte mir, dass sie sich jetzt schon zehn Jahre mit seiner Lehre beschäftigt. Aber jetzt, sagt sie, versteht sie, dass Zen eine viel höhere Dimension hat. »Genau in dem Moment, wo ich mich selbst anschaute, verstand ich.« Unser Auto bewegt sich fort. Es bewegt sich auf einen objektiven Ort zu, der wirklich existiert. Wenn die Menschen einmal verstehen, dass sie sich auf den Sarg zubewegen, dann versuchen sie, die Geschwindigkeit zu drosseln, sie ziehen den Fuß vom Gaspedal zurück ... Andere jedoch in unserer modernen Zivilisation scheinen nur immer schneller und schneller voranzuwollen. Mit 100 Stundenkilometern. Mit 200 Stundenkilometern. Gefährlich. So oder so müssen wir im Sarg ankommen. Für die, die einen reinen, klaren, ruhigen Geist haben, wird schließlich das Karma gut und sie werden glücklich. Der Geist ist es, der sich bewegt, nicht das Außen. Die meisten Menschen verstehen das aber nicht, und sie schlafen in ihren Särgen.

2. August – 7:30

Pas bouger. Nicht bewegen! Es gibt hier jemanden, der sich ständig bewegt. Geduld ist wichtig. Eine Person bewegt sich und beeinflusst alle andern.

Meister Nyojo: Er war wie rohes Eisen

Als Dogen zum ersten Mal China bereiste, folgte er der Praxis von Rinzai unter Meister Myozen. Myozen war ein Schüler von Meister Eisai gewesen und Meister Eisai hatte das Rinzai-Zen in Japan begründet. Also beschäftigte sich Dogen mit Rinzai-Zen und er dachte, dass Meister Rinzai der größte aller Zen-Meister sei. Warum hat er dann später Rinzais Methode kritisiert? Erst beobachtete Dogen die Landschaft und es war das Rinzai-Zen, das sich bewegte. Aber später wurde sein Geist tiefer und er begann sich selbst anzuschauen, und als er schließlich den großen Soto-Meister Nyojo traf verstand Dogen, und damals hatte er ein großes Satori. Das Rinzai-Zen, das Dogen praktizierte, war wie jedes Rinzai-Zen: *Kwatz*, *Kyosaku*, das *Hossu*[39], den Daumen hochhalten und kluge Diskussionen veranstalten. Dann traf er Meister Nyojo. Nyojo hatte ein starkes, freundliches Gesicht und er machte immer Zazen. Ohne *Kwatz*, ohne Diskussionen und mit wenig *Kyosaku*. Nyojo benutzte nicht oft den *Kyosaku*, aber er war nicht immer sanft und nett. Manchmal wurde er zornig wie Donner. »Nyojo ist wie ein harter Diamant. Er ist wie rohes Eisen«, schrieb Dogen. Nyojos Worte waren wie eine himmlische Kuppel; sie waren frisch, genau wie rohes Eisen ... Nyojos Persönlichkeit enthielt alles.

---

[39] Kurzer Stab mit einem langen Wedel aus Pferde- oder Yakhaaren an einem Ende, der oft von Zen-Meistern gehalten wird. Nützlich, um Fliegen, Dämonen und anderes Getier zu verjagen.

Und wenn er zornig wurde, loderte er wütend auf, er wurde wirklich zornig. Es war unmöglich ihn zu beißen [die Essenz, die Substanz seiner Persönlichkeit zu beißen], er war wie ein Diamant, wie Eisen. Es war besser, ihn von außen anzuschauen. Und so sah ihn auch Dogen, von außen. Meister Nyojo war einfach; er war aufrichtig und vollkommen ehrlich.

Mit 13 Jahren verließ Dogen seine Familie und ging zum Tendai-Kloster auf dem Berg Hiei. Dort erhielt er die Mönchsordination. Ein Jahr lang beschäftigte er sich mit Tendai, aber dann ging er weg, um Meister Eisai zu folgen. So wurde Dogen Schüler des Rinzai-Meisters Eisai, dem bedeutendsten Meister seiner Zeit. Und damals schloss er auch eine enge Freundschaft mit Eisais *Shusso*, dem Schüler Myozen. Eisai hatte das Rinzai-Zen in Japan eingeführt; sein Zen war nicht so rein wie das seines Schülers Myozen. Während Eisai ein Rinzai-Mönch war, war er auch ein Tendai-Mönch, ein Shingon-Mönch und ein *Kito*-Mönch. Damals mussten Mönche in Japan auch *Kito*-Mönche sein, sonst waren sie für die Gouverneure und den Kaiser nicht von Nutzen. Deshalb konnten Mönche, die keine *Kito* machten, nicht berühmt werden; und sie konnten auch nicht essen.[40] Also war Eisai manchmal ein Tendai-Mönch, ein Shingon-Mönch, ein Rinzai-Mönch und ein *Kito*-Mönch. Es gibt viele Mönche wie Eisai in Europa und Amerika: manchmal zen, manchmal hinayana, manchmal tibetanisch, manchmal christlich.

Als Meister Eisai starb, folgte Dogen dem *Shusso* von Eisai, Myozen, nach China. Bis zu diesem Zeitpunkt hatten alle Meister, denen Dogen begegnet war, ihm gesagt, er müsse sich hervortun, er müsse berühmt werden, er müsse seiner Heimat dienen und er müsse die höchsten Ehren in Japan und in der ganzen Welt erlangen. Als ich jung war und ein Schüler von Kodo Sawaki, sagten mir meine Mitschüler, Kosho und andere dauernd dasselbe: Ich müsse mich hervortun und berühmt werden im Dienst für meine Heimat, und dass ich die größten Ehrungen erlangen müsse. Jeder sagte mir das, außer Kodo Sawaki und Narita[41] ... Aber ich wollte nicht berühmt werden. Ich wollte nur zum Normalzustand zurückkehren. Dasselbe mit Dogen. Ich verstehe Dogen. Dogen hatte die Autobiographien der großen Mönche der Vergangenheit gelesen, von Kukai und von Denkyo, den Gründern des Shingon und des Tendai in Japan, und sie waren nicht wie Eisai[42].

---

[40] *Kito*: eine magische Zeremonie, ein Gebet, eine Anrufung von niedriger Dimension, aber im allgemeinen recht einträglich. Jemand, der langes Leben wünscht, gute Gesundheit, Erfolg in seinen Unternehmungen oder sonst etwas, bittet den *Kito*-Priester (normalerweise ein Abt oder ein anderer höher gestellter Geistlicher im Tempel), eine Art Gesuch an den Himmel zu stellen – und gibt als Gegenleistung Geschenke und Geld. Je größer das Geschenk, desto größer das Gesuch ... Von Kaisern, Gouverneuren und der Allgemeinheit genutzt; z. B. bitten Bauern um ein *Kito* für Regen während der Tockenzeit und ein Priester kann sehr gut davon leben, solche Zeremonien zu veranstalten, besonders heutzutage.

[41] Narita Roshi: Einer von Deshimarus Mitschülern unter Meister Kodo Sawaki.

[42] Eisai (1141-1215), der Gründer des Rinzai-Zen in Japan.

Also las Dogen über die chinesische Geschichte. Er wollte einen wirklichen Rinzai-Meister finden. Deshalb ging Dogen nach Eisais Tod mit Myozen nach China.[43]

Während Zazen werden manche Leute schläfrig. *Kontin.* Sie sind zu ruhig, zu müde, also schlafen sie ... Andere sind zu nervös, zu aktiv, sie denken zu viel. *Sanran.* Beide Verfassungen sind schlecht. Zwischen diesen beiden Verfassungen ist *Hishiryo.*[44]

Heute morgen kam ein Arzt, ein Schüler aus dem *Dojo* von Marseille, zu mir in mein Zimmer. Ich sagte ihm, dass ich einen leichten Schmerz in der Schulter habe. Mein eigener Arzt Evelyne, die in Akupunktur sehr gut Bescheid weiß und die mich oft bei allem Möglichen erfolgreich behandelt hat, war nicht da, und so sagte mir der Arzt aus Marseille, dass er mich behandeln könne. Und sehr rasch steckte er 50 Nadeln in mich rein. Die Nadeln steckten in mir vom Scheitel bis zu den Fingerspitzen. Auch in meinem Hintern. Ich konnte mich nicht bewegen und war sehr überrascht. Ich war ein richtiges Stachelschwein. Er sagte mir, ich solle eine Stunde lang ruhig bleiben. So bleiben, über und über mit Nadeln bespickt, eine Stunde lang! Mit Evelyne dauert das nur fünf Minuten. Das ging nicht. Ich wollte, dass man die Nadeln herauszieht, aber der Arzt war schnell rausgegangen, zum Mittagessen, und ich konnte sie nicht allein herausziehen. *(Allgemeines Gelächter.)* Sehr lustig. Mein Körper lief auf Hochtouren. Bevor der Arzt hinausgegangen war hatte er gesagt: »Jetzt können Sie schlafen.« Aber überhaupt nicht. Ich war völlig in *Sanran* und es war unmöglich zu schlafen. Ich rief meine Sekretärin: »Anne-Marie, ich will rauchen!« - »Nein, Sensei, sie müssen schlafen.« Aber ich konnte nicht schlafen. Eine Stunde ... Als der Arzt zurückkehrte, erklärte er, dass es meiner Schulter am nächsten Tag besser gehen würde. Jedenfalls geht es meiner Schulter immer noch nicht gut. Sogar schlechter. Aber im Moment bin ich völlig in *Sanran.* Ich fühle meine Aktivität hier, jetzt, in Zazen. Wenn ihr in *Sanran* seid, müsst ihr euren Geist hinunterfallen lassen, tief, auf eure Finger ... Im Moment steigt zuviel Aktivität in mir auf und ich möchte husten. Wenn ihr in *Sanran* seid, dann geschieht das: Ihr wollt euren Atem rauslassen. So müsst ihr dann mit eurem Atem

---

[43] Kukai (gest. 835), ein japanischer Mönch, der nach China ging und den chinesischen tantrischen Buddhismus zurückbrachte; Denkyo (gest. 822) war ebenfalls japanischer Mönch, der nach China reiste und von dort die Lehre des chinesischen Tendai mitbrachte; Eisai war ein weiterer japanischer Mönch, der nach China ging und Rinzais Zen-Unterweisungen zurückbrachte. Dogen kehrte dann 1227 mit der Soto-Unterweisung von Nyojo zurück. Es sollte wohl darauf hingewiesen werden, dass es sich dabei nicht um Vergnügungsreisen handelte. Die Boote waren flach (der Kiel musste erst noch erfunden werden), und die Mönche wussten nicht, ob sie mit dem Leben davonkommen würden, wenn sie sich nach China einschifften. Es ist auch belegt, dass mehr als die Hälfte von ihnen Schiffbruch erlitt und unterging.

[44] D. h., indem man nicht in schläfrige Dunkelheit verfällt und nicht überwach erregt ist, schafft man Raum für kosmisches Bewusstsein.

nach unten drücken, ihr müsst tief ausatmen und so nach unten auf eure Eingeweide drücken, und zur gleichen Zeit müsst ihr euren Geist auf eure Finger zwischen die Daumen legen. Wenn ihr in *Kontin* seid, dann müsst ihr euren Geist zwischen die Augenlider tun. Mit diesen Methoden könnt ihr euer Gleichgewicht, die Ausgeglichenheit finden. So ist es immer im Alltag – manchmal schläfrig, manchmal aktiv.

Nach dem Zazen geht ihr tanzen. Eine gute Gymnastik. Gut für den Körper. Aber nicht so gut für das spirituelle Training. Es ist besser, ruhig zu werden. Wie Wasser in einem Glas. Das Wasser setzt sich, und so wird es klar. Aber wenn ihr es schüttelt, wird das Wasser nur trübe. Zazen heißt: zum Normalzustand zurückkehren. Rein und lauter werden; wie schmutziges Wasser, das sich in einem Glas klärt. Runter, runter, runter. Und so kehrt es zu seinem Normalzustand zurück.

Ein Meister, der sich nicht um Größe kümmert

Das Ego verstehen heißt verstehen, dass es nicht das Auto ist, das sich fortbewegt, nicht das Boot, sondern dass wir selbst uns bewegen. Die Menschen wollen viel Geld verdienen, sie wollen ein schönes Haus, das beste Essen, und sie wollen auch Erfolg, Ehrungen und Berühmtheit. Als ich zum ersten Mal meinen Meister Kodo Sawaki traf, sagte er einen einfachen Satz, der seither mein ganzes Leben immer wieder beeinflusst hat: »Ich bemühe mich immer sehr«, sagte er, »keinen Erfolg zu haben.« Als ich das zum ersten Mal hörte, war ich überrascht. Vielleicht wurde er schon etwas alt und wusste nicht mehr, was er sagte. »Ich bemühe mich sehr, keinen Erfolg zu haben.« Aber ich war beeindruckt. Völlig. Als ich ein Kind war, sagte mir mein Vater immer, dass ich auf die beste Universität gehen sollte, dass ich ein erfolgreicher Geschäftsmann werden solle, sehr viel Geld verdienen müsse, Gewinn anhäufen und berühmt werden solle. Meine Mutter war das Gegenteil. Sie sagte mir immer, dass es nicht nötig sei, sehr erfolgreich zu sein oder viel Geld zu verdienen. Ihre Vorstellung war vielmehr, dass ich ein Erzieher, ein Mönch werden sollte ... Und so stritten sich meine Eltern immer darüber, und ich litt. Und da traf ich Kodo Sawaki. »Ich bemühe mich sehr, keinen Erfolg zu haben. Und die beste Methode dafür ist Zazen.« Was für eine Zeitvergeudung, dachte ich.

Als ich vor zehn Jahren nach Europa kam, machte niemand Zazen. Aber jetzt hat es sich verbreitet. Mir geht es nicht um Erfolg. Sondern nur darum, mich auf die zu konzentrieren, die Zazen üben wollen. Die, die Zazen verstehen, das ist genug. Ein paar wenige kostbare Steine haben ist besser als viele Kieselsteine zu haben. Wenn jeder ein Edelstein wird, dann werden die Steine an Wert verlieren.[45]

[45] Ja, jeder soll der Edelstein werden, der er ist. [Der Verleger]

Auf der Suche nach einem Meister im alten China

Also wollte Dogen nicht groß werden. Und doch ist sein Name in der Geschichte bedeutender als derjenige von Eisai, dem Begründer des Rinzai in Japan. Eisai sagte immer zu Dogen: »Sie müssen ein großer Meister werden. Sie, allein, müssen der nationale Meister werden, der Meister des Kaisers.« Aber Dogen verstand das nicht. Vielmehr dachte er, er sollte nach China segeln. Vielleicht würde er in China einen wirklich großen Meister finden können, einen Meister, der sich nicht um Größe kümmerte. Also ging er 1223 nach China. Er war damals 23 Jahre alt ... Nachdem er alle Rinzai-Meister besucht hatte, die er in China finden konnte, gab er auf und kehrte zu seinem Schiff zurück. Es gab keine freien Zimmer, keine Hotels, also blieb er auf dem Schiff und wartete auf den Tag, an dem es den Anker lichten würde, um nach Japan zurückzusegeln. Das Schiff lag vor der Küste von Shanghai. Und da kam ein alter Mönch auf das Schiff, um ein paar *Shitake* [eine besondere Sorte japanischer Pilze] zu kaufen, die im Tempel dieses Mönchs ein wichtiges Nahrungsmittel waren ... Nun war aber dieser alte Mönch der Chef-*Tenzo* des Soto-Tempels Keitokuji. Also hatten Dogen und dieser *Tenzo* ein *Mondo.* Kein starkes *Mondo.* Einfach ein Gespräch. Das aber dann in der buddhistischen Geschichte berühmt wurde. Dieser *Tenzo* war sehr stark und er hatte ein großes und sehr tiefes Gesicht. Nun war es aber etwa die Mitte des Sommers und sehr heiß, zu heiß um zu arbeiten, und dieser Mönch war alt, er war in seinen späten Sechzigern. Dogen und der *Tenzo* hatten ein Gespräch und ihr Austausch beeindruckte Dogen zutiefst. Dogen hatte nicht Satori, und doch erinnerte er sich an dieses Gespräch bis zu seinem Tod. Dieses Gespräch, das er mit dem *Tenzo* hatte, war es – mit diesem *Tenzo*, der wie ein einfacher Arbeiter seine Arbeit verrichtete –, das ihn verwandelte und seinen Zweifel öffnete.
Chukai!

3. August - 7:30

Gestern hat, wie ihr wisst, eine abnormale Frau andere im *Dojo* gestört.[46] Vergangene Nacht konnte ich nicht schlafen und heute früh bin ich in *Kontin.* Selbst für einen Meister ist es nicht immer leicht, Zazen zu machen. Um zwei Uhr heute morgen kam eine verrückte Frau mich besuchen. Ich öffnete die Tür und sie umarmte mich. Es gab keine Möglichkeit ihr auszuweichen, sie ist groß wie ein Nilpferd und hielt mich mit einem Rugby-Griff fest. Meine Sekretärin kam gelaufen, aber sie konnte den Griff dieser großen Frau nicht lösen. Meine Sekretärin ist zu

[46] Es ist nicht die gleiche verrückte Frau, von der beim ersten *Sesshin* die Rede war ...

klein und zu dünn und sie konnte nichts anderes tun als zuzuschauen. Dann kam Madame Monnot. Dann der Arzt und auch Evelyne. Und schließlich kam Cassan. Cassan ist ein starker Mönch und er half mir, mich von der Umarmung der Frau zu befreien. Es war der reinste Schwank. Dann heute früh, gegen fünf oder sechs, hörte ich das Schlagen des *Han* [Holz]. Stéphane, der uns mit dem Holz in der Früh weckt, muss sich geirrt haben, dachte ich. Zu früh. Ich öffnete die Tür und wieder warf sich die Frau auf mich. Sie hatte an meine Tür geklopft und dabei genau das *Han* imitiert. Und dann kamen Stéphane und auch andere. Die meisten meiner Schüler, die in meiner Nähe schlafen, haben letzte Nacht nicht geschlafen. Und ich, ich habe nur zwei Stunden geschlafen. *Kontin.*

Der hübsche junge Mönch und der alte Tenzo

Also bot Dogen dem alten Mönch guten japanischen Tee an und sagte dann: »Wozu brauchen Sie diese japanischen Pilze?« - »Ich muss sie für die vielen Mönche in meinem Tempel zubereiten. Wir haben jetzt ein *Sesshin* und diese Pilze sind notwendig. Sie sind sehr gut. Deswegen bin ich hierher gekommen.« - »Wann kehren Sie in Ihren Tempel zurück?« - »Ich werde nach dem Mittagessen aufbrechen. Aber vorher muss ich einkaufen gehen.« - »Wie weit weg ist Ihr Tempel?« - »35 Kilometer.« - »Oh«, sagte Dogen, »da haben Sie einen weiten Weg. Und selbst wenn Sie gleich jetzt losgehen, werden sie ihren Tempel nicht vor der Dunkelheit erreichen. Wenn Sie also wollen, können Sie mit mir hier in meinem Zimmer bleiben. Ich möchte mit Ihnen sprechen. Bitte, Sie müssen mich im wahren Zen unterweisen.« - »Nein, ich kann nicht bleiben«, antwortete der *Tenzo*. »Wenn ich jetzt nicht zurückkehre, dann werde ich morgen früh nicht genug Zeit haben, das Essen vorzubereiten.« - »Aber es muss doch viele Mönche in Ihrem Tempel geben und auch andere Köche. Ich kann mir also nicht vorstellen, dass es irgendwie Schwierigkeiten gibt, wenn Sie eine Nacht lang wegbleiben. Bitte, bleiben Sie hier.« - »Nein, nein, nein. Die Arbeit eines *Tenzo* ist von großer Wichtigkeit. Das ist eine Arbeit, die von Buddha zu Buddha und von Patriarch zu Patriarch weitergegeben wurde, es ist also überhaupt nicht möglich, diese Arbeit jemand anderem zu überlassen. Ein anderer ist nicht ich. Niemand sonst kann meine Arbeit machen als ich. Genauso wie niemand an meiner Stelle pinkeln gehen kann«, erklärte der *Tenzo*. »Außerdem, um die Nacht über hier zu bleiben brauche ich die Erlaubnis des Tempelchefs und ich habe nicht darum gebeten.« - »Ich kann für Sie telefonieren«, sagte Dogen. – Ach so, das war ja damals nicht möglich ... »Aber Sie sind sehr alt«, fuhr Dogen fort. »Selbst für Küchenarbeit sind Sie zu alt. Ich kann sehen, dass Sie ein sehr großer Mönch sind. Sollten Sie also nicht stattdessen Bücher lesen?« Nur das und ein bisschen Zazen und ein bisschen Whiskey? Das ist es, was Dogen dachte. Dogen dachte, das Lesen von Büchern und Sutras, intellektuelle Arbeit, sei wichtiger als körperliche Arbeit. Dogen hatte den Eindruck, dass beim Studium des Buddhismus das Lesen wichtiger sei als die Praxis. »Hübscher Junge, hübscher junger Mönch«, sagte der *Tenzo*, und was er dann sagte, ist seither berühmt: »Du kennst nicht die wahre Bedeutung des Wortes.« Er sagte nur das, mit lauter Stimme. Dann lachte er. »Wie wir den Weg ausüben, das weißt du nicht.« Später schrieb Dogen, dass er in dem Moment vollkommen beeindruckt war, überrascht. Sein ganzer Körper war mit Schweiß bedeckt. »Aber was ist *Bendo?*«, fragte Dogen. »Was ist das wahre Wort? Der wahre Weg? Wie üben wir den wahren Weg?« Der *Tenzo* antwortete kurz: »Deine Frage selbst ist das Wort, sie ist die Ausübung des Wegs. Übe deine Frage aus und du wirst ein wahrer Schüler des Wegs werden.« Diese Antwort ist klar. Aber damals erfasste sie Dogen nicht ganz. Was versucht dieser Chinese zu sagen? Dogen konnte einfach nicht die Worte des chinesischen Mönchs verstehen. Und so verabredete sich Dogen mit dem *Tenzo*, um ihn in seinem Tempel zu besuchen. »Wenn du kommst, werde ich dich gerne empfangen. Aber jetzt muss ich gehen und in meinen Tempel zurückkehren.« Diese Nacht konnte Dogen überhaupt nicht schlafen. Er war ganz und gar in *Sanran.* Er dachte, dachte. Sein Gehirn veränderte sich seit seiner Kindheit, seit der Zeit seiner Ordination. Und jetzt hatte sich sein Gehirn plötzlich um 180 Grad gewendet. Warum?

3. August – 21:00

Der Tenzo sagte: »Eins, zwei, drei, vier.«

Kinn einziehen! Streckt den Nacken! Die Schultern sollten fallen. Sie sollen nicht verspannt sein. Die inneren Organe müssen nach unten fallen. Konzentriert euch auf eure Ausatmung.

Dogen sprach rasch zum *Tenzo*: »Was ist die wahre Essenz des Wortes?« Mit dieser Frage meinte Dogen: Was ist die wahre Art, die Sutras zu lesen? Der *Tenzo* sagte: »Eins, zwei, drei, vier.« *(Gelächter im Dojo.)* Wie erforschen wir den Weg? Wie beschäftigen wir uns mit dem wahren Buddhismus? Überall. Das war die Antwort des *Tenzo*. Der wahre Weg ist nicht versteckt. Die Antwort des *Tenzo* ist sehr einfach: eins, zwei, drei, vier. Der wahre Weg existiert überall. Er ist nicht versteckt.[47]

Wichtigkeit der Wörter

Dogen erlebte eine vollständige innere Umwälzung. Im *Tenzo Kyokun* sagt er: »Da verstand ich die wahre Methode, den Buddhismus zu erforschen. In dem Moment

---

[47] Der Meister benutzt hier ein historisches Soto-*Mondo* (das *Mondo* von Dogen mit dem *Tenzo*), um es mit den vorherigen *Mondo* der Rinzai-Art zu vergleichen.

verstand ich, wie die Sutras zu lesen sind.« Bis dahin hatte Dogen gedacht, dass das Wort überhaupt nicht wichtig sei. Dogen hatte sich mit Rinzai-Zen unter Eisai beschäftigt und die Rinzai-Mönche hatten gelehrt, dass das Wort nicht wichtig sei. Dass die Essenz des Zen außerhalb des Wortes existiert. Dass andererseits der wahre Weg nur im *Dojo*, im Tempel existiert. Dass die Praxis des Mönch-Werdens nur in der Praxis von Zeremonien, Sutralesen und Zazen in den Tempeln bestand. Alles andere, so dachten sie – und Dogen auch –, sei nicht notwendig. Tendai und viele andere buddhistische Schulen hatten die Zeremonien sehr kompliziert gemacht, und so musste man, um ein Mönch zu werden, nur verstehen, wie diese Zeremonien abzuhalten sind, die Sutras zu lesen und *Kito* zu vollziehen waren. Das ist der Grund, weshalb Dogen dachte, es bestehe eine Dualität, eine Trennung zwischen Ideal und Wirklichkeit; dass diese Übungen in den Tempeln eine Sache sind und der Alltag eine andere. Aber mit dieser Antwort des *Tenzo* veränderte sich der Geist Dogens völlig. Überall kann man üben, überall kann man lernen ein wahrer Mönch zu werden. Die Praxis existiert überall. Sie ist nicht versteckt.

Stéphane fragte mich heute, warum ich neulich abends ins Santa Lucia gegangen sei. Das ist der Grund ... Aber es ist nicht notwendig zu tanzen, um ein Mönch zu werden. Notwendig ist herauszufinden, wo es existiert. Es existiert überall. Im Stehen, im Sitzen, überall. Wie stehen wir? Wie sitzen wir? Wie rauchen wir, gehen wir auf die Toilette, tanzen wir? Richtige Haltung, richtiges Verhalten ist sehr wichtig. Die Form beeinflusst den Geist. Wenn die Form aufrecht ist, ist der Schatten aufrecht.

Man muss das Wort Buddhas realisieren. Das Wort Buddhas ist auch der Geist Buddhas. Lest die Sutras und ihr könnt den genauen Geist Buddhas finden. Meister Rinzai und die Rinzai-Schule haben die Maxime, die berühmt geworden ist: Hänge nicht vom Wort ab. Im Rinzai-Zen heißt es, dass der wahre Geist von Buddha außerhalb der Sutras existiert. Das wird behauptet. Aber Dogen war nicht einverstanden. Beides existiert. Wenn ihr die Sutras auf falsche Weise lest, dann ist natürlich das, was sie sagen, nicht wahr. Aber wenn ihr sie richtig lest, wenn ihr sie wahrhaft lest, dann werdet ihr in ihnen die Essenz des Buddhismus finden. Das ist wichtig; Rinzai und Soto unterscheiden sich in diesem Punkt.

Ein himmlisches Wunder

Jedenfalls war Dogen vollkommen beeindruckt, wie ganz bei der Sache dieser *Tenzo* war, welch einen Glauben er hatte. Wenn der alte *Tenzo* Dogen das nicht gelehrt hätte, dann hätte Dogen bei der späteren Begegnung mit Nyojo nicht Satori gehabt. Im Soto-Zen ist der *Tenzo* sehr wichtig. Bis zu seinem Tod besuchte Dogen immer den *Tenzo*, bevor er ins Bett ging. Ich mache das [*Sanpai*] nicht für Guy oder für Laurent, aber wenn sie eines Tages so werden wie der alte *Tenzo*, dann werde ich auch vor ihnen *Sanpai* machen. Es war wegen der Unterweisung dieses alten *Tenzo*, dass Dogen der große Meister wurde, der er war. Diesen *Tenzo* getroffen zu haben war ein Geschenk des Himmels, ein himmlisches Wunder.

Sie kommen aus der Dunkelheit und gehen in die Dunkelheit

Mönche der Rinzai-Schule sind bis auf den Sitz des Löwen hinaufgeklettert und haben sich selbst zu großen Meistern der Weitergabe ausgerufen. Und so verbreitete sich dieses Zen in ganz China. Dieses Zen, was überhaupt nicht wahr war. Ihr Zen ist *zusan. Zusan* bedeutet nachlässig, achtlos. Was ist der Unterschied zwischen Soto und Rinzai? Die Wurzel ist dieselbe. Also woher kommt der Irrtum? Sicherlich, ihre Bräuche sind verschieden: Rinzai-Mönche sitzen anders; sie sitzen nicht mit dem Gesicht zur Wand, ihre Handhaltung ist anders. Aber was soll's, das ist nicht wichtig. Doch Rinzai-Zen ist *zusan.* Der Achtlose führt den Achtlosen an. Dogen erklärt das. Der Achtlose weiß nicht, dass es achtlos ist und auch nicht, dass es nicht achtlos ist. Ein Koan. Der Achtlose lernt vom Achtlosen, aber Achtlosigkeit weiß nicht, dass es Achtlosigkeit ist. Die, die achtlos sind, kennen nicht den wahren Weg. Und sie wünschen auch nicht den wahren Weg zu lernen. Sie kommen aus der Dunkelheit und gehen in die Dunkelheit. Das ist ein großer Jammer. Da die Quelle von Soto und Rinzai dieselbe ist, warum entschied sich Dogen dafür Nyojo zu folgen und nicht Rinzai?

Geduld. Diese letzten Augenblicke in Zazen sind sehr wichtig. Die letzten fünf Minuten. Die letzte Minute.

4. August – 7:30

Rinzai - Soto: Da roh und dort behutsam

Zusan, zusan. Dogen benutzte immer dieses Wort, um das Rinzai-Zen zu beschreiben. *Zusan* bedeutet mehr als achtlos. Es heißt auch: nicht behutsam, nicht vollständig. Wild, roh, unaufmerksam. Im *Shobogenzo*, im Kapitel mit dem Titel ‚Die Buddhanatur sehen', steht geschrieben: »In China gibt es zur Zeit viele, die sich selbst große Meister der Weitergabe nennen. Aber dem ist nicht so. Sie sind keine wahren Meister. Alles, was sie getan haben ist, die Worte von Rinzai und von Unmon zu erinnern, in der Meinung, diese Worte seien die Essenz des Buddhismus.« Aber wenn dies wahr wäre, wenn diese wenigen Worte von Rinzai und Ummon wahrer Buddhismus wären, dann hätte sich die weitergegebene Linie nicht bis zum heutigen Tag fortgesetzt.[48] Was den wahren Buddhismus anbelangt, waren Meister

[48] Ummon (gest. 949). Berühmter chinesischer Soto-Meister, unter anderem für sein einsilbiges Zen bekannt.

Rinzai und Ummon keine achtbaren Meister. Und moderne Meister dieser Tradition stehen nicht über Rinzai und Ummon, sondern unter ihnen. Diese modernen Meister sind völlig *zusan*. »Sie kennen nicht den wahren Buddhismus. Sie haben die Sutras nicht tief erforscht, sie haben die Unterweisung Buddhas nicht erforscht. Sie sind Häretiker. Diese Meister vertreten nicht die Linie der Weitergabe der Familie des Buddha.« Dann Dogens Schlußsatz in diesem Kapitel: »Ihr sollt euch nicht mit ihnen treffen.« Während Rinzai also *zusan* genannt wird, nennt man Soto *men mitsu*. *Men mitsu* ist das Gegenteil von *zusan*. *Men* bedeutet Watte, es heißt sanft, und *mitsu* bedeutet dick, innig vertraut, Honig. Also heißt *men mitsu* behutsam, sorgfältig, aufmerksam, gewissenhaft.[49]

Das Dojo wurde zum Schlachtfeld

Wie Dogen habe auch ich zuerst eine Rinzai-Erziehung erhalten. Im Rinzai-Tempel in Kamakura. Der Name des Meisters ist Asahina, er lebt heute noch und damals war er auch Professor für Ethik an der Universität Yokohama. Ich lernte ihn kennen, als ich Student an dieser Universität war. Asahina machte mir den Vorschlag, im Sommer in sein Rinzai-*Dojo* zu kommen. Und ich dachte mir, warum nicht? Es ist sicherlich ganz schön dort. Ich werde im Meer schwimmen gehen können, ich werde Zeit haben Bücher zu lesen, und zur Abwechslung werde ich mal nicht nach Hause gehen. Also bin ich in sein *Dojo* gegangen. Aber da war keine Zeit für irgendetwas anderes als Zazen. Wir machten die ganze Zeit Zazen, von früh bis spät. Es war sogar jenseits von Kasteiung. Ich konnte mich nicht einmal ausruhen. Also saß ich in Zazen in einer Ecke des *Dojo*. Aber der *Kyosaku*-Verantwortliche schlug mich dauernd, auch wenn ich nicht darum bat. Der Stock, den er benutzte, war sehr groß und sehr lang und tat weh. Jedenfalls, eines Morgens schlug mich dieser *Kyosaku*-Verantwortliche mitten auf den Kopf, aus Versehen. Ich wurde wahnsinnig, wie die verrückte Frau hier, und ich riss ihm den *Kyosaku* aus der Hand und begann damit zurückzuschlagen. Jeder im *Dojo* sprang auf, um mich zurückzuhalten. Aber damals war ich zweiter Dan im Kendo, ich hatte Wettkämpfe gewonnen und ich griff jeden mit dem Stock an. Dann rannte ich rasch aus dem Tempel und schrie: »Zen ist nicht wahrer Buddhismus! Zen ist reine Gewalt!« Jedenfalls war das *Dojo* zum Schlachtfeld geworden.

»Was ist Buddha?«, fragte ein Mönch. »Kot-Stock«, antwortete Ummon. »Was ist es, das die Buddhas und Patriarchen übertrifft?« - »Zuckerbrot.«

[49] Während »das Haus Rinzais großen Gebrauch dialektischer Formen machte«, schreibt Dumoulin, »ist das Soto-Haus berühmt für die Sorgfalt und Genauigkeit, mit der alle Dinge getan werden«. Zitiert nach: H. Dumoulin, *Zen Buddhism: A History* (New York: MacMillan, 1988), S. 214.

Ein berühmter Meister ... ich habe seinen Namen vergessen ... kam morgens, um uns ein Koan zu geben. Später im Laufe des Tages mussten wir uns vor seiner Tür aufreihen und darauf warten, dass wir an der Reihe waren. Wir warteten eine Stunde oder länger vor seiner Tür hockend, auf unsern Knien im japanischen Stil. Der Schmerz war grauenhaft, doch wenn wir uns auch nur ein bisschen bewegten, schlug uns der *Shusso*, der hinter uns saß, mit dem *Kyosaku*. Wenn es dann soweit war, dass wir ins Zimmer des Meisters konnten, mussten wir dreimal *Sanpai* machen: einmal vor der Tür, einmal auf der Schwelle, und einmal vor dem Meister. Die *Mondo* dauerten nur ein paar Minuten und doch war das einzige, was wir überhaupt je fühlten, Angst. Der Meister knurrte etwas, das ich nicht verstehen konnte. Es klang wie eine fremde Sprache. Also sagte ich: »Ich kann nicht verstehen.« Er antwortete: »Sie müssen mehr Zazen machen.« Ich machte *Sanpai,* so schnell ich konnte, und machte mich aus dem Staub. Am nächsten Morgen war es das gleiche. Ich sagte ihm sehr rasch: »Ich kann nicht verstehen«, und dann haute ich genauso schnell ab. Und schließlich sagte ich zu ihm: »Ich kann nicht verstehen, ich kann nicht verstehen«, noch bevor er seine Frage stellen konnte. So war das. Reiner Formalismus. Deshalb kritisierte Dogen die Rinzai-Methode. Er sagte, sie sei nicht vollständig, sei bloßer Formalismus. Wie dem auch sei, mitten im Kendo-Kampf im *Dojo* rannte ich weg und ging schnurstracks zu Meister Asahina. Er machte nicht mit uns Zazen, er schlief in seinem Bett und ich erzählte ihm, was geschehen war. Ich sagte ihm, Zen sei reine Gewalt. Dass es überhaupt nichts mit Religion zu tun habe. Und ich sagte ihm, dieses Kapitel sei für mich erledigt. Asahina lachte laut: »In der Geschichte des Zen haben nur Sie den *Kyosaku*-Verantwortlichen angegriffen!« Mein Angriff auf den *Kyosaku*-Verantwortlichen war kein gutes Betragen. Es war ein Akt der Gewalt und ich bedaure das. Es ist ein Vorfall, der seitdem in Japan recht bekannt ist, und ich bin nicht stolz darauf. Meister Asahina ist jetzt über 80. Er ist ein großer Rinzai-Meister und derzeit Vertreter aller buddhistischen Schulen in Japan. Manchmal schreibt er mir und manchmal, wenn ich in Japan bin, gehe ich nach Kamakura, um ihn zu besuchen. Asahina hat viel getan, um mir in meiner Mission zu helfen, und er bewundert mich. Aber er ist Rinzai. Er ist genauso wie Rinzai-Meister. Doch jetzt, wo er alt ist, ist er *men mitsu* geworden, viel behutsamer.

4. August – 21:00

Den Buddha töten

Kyosaku!

[Der *Kyosaku* wird jetzt gegeben und der Schlag hallt im ganzen *Dojo* wieder.] Der *Kyosaku* muss stark gegeben werden. Die Ärztin gibt ihn stark, aber der andere, der Monsieur *Kyosaku*-Verantwortliche gibt ihn sehr schwach. Im Westen sind die

Frauen stark, die Männer sind schwach. [Wendet sich an letzteren:] *Kyosakuman!* Sie müssen richtig schlagen. Nicht auf die Knochen, nicht auf den Kopf.

Der Klang, die Geräusche sind wichtig im Soto. Diese Glocke, die *Kinhin* beendet, die gerade eben geschlagen wurde, hat einen guten Klang und hallt lange nach. Aber als B. sie erst gerade geschlagen hat, machte es *piff!* Ein Meister kann sagen, ob ein Schüler Satori hat, je nachdem wie die Glocke klingt, die er schlägt. Im Rinzai sind Klänge nicht so wichtig ... *Kwatz!* Das ist wichtiger ... Gestern waren M. und C. an den Trommeln und sie waren schwach. Heute sind die Trommler zu stark. *Zusan.* Manche von euch machen immer schlechte Klänge, schlechte Geräusche. Wenn ihr hustet. Aber wenn euer Husten gut klingt, werde ich davor *Gassho* machen. Selbst wenn ihr einen *gros pet* [großen Furz] macht, müsst ihr acht geben. *Gros pets* sind während Zazen nicht verboten. Aber ihr dürft nicht *zusan* sein. Der Klang des *Kyosaku* ist äußerst wichtig. Es geht nicht nur darum, stark zu schlagen. Für jeden ist es anders, für Männer, für Frauen, für Junge, für Alte, in jedem Fall ist der Klang ein anderer. Manchmal, wenn der Klang des Stocks stimmt, dann werdet ihr ihn nicht einmal selber zu erhalten brauchen, denn der Klang selbst wird genügen. Damit er richtig klingt, muss der *Kyosaku*-Verantwortliche den *Kyosaku* etwa 10 oder 15 Zentimeter vom einen Ende entfernt halten und mit den letzten 15 Zentimetern des anderen Endes schlagen. Manche Frauen haben Angst ihn zu geben und sie schlagen fast dort, wo er gehalten wird. So ist der Klang schwach. Während Zazen schaue ich nicht, ich höre. Auf den Klang des *Kyosaku*. So verstehe ich unbewusst.

[Der Meister liest aus dem *Rinzai Roku*:] »Schüler des Wegs, wenn ihr Satori erlangen wollt, dann empfangt nicht den Einfluss der anderen, die Zweifel der anderen. Wenn ihr vorne hinten trefft oder draußen ...« [Der Meister hält inne, wendet sich an den französischen Übersetzer neben ihm, der aufgehört hat zu übersetzen:] Du verstehst nicht? Noch einmal, ich wiederhole: »Wenn ihr vorne trefft, hinten oder draußen, in dem Moment müsst ihr jeden töten. Wenn ihr Buddha trefft, tötet Buddha. Wenn ihr die Patriarchen trefft, tötet die Patriarchen. Wenn ihr Rakan trefft [einen Hinayana-Meister], tötet ihn.« Selbst wenn ihr euren Vater und eure Mutter trefft, müsst ihr sie töten. Trefft ihr eure Familie, tötet eure Familie. In dem Moment könnt ihr wahres Satori erlangen. Haftet nicht an irgendetwas, und ihr könnt wahres Satori erlangen, wahre Freiheit.[50] Diese Aussage Rinzais bedeutet nicht, dass man im wörtlichen Sinn töten soll. Sondern darüberhinaus gehen soll. Die Rinzai-Schüler, die die Lehre Rinzais fortsetzten, machten diesen Spruch berühmt, indem sie ihn immer wiederholten. Und deshalb kritisiert das Dogen. Diese

[50] Zum Vergleich mit Deshimarus Fassung siehe Schloegl, #20 b, S. 43.

Unterweisung ist nicht falsch, aber sie ist *zusan*. Mit Aussagen und Worten wie diesen können sich die Menschen irren. Nie findet ihr in den Sutras solche Aussagen. Wenn die Leute so etwas lesen, dann werden sie noch denken, das sei die Essenz des Zen. Das ist ein Irrtum. Wenn ein Meister auf diese Art unterweist, dann muss er deutlich machen, dass diese Frage des Tötens im übertragenen Sinn gemeint ist. Ihr sollt nicht töten. Kommentare sind notwendig.
Chukai!

5. August – 7:30

Sekten und Zweige sind überflüssig

Hier in Val d'Isère ist der Klang des Tals sehr schön. Ganz besonders während Zazen. Es ist der Klang der Ewigkeit. Im *San Sho Doei* steht geschrieben:

> Die Farbe des Bergs
> Der Klang des Tals
> Alles zusammen
> Ist unseres Shakyamuni Buddhas
> Heilige Haltung und seine Stimme.

Kannon, der Bodhisattva Avalokitesvara, bedeutet: den Klang beobachtend. *Kan* heißt beobachten, *on* heißt Klang. Beobachtet den Klang der Ewigkeit; nicht den Klang eines Autos.

Zunächst hielt Dogen Rinzai für den größten Meister. Später jedoch fühlte er, dass Rinzai den Grund des Satori nicht durchdrang. Versteht bitte, dass Rinzai kein Übermensch ist. Was ist der Unterschied zwischen Soto und Rinzai? Warum sind sie bis heute getrennt geblieben? Die meisten wissen es nicht, und wenn sie mit Dogens Worten zu tun haben, dann fällt ihnen nichts anderes ein, als dass Dogen einfach nur Propaganda für Soto macht. Das ist nicht wichtig. Wichtig sind die Gründe für Dogens Kritik. Was ist letztlich die genaue Unterweisung? Ich will das wissen. Ich will wissen, was im Rinzai richtig ist. Im Rinzai hat es einige große Meister gegeben. Im Soto hat es viele verrückte Meister gegeben. Soto-Meister kämpfen immer und es gibt sehr wenige große. Und so sind sie oft kritisiert worden. Sogar in den Zeitungen. *Soto-shu*. *Shu* bedeutet lärmend. Es bedeutet kämpfend. Im 49. Kapitel [des Shobogenzo] mit dem Titel *Butsudo* [Der Weg des Buddha] spricht Dogen von Sektierertum und sagt, dass es falsch ist. Im Zen gibt es keine Sekten und für Dogen selbst sind Sekten und Zweige überflüssig. Er mochte nicht die Wörter »Rinzai« und »Soto«, er mochte keine Aufspaltungen. Zen ist Buddhismus, Buddhismus ist Zen. Es gibt nur eine Wahrheit. Und so war es für Dogen das Wichtigste zu wissen, was die Wahrheit ist. Erst befasste er sich mit

Rinzai-Zen, dann setzte er sich unter Nyojo mit Soto auseinander. Was war die wahre Lehre?

Im 52. Kapitel, genannt *Bukkyo* [Das Sutra des Buddha], schreibt Dogen, man solle nicht kritisieren ohne vorher sorgfältig und aufmerksam das Sutra des Buddha beachtet zu haben. »Achtlose Kerle, achtlose Helden, diejenigen, welche gedankenlos die Sutras des Buddha kritisieren – hört nicht auf ihre Worte. Ehrliche Menschen, wahre Schüler des Buddha, bitte, gebt die Sutras des Buddha weiter. Und werdet, so hoffe ich, die Söhne Buddhas.« Dogen schließt mit der Praxis von Zazen, mit *Shikantaza*. Folgt nicht den Anhängern der Achtlosigkeit. *Zusan*. Sondern sucht den Weg des Buddha. Nähert euch so sehr wie nur möglich der Praxis des Buddha, dem Geist Buddhas. Ich will nicht anders sein als Shakyamuni Buddha, sagt Dogen, doch selbst nach hundert Millionen Jahren könnte ich nicht mein Ziel erreichen und so sein wie er. Rinzai sagt einfach: Ich bin wie Shakyamuni Buddha. Beide Aussagen sind wahr, beide sind notwendig. Aber vom erzieherischen Standpunkt betrachtet ist Dogens Methode sachte, sie ist *men mitsu*. Rinzais Methode ist hart, sie ist *zusan*.

Unbekanntes Mondo über die Sutras

Am 2. Juli des Jahres 1225, schreibt Kenjeki in seiner Biographie Dogens, durfte Dogen das Zimmer von Meister Nyojo betreten, wo sie ein Gespräch hatten. Dieses Gespräch macht den wichtigsten Unterschied zwischen Rinzai und Soto deutlich. Sie hatten ein geheimes *Mondo*, ein *Mondo*, das nie erforscht wurde, ein *Mondo*, das fast völlig unbekannt geblieben ist. Und bis heute hat sich niemand damit befasst. Niemand versteht es. Es handelt sich um einen sehr tiefen Punkt und ich habe mich tief damit auseinandergesetzt ... In Japan ist es sehr schwierig zu kritisieren, es wird als sehr undiplomatisch angesehen zu kritisieren, ganz besonders Kritik an Rinzai. Aber ich bin nicht sehr diplomatisch. Ich mag Dogen und so erkläre ich ihn. Dogen meinte zu Nyojo: Im Rinzai-Zen sagen ihre Meister, dass es eine besondere Weitergabe außerhalb der Sutras gibt. Benutzt nicht das Wort – das ist es, was sie sagen. Hängt nicht davon ab. Denn die Weitergabe findet sich außerhalb der Sutras. Das ist der Grund, weshalb für sie Bodhidharma vom Westen kam ...

Die Zeit ist abgelaufen. Ich werde dieses *Kusen* während des *Sesshin* fortsetzen, das in zwei Tagen beginnt.[51] Nach der Zeremonie werde ich vier neue *Kesa* übergeben,

[51] Dann wurde sieben Stunden oder länger am Tag gesessen, während der vorangegangenen Tage vier Stunden oder mehr täglich.

denen, die sie angefertigt haben. Dann machen wir draußen eine Prozession und auch ein Gruppenfoto. Kommt bitte alle zum Foto. Wenn ich euch nicht auf dem Foto finden kann, werde ich denken, dass ihr nicht hier beim *Sesshin* wart.

7. August – 7:00
Satori

Was ist Satori? Zum normalen, zum ursprünglichen Zustand zurückkehren. Rennt nicht hinterher, lauft nicht weg. Lauft nicht vor Zazen weg, lauft nicht dem Tanzen hinterher. Nicht nur der Körper, sondern auch der Geist. Keines von beiden soll weglaufen, keines von beiden nachlaufen. Warum kommt es zum Leiden? Wenn der Körper etwas will, wenn er Zazen machen will, tanzen, Sex, und dieses Etwas nicht verwirklicht werden kann, dann kommt es zum Leiden. Und umgekehrt, wenn der Geist davonlaufen will, und der Körper kann nicht weglaufen, dann entsteht ebenfalls Leiden. Rennt nicht hinterher, lauft nicht weg – das ist die Verfassung von Satori. Man soll nicht die Wahrheit suchen, so steht es im *Shodoka* geschrieben. Lauft nicht vor euren Illusionen weg. Seid nicht in *Sanran*, seid nicht in *Kontin* – das ist *Hishiryo*. Der höchste Weg ist nicht schwierig; Satori ist nicht schwierig. Satori bedeutet einfach, nicht auszusuchen. Durch das Auswählen rennen wir etwas hinterher oder wir laufen vor etwas weg. Und so kommt es zum Leiden. Ein Widerspruch ist entstanden. Das Vorderhirn und der Thalamus befinden sich nun im Gegensatz. Das geht weiter und man wird krank und schließlich wird man verrückt. Wenn der Körper stark ist und der Geist schwach, dann tötet der Körper den Geist. Und man wird wahnsinnig. Wenn der Geist stark ist und der Körper schwach, dann tötet der Geist den Körper. Und man begeht Selbstmord. Die moderne Zivilisation ist in der Krise. Die Menschen sind nah am Wahnsinn, nah am Selbstmord. Nur die, die Zazen üben, sind glücklich.

Die Unterweisung kennt kein innerhalb und kein außerhalb

In China nennt man die Rinzai-Mönche *Kyo ge betsu-den. Kyo* bedeutet Lehre, *ge* bedeutet außerhalb und *betsu* bedeutet eine andere Weitergabe, eine besondere Weitergabe. Also bedeutet *Kyo ge betsu-den* die besondere Unterweisung außerhalb der Schrift. Bodhidharma, sagen die Anhänger Rinzais, hat *Kyo ge betsu-den* weitergegeben. Also ging Dogen am 2. Juli 1225 zu Nyojo in sein Zimmer und befragte den Meister darüber, über diese besondere Unterweisung außerhalb der Schrift. »Im Großen Weg«, antwortete Nyojo, »im Weg der Patriarchen, in der Unterweisung des Buddha, gibt es kein innerhalb und kein außerhalb.«

Im zehnten Jahr von Eihe [nach dem chinesischen Kalender] kam Meister Matto auf einem weißen Pferd in China an und hatte die Sutras des Buddha bei sich. Es war im zehnten Jahr von Eihe, d. h. 67 Jahre nach der Geburt Christi, als Matto in China mit 42 Sutras eintraf. Und von dem Moment an verbreitete sich der wahre Buddhismus in ganz China. Etwa vierhundert Jahre später kam Bodhidharma in China an und laut der Rinzai-Lehre brachte er überhaupt keine Sutras mit, vielmehr brachte er ein geheimes Zen. *Kyo ge betsu-den*. Das ist es, was Rinzai-Anhänger behaupten und die meisten Leute glauben, das stimmt. Meister Nyojo aber sagt, und das ist nach wie vor wenig beliebt und unbekannt, dass Bodhidharma die wahren Sutras mit sich brachte, sie weitergab, nur das. Er gab die wahre Unterweisung der 28 Generationen von Buddha und Mahakasyapa weiter. Das ist bestätigt worden. Matto andererseits hatte nicht die Weitergabe der Patriarchen erhalten. Matto hatte keine Bestätigung, keine Weitergabe. Bodhidharma erteilte den Sutras keine Absage und seine Weitergabe verbreitete sich. Und doch heißt es im *Rinzai Roku*, dass Bodhidharma die Sutras ablehnte. Dass sie Toilettenpapier seien.[52] Im Jahr 67 also, dem zehnten Jahr von Eihe, brachte Matto die Sutras nach China. Und Dogen, der die Sutras respektierte, nannte in der Folge seinen Tempel Eiheiji – und bezieht sich dabei auf die Ankunft der Sutras im zehnten Jahr von Eihe. Dogen respektierte auch Bodhidharma sehr; für ihn war er die Verkörperung der wahren Essenz der Weitergabe, die von den Buddhas und den Patriarchen kommt.

Es gibt nicht zwei getrennte Arten von Buddhismus in dieser Welt, hatte Nyojo auf Dogens Frage geantwortet. Das ist sehr klar. Bodhidharma allein gab die wahre Unterweisung weiter. Und so war Nyojos Unterweisung die wahre und nicht diejenige von Rinzai. Die einzige. Zu dieser Überzeugung gelangte Dogen schließlich. Die wahre Wahrheit ist einzig. Was ist die wahre Wahrheit? Was ist die wahre Religion? Wahrer Katholizismus? Wahrer Buddhismus? Die Essenz ist eins. Deren wahre Wahrheit ist einzig. In der Religion gibt es keine Sekte. Aber es gibt viele Trennungen, viele Sekten. Diese Weitergabe außerhalb des Zen, dieses *Kyo ge betsu-den* ist sehr interessant. Es ist ein Koan. Ich halte immer Vorträge. Für diejenigen, die nicht verstehen, erkläre ich. Der Buddha drehte die Blume in seiner Hand und lächelte und niemand verstand. Außer Mahakasyapa. »Nur du verstehst«, sagte Buddha zu ihm, »so gebe ich dir das *Shobogenzo*[53] weiter.« Und so wurde das eine besondere Weitergabe. Richtig, richtig, das ist ein Koan. Aber Nyojos Antwort auf Dogen war kein Irrtum. Im großen Weg der Buddhas und der Patriarchen gibt es

---

[52] Rinzai-Anhänger vertreten auch heute noch diese Ansicht. So schreibt Meister Hisamatsu in unserer Zeit: »Schon von alters her ist die Maxime des Zen die Aussage gewesen: auf sich selbst beruhend weitergegeben, abseits der Schriften, nicht von Wörtern oder Buchstaben abhängig. Vom Zen-Standpunkt aus gesehen sind Schriften nichts als Fetzen Papier, um Dreck wegzuwischen.« zitiert nach: *The Collected Works of Hisamatsu Shin'ichi.* Vol. vi, „Kyoroku-shu" (Tokyo: Risosha, 1973), S. 21.

[53] »*Shobogenzo*« ist nicht nur der Titel von Dogens Hauptwerk, es kann als gebräuchliches Hauptwort annäherungsweise übersetzt werden mit: »das Zentrum der wahren Unterweisung«.

kein außerhalb und innerhalb der Unterweisungen. Es gibt keine zwei Arten von Buddhismus.

Nicht bewegen, nicht bewegen. Wartet nicht auf den Klang der Glocke. Rennt nicht dem Ende von Zazen hinterher. Gestern abend lief Madame Monnot zu mir: »Sensei! Sensei! Der Papst stirbt, der Papst stirbt!« - »Das tut mir leid«, sagte ich. »Ich kann ein *Kito* für ihn machen.« Lauft nicht vor etwas weg und lauft auch nicht etwas hinterher. Ganz besonders während eines *Sesshin.*

Das Verstehen, das später kommt

Dogens *Mondo* mit Nyojo fand 1225 statt. Aber erst 1241 schrieb er darüber in *Bukkyo.* 16 Jahre später. Eine lange Zeit. Objektives Verständnis und subjektive Bestätigung: Diese beiden Arten von Verständnis sind weit voneinander entfernt. Selbst wenn man mit dem Gehirn versteht kommt es nicht zur subjektiven Bestätigung dieses Verstehens. Wenn man eine tiefe Unterweisung von einem Meister erhält, denkt man: »Ich verstehe.« Doch dieses Verstehen wird nicht zu einer subjektiven Bestätigung. 1225 also verstand Dogen Nyojos Antwort, er verstand sie objektiv. Aber als Dogen sie am 14. November 1241 in *Bukkyo* niederschrieb, da, in dem Moment, verstand er subjektiv. Selbst wenn ihr Zazen macht, selbst wenn ihr das versteht, das Verdienst, die Wirkung erscheint nicht sofort. Es verwirklicht sich später.[54] Letztes Jahr in diesem *Dojo* stand ein deutscher Arzt mitten im Zazen auf. Ich dachte, er wollte pinkeln gehen, aber überhaupt nicht. Beim Hinausgehen rief er: »Zazen ist überhaupt nicht wirksam! Zazen bringt mir überhaupt nichts.« Und er verließ das *Sesshin.* Er war ein intelligenter Mann, aber er verstand nicht. Wie dem auch sei, später kam er ins Pariser *Dojo* und kam auch zu mir, um mit mir zu sprechen. Wenn ihr hier und jetzt Zazen macht, selbst wenn ihr den Punkt des Satori nicht erreicht, nicht berühren könnt, und ihr dennoch weiter dem Meister und den Sutras folgt – manchmal müsst ihr dem Meister folgen, manchmal müsst ihr den Sutras folgen, denn beides ist notwendig – und ihr macht weiter und weiter, aber ihr berührt nicht, wie einhundert Pfeile, die das Ziel verfehlen, so ist es doch möglich, dass ihr nach 15 oder 20 Jahren das *Shiho* erhaltet. Es ist auch nach drei Jahren möglich. Obwohl ich seit 40, 50 Jahren weiter Zazen mache, verstehe ich erst jetzt wirklich Meister Kodo Sawakis Unterweisung. Ich verstand schon früher, aber das war nur ein objektives Verstehen. Jetzt habe ich eine subjektive Bestätigung. Am Grund meines Herzens. Ich danke ihnen sehr, mein Meister.

[54] »Es ist ein Zeichen von Rohheit und Unverdautheit, das Fleisch in dem Moment wieder auszuspeien, in dem wir es geschluckt haben. Der Magen hat seine Rolle nicht erfüllt, wenn er nicht den Zustand und den Charakter dessen, was ihm zu verdauen gegeben wurde, verwandelt hat.« (Montaigne).

Heute bin ich völlig von meinem Meister Kodo Sawaki beeindruckt. Ja, ja, vorher verstand ich ... Meine Sekretärin Anne-Marie ist sehr klar. »Ja, ja, Sensei, ich verstehe.«

7. August – 10:30

100 Kusen und kein einziger Treffer

Wir haben den Geist des Weges, wir üben den Weg des Buddha und wir tun das mit großem und ehrlichem Einsatz, manchmal, indem wir der Unterweisung des Meisters folgen – *waku-ju-toShiki* – [*waku* bedeutet manchmal, *ju* folgen, *toShiki* der große kluge Meister] und manchmal, indem wir den Sutras des Buddha folgen, und doch verfehlen wir das Ziel. Hundertmal Zazen geübt und noch kein einziger Treffer. Und da wird es möglich, das Ziel zu treffen, die Essenz des Buddhismus zu treffen. Die hundert Nicht-Treffer können der eine Treffer werden. Also, hört auf die Unterweisung, hört das *Kusen* [mündliche Unterweisung], übt den Weg. Erlangt Satori, erlangt die Bestätigung. Alles ist so. Die vergangenen *Kusen* waren überhaupt nicht wirksam, da war kein Treffer, nur Schlaf. Wie manche es jetzt gerade tun. Das *Kusen* ist nicht wirksamer als ein Hund, der die Wörter hört: »Ich liebe dich, ich liebe dich«. Er versteht rein gar nichts. Es ist besser, einem Hund ein Steak zu geben. So habt ihr dann einen Volltreffer beim ersten Schuss. Das gilt für einen Hund, aber für einen Menschen während Zazen: Er hört hundert *Kusen* und nicht eins davon trifft ins Schwarze. Weil er ans Tanzen denkt, oder ans Essen: »Was gibt's heute Mittag? Couscous? Spaghetti? Wir essen immer Spaghetti. Das ist gut für Italiener, aber nicht für mich. Kartoffeln? Gut für die Deutschen.« Manchmal gibt's einen Treffer, manchmal nicht. Wenn die *Kusen* zu kompliziert werden, dann gibt es überhaupt keinen Treffer. Der amerikanische Junge, Philippe Coupey, schreibt, macht Aufzeichnungen. Sehr interessant. Sehr gutes Englisch. Aber natürlich ist er Amerikaner. Jedenfalls, manchmal lässt er einen wichtigen Punkt aus. Zu kompliziert. Besser, es auszulassen. Das Buch wird sich ohne das besser verkaufen lassen. Philippe hofft, einen Bestseller zu schreiben. Wenn das Buch zu kompliziert ist, zu philosophisch, werden die Leute es nicht kaufen. Also Nicht-Treffer, Nicht-Erfolg. Einhundert Nicht-Treffer-*Kusen*, die plötzlich heute ein großer Volltreffer werden, der Hit. Manchmal versteht man jetzt, manchmal kommt das Verstehen in der Zukunft. Das ist Satori. Die Zweifel, die man hatte, lösen sich.

Meister Dogen erklärte die Methode, um Satori zu erlangen. Sie ist nicht notwendig, diese Methode. Macht weiter Zazen, unbewusst, natürlich und automatisch. Das ist *mushotoku*, und das ist die geheime Methode für die Praxis und das Verstehen des Weges Buddhas. Selbst wenn ihr Bücher über Zen lest wie die von Professor Dürckheim und Violet[55] - es gibt viele Bücher über Zen, besonders auf deutsch -, wird die Sache nur noch komplizierter, denn ihre Richtung ist falsch und so werdet ihr unter euren hundert Arten von Praxis, euren hundert Lektüren, euren hundert Büchern nicht einen einzigen Treffer erzielen. Aber nachdem man dem Meister gefolgt ist, den Unterweisungen, die Sutras gelesen hat, die *Kusen*, nachdem man das **Shin Jin Mei**, *Hokyo Zan Mai, Shodoka,* **San Do Kai**[56] und deren Kommentare gelesen hat, dann ist es möglich, ins Schwarze zu treffen. Ein Treffer rührt von der Kraft der vorausgegangenen hundert danebengegangenen Schüsse.

Ich schaue. Manche Menschen kommen hierher, um den Weg zu suchen. Manche, um Zazen zu machen. Manche kommen her, um Urlaub zu machen. Manche wollen tanzen und sie zählen die Tage, die Stunden bis zum letzten Mittagessen, bevor sie wieder ins Santa Lucia gehen können. Dann fangen sie alles wieder von vorn an und bereiten sich für das nächste *Sesshin* vor. »Es ist schwierig, ich bin müde. Ich muss weg, ich muss noch einmal in die Stadt ...« Aber hier zu sein, das ist nicht wie im Club Mediterranée zu sein. Manche kommen schon ein, zwei, drei Jahre und verstehen immer noch nicht. Kein Treffer. »Zazen ist gut. Wenn ich weitermache, kann ich ‚Permanenter' werden und dann werde ich nur 840 Francs für die 40 Tage zahlen müssen.[57] Das ist billig. Billiger als andere Sommerlager.« Diese Leute treffen nicht ins Schwarze. Und manche von ihnen werden sogar ärger! Ihre Richtung ist verfehlt. Das ist wie jemand, der nach Marseille will und in Richtung Paris losfährt.

7. August – 16:00

Buddha findet die Essenz

Zazen heißt, mit sich selbst, mit seinem Ego innig vertraut werden. Zazen heißt, das wahre, tiefe tiefe Ego entdecken. Der alte Mönch mit den Pilzen hatte Dogen unterwiesen. Und der war völlig beeindruckt. So besuchte er Nyojos Tempel und war wieder beeindruckt. Dieser Tempel war nicht wie ein Rinzai-Tempel. Dann traf Dogen Nyojo und da löste sich die wichtigste Sache [Sperre] in Dogens Leben: Alle seine Zweifel lösten sich auf. Dogen bemerkte auch, dass Nyojo anders war als Rinzai. Es gab keine *Kwatz!*, keine *Mondo*. Nur Zazen, von morgens bis abends. Nyojo wurde selten zornig. Und er sang *Bussho Kapila* bei den Mahlzeiten. Buddha

---

[55] Wahrscheinlich ist Viallet gemeint. [Der Verleger]

[56] Die vier ältesten Zen-Klassiker und die Verkörperung der Essenz des Zen in den Schriften; alle mit Kommentaren von Deshimaru Roshi in Deutsch erschienen beim Kristkeitz Verlag.

[57] Die ‚Permanenten' sind diejenigen, die während des ganzen Sommerlagers dableiben. Alle von ihnen arbeiten: in der Küche, machen Büroarbeiten, halten den Tempel instand, nähen Rakusu und *Kesa*, sind Sekretäre des Meisters oder schreiben für ihn usw.

wurde in Kapila geboren, er hatte Satori in Magada, er lehrte in Benares, und er starb in Kuchira. Das war alles, was es über das Leben Buddhas zu sagen gab. Es gab nichts Besonderes. Er bemühte sich nicht um Erfolg, nicht darum, berühmt zu werden, nicht um Glanz. Wie der Buddha machte Nyojo Zazen von morgens bis abends. Es gab keine Diskussionen.

Das Zen von Nyojo war überhaupt nicht berühmt. Aber das Rinzai-Zen war es, es war richtig berühmt im China der damaligen Zeit. Das Rinzai-Zen war fesselnd, aufsehenerregend, schockierend. Das Zen von Nyojo war das nicht. Es war indischer Buddhismus und insbesondere dessen Meditation, dessen Zazen, das Bodhidharma um das Jahr 500 nach China mitgebracht hatte. Und so verband sich die Essenz des Buddhismus mit den Merkmalen des chinesischen Festlandes, der Naturbetrachtung und der wilden, barbarischen und dramatischen Seite.

Das Indische war geheimnisvoll

In allen Religionen ist die Essenz wesentlich. Warum ist Buddha aufgetaucht? In Indien gab es in der damaligen Zeit die traditionellen Meditationen und sie entwickelten sich alle auf ihre besondere Weise. Hinduismus. Vedanta. Die indischen Wesenszüge hatten die Meditationen der Inder beeinflusst. Lebenslauf und Ort beeinflussen die Menschen. Die Geographie, die Hitze. Und so sind auch heute noch die Inder besonders. Sie wollen nicht zu sehr arbeiten. Ihr Essen ist auch anders. Sie sind sehr arm und es gibt viele Arbeiter. Und ihre traditionelle Moral ist sehr stark. Und so haben wir die Essenz der Religion plus die Geographie plus die Traditionen und Bräuche der Menschen. Buddha wollte das revolutionieren. Er hatte die Essenz der Religionen entdeckt. Die indischen Religionen waren etwas Besonderes geworden. Ihre Meditationen waren besonders geworden und sie waren nicht mehr wahre Meditationen. Sie bemühten sich um magische Kräfte und sie waren geheimnisvoll, mystisch, ekstatisch und tantrisch geworden. Und so hat Buddha schließlich Zazen gemacht. Er machte Samadhi, die vollkommene Haltung, unter dem Bodhibaum. Davor hatte dieser Buddha alle traditionellen Meditationsarten seiner Zeit durchgemacht. Er hatte sich mit Yoga auseinandergesetzt. Er hatte sich mit Askese und Kasteiung sechs Jahre lang beschäftigt. Aber schließlich hat er dann nichts anderes als Zazen gemacht. Das genügte ihm. Das war das Finale. Zazen ist das Ende aller Religionen, aller Meditationen. Das [d. h. die wahre Praxis] dauerte bis zu Bodhidharma, dem 28. Patriarchen oder ersten Zen-Patriarchen.[58] Während der Zeit von Bodhidharma hatten sich viele verschiedene

---

[58] Also bestand diese Praxis während 28 Patriarchaten, von Buddhas Tod bis zu Bodhidharmas Ableben (von 483 v.Chr. bis 528 n.Chr.), d.h. etwa 1000 Jahre.

Arten von Buddhismus entwickelt. Es gab viel Schmutz. Es gab einen traditionellen Buddhismus – ein traditioneller Irrtum. Und so wollte Bodhidharma Indien verlassen und anderswo hingehen. Um in einer neuen, frischen Erde zu pflanzen. So brach er nach China auf.

Die Chinesen waren dramatisch

Aber dann nach Meister Eno – dem 6. Patriarchen, der 713 starb – und seinen Nachfolgern Seigen und Nangaku begann das reine Zen von Bodhidharma sich mit den chinesischen Eigenschaften zu verbinden, mit deren dramatischen und barbarischen Seiten. Die Soto-Linie jedoch blieb normal bis zur Zeit von Nyojo. Die Essenz einer Religion ist sehr schwer zu bewahren. Und manchmal muss sie allgemeinverständlich gemacht werden, um Verbreitung zu finden. Aber in Nyojos Zeit war das Rinzai-Zen, das sich 300 oder 400 Jahre zuvor entwickelt hatte, hohl geworden. Dieses Zen war zu einer Methode geworden, um als Gouverneur Karriere zu machen. Zen hatte die ganze chinesische Kultur durchdrungen. Es war zu einer Kultur geworden. Es war nicht mehr Zazen. Zen bestand aus Diskussionen und *Mondo* und diese *Mondo* waren sehr interessant geworden ... Zen war zu einer Methode geworden, einer Technik wie man schwimmt, um zu leben. Und das Rinzai-Zen heute ist eine Methode, um in unseren Leben Erfolg zu haben. Dogen respektierte Rinzai-Meister Eisai und er kritisierte ihn nicht. Weil er seine Ordination von Eisai erhalten hatte. Aber Eisai hatte den Kaiser um Angebote gebeten, das ist historisch. Er hatte darum gebeten, ein Mönch von höchstem Rang zu werden. In Japan sagt man, dass Rinzai der General ist und Soto der Bauer. Rinzai-Anhänger stehen dem Kaiser nahe. Ihre Tempel sind sehr schön. Besucht Kyoto und ihr werdet die prächtigen Rinzai-Tempel sehen. Und so hatte die Rinzai-Schule Erfolg. Sie machten viel Geld und waren mächtig. Dogen zog in die Berge. Nyojo hatte ihn beeinflusst. Bevor er Japan verließ, hatte Nyojo gesagt: »Soweit es geht, müssen sie in den Bergen leben, und sie müssen wahre Schüler erziehen.« Meister Nyojos Vorträge waren nicht so leidenschaftlich und nicht so interessant: »Ihr müsst eure Schalen waschen, ihr müsst Zazen machen. Und nach dem Zazen müsst ihr eure Zimmer sauber machen ...« Dieses Zen war nicht *zusan*, es war *men mitsu*. Nyojo wurde nicht oft zornig, aber wenn ein Irrtum begangen wurde, dann wurde er es richtig. Eines Tages schlief der Mönch, der neben Dogen in Zazen saß, und Nyojo wurde völlig wütend. Wenn Nyojo so wurde, was nur ein- oder zweimal im Jahr geschah, dann wurde er noch zorniger als ein *Kwatz!* Und so zog Nyojo seinen Schuh aus und schlug den schlafenden Mönch. Er schlug ihn sehr hart und nicht an einem Akupunkturpunkt. Er packte den Mönch, stieß ihn vom *Tan* [erhöhte Plattform] und schrie. Dogen war völlig geschockt. Er wusste, dass Rinzai-Meister sehr stark waren und dass alle Zen-Meister stark sein sollten, aber im Rinzai war dies alles bloßer Formalismus geworden. Die großen Rinzai-*Kyosaku* und die lauten *Kwatz!* Aber jetzt war all dies reiner Formalismus. Also war Dogen beeindruckt, verstört. »*Shin jin datsu raku!*« [Geist und Körper wirf ab!] schrie Nyojo und schlug den Mönch. »Ein wahrer Meister!«, dachte Dogen. Gleich nach diesem Vorfall ging Dogen in Nyojos Zimmer. Und er machte völlig *Sanpai.* Er machte neun *Pai.* Vielleicht machte er neunzig *Pai* ... Diese Szene war sehr dramatisch. Dogen sagt: »*Shin jin datsu raku.* Mein Körper und mein Geist sind völlig geschockt worden, völlig verwandelt, völlig verändert.« Es blieb nichts mehr übrig. Nachdem der Zorn vorbei ist, wird man leidenschaftlich. Und so antwortete Nyojo das Gegenteil: *»Datsu raku shin jin!«* [Wirf ab Geist und Körper!] Nyojo war sehr tief. Was er sagte war, dass Dogen wieder seinen Körper und seinen Geist verwandeln musste. Er sollte wieder *datsu raku* [d. h. abwerfen] machen. Nyojo sagte, du sollst nicht hier Halt machen. Es gibt kein Satori. Satori nimmt kein Ende. Wenn du in den Sarg steigst, dann hört es auf. Dogen war zutiefst beeindruckt.

Nyojo schrieb einmal ein Gedicht mit dem Titel *Furin.* Ein *Furin* ist eine kleine Windglocke. Wenn der Wind weht, dann läutet die Glocke. Ich habe eine im Pariser *Dojo.* Die Windglocke läutet, sie singt das *Hannya Haramita.* Ein einfaches Gedicht, aber sehr schön.

> »Die Windglocke hängt im Himmel
> Im Kosmos. Sie ist frei.
> Wenn der Wind von Osten kommt, *d'accord* [einverstanden],
> die Glocke läutet: *ting! ting! ting!*
> Wenn der Wind von Westen kommt, *d'accord: ting! ting! ting!*
> Wenn er von Süden kommt, *ting, ting, ting.*
> Wenn er von Norden kommt, *ting, ting, ting.«*

Nyojo erklärt, dass wir alle frei sind. Das ist wahres *Hannya*, wahre Weisheit. Bitte, Madame, sitzen Sie nicht hier; sitzen Sie dort. D'accord.[59] Der Geist hält sich nie bei irgendetwas auf. Das ist wahre Weisheit. Wenn jemand bei einem Punkt stehen bleibt, dann haftet er an diesem Punkt und so kann er keine Weisheit schaffen. Bleibt ihr an einem Punkt, an einer Sache, so kann frische Weisheit nicht entstehen. Bleibt an einem Punkt und ihr werdet zu individualistisch, zu egoistisch. Und ihr seid überhaupt nicht weich. Bleibt an einem Punkt und die Intuition wird nicht auftauchen. Zazen ist nicht nur Spannung. Während Zazen müssen eure Schultern fallen. Eure Daumen dürfen nicht zu stark gegeneinander drücken, sie dürfen keinen Berg bilden. Sie dürfen auch nicht einen zu schwachen Kontakt haben, sie

[59] Deshimaru spielt auf eine bestimmte Frau an – erneut eine andere Frau als die zuvor Genannten –, die im Speisesaal ständig für Unruhe sorgte, weil sie sich gern auf den Stuhl der Sekretärin setzte, neben den Meister, und sich dann weigerte sich anderswo hinzusetzen.

dürfen kein Tal bilden. Das Kinn muss eingezogen sein. Narren tun immer das Gegenteil. Kinn raus, Daumen rauf oder runter.

Die Japaner sind dekorativ

In Japan ist das Soto- und das Rinzai-Zen die Essenz plus Dekoration. Nur Kodo Sawakis Zen ist wahr gewesen. Vor ihm wussten die japanischen Mönche nicht einmal, was ein *Zafu* [Zazen-Kissen] war. In ihrem Kopf verstanden sie, Zen bedeute zu schlafen während man sitzt.[60] Sie kannten die Haltung nicht. Was ist die Zazen-Haltung? Kodo Sawaki hat sie wieder eingeführt. Es gibt welche, die in den japanischen Tempeln von Eiheiji und Sojiji Zazen machen. Aber ihre Praxis wird nicht ernst genommen. Sie machen ein bisschen Zazen, dann folgen zwei oder drei Stunden Zeremonien. Die Praxis in Eiheiji[61] ist sehr streng. Der *Kyosaku* ist sehr streng. Und der *Rensaku* wird immer gegeben, selbst für den kleinsten Fehler. Formalismus. Wenn Menschen aus dem Westen die Tempel in Japan besuchen, werden sie verdorben und sie machen alle Fehler. Alle, die ich in japanische Tempel eingeführt habe, sind in die Irre gegangen. Selbst die sehr Starken, wie M., wie Madame S., und wie meine frühere Sekretärin. Das ist sehr merkwürdig. Es gibt viele, die in japanische Tempel gehen wollen. Das Pariser *Dojo* genügt ihnen nicht. Dumm, sage ich ihnen. Aber wenn ihr gehen wollt, dann geht hin. So nehme ich sie mit nach Japan. Ich führe sie in die Tempel ein. Sie wurden alle schlimmer! Bevor er nach Japan ging, war mein Schüler M. rein. Das gleiche bei meiner Schülerin Madame S. Aber als sie später nach Europa zurückkehrten, waren sie verrückt. Warum? Weil zur Essenz des Zen noch die Dekoration hinzukam.

Rückkehr zur Essenz

Also lehre ich nur Zazen. *Shikantaza.* Das ist genug. Als ich nach Europa kam, übte ich erst nur Zazen, nur *Shikantaza.* Und nach Zazen sang ich allein *Hannya Shingyo*, mit kräftiger Stimme. Mein Schüler Etienne sagte eines Tages, dass er auch das *Hannya Shingyo* singen möchte. Und so hat er es getippt und es den andern gegeben und dann sangen es alle. Das geschah ganz natürlich.[62]

---

[60] »Professoren und Gelehrte, die zu mir zum Sitzen kommen«, schreibt Meister Sokei-an, »sagen, dass sie alles über Meditation wissen, und sie sitzen mit den Mönchen und schlafen nach fünf Minuten ein.« (zitiert nach *Zen Notes,* Vol. XXXVII, Nr.14, April 1990)

[61] Soto-Zen-Tempel und Verwaltungszentrum für die 15.000 Soto-Tempel in Japan und anderswo; wie ein Vatikan des Soto-Zen.

[62] Als dies geschah, hatte Sensei kein *Dojo.* Die wenigen, die sich um ihn sammelten, kamen in das Untergeschoss des Gebäudes, wo er als Masseur arbeitete.

Was ist die Essenz der Religion? Des Buddhismus? Des Zen? Nach 15 oder 16 Jahren entwickelte sich Dogens Zen und blühte in Japan. Es hatte die japanischen Züge der Feinheit und jetzt ist sein Zen ganz und gar fein geworden, *men mitsu*. Die Vielschichtigkeit, die Feinheit nahm im Laufe der Jahre zu und alles, was er wünschte, war zurückzukehren zur Essenz von Shakyamuni – der einzigen Essenz – unter dem Bodhibaum. Durch die Haltung von Zazen hatte Buddha Satori erlangt. Diese Meditation genügte. Sie löst alles.

Als die Kampfkünste in den Westen kamen, verlor sich ihre Essenz völlig. Sie wurden zu einem Sport. Im Westen mag man Sport. Und so wird der Meister ein Sportler. Aikido ist zu einem Tanz geworden, einem Kampfkunst-Tanz. Die Essenz ist verschwunden. Ich spreche immer von Meister Tamura,[63] der ein sehr starker Meister ist. Er hat sich sehr darum bemüht, die wahre Essenz der Kampfkünste in Europa einzuführen. Sehr hart, sehr schwierig. Es wäre besser, er würde Gymnastik lehren. Nur Kraft, nur Power ist im Westen wichtig. Die Essenz ist verschwunden. Die Kampfkünste heute im Westen sind überhaupt nicht effektiv.

Nicht bewegen! Nicht bewegen! Geduld ist wirksam. Nach dem Zazen gibt es ein *Mondo*. Jeder wartet darauf. *Mondo* sind besser als Zazen. Sie warten auf die närrischen Fragen ...

Mondo

Über Träume

Frage: Was sollte man mit Träumen tun, an die man sich erinnert? Sollte man ihnen Bedeutung beimessen oder nicht?

Meister: Die Leute, die sich an ihre Träume erinnern, haben ein müdes Gehirn. Wenn das Gehirn gesund ist, werdet ihr euch nicht an sie erinnern.

Frage: Aber was sollte ich tun, wenn ich mich an einen besonderen Traum erinnere? Ich will darüber nachdenken.

Meister: Vergessen Sie ihn. Lassen Sie es vorbeigehen. Denken Sie nicht darüber nach. Sie setzen nur den Traum fort, indem Sie darüber nachdenken.

[63] Tamura lehrt zur Zeit [1995] in Frankreich. Er ist Aikido-Meister und Schüler von Meister Ueshiba.

Frage: Aber kann es nicht helfen, über seine Träume nachzudenken?

Meister: Träume sind zu nichts nütze und über sie nachzudenken ist idiotisch. Dadurch werden Sie nur komplizierter. Träume sind Erinnerungen an Schocks, an empfangene Eindrücke, die im Schlaf hochkommen. Es ist Karma des Gehirns. Ihre Neuronen haben einen Schock bekommen und so träumen Sie. Müde Neuronen, Karma steigt auf. Es ist dasselbe während Zazen. Das Unterbewusste kommt hoch, Illusionen kommen hoch. Während Zazen können Sie objektiv Ihre Illusionen anschauen, aber während des Schlafs können Sie Ihren Traum nicht anschauen: »Schau mal die Brieftasche, die ich gefunden habe.« Die Brieftasche ist voller Geld, aber sie ist im Eis festgefroren und schwer herauszuziehen. »Ich sollte einen Hammer holen. Aber wenn ich einen Hammer hole, wird jemand anderer das Geld finden. Was sollte ich tun? Ich will aufs Eis pinkeln. *Psssss.* Das Eis ist geschmolzen; jetzt kann ich sie auflesen.« Dann plötzlich wird ihm klar, dass es nur ein Traum war. Er ist kalt und nass. Pipi. Nur das Pipi ist wirklich. Sie können Ihre Träume nicht sehen. Aber während Zazen können Sie Ihre Illusionen objektiv sehen. Und auch Ihr Karma. Aber nicht in Träumen. Träume sind nicht wirklich. Während der Träume ist es das schlechte Karma, das hochkommt. Sie in Erinnerung zu rufen, sie zu wiederholen setzt nur das schlechte Karma fort.

Frage: Was denken Sie von Träumen, die wirklich werden?

Meister: Ein metaphysisches Problem. Diese Dinge können nicht geleugnet werden. Wenn man denkt, denkt, denkt, dann wird es zum Samen des Neurons, und so kann es sich verwirklichen. Denken Sie immer an das gleiche, denken Sie, dass Sie möchten, jemand werde getötet, und diese Person wird durch Ihr Denken beeinflusst werden. Es ist möglich auf diese Art zu töten, aber es ist nicht gut. Wenn sie sich auf irgendeine Sache konzentrieren, ist es möglich. Das kann nie ohne den Einsatz des Bewusstseins, aber auch unbewusst verwirklicht werden.
Eine andere Frage?

Karma

Frage: Können Sie etwas über Karma sagen?

Meister: Immer Fragen über Karma. Letztes Jahr habe ich über Karma vierzig Tage lang gesprochen. Und mein Schüler Philippe Coupey hat meine Unterweisung über das Karma in *Die Stimme des Tales* niedergeschrieben. Sie müssen das lesen. Jedenfalls, Karma ist Tat. Sie schaffen eine Tat und das beeinflusst. Wenn Sie Zazen machen, beeinflusst dieses Ihr Tun von Zazen. Wenn Sie *Sanpai* machen, dann beeinflusst das auch. Es beeinflusst den Körper. Es gibt drei Arten von Karma, das

Karma des Körpers, das des Mundes und das Ihres Denkens. Die Taten unseres Körpers beeinflussen unsere Zukunft. Wenn wir sprechen, wenn wir kritisieren oder lügen beeinflusst das die Zukunft. Wenn wir mit unserem Bewusstsein denken, beeinflusst das auch unsere Zukunft. Unsere Träume können andere beeinflussen. Das ist Karma. Wenn Sie jemanden töten und nicht gefasst werden, wird dieses Karma trotzdem in Erscheinung treten. Das gleiche beim Stehlen. Genau kommt das hoch, in der Zukunft. Es gibt auch gutes Karma. Aber das beste, das höchste Karma ist Zazen. Kein Bewusstsein. Die Haltung des Körpers ist die beste. Sie sprechen nicht. Wenn Sie also Zazen machen, dann fegt es das andere Karma fort. Sie sollen nicht vor dem Karma weglaufen. Machen Sie weiter Zazen und das schlechte Karma nimmt ab. Unbewusst, natürlich, automatisch verändert sich das Karma.

***

7. August – 20:30

Psychoanalyse: Ein innerer spiritueller Irrtum

Das offenbare Karma von einigen von euch kommt heraus. Der Nacken ist nicht gestreckt, das Kinn ist nach vorn gereckt. Bewegt euch nicht. Manche hier machen immer Gymnastik. Sie bewegen ihren Kopf wie Marionetten. Wie A. Das beeinflusst andere. Die geringste Bewegung beeinflusst. Wir haben viele karmische Einflüsse in uns. Zazen bedeutet, das schlechte Karma hinauszuwerfen.[64] Zazen ist nicht dasselbe wie Psychoanalyse. Moderne Psychoanalyse macht einen großen Fehler. Mit dem Materialismus, mit dem äußeren Materialismus, beeinflusst die Psychoanalyse einen inneren Irrtum, einen inneren spirituellen Irrtum. Wenn die Menschen zu viel denken, wird ihr Gehirn kompliziert.
Nicht bewegen! Nicht bewegen!

Die Philosophen im Westen, die Intellektuellen im Westen denken zu viel. So ist Kants Philosophie kompliziert geworden. In den asiatischen Philosophien jedoch, in ihrer Erziehung, im Zen: Soweit es geht, denkt nicht. Denkt wichtige Dinge. Selektives Gedächtnis. Meine Mutter erzog mich, als ich ein Kind war. Wenn ich einen Alptraum hatte, sagte sie: »Ein Traum ist ein Traum. Er ist nicht wichtig. Es besteht kein Grund, sich deswegen zu ängstigen.« Sie war sehr klug. Träume sind überhaupt nicht wichtig. Ihr müsst die Vergangenheit loslassen. Ihr müsst euch

[64] Was die Haltung betrifft, hat der Meister andernorts gesagt, dass ein Kinn, das nach unten fällt, auf Müdigkeit hinweist; ein Kopf, der nach unten fällt, zeigt Denken an; ein Kopf, der nach rechts oder links neigt, Verrücktheit usw.

hier-und-jetzt konzentrieren. Aber das ist nicht das Verfahren bei Psychoanalytikern wie Freud und Jung. »Was hast du geträumt?«, fragt die westliche Mutter ihr Kind. »Du musst dich daran erinnern.« Und so versucht der Junge den ganzen Tag lang, sich an seinen Traum zu erinnern. Das ist ein richtiger Fehler. Psychoanalytiker sind, denke ich, die Ursache für die Krise in der modernen Zivilisation.

Rennt nicht etwas hinterher, lauft nicht vor etwas weg. Das bedeutet nicht, dass man nicht denkt. Es ist möglich, während Zazen zu denken. *Hishiryo*: absolutes Denken, jenseits des Denkens. Das ist das Geheimnis von Zazen.

Wir träumen immer während des Schlafs. Wir schlafen zwei Stunden lang tief, dann träumen wir. Dann fallen wir wieder in einen tiefen Schlaf, für weitere zwei Stunden. Das Gehirn erwacht wieder und wir träumen wieder ... Manchmal ist es der Körper, der aufwacht, und nicht das Gehirn. Wenn das geschieht, dann bewegt sich der Körper, er kratzt sich, reibt sich die Nase, massiert seine Geschlechtsteile. Aber wenn der Geist wach ist und der Körper schläft, dann erscheinen Träume. Der Traum ist verwirklicht, der Teufel kommt und der Geist will davonlaufen. Aber der Körper, der schläft, bewegt sich nicht, folgt nicht dem Geist, und der Betreffende leidet. Zazen ist das Gegenteil von moderner Psychoanalyse. Sicher werden die Psychoanalytiker nicht glücklich sein, wenn ich Zazen verbreite. Sie werden ihre Arbeit verlieren. So werden sie sicher gegen mich sein. Aber das bin nicht ich, das ist die Essenz des traditionellen Zen. Das ist es, was ich verbreite. Pascal sagt, der Mensch sei ein *Roseau Pensant* [ein denkendes Schilfrohr]. Das ist Philosophie im europäischen Stil. Denken ist notwendig. Leugnet nicht das Denken. Aber hier-und-jetzt, was ist denken? Das ist wichtig. Es ist nicht notwendig, vergangene Gedanken zurückzuholen. Natürlich, wenn es notwendig ist vergangene Erinnerungen zu benutzen, hier-und-jetzt, dann müssen wir denken. Ohne Denken, wenn kein Denken da ist, dann taucht ein anderes Denken auf. Ein frisches Denken. Weisheit. Die meisten Menschen denken an die Vergangenheit und an die Zukunft, sogar während Zazen. Die meisten Menschen befinden sich in einem Traumzustand. Konzentriert euch auf eure Haltung und das *Hishiryo*-Bewusstsein wird auftauchen. Unendliche Weisheit. *Chukai!* [D. h.: Hört auf mit dem *Kyosaku!*] Rennt nicht hinterher, lauft nicht weg. Konzentriert euch hier-und-jetzt und die Zeit wird schnell vorbeigehen. Dann wird es keine Schmerzen geben. *Kaijo!* [D. h.: Schlagt die Trommel!][65]

[Am Ende von Zazen nimmt jede/r am Singen des Sutra *Hannya Shingyo* teil. Der *Kyosaku*-Verantwortliche, der zur großen Glocke geschickt wurde, gibt den Auftakt

[65] *Kai* bedeutet offen, frei, *Jo* bedeutet Zazen, d. h. frei von Zazen. ... Die *Kyosaku* werden auf den Altar zurückgelegt und die große Trommel wird geschlagen, in diesem Fall elf Mal, weil es elf Uhr abends war.

zum Gesang, indem er dreimal die Glocke schlägt und dann allein die ersten Worte anstimmt: *Maka Hannya Haramita Shingyo.* Dieser alte Brauch wird in allen Soto-Tempeln ausgeübt.] »Maka Hannya Har... « Laute Stimme! Es ist nicht notwendig, zu dekorieren. »Maka Hannya... « Noch mal. »Maka... « Noch mal. »*Maka Hannya Haramita Shingyoooo!*«

8. August – 7:00

Die behutsame Welt von Nyojo

[Alle bewegen sich in *Kinhin.*] Streckt den Nacken. Streckt das Knie des vorderen Beins. Kinn einziehen. Unser Körper ist fein und vielschichtig. Er wird vom Klima und vom Wetter beeinflusst. Heute ist es kalt und es schneit.[66] Im Alltag ist es schwierig, seinen Körper zu beobachten. Aber während Zazen, wenn ihr es genau macht, mit der richtigen Haltung und mit der richtigen Atmung, und wenn ihr das weiter übt und dabei eure Konzentration auf eure Ausatmung richtet, dann könnt ihr auf tiefe innige Weise euren Körper und euren Geist beobachten.

Beim Vergleich vom Zen Rinzais mit dem Zen Dogens dürfen wir nicht nur Rinzais chinesische Eigenheiten mit Dogens japanischen vergleichen, sondern wir müssen auch Rinzais Charakterzüge mit denen Nyojos vergleichen. Denn diese beiden Linien gab es zuerst einmal in China. Die Welt von Nyojo ist sehr behutsam. Manchmal ist sie stark und unmittelbar. Manchmal ist sie wie das Himmelsgewölbe, ein andermal ist sie direkt und einfach wie frisches Eisen. Sie ist sanft und umspannt jeden wie der Himmel im Frühling, sehr einfach und ohne Ausschmükkung. Sie ist wie rohes Eisen. Man kann sie nicht schmecken, man kann sie nicht beißen.

Dogen traf Nyojo und bekam eine starke Erziehung, und als Nyojo den schlafenden Mönch, der neben ihm saß, hart schlug, verspürte Dogen einen sehr großen Schock. Er ging stracks zum Meister in dessen Zimmer und sagte: »*Shin jin datsu raku.*« - »*Datsu raku shin jin*«, antwortete Nyojo. Dieses große *Mondo* zwischen dem Meister und dem Schüler bestand nur darin.[67] Dann gab es Nyojos Gedicht über den Klang der Windglocke. Der Mund der Glocke ist sehr groß. Der Klang ist sehr frei. Und sein ganzer Körper wurde zu seinem Mund. Dieses *Furin*, diese Windglocke erklärt ewig die unendliche Weisheit *Hannya.* Es gibt keinen Gedanken an die Zukunft. *Ici-et-maintenant* [hier-und-jetzt] ist das allerwichtigste ... Und Dogen

---

[66] Der Übungsort lag fast 2000 m über dem Meeresspiegel in den Hochalpen.

[67] Wieder geht es dem Meister darum, Soto- und Rinzai-*Mondo* bzw. *Koan* hinsichtlich ihrer jeweiligen Bedeutung zu vergleichen; dies ist natürlich ein Soto-*Mondo.*

war wieder beeindruckt. Wenn der Wind vom Westen kommt, läutet die Glocke. Wenn der Wind vom Osten kommt, läutet sie. Sie läutet auch mit dem Südwind. Und sie läutet beim Nordwind. Und sie erklärt ewig *Hannya Haramita*. Eines Tages fuhren Dogen und Nyojo in einem alten chinesischen Fahrzeug und Dogen sagte: »Lieber geehrter Meister, dieses Gedicht hat mich außerordentlich beeindruckt. Dieses Gedicht allein drückt die tiefe Weisheit, das tiefe *Hannya* aus.« - »Andere haben darüber gestaunt«, antwortete Nyojo. »Aber nicht so tief wie du. Du allein verstehst mein Gedicht. Wenn du dieses Gedicht erklärst, wenn du *Hannya* erklärst, musst du so ein Gedicht machen.« Nyojo hatte den Geist Dogens beeinflusst; Nyojo hatte den Geist Dogens bestätigt. Nyojos Samenkorn war in Dogen gepflanzt; dieses Samenkorn war tief in Dogens Geist gelegt und dieses Samenkorn wurde eine frische Knospe. Sie öffnete sich zu einer Blume. Sie entfaltete Blätter und wurde zu einem großen Baum, und die Blüten öffneten sich und gaben Frucht. Das geschah 15 oder 16 Jahre später, nachdem Dogen nach Japan zurückgekehrt war. Der Wachstumsprozess dauerte sehr lange. Auch wenn ihr mit dem Gehirn versteht und wenn euch etwas beeinflusst hat könnt ihr verstehen – damit dieses Verstehen zu wirklichem Knochen, wirklichem Blut und wirklichem Fleisch wird, ist viel Zeit notwendig. Seit meiner ersten Begegnung mit Meister Kodo Sawaki in Sojiji sind vierzig Jahre vergangen. Und jetzt, heute, kann ich Rinzai- und Soto-Zen genau und tief vergleichen.

Dogen kehrte 1227 nach Japan zurück. Dann, einige Jahre später, erhielt er das *Nyojo Roku* [Aufzeichnungen von Nyojo], das aus den Vorträgen und *Kusen* des verstorbenen Meisters bestand. Und es war zu jener Zeit, 15 oder 16 Jahre danach, dass Dogen das *Rinzai* und das *Nyojo Roku* miteinander verglich. Das war auch die Zeit, als Dogen Kyoto verließ. Er zog vom Tempel von Koshoji in den Tempel von Eiheiji. Dieser Umzug fand statt, nachdem er das *Nyojo Roku* gelesen hatte. Warum verließ Dogen Kyoto? Als Dogen aus China zurückkehrte, wollte er das wahre Zen in ganz Kyoto verbreiten, und so baute er sein *Dojo* in Uji, am Rand der großen Stadt. Aber in Kyoto stieß Dogen bald auf starke Kritik von Seiten der traditionellen Religionen, dem Tendai und Nembutsu. Das und die Tatsache, dass eine Nonne, die Dogen liebte, ihm den Tempel von Eiheiji anbot, trug dazu bei, dass er fortzog. Aber was Dogen am meisten veranlasste die Stadt zu verlassen, waren die Worte von Nyojo, an die er sich 15 Jahre später erinnerte, als er das *Nyojo Roku* las: »Wenn du nach Japan zurückkehrst, bitte, verbreite doch das wahre Zen und lass so viele Menschen daran teilnehmen, wie du nur kannst. Aber so weit es geht lebe nicht an einem Ort, wo es viele Schlösser gibt, und nähere dich nicht dem Gouverneur und nähere dich nicht seinen Ministern. Und wenn möglich, mache Zazen und organisiere *Sesshin* mitten im Gebirge und in den tiefen Tälern ...« Val d'Isère ist dafür sehr gut. »... Und wenn es dir nicht gelingt, das Zen vielen Leuten zu vermitteln, wenn du es einem einzigen Menschen weitergibst, dann wird mein wahres Zen verstanden sein und es wird in der Zukunft sich verbreiten. Zen ist in China am Ende.« Dogen verbreitete Nyojos Unterweisungen in ganz Japan. Aber in der modernen Zeit ging dessen Essenz verloren. Heute gibt es in Japan zu viel Ausschmückung, zu viel Karma. So habe ich die wahre Unterweisung in den Westen gebracht.

Heute schneit es in Val d'Isère. Der Klang des Tals ist von Schnee bedeckt. Das ist gut für Zazen. Ihr könnt nicht ausgehen. Ihr könnt nicht ins Santa Lucia abhauen. Jetzt könnt ihr tief in euch selbst hineinschauen.

Bestimmt haben Nyojos Welt, haben Nyojos Worte, seine Löwenstimme von China nach Japan, den schlafenden Drachen geweckt. Heute während der Zeremonie werden wir ein *Kito* dem Papst zu Ehren machen. – *Kaijo!*

8. August – 10:30

Fuke sah aus wie ein Esel

[Die Glocke wird zweimal geläutet und das *Kinhin* beginnt.] Kinn einziehen. Wenn das Kinn nach vorn fällt, bedeutet es, dass ihr müde seid. Gebt also acht, immer das Kinn eingezogen zu halten. Wenn beim *Kinhin* eure Hände zu hoch an der Brust liegen, werdet ihr müde werden. Die Hände müssen gleich unter das Brustbein gelegt werden. [Die Glocke wird einmal geschlagen und alle kehren an ihre Plätze zurück. Die Glocke wird dann dreimal geschlagen und alle nehmen die Haltung wieder ein.] *Kyosaku!* Wenn es Leute gibt, die während des *Kusen* schlafen, dann werde ich heute den *Kyosaku*-Verantwortlichen erlauben, *Kyosaku* zu geben.[68] Es ist hier notwendig. Das ist ein sehr schläfriges *Sesshin.* Meine *Kusen* sind Begleitmusik zum Schlafen geworden.

Das *Rinzai Roku* schließt mit einem Bericht über Meister Fuke. Fuke war kein Mönch, er war auch kein Laie. Fukes Name ist bis heute berühmt geblieben. Es gab eine **Fuke-Sekte** in Japan bis zur Zeit der Meiji-Revolution. In Japan gab es damals die Obaku-, Rinzai-, Soto- und Fuke-Schule. In der Fuke-Sekte übten sie nie Zazen, sie praktizierten das Flötenspiel. Fuke-Anhänger hatten immer eine Flöte bei sich und sie gingen mit Flötenspiel ins Samadhi ein. Vor der Meiji-Revolution, vor etwa 100 Jahren, waren die Fuke-Mönche sehr mächtig. Sie wurden von der japanischen Regierung benutzt und wurden zu Regierungsspionen. Aber nach Meiji wurde diese Sekte verboten. Ihre Meister leben heute als *Shaku-*

[68] Um etwaige Störungen zu vermeiden, wird der *Kyosaku* nicht gegeben, während der Meister spricht.

hachi-Mönche. Aber es sind keine Mönche. Sie sind jetzt *Shakuhachi*-Lehrer. Shakuhachi ist nicht Zen.[69]

Fuke und Rinzai waren gute Freunde. In der Fuke-Sekte wird sogar behauptet, dass Fuke Rinzai erzog. Aber das ist nicht wahr. Obaku war Rinzais Meister. Fuke war noch mehr *zusan* als Rinzai. Fuke war völlig wild. Er trug immer eine Glocke bei sich, wie ein Windglöckchen, und er rannte den Leuten auf der Straße hinterher, läutete sein Glöckchen hinter ihren Ohren. Wenn die Leute sich umdrehten, dann streckte Fuke seine Hand aus und bat um Geld. Er war ein lustiger Mönch. Er war kein Mönch. Er war ein Bettler. [Der Meister nimmt das Rinzai Roku und öffnet es:] Also gingen Rinzai und Fuke eines Tages zu einem vegetarischen Bankett, das ein vegetarischer Gläubiger veranstaltete. Während des Essens fragte Rinzai Fuke: »Ein Haar schluckt den weiten Ozean, ein Senfkorn enthält den Berg Sumeru. Geschieht dies durch übernatürliche Kräfte oder ist der ganze Körper [die Substanz, Essenz] so?« In dem Moment kickte Fuke über den Tisch. Er war nicht *men mitsu*. So sagte Rinzai: »Roher Kerl.«

[Man hört den Klang des *Kyosaku,* während der Meister spricht.] Es ist nicht notwendig, den *Kyosaku* zu geben während ich spreche!

Fuke antwortete: »Was ist das hier für ein Ort, um von roh oder verfeinert zu sprechen?« Am nächsten Tag gingen sie zu einem andern vegetarischen Bankett. Während des Essens fragte Rinzai: »Wie ist dieses Essen im Vergleich zu dem gestrigen?« - »Ich verstehe«, sagte Rinzai rasch, bevor Fuke über den Tisch kicken konnte, »ich verstehe, was du tust, aber du bist ein roher Kerl.« - »Blinder Kerl«, antwortete Fuke, »gibt es irgendetwas von Verfeinerung oder Roheit im *Dharma*?« Rinzai streckte seine Zunge heraus.

Ein andermal saßen Rinzai und zwei alte Lehrer an der Feuerstelle im *Dojo*. Rinzai bemerkte: »Jeden Tag spielt Fuke den Narren auf dem Marktplatz. Weiß irgendjemand, ob er ein Grobian oder ein Weiser ist?« In diesem Moment, bevor Rinzai noch fertig gesprochen hatte, betrat Fuke den Raum. Rinzai wandte sich an ihn: »Bist du ein Grobian oder ein Weiser?« Fuke: »Sag‘s du mir.« Rinzai schrie ein *Kwatz*, und daraufhin zeigte Fuke mit dem Finger auf die anderen Anwesenden und sagte: »Kaijos Stil ist der eines frisch Verheirateten, Mokutos Stil ist ein großmütterliches Zen und Rinzais das eines kleinen Dieners. Alle drei sind blind.« - »Räuber«, antwortete der Meister. Fuke verließ den Raum und schrie: »Räuber! Räuber!«

---

[69] Das *Shakuhachi*, eine Bambusflöte, wurde während der Kamakura-Periode im 13. Jahrhundert erstmals in Japan eingeführt.

Eines Tages aß Fuke rohen Kohl vor dem *Dojo*. Rinzai sah ihn und sagte: »Du siehst aus wie ein Esel.« Fuke wieherte. »Räuber«, sagte Rinzai. Fuke ging fort und schrie: »Räuber! Räuber!«
Chukai!

Mondo

Dem Papst ins Paradies helfen

Frage: Warum haben Sie heute morgen eine Zeremonie zum Tod des Papstes geleitet? Was war deren Bedeutung?

Meister: Als Geste des Respekts gegenüber dem Christentum. Als ich einmal im Vatikan war, begrüßte mich der Papst. Ich traf ihn. Diese Zeremonie ist kein Widerspruch. Warum fragen Sie?

Frage: Ich möchte wissen, was der spirituelle Zweck dieser Ehrungszeremonie ist.

Meister: Respekt. Im Christentum wollen sie immer ins Paradies kommen. Also habe ich gebetet, ich machte *Kito*, damit er dorthin kommt. Es war, um ihm zu helfen dorthin zu gelangen. Das ist wahr.

Mushotoku und die Kampfkünste

Frage: Ist ein Meister der Kampfkünste *mushotoku* [jenseits von Gegenstand und Ziel], wenn er seine Kunst ausübt?

Meister: Während der Ausübung aller Kampfkünste muss man *mushotoku* sein. Wenn sie denken: »Ich muss gewinnen«, dann können Sie nicht gewinnen. Wenn wir alles aufgeben, wenn wir vollkommen *mushotoku* werden, dann können wir gewinnen. Es ist dasselbe, wenn man malt; wenn man denkt: »Ich muss eine schöne Kalligraphie malen«, dann wird es nicht gelingen. Das gilt für alles. In der Kunst, in den Kampfkünsten. Das Ego aufgeben. *Mushotoku* ist notwendig. Im Japan vor der Meiji-Revolution war es in den Kampfkunst-*Dojo* Brauch, Essen und Unterkunft und sogar ein wenig Sake all denen anzubieten, die dort kämpften. Essen, Bett und Sake für eine Nacht. Auch für die Verlierer. Ein Wahrsager – seine Geschäfte gingen gar nicht gut – beschloss eines Tages, zu einem Schwertkampf-*Dojo* zu gehen und dort zum Zweikampf herauszufordern. Er war kein Samurai und wusste nichts über Schwertkampf. Aber sein Gesicht war stark und er hatte auch ein großes Schwert. So kam er zum *Dojo* und sagte den Samurai dort, er wünsche mit ihrem Meister zu kämpfen. Der Meister war im Bad und als einer der Schüler kam, um ihm zu sagen, dass jemand im *Dojo* auf ihn wartete, um mit ihm zu kämpfen, sagte der Meister: »Jetzt bin ich müde. Nach meinem Bad will ich schlafen.« Der Schüler warnte den Meister, dass dieser Samurai, der auf ihn im *Dojo* wartete, sehr gefährlich aussähe. »Ach so?«, antwortete der Meister. »Nun gut, morgen. Morgen soll er zurückkommen.« - »Das haben wir ihm gesagt«, antwortete der Schüler, »aber er sagte: Nein, jetzt!. Er weigert sich wegzugehen, bevor Sie nicht mit ihm gekämpft haben.« Der Meister stieg also aus seinem Bad, trocknete sich ab und ging hin, um seinen Herausforderer im *Dojo* zu treffen. Der Meister schaute dem Mann ins Gesicht und war überrascht. Das Gesicht war stark und sah wild aus und sein Schnurrbart war lang und dick. Jedenfalls war dieser Wahrsager vollkommen *mushotoku*. Er brauchte nicht zu gewinnen. Alles was er wollte war, dass der Meister ihm einen tüchtigen Streich verabreichte und die ganze Sache damit beendet wäre. Dann könnte er etwas Sake haben. So begann der Meister zu denken: »Wenn ich ihn so von links angreife, wird er mich von rechts angehen. Aber wenn ich ihn andersherum angreife, dann wird er mich sicher da erwischen. « Das Gehirn dieses Meister war kompliziert geworden. Der Wahrsager hatte überhaupt keine Angst, und als er näher kam, wich der Meister zurück. Er wich weiter zurück. Und schließlich machte er *Sanpai*. »Noch nie bis zum heutigen Tag habe ich irgendjemanden mit einem derartigen Kampfstil gesehen! Nie habe ich diese Technik kennengelernt. Ich mache *Sanpai* vor Euch. Bitte, sagt mir, zu welcher Schule Ihr gehört. Ich habe mich mit vielen verschiedenen Techniken auseinandergesetzt, aber ich habe noch nie etwas Derartiges gesehen.« Der Wahrsager, der sehr ehrlich war, lachte und sagte: »Meine Schule ist, zu essen und zu schlafen. Für eine Nacht.« *Mushotoku*. Das ist das Geheimnis der Kampfkünste. Wenn ihr *mushotoku* seid, habt ihr vor nichts Angst. Mit *mushotoku* kommt alles zu euch. Ich bin *mushotoku*. Wenn Geld kommt, nehme ich es. Gestern habe ich aus Japan ein *Fuse* von einer Million Yen bekommen.

***

8. August – 16:00

Den Rensaku, bis der Stock bricht

Viele Leute sind heute nicht gekommen. Es gibt viele leere Zafus. Die *Kyosaku*-Verantwortlichen müssen in die Zimmer schauen und herausfinden, wer nicht gekommen ist. Es wird *Rensaku* geben. [Der Meister sendet die *Kyosaku*-Verantwortlichen hinaus, damit sie in den Zimmern nachsehen.] Es ist in Ordnung, wenn ihr zuerst Bescheid sagt. Ihr sagt im Büro, warum ihr nicht kommen könnt. Diejenigen, die nicht zum Zazen kommen, weil sie krank sind, in Ordnung.

Es bleibt nur noch heute abend und morgen früh. Es bleiben nicht mehr viele Zazen. Diejenigen, die jetzt in Zazen sitzen, suchen wirklich den Weg. Alle von euch haben eine gute Haltung. Eure Gesichter sind klar. Da ist keine Müdigkeit. [Die *Kyosaku*-Verantwortlichen kommen mit fünf oder sechs Leuten zurück, größtenteils Permanente.] Es ist nicht nötig, in euren Zimmern zu bleiben und zu schlafen. Für diejenigen, die zum Zazen zurückgekommen sind, werde ich einen Rabatt geben. Nur drei *Rensaku* für euch. Ein Nachlass. [Ein *Kyosaku*-Verantwortlicher flüstert dem Meister, dass eines der Zimmer abgeschlossen ist. Ein zweiter *Kyosaku*-Verantwortlicher erscheint dann und flüstert etwas anderes.] Zimmer 79 ist das Privatzimmer des Hausbesitzers. Der erste *Kyosaku*-Verantwortliche hatte gedacht, es sei ein Paar im Zimmer, das Liebe machte. Also stand er vor einem leeren Zimmer und schaute durch das Schlüsselloch. [Der Meister wendet sich an die, die den Rensaku erhalten sollen:] Der *Kyosaku* ist keine Strafe. Er soll euch wecken. Es ist eine gute Massage und wird eure Müdigkeit verscheuchen. Während *Sesshin* in Japan erhielten diejenigen, die in ihren Zimmern ohne Erlaubnis zurückblieben, einen großen *Rensaku*. Mein Meister Kodo Sawaki hatte es immer auf die abgesehen, die in ihren Zimmern ohne Erlaubnis zurückblieben. Kodo Sawaki wurde dann sehr zornig. Mehr als Nyojo. Wenn er einen erwischte, gab er ihm den *Rensaku*, bis der *Kyosaku* brach. Manche von ihnen rannten weg, sie rannten stracks aus dem *Dojo*. Einer lief mal weg und versteckte sich im Glockenhaus. Weil Kodo Sawaki nicht so hoch hinauf klettern konnte, läutete er die große Glocke. Alle hörten mit Zazen auf, um sich das anzusehen. Das war sehr witzig. [Der Meister wendet sich an die, die gerade *Rensaku* bekommen:] Es ist nicht nötig zum *Kyosaku*-Verantwortlichen zu schauen. Es ist nicht nötig hinzuschauen. Manchmal ist Humor besser. In der Zen-Tradition sind die Mönche humorvoll. Dogen auch manchmal, aber nicht in seinem *Shobogenzo*.

Ein Geschenk des Shoguns

Einer von Dogens Schülern suchte eines Tages den Gouverneur in Kamakura auf. Nach seinem Besuch kehrte er nach Eiheiji zurück und erzählte seinem Meister, dass er ein großes Geschenk bekommen habe, viel Land vom Shogun, vom Premierminister, und Dogen wurde richtig wütend. »Du bist irre, schmutzig«, sagte er und er stieß den Schüler mit dem Fuß aus seinem Zimmer. Er exkommunizierte ihn. Dann trug er den Boden unter dem Zafu seines Schülers ab, er grub ein zwei Meter tiefes Loch und warf den Schmutz weg. Diese Geschichte wird in einigen Büchern erzählt. Ob sie wahr ist, steht nicht fest. Aber doch gibt sie etwas vom Charakter Dogens wieder.

Zwei Gedichte

Fuke hatte die Gewohnheit, in den Straßen und auf dem Marktplatz umherzugehen und dabei eine Glocke läuten zu lassen und sein Gedicht zu rufen: »Ich schlage die Helligkeit, wenn sie sich der Dunkelheit nähert. Ich schlage die Dunkelheit, wenn sie sich der Helligkeit nähert ...« Das ist Fukes berühmtes Gedicht, es kommt vom *Sandokai*. »... Wenn es aus den vier Himmelsrichtungen und den acht Richtungen des Raums kommt, greife ich es an wie ein Wirbelwind. Und wenn es aus dem leeren Himmel kommt, dann dresche ich es mit einem Besen, *ding, ding, ding!«* Ein Intellektueller kommt und ich greife mit dem Verstand an: Ich diskutiere. Ein Narr kommt und ich erwidere mit Narrheit. Es gibt einige hier, die sehr intelligent sind, aber nicht viele. Ich höre die Fragen. Sie sind immer rational, immer vernünftig. Wenn es aus den vier Himmelsrichtungen und den acht Richtungen des Raums kommt, schlage ich wie der wilde Wind, und wenn es aus dem leeren Himmel kommt, gebe ich ihm den *Rensaku*. Das ist Fukes Gedicht. Nyojos Gedicht *Furin* besteht, wie das von Fuke, aus sieben Schriftzeichen und aus vier Sätzen ... »Alle Körper sind wie ein Mund, der im leeren Himmel hängt. Fragt nicht, es spielt keine Rolle. Der Ostwind, der Westwind, der Südwind, der Nordwind – alle sind sie gleich. Alle Winde sind gleich. Der Mund spricht, er spricht von *Hannya*, er spricht die höchste Weisheit. *Ding, ding, ding.«* Fukes und Nyojos Gedichte sind beide sehr berühmt. Aber dasjenige Nyojos ist tiefer. Fuke ist ein bisschen wild, ein bisschen barbarisch. Immer *Kwatz*! Immer schlagen, treten. Nyojo andererseits, wenn er wütend wurde, dann wurde er richtig wütend. Danach entschuldigte er sich. »Ich wollte dich nicht schlagen. Mein Geist wollte es nicht, aber meine Hand bewegte sich. Pardon. Ich will dich nicht schlagen, ich will dich nur erziehen. Ich will in dir den großen Elefanten und den großen Tiger hervorbringen.« Eine starke Erziehung ist notwendig. Der Löwe, der starken Nachwuchs seiner Art hervorbringen will, schlägt den kleinen Löwen und wirft ihn hinunter. Den Berg hinunter ins Tal. Nachdem Nyojo also den Schüler geschlagen hatte, entschuldigte er sich und weinte. Und der Schüler war beeindruckt. Nyojo weinte immer in seinem inneren Geist. Kodo Sawaki ebenso. Wenn er jemanden schlug, waren Tränen in seinen Augen. Ich sah sie. Er war ein wahrer Erzieher. In der modernen Erziehung jedoch gibt man den Wörtern zu viel Bedeutung, den Diskussionen, dem diplomatischen Vorgehen. Man soll nicht nur das Vorderhirn durchdringen, sondern bis in den Thalamus hineindringen. Sonst ist die Erziehung, die man erhält, nicht wirksam. Nyojos Gedicht ist direkt und einfach und sehr fein. Wie eine Glocke. Vielleicht wie eine entzückende kleine Glocke. Wenn ihr in die Provinzen Japans reist, werdet ihr kleine Glocken an den Türen und Häusern hängen sehen.

Zwei stolze Pferde treten einander

Hier ist ein anderes Rinzai-Koan: Ein alter Mönch kam zu Rinzai, um ihn um Rat zu fragen, und anstatt sich den üblichen Formalitäten zu unterziehen, fragte er rasch: »Ist es *Sanpai* machen oder ist es nicht *Sanpai* machen?« Rinzai stieß ein *Kwatz* aus. Und der alte Mönch machte *Sanpai.* »Ein guter Räuber von grünem Holz«, sagte Rinzai, den der alte Mönch verließ, indem er rief: »Räuber, Räuber!« Rinzai bemerkte dann: »Zu denken, dass es nichts weiter zu suchen gibt, ist ein Irrtum.« Rinzai ging dann zu seinem *Shusso* und sagte: »War da ein Irrtum oder nicht?« - »Da war einer«, sagte der *Shusso.* - »War der Gastgeber oder der Gast im Unrecht?« - »Beide waren im Unrecht.« - »Was war unrecht?« Der *Shusso* lief weg und Rinzai sagte: »Es ist besser nicht zu denken, dass es nichts weiter zu suchen gibt.« Sehr lustig ... Später berichtete ein Mönch Nansen von diesem Wortwechsel. Nansen ist der Meister, der die Katze entzweihieb.[70] Und Nansen kritisierte das. Er sagte von diesem Treffen, dass »die beiden Pferde des Gouverneurs einander getreten haben«. In dieser Diskussion zwischen Rinzai und dem *Shusso* war der *Shusso* klüger als Rinzai. Rinzai war zu jung, das bemerkte Dogen zu diesem Wortwechsel. Ruhe und Bedachtsamkeit sind von größerer Wirkung. Stille ist die stärkste Erziehung. Die Pferde von Offizieren sind sehr stolz. Und haben überhaupt keine Angst. Diese Geschichte handelt von zwei stolzen Pferden, die einander treten. Das ist dasselbe wie Theater.

Mondo

Größer als die Atombombe

Frage: Oft denke ich, ohne denken zu wollen. Wo kommen diese Gedanken her?

Meister: Vom Unterbewussten. Jung nannte es das kollektive Unbewusste. Es ist ein Traum. Es ist Illusion. Gedanken tauchen aus dem Zentrum auf, aus dem Thalamus, aus den Neuronen im Thalamus. Sie sind Illusionen, Täuschungen und *Bonno.* Sie sind Träume. Jung schrieb, wenn jemand eine Methode entdecken sollte,

[70] Nansen (748-834). Schüler von Baso und Meister von Joshu. Eines Tages stritten sich Schüler von Nansen wegen einer Katze. Nansen kam zufällig vorbei, hörte sie streiten und sagte: »Wenn ihr ein Wort über Zen sagen könnt, will ich die Katze verschonen. Wenn ihr es nicht könnt, werde ich sie entzweischneiden!« Niemand sagte etwas, und Nansen hieb die Katze entzwei. Sein Schüler Joshu kam kurz darauf vorbei und Nansen erzählte ihm die Geschichte. »Nun, was hättest du getan?«, fragte er Joshu. Joshu zog seine Sandalen aus und legte sie auf seinen Kopf. »Wenn du da gewesen wärst«, bemerkte der Meister, »hätte ich die Katze retten können.«

um das Unterbewusste zu zeigen, so wäre das eine große Entdeckung. Noch größer als die Atombombe. Diese Entdeckung – Zazen hat sie gemacht. Es ist die größte Entdeckung des 20. Jahrhunderts. Aber Jung und die Psychoanalytiker wissen das nicht, und so suchen sie weiter.
Gute Frage.

Eine halbe Person

Frage: Wird das Zen weitergehen, wenn sie weg sind?

Meister: Es gibt keinen Grund für Sie, an »Nachher« zu denken. Es wird weiter gehen, genau. Es gibt viele Schüler. Eine Person, eine halbe Person genügt, um es fortzuführen.

Das ist kein Vortrag

Frage: Warum halten Sie *Kusen* [mündliche Unterweisungen]?

Meister: Mögen Sie keine *Kusen*?

Antwort: Ja, aber sie stören ein bisschen. Ich habe den ersten Teil von Zazen lieber, wenn Sie nicht sprechen.

Meister: Aha, dann können Sie denken, nicht wahr? Wenn Sie ganz ruhig sind, dann denken Sie: »Ich möchte ein Beefsteak essen.« Und so sind meine *Kusen* besser als Ihr Denken. Manchmal ist es notwendig zu unterweisen, mit Wörtern zu erziehen, sonst werden Sie nicht weiterkommen. Wenn Sie nur Zazen machen, wenn Sie nur *Shikantaza* üben, dann wird sich keine Weisheit verwirklichen. Für mich selbst ist es besser, kein *Kusen* zu halten, überhaupt nichts zu tun. Der Klang des Tals, das Fließen des Flusses – sie sind sehr ruhig. Aber für Sie ist das *Kusen* notwendig. Das ist die Unterweisung während Zazen.

Antwort: Ja, aber die *Kusen* veranlassen zum Denken.

Meister: Es ist nicht notwendig zu denken. Natürlich zu sein ist besser. Denken Sie aus dem Grund des Nicht-Denkens, denken Sie nicht aus dem Grund des Denkens. Das ist *Hishiryo*, das Geheimnis von Zazen. Wenn sie weiter üben, dann hören Sie mit dem Thalamus und nicht mit dem Vorderhirn. Sie hören es mit dem Körper. Diese Art der Erziehung ist grundlegend. Es ist nicht wie ein Vortrag auf der Universität. Sie mögen keine *Kusen*?

Antwort: Sie sind nicht so schlecht.

Meister: Weil sie nicht schlafen können, wie sie es gerne tun würden, deshalb mögen Sie sie nicht. Das nächste Mal müssen Sie sich Watte in die Ohren stopfen.

Schmerzen und der dicke Mann

Frage: Was sollten wir tun, wenn wir Schmerzen haben?

Meister: Denkt an den Schmerz und er wird schlimmer. Das Rückgrat strecken, den Nacken strecken, den Scheitel nach oben recken. Oder sonst die Beine wechseln, sie andersherum übereinanderschlagen. Ohne diejenigen zu stören, die neben euch sind. Auf alle Fälle ist es für dicke Menschen wie Sie immer schwierig. Weil der Körper schwer ist. Ich habe diese Erfahrung gemacht, als ich jung war. Ich hörte auf zu essen. Es war sehr schwierig, und so habe ich Mitgefühl für dicke Menschen. Wie Marco Polo, der amerikanische Junge. Er ist sehr gewichtig und er sagt, dass Zazen zu sehr weh tut und dass er nicht weitermachen kann. Aber er macht weiter. Er kam den ganzen Weg von New York hierher zu diesem *Sesshin.* Sehr teuer. Ich werde ihm ein spezielles Zertifikat geben. Er will meine *Kusen* nicht hören, aber ich werde ihm trotzdem ein Zertifikat geben.[71]

8. August – 20:30
Der Rinzai-Tenzo machte Sanpai

Heute sind noch zwanzig Personen angekommen. Es gibt keine Zimmer mehr und so schlafen sie in der Garage, wo es sehr kalt ist. Wenn ihr ein *Fuse* machen wollt, eine Gabe, ein Geschenk machen während dieses *Sesshin*, so ist es wichtig, wem ihr es gebt. Ein *Fuse*, das man einem jämmerlichen Dieb gibt, hat wenig Wirkung, aber gebt jemandem, der Zazen macht, ein *Fuse* und das Verdienst wird größer sein als wenn ihr selbst dem Buddha ein *Fuse* gegeben hättet. Also die, die können, bitte, macht eure Heizung nicht an und so wird sich die Wärme in der Garage konzentrieren. Einmal machte ich eine ganze Nacht lang Zazen im Schnee. Ich habe mich nicht erkältet. Während Zazen steigt die Körpertemperatur.

In einem Sutra steht geschrieben, dass wenn man eine zweite Schale Suppe möchte und in dem Moment beschließt, sie nicht zu haben, dass das dann ein großes *Fuse* für die ganze Menschheit wird. Wenn ihr euer kleines Zimmer mit einer großen

---

[71] Bekannt als »Marco Polo«, weil er immer auf Reisen ist ... Er war es, der zuvor gefragt hatte, ob es notwendig sei, *Kusen* zu hören.

Wohnung tauschen wollt und es nicht tut, dann wird dies ein großes *Fuse* für die ganze Menschheit werden. Und nicht nur für einen Tag oder ein Jahr lang, sondern mehr Verdienst für immer. Es verbreitet sich über die ganze Menschheit. Und so wird sicherlich das Verdienst eines solchen *Fuse* euer schlechtes Karma verändern. Sein Begehren verringern wird zu einem großen Begehren, zu einem Wunsch von hoher Dimension. Also heute Nacht, wenn ihr könnt, bitte macht ein gutes *Fuse*. Und so alle zusammen wünschen wir, in die Welt des Satori zu gelangen. Das ist Mahayana-Buddhismus.

Ich mache jetzt weiter mit dem Theater des *Rinzai Roku*: »Rinzai war in ein Militärlager – nicht ein Sommerlager – eingeladen worden, zu einem vegetarischen Bankett.« Wieder ein Fehler! In Militärlagern gibt es keine vegetarischen Banketts. Bücher in Englisch sind voller Fehler. Weiter: »Am Tor traf Rinzai zwei Offiziere. Er zeigte mit dem Finger auf den Torpfosten und fragte: ‚Ist das die Säule eines Weisen oder gewöhnlicher Menschen?‘« Das ist auch völlig falsch in der englischen Übersetzung ... Wie dem auch sei, dass Rinzai so sprach spielt keine Rolle, aber danach – dass seine Schüler und andere solche Aussagen interpretieren ist nicht gut. »Die Offiziere antworteten nicht, und so schlug Rinzai auf den Pfosten und sagte: ‚Was auch immer Ihr sagt, es ist nur ein Stück Holz.‘«[72] Nur das. Sonst nichts. »Später fragte Rinzai den *Shusso*: ‚Woher kommst du?‘ *Shusso*: ‚Von der Präfektur, wo ich Reis verkaufte.‘ Rinzai: ‚Hast du alles verkauft?‘ *Shusso*: ‚Ja, ja, alles.‘ Rinzai zog eine Linie vor dem *Shusso* und sagte: ‚Hast du das auch verkauft?‘ *Shusso*: ‚*Kwatz!*‘ Rinzai schlug ihn.«[73] Gutes Theater. Um es zu spielen, braucht es immer zwei. Rinzai und den *Shusso*.

Dieses nächste Koan über den *Tenzo* [Chefkoch] ist sehr interessant. Es ist nur wegen dieses Koan, dass der *Tenzo* im Rinzai berühmt wurde. Der Soto-*Tenzo* ist auch berühmt geworden, wegen Dogen. Ich habe schon von Dogens Erfahrung mit dem *Tenzo* erzählt, und so könnt ihr beides miteinander vergleichen. Allein anhand dieser Beispiele könnt ihr einen Sinn dafür bekommen, was *zusan* und was *men mitsu* ist, was tiefer ist. Als der *Tenzo* kam, berichtete Rinzai, was gerade geschehen war. *Tenzo*: »Der *Shusso* hat Sie nicht verstanden.« Rinzai: »Wie haben Sie das verstanden?« Der *Tenzo* machte *Sanpai*. Rinzai stieß ein *Kwatz* aus und schlug ihn. *(Allgemeines Gelächter).*[74] Ich verstehe die tiefere Bedeutung, aber es bleibt doch Theater. Es ist Zeit aufzuhören. Inzwischen schlaft ihr wohl alle. Also werde ich euch einen Rabatt gewähren. Ich habe Mitgefühl mit euch. Weil auch ich müde

[72] Vgl. .Scholegl #51b, S. 69.
[73] Vgl. Schloegl, #50, S. 69.
[74] Nachdem uns aus der Schule Dogens lange und ruhmreiche Geschichten von Soto-*Tenzo* beigebracht wurden, kommt uns die knappe Abfertigung des Rinzai-*Tenzo* ziemlich lustig vor.

bin. Streckt den Nacken, zieht das Kinn ein, drückt gegen den Himmel mit dem Kopf, drückt auf die Erde mit den Knien.

9. August – 7:00

Meister Hakuin

[Der Meister liest aus dem *Rinzai Roku*:] »Rakuho, Rinzais Sekretär, der neben Meister Rinzai stand, sagte zum Schriftgelehrten« - das ist ein Fehler, da steht nicht ‚Schriftgelehrter', sondern: ‚ein Tendai-Meister' – »Rakuho also sagte: ‚Was ist das hier für ein Ort, um von Ähnlichkeit und Verschiedenheit zu sprechen?' Rinzai wandte sich an Rakuho und fragte: ‚Wie verstehen Sie das?' Sekretär: ‚*Kwatz!*' Als der Tendai-Meister weggegangen war, fragte Rinzai seinen Sekretär: ‚War dieses *Kwatz* für mich oder für den Tendai-Meister?' - ‚Ja, für Sie.'« Er war sehr *zusan,* und so schlug ihn der Meister. »Sekretär: ‚*Ka!*' Rinzai schlug ihn wieder. Sekretär: ‚*Ka!*'«

Das Ka-pa Koan

In Japan benutzte Meister Hakuin[75] dieses Koan und es wurde bekannt als das »*Ka-pa* Koan«. Meister Hakuin fragte einen Schüler: »Was ist die Bedeutung dieses Koan? Du musst es lösen.« Der Schüler antwortete mit einem *Ka!* und dann schlug er sich selbst. Als er sich selbst schlug, klang es wie *Pa! (Allgemeines Gelächter.)* Deshalb wurde das Koan als das *Ka-pa* Koan bekannt. Als Meister Rinzai dieses Koan benutzte, hatte es eine tiefe Bedeutung. Aber Rinzai-Anhänger haben es in der Folge zu Theater gemacht. - »Sie müssen sprechen«, sagte ein Rinzai-Meister. »Was ist die geheime Essenz des Buddhismus? Sie müssen es mir in einem Satz sagen. Und dabei muss ihre Hand ihren Mund bedecken ...« Einige Rinzai-Meister und ihre Schüler sprechen so während *Mondo* ... Also sprang der Schüler auf und bedeckte den Mund des Meisters und sagte: »Sie müssen es mir zuerst sagen!«

Das verbotene Buch

Im heutigen Japan gehören die meisten Rinzai-Tempel zur Linie von Hakuin. Es gibt eine andere Linie, die *Takusui* heißt, aber sie hat sehr wenige Anhänger. Ich habe hier ein altes Buch mitgebracht, *»Eine Kritik des Rinzai-Zen«,* und es handelt von Hakuin.[76] Die Rinzai-Leute mögen dieses Buch nicht und es ist ihnen gelungen, es verschwinden zu lassen. So blieb dieses Buch in Japan viele Jahre unveröffentlicht und verboten. Aber wenn ich es ins Englische übersetzte und in Amerika

---

[75] Hakuin (1685-1768). Gründete die sogenannte moderne Rinzai-Schule des Zen, auf die die heutigen Rinzai-Meister ihre Linie der Weitergabe zurückführen.

[76] Meister Hau Howo, *A critic of Rinzai-Zen* (Tokyo: Pacific Ocean Publishing Company).

herausgäbe, dann würde die Rinzai-Schule sehr böse sein. Das Buch sagt, dass Hakuin viele Fehler gemacht hat und dass er kein großer Meister war. Hakuin-Zen ist ein konzentriertes Zen, um Krankheit zu heilen. Und das ist sehr traurig. Es ist nicht *Shikantaza*. Ein ganzes Jahr lang bekommen die Schüler, die anfangen, nichts zu essen und keinen Schlaf – sagt das Buch. Sie bekommen immer *Kyosaku*. Und währenddessen bekommen sie Koan zu lösen. Jeden Tag wiederholen die Schüler das und sie werden sehr müde. Wenn der Schüler soweit ist, dass er bald völlig verrückt und neurotisch wird, wird er zum *Kensho* [d. h. *Satori*] zugelassen. Für den intellektuellen Schüler ist es sehr hart und wenn er soweit ist [d. h., wenn er bereit ist für *Kensho*], denkt er nur noch daran sich davonzumachen. In dem Moment reicht ihm der Meister also ein Stückchen Zucker, er sagt: »Vielleicht hast du jetzt ein kleines Satori«. Und so haben sie dann ein komisches *Mondo* mit einem närrischen Koan und der Intellektuelle, der jetzt wie jemand ist, der in die Hölle fällt, wacht auf. Und nichts. Das ist die Geistesverfassung von Satori. Knapp bevor der Intellektuelle wahnsinnig wird, wacht er auf – und das ist Satori, das ist Erleuchtung. So ist es in allen Rinzai-Tempeln der Hakuin-Linie. Und es ist ein vollkommener Irrtum. Mein Meister Kodo Sawaki sagte auch, dass diese Methode völlig verrückt und gefährlich ist. Die Schwächeren unter denen, die dieser Methode folgen, enden im Krankenhaus.[77] Viel ist in diesem Buch darüber geschrieben worden.

[Der Meister bezieht sich weiterhin auf dasselbe Buch:] Im Raum neben Hakuins Zimmer saß eine Nonne [die Nonne, die Hakuin immer um Rat fragte]. Sie wartete dort, um die neuen Schüler zu prüfen. Der Schüler kam herein und die Nonne, die in einem Sessel saß, sagte zu ihm: »Ohne deine beiden Hände zu benutzen, hebe mich hoch.« Der Schüler, der jung und stark war, gab der Nonne einen Tritt in ihre Geschlechtsorgane und sie stand schnell auf. Es gibt viele komische Szenen in diesem Buch, aber wenn ich sie lese, wird keiner von euch vor dem Ende des *Sesshin* aufhören zu lachen. Zum Koan »Was ist die Essenz des Buddhismus?« antwortete Hakuin schließlich. Hakuins Antwort wurde zu Büchern, zu einer Samm-

[77] Das war vergleichsweise harmlos. Während der *Sesshin*, die um die Jahrhundertwende in China stattfanden, soll sich folgendes zugetragen haben: »Die Mönche, denen es nicht gelang, irgendeinen geistigen Durchbruch zu erzielen, sei es, weil sie zu dumm waren oder weil sie nicht aufhören konnten, an ihre Eltern, Frauen, Kinder und andere Dinge zu denken, die sie verlassen hatten, waren zunächst unfähig, ihren Geist auf irgendetwas zu stabilisieren. Dann begannen sie zu halluzinieren und Unsinn zu reden. In dem Moment wurden sie gewöhnlich in ein Zimmer gesperrt und ein chinesischer Arzt wurde gerufen, um sie zu untersuchen. Manche erholten sich, manche starben ... Todesfälle waren während Meditationswochen keine Seltenheit, und die Leichname wurden nicht gleich verbrannt ... Sie wurden in Decken gewickelt und blieben da liegen, um nach dem Ende der Meditationswochen beseitigt zu werden.« (Yoel Hoffman, *The Sound of One Hand Clapping*. Paladin, 1977, S. 18). Das mag nicht heißen, dass die Koan-Praxis an sich die armen Kerle umbrachte, aber es bedeutet, dass zuviel Zazen, zu hart, das zur Folge hatte.

lung von Koan. Was ist die Essenz des Buddhismus? Hakuin antwortet: »Der Spatz sagt *tsi! tsi!* Die Krähe macht *krah! krah!* Der Hund macht *wau! wau!*. Die Katze macht *miau! miau!*.« Schüler, die diese Koan rasch erfolgreich lösen wollen, kaufen Hakuins Koan Buch. Aber weil die Menschen im Westen nicht die gleichen Tierlaute machen wie die Japaner, würden sie die Prüfung nicht bestehen. In Japan machen die Kühe *mo-mo,* Pferde *hin-hin* und Hähne *ka-ka-ka.* Ich habe dieses Buch in einer Nacht fertiggelesen. Es war besser als ein Witzbuch.

Ich vergleiche jetzt Rinzai- und Soto-Zen. Rinzai und Soto haben die gleiche Quelle, nur Buddhas Weg, nur Bodhidharmas Zen. Aber dann trennten sie sich. Ich bin Soto, also ist Soto sicherlich das Beste. Das ist mein Endergebnis. Dogen suchte den wahren Weg, den wahren Buddha-Weg. Der wahre Buddha-Weg ist nur einer. Die Wege, die zum Gipfel führen, sind zahlreich. Aber durch *Shikantaza* suchte Dogen den wahren Weg. Warum begann Dogen das *Shobogenzo*, indem er schrieb, dass das direkte Tor, das Haupttor zum Gipfel des Buddhismus *Shikantaza* ist? Wenn ihr hier sowohl Rinzai wie Dogen versteht, wenn ihr sie beide vergleicht, wenn ihr das Zen richtig erkannt habt und wenn ihr andere erzieht, dann wird diese Arbeit historisch sein.

9. August – 10:30

Der Buddha-Geist Rinzais, Dogens und aller großen religiösen Gestalten ist derselbe

[Der Meister betritt das *Dojo*, sobald alle sitzen, macht *Gassho* und setzt sich auf den Hohen Sitz. Dann reicht er dem Herausgeber dieses Buchs ein Stückchen Papier. Darauf steht geschrieben: »Zazen ist ewiges Leben. Zazen ist die Vollkommenheit des Wahren Dharma [sho-bo]. Zazen ist der Buddha-Aspekt, der im Menschen verwirklicht wird. Zazen ist die Geistesverfassung, die nur eins ist, die Alleinheit ist. Zazen heißt: ganz vertraut mit sich selbst sein.«]

Das ist das letzte Zazen dieses *Sesshin.* Konzentriert euch bis zum Ende. Ich will mir jetzt eure letzten Zazen-Haltungen ansehen. Ich will ein Photo von jedem von euch in Zazen machen, um es für die Zukunft zu behalten. [Der Meister beginnt Aufnahmen zu machen. Seine Sekretärin hilft ihm mit der Kamera.] Ich wollte mehr Photos von euch machen, aber meine Sekretärin hat eben gerade den Photoapparat kaputtgemacht. Sie hat ihn fallenlassen. Jetzt wo ich wieder sitze, funktioniert die Kamera wieder. Aber ich habe sowieso von den meisten von euch Photos gemacht und ich werde sehen. Zehn Jahre lang wurde ich von euch aufgenommen und nun bin ich es, der von euch Photos macht. Ich will sie behalten. Historisch ... Aber wenn ihr wollt, werde ich sie euch geben.

Letztes Zazen. Die meisten von euch werden heute wegfahren. Diejenigen, die wegfahren, und ganz besonders die Neuen – vergesst nicht eure Zazen- und eure *Kinhin*-Haltung.

Wie Dogen hat Rinzai keinerlei Fehler gemacht. Später jedoch hat das Rinzai-Zen eine andere Richtung genommen. Aber jetzt könnt ihr sehen, welche die wahre Meditation ist. Rinzai, Dogen – jeder sucht den wahren Weg. Aber niemand ist wie der andere, und jeder hat ein anderes Karma. Meister Hakuin verbreitete Rinzai-Zen in ganz Japan. Er hatte einen sehr tiefen Einfluss und auch er glaubte an Zazen. Selbst wenn ihr nur einmal Zazen macht, wird euer schlechtes Karma für eine lange Zeit danach verschwinden. Der Geist eines jeden von uns ist der gleiche, es sind die Methoden, die verschieden sind: *zusan*, *men mitsu*, Jodo-Shinshu, Nembutsu und Meister Shinran auch. Auch hier ist der Geist des Buddhismus der gleiche. Wenn ihr den Namen von *Namu-Amida-Butsu*[78] anruft und wenn ihr euch auf diesen Namen konzentriert, dann ist es dasselbe, wie wenn ihr euch auf Zazen konzentriert. Ohne Absicht. *Mushotoku*. Das ganze Karma der drei Welten [d. h. der Vergangenheit, Gegenwart und Zukunft] verwandelt sich und nimmt ab. Alle großen religiösen Menschen haben das schlechte Karma der ganzen Menschheit verwandelt. Jeder von uns hat ein schlechtes Karma. Unser Leben ist nicht so gut, nicht so schlecht. Manchmal kommt ein Sturm, manchmal kommt Regen, manchmal schneit es und manchmal ist es ein schöner Tag. Auf der Reise unseres Lebens, manchmal Wellen, manchmal Ruhe. Im *Shodoka* steht geschrieben, dass wir alleine gehen. Die Reise unseres Lebens ist einsam und wenn wir unseren Sarg betreten, sind wir allein. Niemand folgt uns. Aber für diejenigen, die Zazen erfahren haben, ist Alleinsein nicht so schlecht. Am Ende sind wir allein und in Einsamkeit. Ich habe immer gesagt, dass die Geistesverfassung in Zazen, die letzte Geistesverfassung, Vertrautsein mit sich selbst ist. Für diejenigen, die weiter Zazen machen: Wenn wir allein sind, sind wir vollkommen ruhig. Nicht ängstlich und nicht furchtsam. Wir erreichen ganz und gar den höchsten Frieden und das höchste Glück. Wenn wir allein in Einsamkeit Zazen üben, finden wir tiefe Ruhe und Frieden. Das ist die Welt der wahren Religion. Wir sind allein, unsere Leben sind einsam. Aber die Menschen, die Satori erreicht haben, diese Menschen können mit andern sein, diese Menschen können mit andern auf dem Weg des **Nirwana** spielen. Also diejenigen, die hier weiter zusammen Zazen und die Erfahrung dieses *Sesshin* gemacht haben – diese Menschen sind ewige Freunde, sie gehören zu einer ewigen Familie. Dogen sagte das. Wir können zusammensein, wir können zusammen gehen, wir können zusammen eine Prozession machen, zur ewigen Welt des Nirwana. Ich hoffe, dass ihr weiter Zazen macht. Bis zum Tod. Satori anhäuft. Ich

[78] »Ich vertraue Amida-Buddha«. Diese Anrufung wird im Reinen-Land-Buddhismus praktiziert.

hoffe, dass ihr viele Satori habt. Nicht einmal, sondern zehnmal, hundertmal, tausend unendliche Satori in der unendlichen Welt.

Kinn einziehen. Letztes Kinn-Einziehen. Letztes Taille-Strecken. Letzte Geduld. Letzte Zeremonie. Jetzt werden wir das *Hannya Shingyo* singen.
Dai Kaijo![79]

[79] Die große Trommel.

3. ÜBUNGSPERIODE

12. AUGUST – 20. AUGUST

12. August – 10:00

Heute beginnt die Vorbereitung für das dritte *Sesshin*. Die Permanenten hier müssen Zazen mit den andern machen. Wenn sie es nicht tun, dann werden die Neuen hier auch nicht Zazen machen wollen. Die Permanenten zahlen viel weniger als die andern und so dürfen sie nicht faul werden. Das ist nicht der Club Mediterranée. Also müssen die Permanenten, die nicht zu diesem Zazen gekommen sind, den *Rensaku* erhalten. C. und N., ihr seid die *Shusso* und ihr seid verantwortlich für die, die nicht gekommen sind. Wer ist nicht gekommen? ... Sie wissen es nicht. *Kyosaku*-Verantwortliche: Steht auf! Ihr müsst hingehen und nachsehen, wer nicht zum Zazen gekommen ist. Das letzte *Sesshin* war nicht so schlecht. Aber wenn man zum dritten und vierten *Sesshin* kommt, sind die Permanenten immer müde. Nicht, weil sie Zazen gemacht haben, sondern weil sie draußen allerhand gemacht haben. Zuviel Trinken, zuviel Tanzen im Santa Lucia. Das ist der Grund, warum die Atmosphäre des *Sesshin* schlecht ist. Die Permanenten, die letzte Nacht im Santa Lucia waren, die müssen *Rensaku* erhalten. Während eines *Sesshin* ist das Wichtigste das *Samu*. Zwischen den *Sesshin* haben die Permanenten einen Tag Ruhetag und einen Tag als Vorbereitungstag für das neue *Sesshin*. Aber ihr *Samu* gestern war nicht gut. Das Saubermachen ist schlecht gemacht worden. Auf dem Balkon vor meinem Zimmer ist Staub, Schmutz, Plastikflaschen und Tassen. Und wegen des Windes stinkt alles. Ein Müllhaufen. Es ist nur Zazen, was man während eines *Sesshin* praktizieren soll. Vom Moment an, wo man aufsteht, bis man ins Bett geht muss man auf alles achten, was man tut. Das ist *Sesshin*. Die, die jetzt da sind – warum seid ihr gekommen?

Für die Neuen ist die Zazenhaltung das Allerwichtigste. Streckt die Taille, das Rückgrat, den Nacken. Kinn einziehen. Legt euren Geist in eure Hände. Laßt die Daumen nicht fallen. Drückt sie auch nicht nach oben. Die Schultern müssen runter. Die inneren Organe müssen natürlich fallen. Konzentriert euch auf die Ausatmung, nicht auf die Einatmung. [Die *Kyosaku*-Verantwortlichen kehren mit fünf Permanenten zurück.] Gebt ihnen den *Rensaku*. Fünfmal auf jede Schulter. Auch den *Rensaku* für die, die verspätet ins *Dojo* gekommen sind.

[Alle sind jetzt in *Kinhin*. Eine Frau wird ohnmächtig und die *Kyosaku*-Verantwortlichen tragen sie hinaus.] Die Haltungen von Zazen und *Kinhin* sind sehr stark und diejenigen, die ein schwaches Herz und ein schwaches Nervensystem haben, zeigen eine starke Reaktion. Aber es ist nicht nötig, ängstlich zu werden. Ihr werdet rasch ruhig werden, ihr werdet rasch zum Normalzustand zurückkehren und ihr werdet gesünder sein. Streckt eure Knie, streckt euren Nacken.

[Wieder im Zazen:] Während *Sesshin* sollen wir uns nicht nur auf Zazen konzentrieren, sondern auf alle Handlungen unseres Alltags. Gleich vom Moment an, wo wir in der Früh aufstehen. Nicht bewegen, nicht bewegen. Alle sollen während eines *Sosshin Samu* machen. Macht jeden Tag *Samu* und es wird ein großes Verdienst werden, ein großes *Fuse*. Wenn ihr ein gutes Beefsteak essen wollt und es nicht esst, dann bedeutet das, dass ihr ein *Fuse* der ganzen Menschheit gegeben habt, ihr habt ein Beefsteak der ganzen Menschheit geschenkt. Und dieses Verdienst wird in Zukunft ganz zu euch zurückkehren. Wenn ihr euch an einem bestimmten Tag schön anziehen wollt, stattdessen aber einen schwarzen Kolomo anzieht, wird dieses Verdienst in der Zukunft euch vergolten werden. Es bedeutet, dass ihr die schönen Kleider der ganzen Menschheit gegeben habt. Wenn ihr während eines *Sesshin* mit jemanden schlafen wollt ... – das geht nicht so leicht. Während eines richtigen *Sesshin* schlafen die Leute auf einem *Tan* [Empore] im *Dojo* und es ist nicht so bequem wie hier. Hier ist es sogar besser als im Club Mediterranée, denn in jedem Zimmer gibt es ein eigenes Badezimmer mit Badewanne und Toiletten, das ist nicht wie bei einem wirklichen *Sesshin*. Bei einem wirklichen *Sesshin* essen wir alle zusammen im *Dojo*, ohne Alkohol, ohne Wein, ohne Fleisch oder Fisch. Aber hier haben wir manchmal Wein, Fleisch und Fisch. Ich habe das *Sesshin* so vorbereitet, dass es sanft wird. Kinn einziehen. Nicht bewegen. Mittagessen ist um 12 Uhr 30. Achtet auf den Klang des *Han* [des Holzes] und kommt nicht zu spät. Heutzutage sind die Menschen individualistisch und egoistisch geworden, und so haben wir die Krise dieser Zivilisation ... Aber folgt genau den andern und harmonisiert euch mit ihnen und gewiss, wenn dieses *Sesshin* vorüber ist und ihr ins Leben in der Gesellschaft zurückkehrt, werden eure Handlungen, ohne Worte, die andern beeinflussen und ihr werdet große Erzieher werden, unbewusst, natürlich und automatisch. Geduld ist wichtig. Wenn der Schmerz in euren Knien nicht mehr auzuhalten ist und ihr weiter geduldig seid, wird die Wirkung dieser Geduld sehr groß sein. Die Kraft der Geduld ist bei weitem größer, bei weitem wirksamer als die Praxis jeglicher Kasteiung.
Kaijo!

12. August – 20:30

Jemand hat heute auf der Toilette laut gesungen, sehr laut. Ich habe gesagt, wenn man hier ist, soll man ruhig sein. Das ist hier nicht das Santa Lucia. Wer singen will, soll das draußen tun ... Um seine Ehre zu schützen, will ich seinen Namen nicht sagen. Aber er muss den *Rensaku* erhalten. Das ist notwendig. *Kyosaku*-Verantwortlicher! In einem *Dojo*, in einem Tempel ist das Singen nicht erlaubt. Nur das Singen der Sutras, keine Lieder.

[*Kinhin*:] Der *Shusso* und die Pfeiler [diejenigen, die beim Zazen in den Ecken des *Dojo* sitzen, in den Raum hinein] müssen die Linien in Ordnung bringen.[80] Bleibt nicht stehen. Manche sind hier wie Bäume, sie warten auf den Hund, der an ihnen das Bein hebt.

[Zazen:] Nicht bewegen. Während eines *Sesshin* gilt: Bewegt sich jemand auch nur ein bisschen, beeinflusst das die Atmosphäre. Leute, die anders sind und sich nicht harmonisieren, brechen die Atmosphäre. Während des ersten und zweiten *Sesshin* hatten wir hier ein paar verrückte Mädchen. Ich glaube nicht, dass wir irgendwelche Verrückte bei diesem dritten *Sesshin* hierhaben. Aber falls doch welche da sind, dann wird sich das sicher bald zeigen ... Wie die eine Frau letzte Woche, die an meine Tür klopfte um zwei Uhr morgens. Als ich meine Tür öffnete, umarmte und küsste sie mich und ich war völlig überrascht ... Verrückte Leute auf der Straße haben keinen großen Einfluss, aber wenn sie ins *Dojo* kommen ist ihr Einfluss so groß, dass niemand weiter Zazen machen kann.

Während Zazen müssen wir das wahre Ego verstehen, wir müssen alles schlechte Karma ablegen, wir müssen vollkommen rein werden. *Shin jin datsu raku. Shin jin* ist Körper und Geist, *datsu raku* heißt: schlechtes Karma verwandelt. Das ist *Sesshin*: Das schlechte Karma verringern. Ihr habt nicht viel Zeit, um das zu tun, nur neun oder zehn Tage. Aber es ist möglich. Ihr könnt während des *Sesshin* euer schlechtes Karma verringern ... Manche vermehren es. Es gibt welche hier, die viele dieser Sommer-Übungsperioden gemacht haben. Wenn sie ankommen, sind sie mit einer Madame und wenn sie weggehen, sind sie mit zwei Madames.

Genjo: Die höchste Verwirklichung

Letzte Nacht hat mir das *American Zen Center* in Kalifornien seine englische Übersetzung des *Genjo Koan* von Dogen geschickt. Ich habe sie gelesen. Eine völlig kindische Übersetzung. Oberflächlich. Es ist in gutes Englisch übersetzt, aber der Sinn ist überhaupt nicht tief. Sie verstehen nicht, was *Genjo Koan* ist. Ich habe schon die Erfahrung von *Kwatz-Koan* und *Kwatz-Mondo* gemacht. Was ist *mu*? Meister Rinzai hat das Koan geschaffen. Meister Dogen hat das *Kanji* [Schriftzeichen] *Genjo* geschaffen. Das Wort *Genjo Koan* ist sehr interessant. Dogen schuf diesen Ausdruck. *Genjo* ist kein modernes japanisches Wort; selbst die Japaner verstehen dieses Wort nicht. Dogen hat diesen Ausdruck 271 Mal in den 95 Bänden des *Sho-*

[80] Im *Kinhin* geht einer hinter dem andern, aber statt gerade Linien zu bilden gingen in diesem Augenblick alle im Zickzack.

bogenzo benutzt. Ich habe nachgezählt. Dogen hat nie irgendeinen anderen Ausdruck sooft benutzt. Dogen mochte ihn. Rinzai benutzte *Koan* und *Kwatz*.

Das Wort »*Genjo*« hat viele Bedeutungen. Im Kapitel zwei, *Maka Hannya Haramitsu*[81], da bedeutet *Genjo* verwirklichen – gegenwärtig machen, verwirklichen. *Maka Hannya Haramita* ist die Verwirklichung von Buddha selbst. So bedeutet in diesem zweiten Kapitel *Genjo* verwirklichen. In Kapitel sieben, *Senjo*, was Toilette bedeutet, schreibt Dogen darüber wie man seinen Hintern sauber macht, nachdem man auf der Toilette war. Es heißt verwirklichen, es ist die Verwirklichung von unendlichem Verdienst. Wenn die Würde, das Verhalten des Buddha oder der Patriarchen an diesem Ort verwirklicht wird, dann flieht der Teufel und der Irrglaube einer verirrten Religion. [Er spricht das Sutra.] Jetzt verbreitet sich die Unterweisung von Shakyamuni Buddha in alle Richtungen über die ganze Welt. *Genjo* ist die Verwirklichung des Körpers und des Geistes von Buddha. *Genjo* muss hier und jetzt verwirklicht werden und das Studium von alten Koan ist Formalismus, Theater und Antiquität. Im Kapitel mit dem Titel *Kajo*, was ‚im Alltag' bedeutet, erklärt Dogen die Methode, wie man isst. Benehmen bei Tisch ... Tischmanieren. Ich habe einmal so etwas für Professor Levi-Strauss[82] vorgeführt, der selber über Tischsitten geschrieben hat, und er war sehr beeindruckt. Dogen schreibt, dass solches Verhalten seit dem Buddha und den Patriarchen weitergegeben wurde und dass dieses Verhalten hier und jetzt verwirklicht wird. Bevor wir essen, singen wir *Bussho Kapila* , dann ist völlige Stille ... Aber wenn ich nicht mit euch am Tisch bin, dann redet ihr alle. Das Reden beginnt mit dem *Shusso* [der oberste Mönch], aber das ist nicht möglich; es muss absolute Stille sein während eines *Sesshin*. Im Kapitel *Kesa Kudoku* benutzt Dogen den Ausdruck *Genjo*. Das *Kesa*, aus alten Fetzen hergestellt, wird zum höchsten Gewand. [Er spricht das Sutra.] Hier ist das wahre *Kesa* verwirklicht.

Die großen Weisen und der wahre Berg

Genjo, *Genjo*. Im Kapitel *San Sui Kyo* [‚Das Sutra von Berg und Wasser'; *san* ist der Berg, *sui* ist Wasser, *kyo* ist Sutra] sagt Dogen, dass überall, wo es große Berge gibt, Buddhas und Patriarchen in Erscheinung getreten sind; Wasser ist verwirklicht. *Genjo*. [Er spricht das Sutra.] Wenn Wasser aufkommt, dann werden alle Buddhas, Patriarchen und großen Meister überall verwirklicht. Das ist interessant. Ihr seid alle große Meister. Jeder. Ihr macht Zazen. Ihr werdet Buddha, Gott. Denn genau, es kommt Wasser. Ebenso mit dem Klang des Wassers. Das Rauschen des Wassers kommt. [Er spricht das Sutra.] Berge sind jenseits von Altertum, jenseits von Ge-

[81] An dieser Stelle und an den folgenden spricht der Meister erst das Sutra in *Kanbun*.
[82] Claude Levi-Strauss, französischer Anthropologe.

genwart. Berge haben die Gestalt von großen Weisen. Schon immer, seit Urzeiten haben die großen Weisen das tiefe Gebirge gern gehabt. Sie haben aus ihrem Körper einen Berg gemacht. Und so wird vom Weisen, von den großen Weisen, der wahre Berg verwirklicht. *Genjo*. Das ist das *Genjo Koan* von Berg und Fluss. In den Bergen sind große Weise versammelt. In den Alpen, in ihren Bergen und Tälern ist das große *Genjo* verwirklicht. Es ist jetzt verwirklicht, während dieses *Sesshin*. Es wird nicht durch das Tanzen im Santa Lucia verwirklicht. Warum seid ihr hierher gekommen? Um im Santa Lucia zu tanzen? Unterbrecht mich nicht mit eurem Husten. [Im *Dojo* hört man viel Husten.] Immer husten, husten, husten. Ihr esst zuviel, deshalb hustet ihr. Aber erkältet euch nicht. Schlaft nicht nackt im Bett.

13. August – 7:30
Satori besucht euch

Zazen ist nicht Kasteiung. Zazen ist das Tor des *Dharma*, um in die Wahrheit zu dringen. Für Anfänger ist es schwierig; sie sind es nicht gewohnt und es tut weh. Deshalb sollten sie auf einem hohen Zafu sitzen. Stopft viel Kapok in euer Zafu. Wer Schmerzen hat, kann eine Decke mitbringen. In Japan haben sie Tatamis und darauf sitzt man weicher. Mein Meister Kodo Sawaki benutzte eine Matte, die er auf das Tatami legte. Eine Stunde Zazen macht nichts aus, aber es macht etwas aus, wenn man lange sitzt, drei Tage oder eine Woche.[83]

Gestern abend, nach dem Zazen, kam ein junges amerikanisches Mädchen in mein Zimmer. Sie hat jemanden gebeten, ihr Haar zu schneiden – ein kleiner Mann, aber ich werde seinen Namen nicht sagen –, aber er hat ihr Haar zu kurz geschnitten, ihrem Geschmack zufolge, und sie war böse. Ich sagte ihr, ihr Haar würde nachwachsen. »Manche Leute schneiden ihr Haar ganz weg.« Aber sie war böse, böse vor mir. Sie macht jetzt schon viele Jahre Zazen. Aber heute morgen ist sie nicht in Zazen. Böse. Sie denkt, Haar sei ein Schmuck. Als Anne-Marie meine Sekretärin wurde, habe ich ihr Haar kurz geschnitten und sie war nicht böse.

Genjo bedeutet kosmische Ordnung, kosmische Kraft, die vor uns verwirklicht wird, ohne Suche und Streben. Es ist nicht nötig, nach irgendetwas zu suchen, es ist nicht nötig, nach Satori zu streben. Wenn ihr Zazen macht, dann besucht euch Satori. Es ist nicht nötig, über *Koan* nachzudenken. In der Rinzai-Schule streben sie nach Satori. Sie streben danach, *Kensho* zu erhalten. Im Rinzai suchen sie immer etwas. Mit dem persönlichen Willen. Das ist nicht richtig. Am Ende sind sie müde.

[83] Der Teppich, der den Beton in diesem improvisierten *Dojo* bedeckt, ist dünner als ein französisches Crêpe.

Wenn wir nicht hinterherrennen oder weglaufen, wenn wir nur *Shikantaza* üben, Zazen machen, und nicht mehr vom Vorderhirn aus denken, dann taucht das Unterbewusste auf, das kollektive Bewusstsein taucht auf, es taucht auf vom Zentralhirn aus. Vermeidet nicht dieses Bewusstsein. Rennt nicht dem persönlichen Bewusstsein hinterher. Dann verbinden wir uns mit dem Kosmos. Wir werden natürlich. Ihr könnt die Stimme des Tales hören. Die Stimme des Tales ist die Stimme der Natur, die Stimme des Kosmos.

Abhidharma Sastra: Vasubandu[84] schrieb *Abhidharma Kosabhasya. Abhi* bedeutet wahre Weisheit, sich selbst beobachten; *Dharma* ist die Regel, das Gesetz, Buddhas Lehre, alle Daseinsformen, die höchste, die kosmische Wahrheit. Grundlegende kosmische Kraft. Die Vorsilbe *abhi* bedeutet zugewandt sein, sich zubewegen auf, sich nähern, meistern, Gestalt annehmen, Verwirklichung der wahren Weisheit oder der wahren Wahrheit. Also bedeutet *Abhidharma* das *Dharma* beobachten; es ist die Verwirklichung des *Dharma.* Im *Udhana Sutra* wird das bezeichnet als *pathamabhi-sambuddho*, und auf deutsch heißt das: zuerst in das Satori. Das ist *abhisambuddha*, das ist *Genjo.* Es bedeutet: verwirklichen. Jemand, der zur Verwirklichung der höchsten Weisheit gelangt ist. Im Pali-Englischen Wörterbuch benutzen sie das Wort Erleuchtung, um das zu erklären. Und das tut auch Professor Suzuki in seinen englischen Übersetzungen. Aber das ist nicht Erleuchtung. Satori besucht. Satori geht in uns ein. Satori kommt nicht von uns. Also ist das einer, der von der Verwirklichung der höchsten Verwirklichung kommt – Verwirklichung der öffentlichen Verlautbarung. Verwirklichung von Buddha. Verwirklichung des *Kesa* hier und jetzt. Das wahre *Kesa* ist verwirklicht. *Genjo. Kesa-Genjo*, Satori-*Genjo*, Koan-*Genjo.* All das bedeutet: ohne Denken. Es bedeutet nicht: mit unserem Selbstbewusstsein denken – wie eine öffentliche Verlautbarung, ein Koan es tut. Koan ist eine öffentliche Verlautbarung. Es ist eine ewige Wahrheit, die wahre Wahrheit. Und so bedeutet Koan manchmal Satori ... Im Rinzai ist ein Koan ein schwieriges Problem geworden, ein geheimnisvolles Problem. Ein Schüler geht zum Meister und der Meister gibt ihm ein Koan – wie man einem Kind eine Schokolade gibt. Was ist *mu*? Was ist Ihr ursprüngliches Wesen? Was war Ihr Geist, bevor Sie geboren wurden? Ihr könnt nicht antworten, und so wird es zum Koan. Und am Ende wird es zu Theater. Was ist die Essenz des Buddhismus? Gib die Antwort mit einem Wort, ohne deinen Mund zu benutzen. Geht nicht. Deshalb stand der Schüler auf und legte seine Hand über den Mund des Meisters und sagte: »Nein, Sie müssen zuerst antworten!« ... Koan, Koan, Koan. In China war das Koan Mode geworden. Als ich in Europa ankam, befragte mich jeder, der ein bisschen etwas über Zen wusste, zu den Koan. »Bitte, Meister, geben Sie mir ein Koan.« Sie wussten

[84] 420-500, gründete die Yogacara-Schule des Buddhismus.

nicht, was Koan waren. In Dogens Zeit war die Lage genauso. Deshalb schrieb er das *Genjo Koan* ...

13. August - 21:00

Mit dem Nicht-Geist kommt alles. Was ist Satori? Die Rückkehr von Körper und Geist zu ihrem ursprünglichen Zustand. Körper und Geist der meisten Menschen sind nicht in ihrem Normalzustand. Sie sind von anderem übermäßig beeinflusst worden, von ihrer Umgebung und von ihrem täglichen Leben. Aber durch Zazen kann man zum Normalzustand zurückkehren. Für Meister Dogen ist Satori *Genjo*.[85] Satori durch Zazen verwirklicht. So ist Zazen selbst *Genjo*.

Im Rinzai sind sie der Lösung eines Koan hinterher. Aber sobald ihr hinter etwas her seid, wird es sich davonmachen. Wie eine Katze oder eine Taube – seid ihr hinter ihnen her, werden sie sich davonmachen Wenn ein Junge einem Fräulein hinterher ist, wird das Fräulein sich davonmachen. Heutzutage ist es das Fräulein, das dem Jungen hinterherläuft und es ist der Junge, der Angst bekommt und sich davonmacht. Wenn wir nicht erwarten, wenn wir *Mushin* [Nicht-Geist] sind, wenn wir *mushotoku* [jenseits von Ziel und Gegenstand] sind, dann, in dem Moment, kommt plötzlich alles. Das ist *Genjo*. Wahres Glück kommt unerwartet, als Besuch. Aber wenn wir es wünschen, dann wird es nicht kommen. Es wird euch entwischen. In den meisten Religionen, Theologien und europäischen Philosophien streben sie danach, die Wahrheit zu verstehen. Und manchmal kommt dabei die Intuition auf. Aber dann fangen sie an zu denken, mit dem Vorderhirn, und die Dinge werden kompliziert. Sie wollen weiter forschen, philosophische Bücher schreiben, Kategorien machen, und am Ende werden sie kompliziert. Wie Kants Philosophie. Und wie Nietzsche. Am Ende wurde Nietzsche verrückt.

Hishiryo heißt nicht-denken, aber denken. [Er spricht das Fukanzazengi.] Denkt aus dem Grund des Nicht-Denkens. Wie? Das ist *Hishiryo*. Es ist jenseits des Denkens, es ist absolutes Denken. Es ist passive Erkenntnis, eine unerwartete Verwirklichung, eine Erfahrung. Satori ist ein passives, intuitives Erkennen. Es ist nicht aktiv. Es ist nicht Denken mit dem Vorderhirn, es ist nicht Epistemologie. Satori ist Zazen plus intuitive Weisheit. *Genjo*. Die Verwirklichung des Satori.

---

[85] *Genjo* bedeutet zum Beispiel: im unmittelbaren Augenblick verwirklichtes Koan.

Im Samadhi verweilen

Ich sage immer, dass natürlich, automatisch, unbewusst durch das Samadhi von Zazen die intuitive Weisheit erscheint. Das ist *Genjo*. *Gen* bedeutet Verwirklichung, gegenwärtig machen; *jo* bedeutet werden, *jo* bedeutet vollkommen, ganz, vollständig ... Aber verweilt man in Samadhi, dann wird die Weisheit nicht aufkommen. Marco Polo sagte während des letzten *Sesshin*, dass er ruhig in Samadhi bleiben will. Er will nicht akzeptieren. Er will aufhören, abschließen. Während Zazen ist es besser, mit dem Vorderhirn aufzuhören. Aber das bedeutet nicht schlafen, mit allem aufzuhören. Dann wird der Thalamus völlig aktiv werden und er wird den Lebensschwung empfangen.

Die Methode des Philosophen

Bergson spricht von der Intuition als der einzigen Möglichkeit, Dauer als Erfahrung des Lebens zu begreifen – er nennt dies den Lebensschwung. Kant spricht von Dingen, die von den Kategorien des Verstandes erfasst werden können und von solchen, mit denen das nicht möglich ist. So wurde intellektuelles Denken zur absoluten Methode für philosophisches Forschen und Kants, Schellings, Fichtes und Hegels Philosophien sind sehr kompliziert. Hegel hat mit Theorien und Begriffen ein sehr kompliziertes System geschaffen. Bergson verstand den Wert des intuitiven Erkennens. Er verstand die Intuition [chokan], aber Intuition und intellektuelles Denken sind einander entgegengesetzt, im Widerspruch und schließlich dachte und suchte Bergson immer durch sein Vorderhirn. Europäische Philosophen, die nicht das Körper-Denken erfahren haben, praktizieren letztlich nichts anderes als aktives Erkennen. Diese Philosophen kannten nicht Zazen. Bestimmt wird in Europa durch meine Schüler eine wahre Philosophie aufkommen. Sicherlich werden Menschen, die im Westen Zazen üben, groß werden. Sie verwirklichen eine neue Renaissance. Eine historische Revolution in der Geschichte und der Philosophie des Westens. Das denke ich.

Im Rinzai-Zen bedeutet Satori Tätigkeit des Geistes. Intuition jenseits der Alltagsvernunft. Sie spielen mit Koan. Sie interessieren sich nur für Koan. Auch sie suchen mit dem Vorderhirn durch *Mondo* mit dem Meister: »Was ist die Essenz des Buddhismus?« »*Kwatz!*« Das wird wiederholt und wiederholt und immer auf dieselbe Art und schließlich wird der Schüler müde. Er hat nicht genug zu essen und schläft nicht genug und so wird er wie ein Wahnsinniger. Er leidet, leidet, selbst in seinen Träumen leidet er, wie jemand in Naraka. Dann gibt ihm der Meister einen Hinweis, und er wacht aus seinem Traum auf und sein Leiden ist nichts und er wird sehr glücklich. Glücklich wie nach einem schlechten Traum.

Zazen: Der Inhalt von Buddha unter dem Bodhibaum

Satori auf Sanskrit ist *Bodhi.* Die ursprüngliche Quelle von *Bodhi* ist Buddha. Buddha ist das Sanskrit-Wort für Satori. Also bedeutet Buddha der, der Satori erlangt hat. Buddha hörte auf, sich zu kasteien, nachdem er es sechs Jahre lang praktiziert hatte. Er hörte mit diesem Schritt-für-Schritt-Training auf, das Kasteiung ist, und setzte sich unter den Bodhibaum. Letzte Nacht habe ich das erklärt. Zazen ist vollendetes Nirwana. Es ist *Genjo*, die Verwirklichung des vollkommenen Nirwanas. Es ist der Inhalt des Satori von Shakyamuni Buddha, während er unter dem Bodhibaum saß.

Wenn wir in Samadhi verweilen wie im Yoga – die meisten Meditationen wollen in Samadhi bleiben –, dann wird **Prajna** *[Hannya]* nicht geschaffen und die Weisheit wird nicht aufkommen. *Hishiryo* bedeutet nicht nur mit dem Denken aufzuhören. *Shikan: shi* bedeutet aufhören, *kan* zu beobachten. In der westlichen Philosophie ist es nur eine Frage von *kan.* Der Beobachtung. Ohne Nirwana, ohne Samadhi, ohne Zazen, ohne *Hishiryo.* Die Wahrheit suchen: nur Beobachtung, nur Denken. Nach der Wahrheit streben, die zusammengetragen wird durch intellektuelles Erkennen, durch Kategorien, durch Begriffe, die von uns selbst geschaffen wurden. So ist es auch mit dem Existentialismus und mit der Psychologie: nur Beobachtung. Diese Menschen machen nicht die Erfahrung wahrer Meditation und so können sie nicht wirklich ihr eigenes Selbst verstehen. Sie können nicht die Erfahrung des Subjektiven machen und so rennen sie hinterher, sie suchen, sie streben. Sie schauen nur von außen, objektiv. *Genjo* ist die Wahrheit, die kommt. Es ist nicht notwendig hinterherzurennen. Die Wahrheit ist automatisch, unbewusst, natürlich. Und sie erscheint unerwartet, von selbst. Das ist *Genjo. Genjo Koan* bedeutet die Verwirklichung, das Gegenwärtig-Werden des Koan. Ein Koan an sich ist überhaupt nicht wirksam. Ein Koan kompliziert nur das Gehirn. Wenn die Wahrheit nicht in unserem täglichen Leben zum Tragen kommt, dann ist es nur Wissen, Know-How. *Genjo* ist die Verwirklichung von Satori in unserem täglichen Leben. Durch die Weisheit von *Prajna,* von *Hannya Haramita.* Und durch die Beobachtung von *Ku.* Von diesem Punkt aus wird die wahre tiefe Methode für das Leben verwirklicht, hervorgebracht, geschaffen. Es ist die ideale Lebensmethode. Das ist das *Genjo Koan.* Die Verwirklichung, das Gegenwärtig-Werden von Satori. Es ist Satori, *Genjo. – Chukai!*

14. August – 7:30

Nicht bewegen, nicht bewegen. *Kyosaku!* Wenn ihr euch bewegen wollt, dann müsst ihr zuerst *Gassho* machen. Wenn ihr euch bewegt, ohne vorher *Gassho* zu machen, dann muss der *Kyosaku*-Verantwortliche euch den *Kyosaku* geben. Der

Kyosaku-Verantwortliche muss mit dem Ende des *Kyosaku* schlagen. Die Schulter mit den letzten zehn Zentimetern des Stocks schlagen. Manche hier schlagen mit den letzten dreißig Zentimetern, während andere mit dem Griff schlagen. Der Klang ist nicht gut. Dieser Klang beeinflusst die andern.

Kinhin! Zwei Glockenschläge: *Kinhin.* Drei Glockenschläge: Zazen. Nach den zwei Glockenschlägen müssen die Pfeiler[86] die Türen und die Vorhänge öffnen. [*Kinhin* ist vorüber und jeder kehrt an seinen Platz zurück.] Diejenigen, die vor dem Fenster sitzen, sind immer die letzten. Sie gehen immer noch! Wer ist da verantwortlich? Wer ist der Pfeiler? Nein, lasst die Vorhänge offen. Wenn ihr die Landschaft anschauen wollt, dann tut es. Die Farbe der Alpen ist wunderbar.

14. August - 21:00
Doshu: Ausdrücken

Am Abend sollen die Vorhänge immer zusein! Die Pfeiler sind verantwortlich. Bitte hört den Klang des Tals, die Stimme des Tals ... Satori besucht euch von draußen. Aber es kommt nicht aus einer einzigen Richtung. Satori geht in uns ein, wenn wir konzentriert sind, wenn wir das Ego aufgeben, wenn wir in Samadhi sind. In dem Moment, wenn wir völllig in Samadhi sind, geht Satori in uns ein. Das ist *Genjo.* Im Rinzai-Zen heißt Satori: die Natur des Egos beobachten, *kensho.* In der heutigen Zeit ist das Rinzai-Satori die Beobachtung der Natur von Buddha, von einem selbst ... Um die Natur des Egos oder von Buddha zu verstehen, werden die Methoden des Koan und des *Mondo* benutzt. Beim Satori von Dogen ist die Methode passives Erkennen. Das ist nicht *kensho.* Das ist *Genjo.* Satori besucht aus dem Kosmos, aus der kosmischen Ordnung, es besucht automatisch, natürlich, unbewusst. In der westlichen Philosophie wie in der europäischen Epistemologie kommt das Verstehen durch die Bildung von Begriffen, durch das Erkenntnisvermögen; es ist intellektuelles Erkennen des Vorderhirns. Dadurch, dass man ständig die Wahrheit sucht und ihr nachläuft, verschwindet die kosmische Wahrheit. Im Zen von Dogen, im Soto-Zen ist Satori eine unerwartete Realisierung. So ist es manchmal dasselbe wie Intuition, manchmal ist es *kan sho* des Herzens, Beglükkung – *kan* bedeutet beobachten und *sho* bedeutet leuchten –, und so sage ich mal »Konzentration« und ein andermal sage ich »Beobachtung«. Das deutsche Wort für *kan sho* ist Genuss-Betrachtung. *(Gelächter.)* Ich kann Deutsch. Meine Aussprache

[86] Diejenigen, die in den Raum hineinsitzen; sie sitzen in den vier Ecken des *Dojo*, unbeweglich wie Säulen oder Pfeiler. Es sind langjährige Schüler, und ihre genauen Haltungen beeinflussen die andern. Es ist auch ihre Aufgabe ‚zu schauen ohne zu schauen' und den *Kyosaku*-Verantwortlichen darauf hinzuweisen, wenn etwas nicht in Ordnung ist, wenn jemand krank, eingeschlafen oder übererregt ist und wann der *Kyosaku* notwendig ist.

ist nicht so gut, aber ich erinnere mich an die Wörter. *Genjo* im Herzen. Ästhetische Idealität, ästhetische Einsamkeit, ästhetische Objektivität, ästhetische Wirklichkeit. Auf deutsch heißt das ästhetische Tiefe. *(Mehr Gelächter.)* Der Übersetzer braucht mein Deutsch nicht zu wiederholen! Wie dem auch sei, das spielt keine Rolle – die Deutschen kennen dieses deutsche Wort nicht, sie haben es vergessen. Sie kennen auch nicht Moritz Geiger, der *Tiefenwirkung* geschrieben hat. Er lebte von 1880 bis 1937. Selbst in der Kunst sind ästhetischer Genuss und natürliches Erfassen nicht dasselbe. Ästhetischer Genuss ist intellektuell, objektiv und aktiv; aber natürliches Erfassen ist subjektiv und passiv. Unerwartete Realisierung ist ein passives Erkennen. *Erkenntnis* ist das deutsche Wort für passiv. Europäische Philosophie ist aktiv; sie rennen immer etwas hinterher, immer auf der Suche. Aber wenn ihr der Wahrheit nicht hinterherrennt, dann wird die wahre Wahrheit in Erscheinung treten. Wahres Satori kommt von *mushotoku* [ohne Absicht]. Es kommt von außen, vom Kosmos. Der Kosmos gibt. Es ist wie Gottes Gabe. Es ist automatisch, natürlich und unbewusst.

Dogen hat das Wort *Genjo* oft benutzt. Im *Shobogenzo* hat er es 261 Mal [sic!] benutzt. Im *Rinzai Roku* ist es das Wort *Kwatz*. *Kwatz* kommt mehrere hundert Mal vor. Aber mehr noch als *Genjo* benutzt Dogen das Wort *Doshu*. Er hat es 299 Mal benutzt. *Do* bedeutet der Weg und bedeutet auch: sagen; *shu* heißt: nehmen. Dogens *Doshu* bedeutet: ausdrücken. Die Wörter *Genjo* und *Doshu* hat Dogen geschaffen. *Genjo* gab es in China schon vor Dogen, aber er hat den Sinn vertieft und er hat dem Wort viele Bedeutungen abgewonnen. Die Beziehungen zwischen diesen beiden Wörtern sind sehr wichtig; *Genjo* ohne *Doshu* ist unvollständig. Manchmal bedeutet das Kanji *do* den Weg, und manchmal heißt es: sagen, sprechen. **Do** kann auch bedeuten: das Wort, die Sprache. Das griechische Wort *Logos* ist der Bedeutung des Kanji *do* sehr nahe. Wie ihr wisst, fängt das Neue Testament mit dem Satz an: „Am Anfang war das Wort“. Das heißt *Logos* ... Ich habe die Bibel auf Chinesisch gelesen. Die chinesischen Schriftzeichen sind sehr interessant. Auf chinesisch heißt dieser Satz: *Gen shi yo do* ... *Gen shi* bedeutete ursprünglich: am Anfang. *Yu* bedeutet: existieren. Und *do:* das Wort ... Das ist also die zweite Bedeutung des Wortes *do*. Das Wort *Logos* hat nur eine einzige Bedeutung, und so ist es weniger praktisch als das Wort *do*, das sowohl „des Wortes“ als auch „des Wegs“ heißt. Der zweifache Sinn von Logos wird also mit dem einen Schriftzeichen *do* ausgedrückt. Das ist interessant. *Kodo* – wie in Kodo Sawaki – bedeutet: den Weg entwickeln. Das *do* in *Shodoka* bedeutet Satori. Es besteht also eine tiefe Beziehung zwischen *Doshu* und *Genjo*.

Nachdem die Schlaghölzer am Abend erklungen sind, sollte man ruhig sein. Die Amerikanerin hat den kleinen französischen Mönch gestern abend k.o. geschlagen. Diese Amerikanerin ist sehr stark. Und hat eine gute Haltung. Sie sitzt immer in der Lotushaltung und folgt mir nun schon lange. Eine feine Frau, aber manchmal ein bisschen ... ein bisschen ... na ja, sie sollte jedenfalls achtgeben. Hier ist sie, der amerikanische Champion der Frauen. Sie hat dem französischen Mönch eine verpasst. Dabei hat sie auch seine Brille zerschlagen, jetzt kann er nichts mehr sehen[87]. Marco Polo ist der amerikanische Champion der Männer hier. Er hat mir immer Postkarten aus Amerika geschrieben: „Ich bin sehr glücklich, mit Ihnen Zazen machen zu können und ich werde wiederkommen und noch länger üben", schrieb er mir. Aber jetzt sagt er, er wolle nach Amerika zurück. Seit vergangenem Jahr wartet er auf dieses *Sesshin* in Val d'Isère, doch jetzt will er weg, vor dem Ende. Weil seine Knie weh tun. Jetzt hat er Zweifel ... Geduld ist notwendig, aber er sagt, er kann sich nicht länger gedulden. Ich hoffe, dieser moderne Marco Polo wird den alten Marco Polo übertreffen. Der alte reiste nach Asien und war sehr berühmt, wie ihr ja wisst. Er hat interessante Bücher über China und den Orient geschrieben. Aber er kannte Zazen überhaupt nicht, obwohl sich Zazen damals in ganz Asien verbreitete. Seine Bücher sind interessant, Zen kommt aber nicht darin vor, auch nicht die Religionen und die Kultur des Orients. Marco Polo war nur ein Tourist ... Wenn er sich mit Zazen oder dem Buddhismus in Asien beschäftigt hätte, dann hätte sich die europäische Zivilisation bestimmt verändert, auch damals schon. Ich hoffe, der amerikanische Bursche und die Amerikanerin werden weiter Zazen machen. Amerika ist sehr frisch und jung. Das Zen breitet sich dort aus, aber es ist *zusan*. Deshalb hat das Rinzai-Zen in Amerika Erfolg. Aber ihr, die Amerikaner, die ihr für das Zen hierher gekommen seid, ich hoffe, ihr werdet den Amerikanern Dogens Erziehung des Soto-Zen beibringen.

15. August – 7:30

Die Notwendigkeit sich auszudrücken

Befördert man das Ego zur kosmischen Ordnung, zur Ordnung aller Daseinsformen, dann ist das *Maya*, Illusion, und nicht Satori. Wenn dagegen alle Daseinsformen der kosmischen Ordnung das Ego besuchen und für das Ego zeugen, dann ist das Satori. Geht man allen Daseinsformen der kosmischen Ordnung entgegen, geht man zusammen mit dem Streben, für alle Daseinsformen dieser Ordnung zu zeugen, dann ist das nicht Satori. Die Wahrheit mit dem Vorderhirn suchen: Maya, Illusion ... Aber wenn während Zazen alle Daseinsformen der kosmischen Ordnung das Ego besuchen und es bezeugen, dann ist das Satori, unbewusst, natürlich, automatisch. *Genjo* [die Verwirklichung von Satori] drückt sich aus in Körper, Mund und Bewusstsein. Es geht dabei nicht um Kategorien; das ist *Doshu*. Wie wir den Weg nehmen, wie wir den Weg ausdrücken, das ist *Doshu*. Ausdruck ist not-

[87] Dieser französische Mönch war es, der ein paar Tage zuvor der amerikanischen Frau einen schlechten Haarschnitt verpasst hatte. Vgl. 13. August, 19:30: *Satori kommt euch besuchen.*

wendig: durch Körper und Mund. Durch Sätze. Jeder drückt jetzt *Doshu* aus: durch das Husten im *Dojo*. Bei jedem klingt es anders, jeder drückt sich anders aus. Wenn ich die Stimme höre, kann ich das Satori verstehen. Jeder hat einen andern Grad von Satori ... Manche machen hier sehr merkwürdige Geräusche, alle möglichen Geräusche. Ausdruck ist sehr wichtig.

Die Zazen-Haltung: Der Ausdruck von Satori

Die Haltung von Zazen und die Haltung von *Kinhin* sind der Ausdruck von Satori, von *Genjo*. Manche hier verwirklichen nur in der Haltung von *Kinhin* ihre Würde ganz: Satori, *Genjo*. Die Haltung drückt es aus: *Doshu*. [Der Meister singt das *Bussho Kapila,* so wie es alle vor den Mahlzeiten tun.] Allein durch diese Stimme kann ich den Grad eures Satori verstehen. Der Klang der Stimme beim Singen des *Bussho Kapila* ist der Ausdruck von *Doshu*. Wenn sich der Körper in Zazen nicht bewegt – *Doshu*. Das Handeln unseres Körpers ist ein Ausdruck von *Doshu*; und so ist es *Genjo*. Dogen wiederholte *Genjo, Doshu, Genjo, Doshu*. Mit Rinzai war es *Kwatz*. Oder das Hochhalten des *Hossu* oder das Strecken des Fingers ... und dann wird schnell der *Kyosaku* gegeben. Das Rinzai-Zen kann nicht die wahre Essenz des Zen, des Buddhismus ausdrücken ... Es stimmt, dass Rinzai selbst schöpferisch war. Aber seine Linie tut nichts weiter als ihn zu imitieren und so ist es zu Theater geworden. Deshalb wiederholt Dogen in seinem *Shobogenzo*, es handle sich [bei Rinzai-Zen] um ein irrtümliches Zen, einen großen Irrtum. Aus diesem Grund nämlich denken Menschen im Westen, dass Zen sehr lustig ist. Aber das ist ein Irrtum und nicht Dogens Zen.

Shobogenzo: Eine ausgefeilte Ausdrucksweise

Zen kann nicht in Wörtern und Sätzen ausgedrückt werden. Deswegen ist *Doshu* so wichtig: wie wir uns selbst ausdrücken, wie wir *Genjo Koan* ausdrücken, die Verwirklichung des Satori. Wie wir uns selbst ausdrücken, das ist *Doshu*. Dogen schreibt über die Bedeutung der Art und Weise, wie wir uns ausdrücken, in Worten, durch die Sprache.[88] Im Rinzai-Zen sind die Worte nicht so wichtig. Immer *Kwatz*, das *Hossu* und Schläge mit dem Stock. Diese Technik ist bei Rinzai-*Mondo* wichtiger als Worte. Im Rinzai spielen Worte keine große Rolle. Aber für Dogen ist es möglich, sich nicht nur mit dem Körper auszudrücken, sondern auch durch Wörter und Schreiben. Das ist *Doshu* ... und so hat Dogen 95 Bände *Shobogenzo* geschrieben und viele andere Bücher. Das ist ein Ausdruck von *Genjo*, von Satori. In diesen Bänden des *Shobogenzo* schreibt Dogen über Dasein und Zeit, über Leben

[88] „Alle Menschen leben durch Wahrheit und bedürfen des Ausdrucks. Ein Mensch ist nur zur Hälfte er selbst, die andere Hälfte ist Ausdruck." (Emerson)

und Tod der Menschen, über Gutes und Schlechtes und wie man die wirkliche Wahrheit packt. Letztlich kommt die Wahrheit. Einfach so. Aber wie? Wie drückt man das aus – die Methode? Das auszudrücken ist Feinarbeit. Es ist sehr ausgearbeitet, sehr rational, sehr *mon mitsu*. Dogens *Shobogenzo* ist eine sehr ausgefeilte Ausdrucksweise.

Augen waagrecht, Nase senkrecht

Gen-no-bi-choku. *Gen* ist die Augen, *no* ist waagrecht, *Bi* ist Nase und *choku* ist gerade, senkrecht. Die Augen waagrecht, die Nase senkrecht. **Gen-no-bi-choku** heißt also der Normalzustand. Drückt den Himmel mit dem Kopf, den Boden mit den Knien. Wie dem auch sei, Zen ist *Gen-no-bi-choku*. [Der Meister rezitiert aus dem Eihei Koroku] ... Was ich gerade rezitiert habe, ist ein berühmter Satz Dogens. [Er übersetzt:] „Die Erfahrung, die ich in den *Dojo* in China gesammelt habe, ist nicht sehr groß“, sagt Dogen – er war bescheiden – „doch ich hatte das unschätzbare Glück, dem *Tenzo* von Meister Nyojo zu begegnen. Das war ein großer Augenblick in meinem Leben und ich verstand, dass ich *Doshu* machen konnte. Ich konnte *Gen-no-bi-choku* ausdrücken: Die Nase ist senkrecht und die Augen sind waagrecht. Ich verstand das und seit dieser Zeit bin ich nicht mehr von anderen getäuscht worden ... Ich kehrte mit leeren Händen nach Japan zurück. In Bezug auf Buddhismus ist da nichts.“ Da ist also nichts. Nur der kosmischen Ordnung folgen. Der wahren Freiheit. „Jeden Morgen geht die Sonne im Osten auf und jeden Abend sinkt sie im Westen. Wolken ziehen vorüber und der Berg erscheint. Der Regen geht vorbei und die Gestalt des Berges, die Farbe des Berges wird klar. Was ist also die Essenz des Buddhismus? Was ist die wirkliche Wahrheit?“ Das ist das *Doshu* von Dogen.
Chukai!
Kaijo!

15. August – 21:00

Die Weisheit, die zu Besuch kommt

Was ist *Doshu?* Das subjektive *Genjo* ... Wenn wir *Genjo* objektiv ausdrücken, ist es *Doshu*, Weisheit. Weisheit ist *Genjo*, Weisheit macht *Genjo*.[89] Weisheit und Wissen sind nicht dasselbe. In der Wissenschaft ist Wissen sehr wichtig. Im Zen-Buddhismus ist die Weisheit wichtig. *Maka Hannya Haramita*. Wir wiederholen

[89] D. h. Ausdruck *(Doshu)* ist die subjektive Verwirklichung; wenn die Verwirklichung objektiv ausgedrückt wird (d. h. jenseits des persönlichen Egos), dann haben wir wahren Audruck, Weisheit oder *Genjo*. Wahrer Ausdruck (wie zum Beispiel die Worte Buddhas) sind die Verwirklichung des Hier-und-Jetzt.

immer das Sutra von *Maka Hannya Haramita.*[90] Die vollkommene Weisheit, die uns besucht. *Genjo,* Verwirklichung. Aber wir dürfen nicht nach Weisheit suchen, denn wenn man es tut, stellt sie sich nicht ein. Man soll sie nicht außen suchen ... Ich habe gesagt, dass Satori von außen kommt und so suchen es einige hier sicher außen. Macht die Tür auf. Wo ist es? ... Das ist ein Irrtum. Wenn ihr das Ego aufgebt, wenn ihr leer, *ku,* werdet, dann kommt die Weisheit. Aber wenn ihr ein starkes Ego habt, wird die Weisheit nicht kommen ... Auf japanisch bedeutet das Wort „Weisheit“: schweben, dahintreiben, schwimmen. Weisheit, Satori, *Hannya Haramita*: Manchmal bedeuten diese Wörter dasselbe. Was ist Satori? Es ist vollkommene Weisheit, *Maka Hannya Haramita.* Was ist *Maka Hannya Haramita*? Es ist Buddha selbst.

Wenn also das Ego stark ist, wird die Weisheit nicht kommen. Heute nachmittag hat mir die amerikanische Sportlerin eine Halskette geschenkt. Eine sehr schöne Halskette, der Schmuck einer Buddha-Statue. Sie hat sie selbst gemacht. Doch für mich ist die Halskette nicht so interessant ... Wie dem auch sei, ich habe sie in ihrem Zimmer besucht. Sie war nicht glücklich. Ihr Gesicht war nicht Buddha. Sie war beleidigt. Warum? Ihr Gesicht hat sich seit unlängst überhaupt nicht verändert. Auch wenn sie böse bleibt, wird ihr Haar nicht schneller nachwachsen. Sie hat keine Weisheit. Ihr Ego ist stark, aber wenn sie in diesem Moment ihr Ego aufgeben würde, würde das, was vorher ein Unglück war, jetzt ein Glück werden. Unglück wird Glück. Durch Weisheit könnt ihr eure Geistesverfassung ändern. Doch diese Amerikanerin hat ein starkes Ego. Ich sage immer, dass Haar Schmuck ist. Und wenn ich euch die Ordination gebe, so sage ich immer: Schneidet die Dekoration ab. Wenn wir zu sehr an der Eitelkeit haften, dann sind wir beleidigt ... Vorletzten Sommer habe ich das Haar meiner Sekretärin geschnitten. Sie lächelte. Innen war sie nicht so glücklich, aber sie war nicht beleidigt. Wenn wir das Ego aufgeben und das Verhaftetsein, dann stellt sich Satori, Weisheit ein – es taucht auf, schwimmt. Aber wenn wir egoistisch sind und Wünsche haben, insbesondere Wünsche nach dem Unmöglichen, dann ist das nicht Weisheit. Das ist Verrücktheit. Die meisten Menschen haften im Alltag an unmöglichen Wünschen. Unser Haar kann nicht länger sein, also sind wir beleidigt. Wartet man ein halbes Jahr, so wird es länger. Schneidet euer Haar während des Sommers und im September wird es lang sein.

Genjo ausdrücken: das ist *Doshu*, Weisheit. *Doshu* ist Weisheit. *Genjo* verwirklichen: das ist Intuition. Intuition von außen. Wenn die Intuition auftaucht, dann versteht sie, kontrolliert sie, baut sie auf, und in dem Moment wird sie Weisheit. Wie können wir Weisheit erlangen? Die Leute fragen mich das immer ... Kant gelangte

[90] Dieses kurze Sutra, das auch als *Herz-Sutra* bekannt ist, wird von allen nach dem Zazen gesungen.

nicht zur Weisheit. Die westliche Philosophie gelangte nicht zur Weisheit. Die westlichen Philosophen sprechen immer von *Vernunft* und *Verstand.* Die deutschen Wörter sind sehr genau ... Der Sinn dieser beiden Wörter ist verschieden. Auf französisch heißen sie *la raison* und *l'entendement.* Kant erläutert das in seiner *Kritik der reinen Vernunft.* Vernunft ist eine intellektuelle Fähigkeit, die vom Vorderhirn kommt. Verstand ist Rationalismus, Logik; es ist die Fähigkeit zu wissen, zu urteilen, zu handeln. Im Buddhismus haben wir nun Intuition und Weisheit und es ist sehr interessant Vergleiche anzustellen, sehr wichtig. Intuition, Weisheit, *Hannya, Paramita, Hishiryo.* Zen und westliche Philosophie sind verschieden.

Satori und Intuition sind nicht dasselbe. Satori ist manchmal dasselbe wie Intuition, aber es ist nicht Erleuchtung. Intuition ist spontan. Intuition bedeutet: nach außen schauen, das Sichtbare anschauen, die kosmische Ordnung anschauen. Wenn man also das Vorderhirn stoppt, dann erscheint das *Hishiryo*-Bewusstein. Auf dem Grund des Nicht-Denkens ist ‚Denken ohne zu denken'. Wie denkt man ohne zu denken? Das ist *Hishiryo.* Aber auch wenn wir Intuition, Spontaneität verwirklichen, wenn wir diese Verwirklichung nicht kontrollieren, wenn wir sie nicht ordnen, strukturieren, dann nimmt diese Intuition ein Ende und übrig bleibt nur *Genjo,* d. h. Verwirklichung. So wird aus Verstehen Vernunft. Nur *Genjo*: nur innere, individuelle Bestätigung. Ausgehend von der Intuition, vom Verstehen, müssen wir Kontrolle und Struktur ins Spiel bringen; dann wird es intellektuell oder aktiv. Um zu sprechen, muss man eine Ordnung anwenden. Beim Schreiben das gleiche. Um sich schriftlich auszudrücken, muss man intellektuell sein. Und so haben wir den Ausdruck *Doshu.* Dann brauchen wir Weisheit. Wissen, Erkenntnis kommt vom Denken, nicht von der Intuition – sie sind nicht dasselbe –, doch Vernunft wird zu Weisheit.

Gefährten im Satori

Im Agami-Sutra – es ist sehr schwer, dieses Ur-Sutra zu übersetzen – hat Buddha gesagt, nachdem er sich unter dem Bodhi-Baum niedergelassen hatte: „In der Tat, ohne einen Partner, ohne einen Gefährten, den man achten und verehren kann, ist es sehr schwer weiterzuleben. Mit welchem Brahmanen [hinduistischen Mönch], mit welchem Shamanen [buddhistischen Mönch] sollte ich vertraut und respektvoll umgehen?" Das war der Zweifel von Shakyamuni. Er setzte sich unter den Bodhi-Baum – in diesem Sutra heißt er ‚Nirodha-Baum', was sein richtiger Name ist – und hatte ein großes Satori. Von außen. Es kam, dieses Satori, während er den Morgenstern anschaute. *Mushotoku.* Ohne dass er darauf wartete, spontan. Doch später – wenn Shakyamuni es für sich behalten hätte, dann wäre es nur *Genjo* gewesen. Es wäre nicht genügend gewesen, nicht zufriedenstellend. Und so wünschte er es mitzuteilen, es zu teilen mit einem Gefährten. Er wünschte sich einen spirituel-

len Freund. Um sich auszudrücken, um sein Satori auszudrücken. *Doshu.* Völlige Einsamkeit ist schwierig. Völlige Einsamkeit wird zu Individualismus. Und Buddha hat ein Bedürfnis anderen zu helfen, sein Satori zu teilen, es durch dessen Ausdruck zu bestätigen, durch *Doshu.* Das ist im Mahayana-Buddhismus sehr wichtig: nicht allein in der Einsamkeit sein. *„Gyatei, gyatei"*, heißt es im Sutra: Gehen, gehen, zusammen zum anderen Ufer des Satori. Originalität ist immer Einsamkeit ... Buddha hatte seine wahre Originalität, seine wahre Einzigartigkeit. Im *Shodoka* heißt es, dass wir immer allein gehen, dass die Schritte, die wir machen, immer allein sind. Aber Gefährten im Satori spielen zusammen ... Allein ist unser Leben einsam. Während Zazen sind wir allein. Doch wir sind auch mit anderen im *Dojo.* Und wir machen zusammen Zazen. Unser innerer Geist wird einsam: Wir werden ruhig. Mit zweihundert anderen. Gefährten im Satori können zusammen spielen. So muss die heilige Einsamkeit der Originalität, von *Genjo,* von anderen spirituellen, mitgehenden Freunden angenommen werden. Man braucht das, die eigene Originalität und Einzigartigkeit von *Genjo* auszudrücken ... Es ist dieses *Doshu*, was meine Mission vorantreibt, das erzieht und das Bücher herausgibt durch intellektuelles Überlegen. Das *Genjo* innen muss außen ausgedrückt werden. Und so stand Buddha unter dem Bodhi-Baum auf und bald danach traf er fünf Brahmanen, fünf Freunde, die ihm gefolgt waren, als er aus dem Palast geflohen war ... [91] Wenn das subjektive *Genjo* objektiv ausgedrückt wird, in dem Moment wird das Satori des Buddha vollkommen bestätigt.
Chukai!

[B., der *Kyosaku*-Verantwortliche, stimmt das *Hannya Shingyo* an]. „Maka Hannya Hara ..." Stop. Noch einmal. „Maka Han ..." Noch einmal, noch einmal! „Maka Ha ..." Noch einmal. Aber aus dem Bauch, nicht aus der Nase. *„Maka Hannya Haramita Shingyo-o-o ..."*

16. August – 7:30

Hört die Stimme des Tals. [Die Fenstertür zum Fluss Isère hin, am anderen Ende des *Dojo*, ist offen, man kann das Strömen über die Steine im Flussbett hören und der Meister sagt: „Hört auf die Stimme des Tals, die Stimme des Flusses." Gleich

---

[91] Nachdem er sein großes Satori unter dem Boddhibaum erlangt hatte, überlegte Buddha, mit wem er es zuerst teilen sollte, und er erinnerte sich an seine fünf Freunde, die sich damals in Benares im Hain der Hirsche aufhielten und suchte sie auf. Zuerst lehnten die Freunde ab, da Shakyamuni das Fasten und die Kasteiungsübungen aufgegeben hatte, um wieder den Notwendigkeiten des Lebens frei zu entsprechen; trotzdem gelang es Buddha rasch, ihnen seine Verwirklichung mitzuteilen und sie mit ihnen zu teilen (d. h. *Genjo*, ausgedrückt in den Vier Edlen Wahrheiten), und so begann das Lehren des Buddhismus unter Gefährten. Dieses Zusammensein, *Sangha* genannt (die gute, die heilige Gesellschaft), ist der älteste mönchische Orden überhaupt.

nachdem er das gesagt hat, steht jemand auf und schließt die Fenstertür. „Ah? Stop! Jetzt können wir die Stimme des Tals nicht mehr hören!"] Der Strom hört nie auf zu fließen. Der Strom ist nie müde. Sein Wasser verändert sich dauernd, immer unbeständig. Die Luftblasen schwimmen auf dem stillen Teich, manchmal verschwinden sie, manchmal tauchen sie auf, und sie bleiben nie an demselben Ort.[92] Unser Leben ist so. Und auch unser persönlicher Geist, wie der Strom. Öffnet die Tür zum Strom, so dass wir das Rauschen des Wassers hören können. Während Zazen können wir es mit unserem Geist vergleichen. [Die Fenstertür wird geöffnet.]

Im Buddhismus ist Kannon ein sehr wichtiger Bodhisattva. Kannon ist japanisch für Avalokitesvara. *Kan* bedeutet Beobachtung, *Non* bedeutet Klang. Er beobachtet den Klang ... der Trommel von B. gestern abend beim Singen des *Hannya Shingyo*. Macht keine albernen Laute! [Man hört viele sich schnäuzen.] Ihr braucht nicht um die Wette solche Laute zu machen. Macht heilige Laute. B.s Sutra-Stimme ist nicht so gut, nicht so stark; aber jetzt ist er sehr laut. Die Atmosphäre dieses *Dojo* ist nicht gut. Der *Shusso* ist verantwortlich, aber er ist nicht gut. Eben hab ich die *Kyosaku*-Verantwortlichen durch ein Zeichen gebeten aufzustehen, aber sie sind nicht aufgestanden. Der *Shusso* soll sie anleiten. Wer nicht die Erlaubnis hat, Photos im *Dojo* zu machen, soll es nicht tun. [Ein neuer Teilnehmer war aufgestanden, um Aufnahmen zu machen.] Das ist kein Photo-Studio hier.

Buddha findet seine Gefährten und seine Verwirklichung wird Ausdruck

In unserem Leben ist es sehr schwer allein zu bleiben. Nicht nur aus materiellen Gründen, sondern auch aus spirituellen. Sogar für die, die in die Berge gehen, um dort zu leben, ist es nicht leicht. Die meisten von uns brauchen Liebe, Mitgefühl, Zuneigung, Verständnis von seiten anderer. Ohne das wäre das Leben der meisten Menschen wertlos. Philosophie, Literatur, Kunst kann nicht von einem allein geschaffen werden. Auch wenn *Genjo* existiert, ist man nicht glücklich, wenn andere es nicht sehen. Wenn *Genjo* nicht gesehen wird, hat es keinen Wert. Sicher gibt es die Heiligen-Einsamkeit. Das gibt es. Völlige Einsamkeit, ekstatische Einsamkeit. Aber auch die muss objektiv bestätigt werden, bevor ihr Wert vollkommen verwirklicht wird ... Gedichte, Literatur, Kunst, Denken, auch Religion müssen von *Genjo* aus geschaffen werden. Dann können sie mitgeteilt werden an andere, durch *Doshu*, und so in der Gesellschaft verbreitet werden. Nach seinem großen Satori

[92] Welten überrollen Welten von je her auf immer
Von Schöpfung zu Verfall,
Wie die Blasen auf einem Fluss
Leuchtend, berstend, fortgetragen. *(Shelley)*

unter dem Bodhi-Baum, unter dem Nirodha-Baum, ging Buddha also zu seinen Freunden, den fünf Brahmanen, die sich mit ihm aus dem Palast davongemacht hatten, aber der Buddha beeindruckte sie nicht besonders. Diese Brahmanen waren völlig asketische Mönche ... und Buddha hatte Milch getrunken, die ihm Sudiata gebracht hatte. Er hatte auch noch die Haut von Sudiata berührt, einer Bauerntochter. Sudiata hatte Buddha geholfen; jeden Morgen kam sie, um nach ihm zu schauen – sie kam nicht nachts – und sie half ihm. Die fünf Brahmanen lehnten es also ab, Buddhas Unterweisung zu folgen. Weil er nicht rein war. Er hatte die Praxis der Askese aufgegeben. Er hatte die hinduistischen Gebote gebrochen. Trotzdem, angesichts all dessen war Buddha friedlich. Er hatte ein großes Satori erhalten. Er bestätigte nicht sich selbst, sondern das große Satori war zu ihm gekommen, war in ihn gedrungen. Schließlich wurden die fünf Brahmanen dann Schüler Buddhas. So hat Buddha Vorträge gehalten und die Unterweisung verbreitet und das wurde dann *Doshu*. Sein großes Satori, seine ursprüngliche Einsamkeit, seine ästhetische Einsamkeit wurde *Genjo*, wurde *Doshu*. Das ist in seinen Vorträgen ausgedrückt. Wir singen es jeden Morgen, wenn wir das *Bussho Kapila* singen. [Er singt] *Bussho Kapila, Jodo Makada, Seppo Harana, Nyumetsu Kuchira* ... Buddhas Leben war sehr einfach: Er wurde in Kapila geboren, hatte Satori in Magada, lehrte in Harana und starb in Kuchira. Das ist alles. *C'est tout.* Sein Leben war ganz und gar **Dokan**. *Dokan* bedeutet: Wiederholung, Wiederholung im Alltag. Zazen wiederholen, die Tee-Zeremonie, *Samu*, Zazen, Zeremonie, *Samu*. Und so wird es zu einer Gewohnheit. Der Körper wird spontan. Und so habt ihr dann Weisheit. Man braucht nicht das Vorderhirn zu benutzen.

Zazen ist keine Frage von Stufen. Es ist kein stufenweises Training. Yoga-Leute sagen immer, dass Zazen zu einer zu hohen Dimension gehört und dass man zunächst Stufen braucht. Herr Blitz[93], der diesen Sommer in Zinal einen Kurs mit vierzig Leuten abhält, sagte zu mir, Yoga sei eine Stufe auf Zazen zu. Stufen sind notwendig, sagte er. Erste Stufe, zweite Stufe ... Ich antwortete, dass Zazen eine Seilbahn ist; es bringt uns rasch und automatisch ganz hinauf, es bringt uns im Sitzen auf den Gipfel des Bergs. Wir brauchen nicht unsere eigene Willenskraft einzusetzen. Nehmt die Seilbahn und mit ihrer Kraft sind wir rasch auf dem Berg. Unbewusst, natürlich, automatisch. Zazen ist nicht **Shuzen**[94], Zazen ist keine Kasteiung, es ist keine stufenweise Einübung.

---

[93] Der Gründer des Club Méditerranée und ein guter Freund und Förderer von Meister Deshimaru. Er erhielt die Bodhisattva-Ordination vom Meister. Die Asche von Blitz ist auf der Gendronnière beigesetzt.

[94] *Shuzen*: stufenweise Meditationspraxis, bei der der Adept von einem Verständnisgrad zum nächsten voranschreitet. „Im Rinzai-Zen tun wir es Schritt für Schritt", schreibt der Professor und Anhänger des Rinzai-Zens Wienphal. „Deshalb nennt man es oft Leitern-Zen" (Paul Wienphal, *Zen Diary*. N.Y.: Harper und Row, 1970, S. 187).

[Rezitiert das *Fukanzazengi.*] Ich wiederhole immer diesen Satz aus dem *Fukanzazengi* während der letzten beiden *Sesshin*: Zazen ist nicht *Shuzen*, es ist das Dharma-Tor zum Frieden, zur wahren Freiheit. Es gelangt zur *Bodhi* [Weisheit]. Ausgeübt und bestätigt gelangt es zu *Boddhi Satori*, zur vollkommenen Weisheit.

Koan sind ewige Wahrheiten. Sogar ewige Wahrheiten existieren. Sogar Gott existiert. Wenn ihr Zazen macht, dann ist *Genjo* verwirklicht, die Koan werden verwirklicht; Buddha wird verwirklicht. Unsere Freiheit wird dann genauso wie der Drache, der ins Wasser taucht, oder wie der Tiger, der ins Gebirge dringt. So wird eure Freiheit sein; sie wird vollkommen sein. Wer den *Kyosaku* erhalten möchte – bitte verlangt ihn. Heute ruhen wir uns für das *Sesshin* aus. Heute abend ist es nicht erlaubt, dass ihr ins Santa Lucia geht. Ihr sollt schlafen. Bei denen, die während der *Sesshin* müde sind, ist der Grund nicht zuviel Zazen, sondern zuviel Trinken. Und zuviel Tanzen. Manche von den Permanenten trinken und tanzen bis um fünf Uhr morgens. Das geht nicht. Ich muss den *Rensaku* geben. Wir sind nicht im Club Méditerranée. Manche hier werden stark durch Zazen und dann verlieren sie ihre Energie, indem sie in viele Richtungen gehen. Kontrolle ist notwendig. Die Zeit ist wie ein Pfeil, wie der Strom im Tal. Sie fließt schnell vorbei.
Chukai!
Kaijo! [Trommel] Alle hier sind völlig müde! Trommel! Trommel!

18. August – 7:00

Die nächsten zweieinhalb Tage ist *Sesshin*. Ein richtiges *Sesshin*, keine Vorbereitung. Das ist das dritte *Sesshin* und nach diesem kommt nur noch eines. Die Permanenten und einige andere sind seit Anfang Juli hier gewesen, mit mir zusammen. Doch die meisten von euch nehmen nur an dieser dritten Übungsperiode teil und ihr geht in drei Tagen wieder weg. Warum seid ihr hierher gekommen, warum habt ihr diesen Zug bis hierher nach Val d'Isère genommen?

Die Wellen schlagen und die Wellen brechen sich

Unser Leben ist wie eine Reise zum Sarg. Von einem Loch zum anderen. Heraus aus der Öffnung der Mutter und in ein Loch in der Erde. Während der Reise kommt es zu vielen Erscheinungen. Aber man denkt nur an Essen und Sex und vergisst das Loch am Ende. Wenn wir aus dem Zugfenster die Landschaft anschauen, dann sieht es so aus als ob die Landschaft sich bewegt – wir vergessen, dass es der Zug selbst ist, der sich bewegt –, und so vergessen wir, dass es das Ziel unseres Reisens ist, am Bahnhof am Ende der Strecke anzukommen ... Während dieser letzten zehn Tage der Vorbereitung dieses *Sesshin* gab es keine Vorbereitung ... Ich möchte den ersten *Kyosaku* geben: den *Rensaku*. Für drei Personen. Der eine ist für die junge amerikanische Champion-Frau. Aber sie ist heute nicht zum Zazen gekommen. Sie schläft. Eine Person macht einen Fehler und das beeinflusst die anderen. Mit genügend Fehlern wird es hier wie im Club Méditerranée zugehen. Eine andere Frau hier hat das Haar der Amerikanerin abgeschnitten.[95] Deswegen haben sie gekämpft. Der Anlass fürs Haarschneiden und für die Rauferei war ein junger Amerikaner. Alle drei sollten *Rensaku* erhalten. Sich die Haare schneiden hat mit der Suche des Wegs zu tun, aber daran denken sie nie.[96] Sie schneiden sich die Haare nur aus Jux. Das ist nicht gut. Die Amerikanerin will weggehen. Sie hat ihr Ziel vergessen. Wenn der Zug kurz in einem kleinen Bahnhof unterwegs hält und wir für einen Moment auf den Bahnsteig aussteigen, so vergessen wir den Zug.

Nicht bewegen, nicht bewegen! Vergesst nicht die Zugfahrt. Vergesst nicht das Ziel, vergesst nicht den Bahnhof. Es bleiben euch nur noch zweieinhalb Tage hier. Manche unter euch schlafen, schlafen. Macht nicht so weiter, als ob ihr noch in euren Betten seid. Wer schläfrig ist, soll den *Kyosaku* erhalten.

[*Kinhin*:] Ihr sollt nicht die Gesichter der anderen anschauen, wenn ihr in *Kinhin* seid ... Streckt eure Knie, streckt euren Nacken.

[Zazen:] Letzte Nacht war Vollmond. Er war sehr schön. Er stieg über dem Gipfel auf und erleuchtete den Berg. Dann haben sich Wolken davorgeschoben und bedeckten das Mondlicht. Wir haben alle Buddhas Natur. Der ursprüngliche Geist ist genau wie das Licht des Mondes, des Vollmonds. Völlig hell, leuchtend. Aber manchmal kommen Wolken und bei manchen wird der Geist ganz dunkel. [Singt aus dem *Sanshodoei*.] Das ist Dogens Gedicht mit dem Titel „Zazen“. Was ist Zazen?

> Auf dem Wasser meines Geistes ohne Beschmutzung
> der Mond, der rein ist.
> Das Wasser des Geistes ohne Beschmutzung,
> selbst die Wellen brechen sich und werden hell vor Licht.[97]

Der erste Satz ist Zazen. Der Mond bedeutet die Zazen-Haltung, den Zazen-Geist, *Hishiryo*. Die Wellen bedeuten die *Bonno*, Illusionen, das Unterbewusste, schlechtes

---

[95] Diesmal geschah es aus Eifersucht, es widerfuhr der gleichen Amerikanerin wie im vorigen Beispiel.
[96] Vor ihrem ersten Haarschnitt hatte die Amerikanerin vorgehabt, sich zur Nonne ordinieren zu lassen. Es gehört zu dieser Ordination, dass der Kopf kahlgeschoren wird.
[97] Für eine andere Übersetzung dieses japanischen Tanka vgl. 25. August, 20:30: *Das primitive Gehirn des Menschen.*

Karma, das während Zazen aufsteigt. Zum Beispiel *Kontin* und *Sanran.*[98] Das Licht bedeutet Satori. Die Wellen kommen und die Illusion kommt und so denken wir an viele Dinge. Was wir zu Mittag essen werden und so weiter. Aber macht weiter Zazen und die Wellen werden sich brechen; sie werden vorbeiziehen und Licht wird da sein, Erleuchtung. Das Licht bedeutet Satori; aber das bedeutet nicht Erleuchtung. Satori ist nicht Erleuchtung wie das Wort Erleuchtung im Christentum benutzt und verstanden wird. Satori bedeutet die Rückkehr zu unserem ursprünglichen, normalen Zustand. Das ist das *Hishiryo*-Bewusstein. *Chukai!*

Nach der Zeremonie machen wir draußen eine Prozession. Alle sollen nachkommen, rasch. Die *Kyosaku*-Verantwortlichen sollen den Schluss bilden, damit es geordnet bleibt.
Kaijo!

Mondo

18. August – 10:30
Großes Satori oder kleines?

Frage: Sie haben gesagt, dass Buddha ein großes Satori hatte. Ich möchte wissen, ob es im Satori Grade gibt.

Meister: Grade sind nicht notwendig. Was ist mein Grad jetzt? Es ist nutzlos, über Grade nachzudenken oder sich mit anderen zu vergleichen. Weil es viele Arten von Satori gibt. Und außerdem, was ist ein großes Satori, ein kleines Satori? Welches Satori ist tiefer? Man kann da keine Vergleiche ziehen. „Ich muss die Toilette sauber machen und die Schuhe vor dem *Dojo* richtig hinstellen" – das ist notwendig und wenn ihr diese Notwendigkeit realisiert und praktiziert, dann ist das auch Satori. Ein kleines, aber ein großes. Verstehen Sie das objektiv, und es wird groß und tief sein. Manche Leute verstehen nur, dass es notwendig ist, die Schuhe richtig hinzustellen, und subjektiv haben sie ein großes Satori. Doch objektives und subjektives Verstehen sind nicht das gleiche und man kann nicht beides vergleichen. Meister Kyogen hatte objektiv Satori, als er hörte, wie ein Stein einen Bambus traf. Doch objektiv gesprochen ist der Klang nicht so wichtig. Er hatte Satori ... Meister **Gensha** verletzte sich unterwegs an der Zehe und fragte sich: „Woher kommt dieser Schmerz?" Und er hatte ein großes Satori. Jeder tut sich mal weh, hat aber deshalb nicht Satori. Er aber ja. So etwas kann nicht in Graden, subjektiv

[98] *Kontin*, das Schläfrigkeit bedeutet, ist Tätigkeit des parasympathischen, *Sanran*, das Aufgeregtheit und Illusion bedeutet, ist Tätigkeit des autosympathischen Nervensystems.

oder objektiv, beschrieben werden. Verstehen Sie? Im tibetischen Buddhismus, im Yoga, in den meisten Religionen machen sie Schritte, Stufen. Aber im Zen nicht. Wenn Sie zu wahrem Verständnis gelangen, subjektiv, dann sind keine Stufen nötig. Noch eine Frage, Monsieur?

Jetzt ist eine Einatmung, eine Ausatmung

Frage: Das Wichtige beim Zazen ist hier und jetzt. Welchen Zeitraum nimmt Jetzt ein?

Meister: Es ist der Augenblick, jetzt. Dieser Augenblick jetzt. Doch dieser Augenblick jetzt ist schon vorbei. Dieser Augenblick existiert in Wahrheit nicht. Genauso während Zazen: Jetzt atme ich ein, jetzt atme ich aus. Man konzentriert sich auf einen Atemzug nach dem anderen. Der Augenblick, das Gerade-Jetzt, existiert nicht. Weil im Moment, wo wir an den Moment denken, er schon vorbei ist. Das wahre Jetzt existiert nicht. Das ist wichtig. Also sage ich „Punkt". Wie das Verbinden von Punkten in der Geometrie – sie bilden eine Linie. Wenn wir uns auf diesen Punkt konzentrieren, der zu den anderen Punkten der Linie in Bezug steht, wird das eine große Konzentration. Eine andere Frage?

Christliche Erleuchtung

Frage: Vorhin haben Sie einen Vergleich mit der christlichen Erleuchtung gemacht und sagten, dass sie im Christentum negativ sei. Doch welches Verständnis haben Sie vom Christentum, dass Sie einen solchen Vergleich anstellen?

Meister: Ja, ich vergleiche ... Wir haben jetzt alle eine gute Gelegenheit, den Unterschied zu erfassen ... Ja Madame, Sie müssen uns das erklären.

Madame: Erleuchtung ist die Begegnung von Gott und dem Geschöpf Gottes.

Meister: Ah ja, Kommunion. Ich habe mich damit beschäftigt. Pater Lassalle[99] hat Bücher darüber geschrieben, aber auch er irrt sich. Lassalle ist nicht so tief in bezug auf das Soto-Zen. Ich kenne beides, so kann ich vergleichen. Aber was besser ist, tja, das kann ich nicht sagen – ich habe es auch nicht gesagt. Weil es nicht um das Gleiche geht. Im Christentum will man mit Gott kommunizieren, nicht wahr? Wenn man also mit Gott kommuniziert, hat man Satori. Das ist Erleuchtung, ja?

Madame: Sie irren sich. Man kann nicht Wörter benutzen, um das zu beschreiben!

---

[99] Hugo E. Lassalle (1898-1990), ein deutscher Jesuiten-Priester, der lange in Japan lebte.

Meister: Wenn wir nicht Wörter benutzen, können wir nicht darüber reden. Ja? Also was bedeutet Erleuchtung, was ist wahre Erleuchtung? Die Wörter Erleuchtung und Satori haben verschiedene Bedeutungen und können nicht übersetzt werden. Aber ich übersetze nicht die Wörter Erleuchtung und Satori. Satori ist Satori, Erleuchtung ist Erleuchtung. Was ist besser? Dazu mache ich keinen Kommentar. Für die, die an die Erleuchtung glauben, ist Erleuchtung besser. Verstehen Sie?

Madame: Ja, natürlich verstehe ich!

Meister: Nun. Diese Wörter können nicht übersetzt werden. Diesbezüglich allerdings haben viele Meister Fehler gemacht. Erleuchtung ist Erleuchtung. Während Zazen zu denken „Ich muss die Erleuchtung erlangen" ist verrückt ... Aber während des Betens ist es vielleicht in Ordnung, so zu denken. Das ist die christliche Methode. Eine gute Frage, Madame. Sogar Pater Lassalle irrt sich da. Während Zazen geht es ihm immer darum, zu kommunizieren. „Ha, heute ist es fast soweit gewesen!" Er hat mir das geschrieben. Das war sehr komisch! „Jetzt, jetzt ist es möglich, Satori zu haben. Jetzt kommt es gerade. Ach nein ... ich verstehe nicht." *(Sensei lacht.)* Auch ich verstehe nicht, wovon er spricht! Wenn man Zazen weitermacht ohne zu essen, ohne zu schlafen das *Sesshin* fortsetzt, eine Woche lang, zehn Tage, dann kann man sicher Gott sehen. Wenn man ein Bild von Gott schafft – „Das ist mein Gott, das ist mein Christus" –, wenn man sich das vorstellt und wenn man den Wunsch hat ihn zu treffen, dann geht das. Es ist sehr leicht. Das Gehirn wird sehr scharf und dann wird es müde und krank. Und an diesem Punkt entsteht Illusion, die Illusion Buddhas. Viele Leute haben diese Erfahrung gemacht. Es ist nicht so schwer da hinzukommen. In einer Woche oder in zehn Tagen ist man soweit. „Ich muss meinen Vater treffen, meine Mutter." Das ist möglich. Ich habe diese Erfahrung gemacht. Drei Monate lang habe ich Zazen gemacht, nur mit *Genmai* [Reissuppe] und ohne zu schlafen. Mein Geist wurde besonders und alles war möglich. Selbst ein Geräusch, ein Tautropfen, der fiel ... Aber das ist nicht wahres Zazen. Es ist ein bisschen verrückt. Das ist nur das Entstehen spezieller mentaler Erscheinungen. Schläft man gut, so wird alles wieder normal und alles wird wie ein Traum erscheinen. Es ist wie ein Traum. Wie dem auch sei, Madame, wenn dieses *Sesshin* vorbei ist, werden Sie nicht mehr Gott, Buddha treffen. Beefsteak wird dann besser sein. Verstehen Sie? Nein? Sie kann nicht verstehen. Wenn Sie sich wünschen, Gott zu begegnen, dann ist es in Ihrer Vorstellung, dass Sie Ihm begegnen werden. Doch vorher müssen Sie ein Ziel haben, ein Bild von ihm. Wenn Sie sich das nicht in Ihrem Kopf vorstellen, dann werden Sie niemandem und nichts begegnen. „Das ist Gott, der zu mir gekommen ist". Was ist zu Ihnen gekommen? Nur etwas von Ihren eigenen Kategorien.

Madame: Es geht nicht um etwas, was man außen sucht, Vorstellungen. Es handelt sich um Gnade, die von außen gegeben wird.

Meister: Damit es gegeben werden kann, müssen Sie es sich zuerst vorstellen. Wenn Sie nicht nach etwas streben, werden Sie es dann erfahren? [Keine Antwort.] Letzten Endes ist beides das Gleiche. Das ist besser, als danach zu streben. Denn dann wird es sicher kommen. Selbst wenn wir nicht nach Gnade streben, heute wird sie kommen. Sie fühlen Gott. Automatisch und spontan. Was von beidem ist besser? Es ist besser, sage ich immer, wenn es von außen kommt, wenn Gott spontan realisiert wird. Es ist möglich; aber das ist ihr unterbewusstes Denken. Gnade, die von außen kommt, ist eine subjektive Angelegenheit. Psychologisch gesprochen ist es eine objektive Angelegenheit. Doch es kann beides dasselbe sein. Wenn das Unterbewusste realisiert, dann kann man sehen. Wie beim Träumen. Es wird vom Gehirn realisiert, vom Unterbewussten. Und genauso ist es mit der Erleuchtung. Selbst wenn man nicht sehen will, sieht man. Buddha ist realisiert. Ich habe diese Erfahrung gemacht. In der Religion ist das eine sehr hohe Stufe: mit Buddha oder mit Gott kommunizieren. Aber es ist ein besonderer Zustand des Gehirns, und man muss darüber hinaus sein. Ein derartiger Zustand ist nicht die wahre Weisheit. Ich sage immer, dass wir zum wahren normalen Zustand des Gehirns zurück müssen, dann kann wahre Weisheit sich bemerkbar machen. Sieht man Buddha oder Christus, so ist unser Gehirn nicht in seinem wahren Normalzustand, sondern in einem besonderen Zustand. Aber die Leute mögen diesen Zustand. „Ich sehe Buddha! Ich habe die Erleuchtung erlangt!" Das ist ein besonderer Zustand, der nie andauert, es ist nicht der Normalzustand. Wir können besondere Zustände der Gehirntätigkeit nicht aufrechterhalten; aus solchen Zuständen kann keine Weisheit entstehen. Hier liegt einer der Unterschiede zwischen Christentum und Zen. Westliche Philosophen und Theologen transzendieren immer. Ein besonderes Bewusstsein. Sie streben immer höher, höher, höher. Aber schließlich fallen sie. Sie werden verrückt. Wenn Sie das verstehen, dann werden Sie Dogens Zen verstehen können. Die meisten Menschen wollen einen besonderen Zustand erreichen. Während meines dreimonatigen *Sesshin* wurde mein Geist vollkommen rein und selbst der geringste Geruch eines Duftes oder des Blutes von jemandem, der ins Zimmer trat, wurde stark. Der Geist ist so rein, wenn er in diesem Zustand ist, dass man den Geist von anderen verstehen kann. Man kann sogar hinter sich selbst sehen. Alles ist dann möglich. Das ist nicht das transzendentale Bewusstsein; aber es ist die Stufe, die Leute erstreben. Und wenn sie da sind [Sensei klopft sich an die Stirn], sind sie nur reif für die Psychiatrie ... Die meisten Leute können nicht verstehen, dass man über diesen Zustand hinaus sein muss, und so streben und streben sie danach und schließlich – weil sie nicht immer in diesem Zustand fortfahren können – werden sie im Kopf völlig krank. Buddha hat auch diese Erfahrung gemacht. Sechs Jahre lang. Doch am Ende, als er völlig erschöpft und halb tot war, sah er ein, dass das falsch war. Von dieser Erfahrung her entstand der Buddhismus. Verstehen Sie?

Madame (trotzig): Natürlich verstehe ich. Aber das ist nicht das, worauf ich hinauswill.

Meister: Worauf wollen Sie denn hinaus? [Keine Antwort.] Sie müssen Ihren Kopf von Vorurteilen befreien. Vorurteile sind nicht gut in der Religion, im Christentum, im Zen.

Madame: Ich habe Ihr Buch gelesen und bin ohne Vorurteil hierher gekommen.

Meister: Und doch haben Sie ganz viele. Es ist nicht nötig zu vergleichen, sondern eher die Essenz zu erfassen. Was ist die Essenz der Religion? Buddha erstrebte auch vollkommene Reinheit. Sechs Jahre lang hat er praktiziert ohne zu essen, ohne zu schlafen, beinahe bis zum Tod. Aber er konnte nicht finden, was er suchte und brach völlig zusammen, fast tot. Sudiata, eine Bauerntochter, kam da vorbei, sie trug einen Milchkrug auf dem Kopf. Sie schaute in sein Gesicht und sah, dass es edel war, und sie nahm ihn in ihre Arme und trug ihn unter den Bodhibaum. Sie massierte ihn, gab ihm Milch zu trinken, er erwachte und richtete sich auf. Von dem Moment an änderte sich Buddhas Geist. Wegen der Milch. Milch ist im Hinduismus absolut verboten, als er sie trank, hat Buddha sechs Jahre Kasteiungen weggewischt. Und sein Magen und sein Darm waren glücklich. Sein Körper auch. Und auch sein Geist. Sein Geist war völlig verwandelt ... Er machte jeden Tag weiter Zazen und jeden Tag kam Sudiata zu ihm. Und er schaute sie an. [Während seiner Kasteiungen durfte Buddha kein Gesicht einer Frau anschauen.] Doch jetzt schaute er und dachte: „Sie ist sehr schön." Er war zum Normalzustand zurückgekehrt. Er roch sie: „Ein feiner Geruch, ein schöner Duft". Er berührte ihre Haut: „Auch nicht schlecht." Buddha verstand, dass er zu seinem Normalzustand zurückgekehrt war und in dieser Verfassung stieg eine Freude in ihm auf. In diesem Moment hatte er Satori und sah ein, dass seine Praxis der Kasteiung ein Fehler gewesen war. „Ich erwartete etwas, etwas Besonderes, eine Erleuchtung. Das war ein Fehler." Und deshalb löste sich Buddha vom Hinduismus. Verstehen Sie, Madame? Noch nicht? Machen Sie weiter Zazen, das ist besser. Dann werden Sie zum Normalzustand zurückkehren und Sie werden verstehen. Ihre Frage, Madame, war gut. Das ist ein Punkt, den viele Christen nicht imstande gewesen sind zu lösen. Satori und Erleuchtung. Wenn Sie diese Sache lösen – nicht mit Ihrem Kopf –, dann werden Sie in der Lage sein zu vergleichen und Sie werden in der Lage sein, wahre Erleuchtung zu verstehen.

Der Normalzustand

Frage: Was bedeutet „zum Normalzustand zurückkehren"?

Meister: Das bedeutet der Normalzustand. Wenn das Gehirn physiologisch, psychologisch wirklich ruhig wird. Aber wenn Sie ein wenig verrückt sind, sind Sie nicht im Normalzustand. Während der letzten Sesshin waren einige Leute bei den *Mondo* hier in einer gänzlich abnormalen Verfassung. Und bei diesem Sesshin ist es dasselbe. Manche hier sind nicht normal, wie die amerikanische Spitzensportlerin. Das Karma kommt hoch. Jeder hat Karma, auch im Gehirn, im Unterbewussten. Gedanken, Angst, Furcht verwurzeln sich immer tiefer in die Neuronen des Gehirns. Diese Gedanken kommen im Laufe des Tages an die Oberfläche, in Träumen und besonders während Zazen. Wenn diese Samen einmal gekeimt sind, dann ist nichts mehr da: Ende. Aber so weit zu kommen ist sehr schwer, weil diese Träume von heute zurückgehen zum Beispiel auf Samen, die zehn oder zwanzig Jahre früher eingepflanzt wurden. Und so ist es gar nicht leicht, ein ganz geklärtes Gehirn zu haben. Während Zazen etwas zu erstreben ist nicht gut. Wenn ihr etwas erstrebt, dann nehmen die Samen in den Neuronen des Gehirns nur zu. Aber wenn ihr meine Unterweisung genau praktiziert, wenn ihr euch auf die Haltung konzentriert, so wird euer Denken aufhören. [Sensei, der mit dem **Kotsu**[100] in der Hand dasitzt, legt es nieder und nimmt die Zazen-Haltung ein.] Konzentriert euch auf die Haltung, die Hände genau in der Stellung, und bald kommt das Denken an ein Ende. Wenn ihr so seid, erscheinen die Alpha-Wellen auf dem Enzephalogramm.[101] Das Unterbewusste steigt auf. Weil ihr nicht weiter denken könnt. Ihr versucht zu denken: „Ich muss mit Gott kommunizieren", aber ihr könnt nicht. Es ist nicht länger möglich so zu denken; wenn ihr es tut, dann werden ohne Zweifel eure Daumen nach unten fallen. [Sensei lässt die Daumen fallen.] So. Im Moment, wo ihr anfangt euch Dinge vorzustellen, passiert das. [Sensei verdreht die Augen wie die Karikatur von jemandem, der an Gott denkt.] Andere denken das Gegenteil, dass Gott nicht zu ihnen kommt, und ihre Daumen sind so. [Daumen oben.] „Gott kommt nicht", denkt er und er ist nicht glücklich. Man kann also nicht gleichzeitig die Haltung aufrechterhalten und denken. Das Unterbewusste steigt auf, man wird klar, man kommt zum Normalzustand zurück. Automatisch und spontan.[102] Deshalb leuchten alle nach dem Zazen. Die Gehirne haben sich ausgeruht und das Karma hat abgenommen. Die Augen sind hell und die Gesichter auch. Die Leute, die weiter Zazen machen, verändern sich. Diejenigen, die Zazen

---

[100] Ein kurzer, am oberen Ende gebogener Stab, den der Meister im *Dojo* mit sich trägt.

[101] Eine Aufzeichnung eines Elektroenzephalographen, eines Geräts, das schwache elektrische Impulse aufzeichnet, die vom Gehirn ausgehen.

[102] Der Normalzustand: *Gen-no-bi-choko.* Vgl. 15. August, 7:30: *Augen waagrecht, Nase senkrecht.*

fliehen, deren Gesichter verändern sich auch ... Noch eine Frage?

Originalität ist Individualität

Frage: Vor drei Monaten wusste ich nichts von Zazen. Dann hatte ich einmal einen Traum, dass ich eines Ihrer Bücher anschaute und Ihren Namen auf dem Buch, und deshalb bin ich gekommen.

Meister: Ich bin sehr glücklich. Was haben Sie in diesem Traum gemacht?

Antwort: Wir unterhielten uns über verschiedene Dinge und Sie sagten zu mir: „Für Sie reicht es jetzt mit der Individualität! Jetzt müssen Sie zusammen mit anderen lernen." Ich antwortete, ich sei nicht mit Ihnen einverstanden, was das „Aufhören mit der Individualität" betrifft.

Meister: Das ist das Karma der Menschen im Westen. Und dann?

Antwort: Dann haben Sie nicht geantwortet.

Meister: Ein guter Traum, ein historischer Traum. Schreiben Sie ihn auf. Wie heißen Sie? Ah, Monique. Moniques sind immer gut. Die erste Person, die mich in Europa empfing, hieß Monique. Am Gare du Nord. Aber Sie sind sehr schön. Woher kommen Sie? Ah ja, Brüssel. Wie alt sind Sie? Siebenunddreißig? Sie hatten eine gute Erfahrung. Haben Sie eine Frage?

Monique: Ja, zu dieser Sache mit der Individualität, zur Frage, mehr sich selbst zu werden ...

Meister: Individualität und ein starkes Ego sind nicht dasselbe. Zu Ihrer Originalität zurückzukehren bedeutet Individualität. Originalität ist nicht Karma – es ist nicht schlechtes Karma, es ist gut. Aber jeder ist anders und Sie sind nur Sie. Sie sind Ihre eigene Originalität. Das nenne ich wahren Geist. Wenn Sie das schlechte Karma abschneiden, so bleibt das gute übrig: Ihre Originalität. Sie müssen Ihre eigene Individualität entdecken. Das ist Zazen. Sie sollen nicht Ihre Individualität aufgeben. In der modernen Erziehung wird jeder gleich erzogen und man kann seine wahre Originalität nicht verwirklichen. Mit der Massenproduktion, Massenerziehung, können sogar die Eltern nicht die wahre Originalität in ihren Kindern finden. Doch sie ist schwierig zu finden. Die Erzieher können sie nicht finden. Aber ich kann sie finden – indem ich von hinten auf Sie schaue. Jeder hat seine Originalität und ich kann sie erfassen ... Machen wir weiter Zazen und unsere wahre Originalität wird sich verwirklichen. Wenn Sie das realisieren, so werden Sie stark werden. Jedenfalls ist das die Aufgabe der Religion, die Aufgabe des wahren Erziehers: Den Menschen zu helfen, ihre wahre Originalität zu finden. Finden Sie Ihre wahre Originalität und Sie werden wirklich herausragen. Die moderne Erziehung hat das vergessen, dass jeder Mensch anders ist. An den Universitäten lehren sie nur die Wissenschaften ... Sie hatten einen guten Traum, Monique. Noch eine Frage?

Indem man in den Spiegel schaut

Frage: Wenn man während Zazen Angst bekommt, dieses Zazen aufzugeben, was ist dann die richtige Einstellung dazu?

Meister: „Ich muss das Ego aufgeben." – Es ist nicht nötig, das zu denken. Machen Sie einfach nur Zazen und Sie werden es aufgeben. Aber wenn Sie denken: „Das ist mein schlechtes Karma" und Sie realisieren das, dann ist das gutes Karma. Dann werden Sie nach und nach verstehen. Sie werden verstehen: durch meine *Kusen* [mündliche Unterweisungen]; indem Sie in den Spiegel schauen. Sie sehen dann die Gestalt Ihres Gesichts erscheinen.

***

18. August – 16:00

Die Schriften von Dogen und die Mondo von Rinzai

Heute ist das Wetter schön. Wie an der Mittelmeerküste, in Cannes oder Nizza. Was ist besser, am Meer zu sitzen oder in diesem *Dojo* weiter Zazen zu machen? Die, die ihr Vergnügen am Meer oder im Club Méditerranée suchen, werden bis sie in ihren Sarg kommen nicht wissen, was das wahre Leben ist, die wahre kosmische Ordnung. Aber ihr wisst es. Hier nun ein *Mondo* mit Mayoku oder Hotetsu, einem Schüler von Baso. Eines Tages benutzte Mayoku einen Fächer, als ein Mönch zu ihm sagte: „Der Wind ist überall. Man muss keinen Fächer benutzen, also warum benutzen Sie einen?" Meister Mayoku antwortete: „Auch wenn Sie wissen, dass die Natur des Windes sich nie verändert, verstehen Sie nicht, was ‚überall wehen' bedeutet." - „Nun denn", sagte der Mönch, „was bedeutet es also?" Mayoku fächelte sich weiter zu und antwortete nicht. So schreibt Dogen ... Und jetzt ein *Mondo* aus dem *Rinzai Roku*. Meister Mayoku kam zu Rinzai für ein Gespräch, er breitete sein *Zagu* [Stoffstück für Niederwerfungen] aus und fragte Rinzai: „Von den zwölf Köpfen Kannons, welcher ist der wahre?" Rinzai, der Theater mochte, stieg von seinem Sitz, hob das *Zagu* mit einer Hand auf, packte Mayoku mit der anderen und sagte: „Die zwölfköpfige Kanon, wo ist sie jetzt?" Mayoku wand sich und tat, als ob er den Sitz Rinzais besteigen wollte. Rinzai erhob sein *Hossu* und schlug ihn.

Mayoku packte das *Hossu* und sie gingen beide in Rinzais Zimmer.

Das Kwatz-Mondo

Rinzai befragte einen Mönch über die vier Arten von *Kwatz*. Rinzais *Kwatz* – das heißt Schreie – sind sehr berühmt und es gibt viele Varianten.[103] Rinzai sagte also zum Mönch: „Manchmal ist ein *Kwatz* wie das kostbare Schwert des Vajra-Königs; manchmal ist ein *Kwatz* wie ein Löwe mit goldener Mähne, der auf dem Boden kauert." Das bedeutet, dass das erste *Kwatz* scharf wie ein Schwert ist und alles entzweihauen kann und das zweite *Kwatz* wie das Brüllen eines Löwen. Wenn der Löwe brüllt, so bersten einhundert Tier-Gehirne, heißt es im *Shodoka*.[104] Die dritte Art von *Kwatz* ist ein ... ein ... [Sensei nimmt den Text des *Rinzai Roku* näher ans Gesicht und liest dann wörtlich:] „... ist wie ein Sondierstab, an den ein Grasbüschel zur Beschattung befestigt ist." *(Allgemeines Gelächter.)*[105] Oh, ich kann dieses Englisch nicht verstehen! Englische Bücher sind nicht zu gebrauchen ... Rinzai benutzt dieses *Kwatz*, wenn er das Gesicht des Anderen sehen will; dieses *Kwatz* ist das Maß, womit er den Anderen prüft. Wenn Rinzai ein *Kwatz* von sich gibt, beobachtet er das Gesicht seines Gegenübers, so dass er den Geist des Anderen sehen, verstehen kann. Wenn ich schreie sind manche Leute schnell erschrocken und laufen weg. Manche lächeln. Meine Sekretärin ist jetzt daran gewöhnt und manchmal sagt sie, wenn ich schreie: „Möchten Sie etwas haben, Sensei? Möchten Sie ein bisschen Tee?" Rinzai hat also den Mönch gefragt: „Wie verstehen Sie das?" Der Mönch zögerte und Rinzai stieß ein *Kwatz!* aus: „Welches von den vier *Kwatz* ist das da gewesen?", fragte Rinzai. Das ist ein Koan. Es ist als das ‚Verrückte Koan' bekannt. So ist Rinzai-Zen. Immer *Kwatz!* Wie Enten. Es ist eine Trainingsmethode.[106] Hier nun ein *Mondo* zwischen Rinzai und einer großen Nonne. Früher waren Nonnen nicht so schwach; sie waren stark wie französische Frauen. „So sagte also Rinzai zur Nonne: „Willkommen? Nicht willkommen?" [Sensei wendet sich an eine seiner Schülerinnen, die in Zazen sitzt:] Mireille, wenn Rinzai so zu Ihnen sprechen würde, was würden Sie dann antworten? Jedenfalls antwortete diese Nonne mit einem kraftvollen *Kwatz*: *„Kwatz!"* Rinzai hob seinen Stock und sagte: „Schnell, sprich, sprich!" Die Nonne antwortete: *„Kwatz!"* Letztlich war diese Nonne nicht so klug. Warum hat sie nicht Rinzais *Kotsu* weggenommen, nachdem klar war, dass er drauf und dran war sie damit zu schlagen? Ein berühmtes Kom-

---

[103] Sensei kommt hier auf Dinge zurück, die er früher schon erläutert hat, damit die neu Hinzugekommenen auf dem Laufenden sind.

[104] Ein Mönch fragte: „Wie ist das, wenn der Löwe knurrt?" Unmon sagte: „Kümmere dich nicht darum, wenn er knurrt, versuch's mal, wenn er brüllt." Das tat der Mönch, doch Unmon sagte: „Das ist eine alte Ratte, die quiekt."

[105] Bei der raschen, quasi Simultanübersetzung ins Französische klingt diese Stelle besonders grotesk.

[106] „Hallo, Herr Abt, dreckigster Mönch auf der Welt", sagte Meister Ikkyu, „geben Sie mir ein *Kwatz*!"

mentarbuch zum *Rinzai Roku*, verfasst von einem bedeutenden Rinzai-Meister, stellt diese Frage. Und Dogen äußert sich auch zu diesem *Mondo*, er sagt, Nonnen sollten nicht von *Kwatz* Gebrauch machen, sondern still bleiben. Still, still und von hinten unterweisen. So ist die wahre Frau. Geduld. Einige Leute hier haben Schmerzen. Manche sind am Schlafen. – Nicht bewegen, nicht bewegen.

Mondo

Der Laie P'ang

Frage: Was halten Sie von dem Laien P'ang?

Meister: Wer?

Frage: Kennen Sie denn nicht den Laien P'ang? Dogen hat über ihn geschrieben.
Meister: Ich kenne Dogens Schriften. Es muss an Ihrer Aussprache liegen.

Frage: Dogen hat geschrieben, dass der Laie P'ang ein Spinner war.

Meister: Ein Spinner?

Philippe Coupey (unterbricht): Sensei, diese Frau bezieht sich auf ein Buch mit dem Titel „Ein Mensch des Zen". Es handelt von einem chinesischen buddhistischen Laien, der P'ang hieß und der dafür berühmt ist, dass er all seinen Besitz – sein ganzes Geld und seine Möbel – auf ein Schiff brachte, das er in der Mitte eines Sees versank. Dann ging er betteln.

Meister: Ja, jetzt verstehe ich. Nein, Dogen bewunderte P'ang. Diese Geschichte über P'ang hat mich auch beeindruckt. Jetzt erinnere ich mich daran. Philippe Coupey hat es mir genau erklärt und jetzt weiß ich, wen Sie meinen. P'ang ist nie Mönch geworden. Er erhielt die Bodhisattva-Ordination. Und davor war er ein großer Gouverneur und sehr reich gewesen. Aber er fuhr mit seiner Zazen-Praxis fort und machte immer Körbe aus Bambus. „Sie haben so viel Geld", sagten die Leute immer zu P'ang, „Sie sollten etwas davon dem Tempel als *Fuse* geben. Sie müssen den Armen helfen." – „Nein, nein, nein", antwortete dann P'ang. Und schließlich nahm er sein ganzes Geld und seinen Besitz und warf alles in den Ozean. Interessant, nicht wahr? Die Leute wollen immer geben, geben, geben. Doch er war sogar darüber hinaus. Und so sagten, nachdem er sein ganzes Vermögen weggeworfen hatte, die Leute zu ihm: „Was Sie da getan haben, ist überhaupt nicht sinnvoll gewesen! Warum haben Sie das getan?" - „Weil ich andere nicht verderben will. Ich habe es dem Tempel nicht gegeben, weil ich die Mönche nicht verderben wollte; und ich habe es nicht den Armen gegeben, weil ich auch sie nicht verderben wollte." Also deshalb warf P'ang sein Vermögen auf den Grund des Ozeans. Das ist sehr tiefgründig. Es ist historisch. Als P'ang ein Kind war, fiel einer seiner Kameraden in einen riesigen Wasserbehälter. Das Kind begann zu ertrinken und keines der anderen Kinder konnte schwimmen, keines wusste, was es tun sollte. Was hätten Sie getan? P'ang hat den Behälter mit einem großen Gesteinsbrocken aufgebrochen und das Kind war gerettet. Der Behälter war sehr teuer und riesig und enthielt eine Menge Wasser, aber was P'ang tat war weise. Das ist ein tiefes Koan. Es besteht ein Zusammenhang zwischen dem Aufbrechen dieses Wassertanks und dem Versenken seines Vermögens im Wasser. Es ist ein tiefes Koan. Wie dem auch sei, Geschenke tun den Menschen manchmal nicht gut. „Man muss den Armen helfen. Helft den Hippies; sie sind zum Erbarmen, helft doch, helft doch." Ja, P'angs Erziehung war tief ... Manchmal ist eine Ohrfeige besser. Noch eine Frage?

Meister: Alors? Mademoiselle, eine Frage?

Mademoiselle: Ja, können Sie mir bitte erklären, was es miteinander zu tun hat, dass man jeden Tag an den Tod denkt und dass man hier und jetzt lebt?

Meister: Dasselbe. Leben und Tod sind dasselbe. Wenn Sie denken: „Ich muss leben, leben, leben", dann haften Sie am Leben. Aber wenn Sie denken: „Jetzt muss ich sterben", so wird ihr Leben tiefer sein. Verstehen Sie? Ja. Sehr gut.

Frage: Wie sollen wir unsere Kinder erziehen?

Meister: Es ist, wie wenn man einen Drachen zum Fliegen bringen will. Wenn man zu sehr an der Schnur zieht, fällt der Drache. Lässt man sie zu locker, fällt er schließlich auch. Heutzutage verwöhnen und verderben dadurch viele Eltern ihre Kinder. Viele von euch sind verdorben – ihr wurdet als Kinder verwöhnt. Aber zu viel Strenge ist auch nicht gut. Eine andere Frage? Philippe? Worum geht's?

Philippe: Sie sagten, nachdem Buddha sein großes Satori hatte, verspürte er das Bedürfnis nach *Doshu* [er wollte sein Satori ausdrücken] und dazu brauchte er Gefährten ...

Meister: Ja, ja, Gefährten.

Philippe: Als Sie zuerst in diesem fremden Land ankamen, waren Sie allein und ohne irgendeinen Satori-Gefährten. Nun, waren Sie einsam, war es hart?

Meister: Ich hatte viele und jetzt noch mehr. Madame Monnot kam. Sie war bei meinem ersten Vortrag da. Am nächsten Tag besuchte sie mich und ich gab ihr eine Massage. Madame Monnot war beeindruckt, und nicht nur von der Massage. Und dann kamen gleich nach ihr viele andere zu mir. Die berühmte Sängerin, die Schauspielerin, dann Etienne, Malika, Liliane. Überall sind Gefährten möglich. Obwohl ich die Sprache nicht verstehen konnte, dachte ich, die Franzosen wären besser als die Japaner. Da ist kein Karma ... Es ist schwieriger die eigene Familie zu erziehen, weil bei der eigenen Familie die Nähe zu groß und das Karma kompliziert ist. Jeder in Japan versteht Zen. Das heißt, sie verstehen es nicht, aber ... Die Europäer sind frisch, sie haben rasch und direkt einen Bezug zu Zazen ... Es ist dasselbe mit der Liebe. Bei der eigenen Familie geht das nicht.[107] Hier ist es frischer. Nur die Essenz. [Sensei öffnet seine Faust mit einer Bewegung wie eine Knospe, die gerade aufspringt:] Paff! *I shin den shin*.[108] Die Erde wird alt und das Pflanzen sehr schwer. Aber wird die Erde anders, ist sie frischer. In Indien, China, in Japan wird die Erde alt. So ist das Pflanzen nicht frisch. Ich habe den wahren frischen Samen nach Europa gebracht. Nach dem Verfall des Buddhismus in Indien brachte Bodhidharma den Samen nach China. Damals erlebte Indien einen Niedergang. China: Seine Kultur dagegen erlebte eine Blüte. Die chinesische Zivilisation war die am weitesten entwickelte, viel weiter als jetzt. Das intellektuelle Niveau war das höchste weltweit. Der Buddhismus hat eine hohe Dimension und erfordert hochstehende Menschen. Und so kommt nach der indischen, der chinesischen und der japanischen Kultur jetzt die europäische [Senseis Gesten beschreiben das Hochklettern auf eine Leiter, dann das Pflanzen eines Samens und dann das Wachsen des Samens] und jetzt – *pop!* Das war mein Plan. Aber die Amerikaner sind ein bisschen, ein bisschen ... [Sensei schlägt sich an die Stirn und schaut Philippe an:] Was meinen Sie?

Philippe: Nun, ich denke, die amerikanische Erde ist die allerfrischeste!

Meister: Ja, ja, Amerika ist frischer. Amerika akzeptiert. Da bin ich sehr gespannt, wo wird es angenommen: in Amerika oder in Europa? Die Japaner interessieren sich sehr dafür. Es ist eine interessante Frage ... Aber Sie sind hierher gekommen! Sie sind von Amerika gekommen. Warum?

Philippe: Weil Sie hier sind.

---

[107] D. h. es ist besser sein Zuhause zu verlassen, um zu unterweisen. (Spirituelle) Liebe ist nötig und schwerer lebendig zu halten, wenn man nach Hause zurückkehrt.
[108] Vgl. Glossar.

Meister: Sie schreiben Bücher. Ihre Arbeit ist sehr wichtig, sie ist historisch. Ihre Stellung ist ganz und gar historisch.

***

18. August – 20:30

Fukes Kolomo war sein Sarg

Heute abend ist das Kusen über das letzte Kapitel des *Rinzai Roku.* Dieses Kapitel handelt von Fuke und Rinzai. Fuke ist heute in Japan dafür berühmt, dass er *Shakuhachi* [Flöte] spielte, aber ursprünglich war Fuke dafür berühmt, dass er eine kleine Handglocke läutete, wenn er durch die Straßen lief. Fuke wollte Mönch werden, also ging er in den Straßen herum und bat die Leute um einen schwarzen *Kolomo* [Mönchsgewand]. Viele Leute gaben ihm *Kolomo* als *Fuse* [Gabe]. Aber diese *Kolomo* gefielen ihm nicht, sie waren nicht gut. So ging er zum Tempel von Rinzai. Rinzai, der auf ihn wartete, sagte zu Fuke: „Ich habe einen besonderen *Kolomo* für Sie gemacht. Er ist für Ihre Ordination und Sie werden bestimmt in der Lage sein ihn anzuziehen." Fuke: „Wo ist dieser *Kolomo*?" Rinzai: „Kommen Sie in mein Zimmer und ich zeige ihn Ihnen." Und Rinzai zeigte Fuke den besonderen *Kolomo*, den er für ihn gemacht hatte: Es war ein Sarg erster Güte. „Hier", sagte Rinzai, „das ist ein guter *Kolomo* für Sie." Als Fuke den Sarg sah, war er sehr glücklich. „Ja, das ist ein sehr guter *Kolomo*." Fuke war völlig abnormal. Und so trug Fuke sein *Kolomo*, diesen Sarg, auf seinen Schultern. Er ging wieder auf den Marktplatz und rief laut: „Rinzai hat diesen *Kolomo* für mich gemacht. Jetzt gehe ich zum Ost-Tor, um in die Verwandlung einzugehen [zu sterben]." Viele Leute kamen, um zuzuschauen. Aber als er am Ost-Tor war, sagte Fuke: „Heute ist nicht so gut. Morgen. Dieses Ost-Tor ist auch nicht so gut, also werde ich morgen zum Süd-Tor gehen." Am nächsten Tag warteten alle am Süd-Tor auf Fuke. Sie waren sicher, dass Fuke an diesem Tag sterben würde, also warteten sie. Fuke kam mit seinem Sarg und setzte sich hinein. Dann sagte er: „Die Richtung dieses Tors ist auch nicht gut" und er stieg aus seinem Sarg. Dieses Spiel dauerte drei Tage. Keiner glaubte ihm mehr, er war einfach nur ein Lügner, und am vierten Tag, als Fuke am Nord-Tor ankam, warteten keine Zuschauer mehr auf ihn. Er ging trotzdem vor die Stadtmauern, legte den Sarg hin und kletterte hinein. Ein Reisender kam gerade vorbei und Fuke bat ihn, den Sargdeckel über ihm zuzunageln. „Ich will in diesem Sarg sterben, wenn ich mich also darin hinlege, sollen Sie ihn zunageln" - „*D'accord* [Einverstanden]", sagte der Reisende. „Und erzählen Sie in den Straßen, dass Fuke heute am Nord-Tor gestorben ist." Die Nachricht verbeitete sich rasch und es kam eine Menge Menschen zusammen. Sie öffneten den Sarg und entdeckten, dass der Leichnam verschwunden war. Doch von weit oben am Himmel hörten sie das Klingeln seiner Handglocke. Das ist der letzte Satz des *Rinzai Roku.* Sehr interessant. Nur das Klingeln der Glocke ... Wo ist Fuke jetzt? Ein Geheimnis. Ein Zauber. Nein, das ist kein Geheimnis, keine Zauberei. Das ist Literatur. Dichtung ... Das *Rinzai Roku* ist manchmal nicht so schlecht. Dieser letzte Satz ist sehr interessant. Rinzai kritisiert immer Fuke: „Er ist zu sehr *zusan*, zu *zusan*." Und Dogen kritisiert immer Rinzai genauso: „Zu sehr *zusan*, zu *zusan*." Wo ist das wahre Zen? Sie müssen entscheiden.

19. August – 7:00

Die Essenz des Buddhismus: Innerhalb oder außerhalb der Sutras?

[*Kinhin*:] Streckt die Knie, streckt den Nacken. Beim Ausatmen, drückt nach unten auf die Eingeweide, auf das *kikai tanden*. Drückt bei der Ausatmung den Fuß fest auf den Boden, streckt die Taille und drückt die Hände gegeneinander.

[Zazen:] Meister Rinzai hat gesagt, Buddhas Sutras seien nichts als Toilettenpapier, und dass man nicht an ihnen haften sollte. Das stimmt in gewisser Weise. Aber die Sutras sind nicht Toilettenpapier. Sutras sollten gelesen werden und man sollte an sie glauben und sie respektieren. Darin besteht der Unterschied zwischen Dogen und Rinzai. *Kyoge betsuden*: Die wahre Essenz des Buddhismus existiert außerhalb der Sutras. Dieses *Kyoge betsuden* war der Slogan des Rinzai-Zen. Seid nicht abhängig vom Wort, vom Buchstaben: richtig. Man soll nicht am Wort, am Sutra hängen. Dogen anerkannte das. *I shin den shin* ist die Essenz des Zen. Doch beides ist notwendig. Manchmal muss man den Sutras folgen, manchmal muss man dem Meister folgen. Das ist eine Methode, um Satori zu erlangen.

Die großen Klassiker des Zen und das Shin Jin Mei

Sosan, der dritte Patriarch nach Bodhidharma, schrieb das *Shin Jin Mei* und **Yoka Daishi** das *Shodoka*. Sie schrieben diese Texte, um das wahre Zen von Bodhidharma zu zeigen. Diese beiden Texte sind dieselben im Soto und im Rinzai; sie sind beide wichtig. Aber nach dem sechsten Patriarchen vezweigte sich die Linie und die Linie von Nangaku wurde zur Linie von Rinzai. *Sandokai* von Sekito und *Hokyo Zan Mai* von Tosan – beide sind nach der Spaltung der Traditionslinien geschrieben worden – sind die wahren Bibeln des Soto-Zen. Diese Werke werden jeden Morgen nach dem Zazen gesungen. Dann folgt das *Hannya Shingyo* oder ein anderes Sutra. Das ist so in allen zehntausend Soto-Tempeln in Japan. In den Rinzai-Tempeln lesen sie das *Shin Jin Mei* und das *Hannya Shingyo*. *Shin jin* bedeutet Glaube. *Shin* heißt glauben; *jin* ist Geist, Herz; und das *mei* von *Shin Jin Mei* bedeutet Niederschrift. Also heißt *shin jin* an die Essenz der Buddha-Natur in unserem

Geist zu glauben, an die Essenz des Geistes zu glauben, des wahren Geistes.[109] Davon kommt vieles. Im *Mondo* fragte eine Frau, was besser sei: an den Geist Buddhas glauben oder an den Geist Gottes? Zu vergleichen ist unmöglich. Buddhas und Gottes Geist sind sehr nah. Aber die Leute wollen Kategorien machen und so wird der Geist eng, eng. Das *Shin Jin Mei* besteht aus 584 *Kanji*-Schriftzeichen [Ideogrammen], aus 146 Sätzen [ein Satz besteht aus vier *Kanji*], und es beinhaltet die Essenz von fünf- oder sechstausend Sutras. Die Quelle der Koan der chinesischen Patriarchen – das sind 1700 Sutras – ist das *Shin Jin Mei*. Im Rinzai ist das **Hekigan Roku** eine nützlichere und bedeutendere Sammlung von Koan als das *Rinzai Roku*. Und viele Koan im *Hekigan Roku* stammen aus dem *Shin Jin Mei*. Zum Beispiel das zweite Koan, das Joshu-Koan; und auch das 57. Koan, das 58., das 59. – all diese Koan sind Sätze aus dem *Shin Jin Mei*. Das *Shin Jin Mei* ist das älteste und heiligste Werk im Zen ... Bodhidharma hat kein Buch geschrieben. Auch Eka nicht. Doch Sosan hat das *Shin Jin Mei* gschrieben. Meister Dogen hat viele Sätze aus dem *Shin Jin Mei* in seinem *Shobogenzo* benutzt. Wenn wir das *Shin Jin Mei* nicht verstehen können, so können wir auch das *Shobogenzo* nicht verstehen. Und so hat Meister Keizan, der vierte Patriarch nach Dogen, Kommentare zum *Shin Jin Mei* geschrieben; sie sind sehr tief und inzwischen sehr berühmt. Meister Shinran[110] sagt in einem Gedicht, dass Menschen, die wahren Glauben haben [shin jin], Buddha gleich sind. Das große *Shin Jin*, der glaubende Geist, ist der Weg des Buddha. Das ist Gott. Die Buddha-Natur ist Gott selbst. Im Christentum werden Gott und Mensch immer getrennt, immer einander dualistisch gegenübergestellt. Im Buddhismus besitzen alle Menschen die Buddha-Natur – und so werden die Menschen Buddha.

Sosans Biographie

Das *Shin Jin Mei* entstand vor 1300 Jahren ... Sosan[111], der über und über von Lepra befallen war – er hatte ein sehr schlechtes Karma –, ging zum *Dojo* von Eka. „Mein Karma ist nicht gut", sagte er zu Eka – schlechtes Karma wird genau zu Lepra – „ich will alles beichten." - „Sie müssen Ihre Verbrechen herauslassen", erwiderte Eka. „Was ist ein Verbrechen? Was ist gut, was ist schlecht? Die Ursache ist nicht Karma. Da ist kein Verbrechen, da ist kein Karma. Haften Sie nicht daran, an Ih-

[109] Senseis Notiz zum *Shin Jin Mei*: „Insofern unser Geist an unseren wesentlichen Geist glaubt, sind *shin* und *jin* derselbe Geist. Nicht zwei, sondern nur eins. *Shin Jin Mei* – der Geist, der glaubt und der wesentliche Geist, an den geglaubt wird – sind nicht zwei, nur eins. Die letzte Aussage ‚*shin jin funi*' drückt die volle Bedeutung des ganzen Gedichts aus. *Funi* bedeutet *nicht-zwei, nur eins*. Also bedeutet es: nur ein Geist, der unser glaubender Geist ist und der Geist als Gegenstand [des Glaubens, Anm. d. Ü.], der die Essenz des Geistes ist."

[110] 1173-1264; bedeutender japanisch-buddhistischer Meister und Gründer der Sekte Jodo Shin.

[111] Chinesisch Sengtsan († 606); Verfasser des *Shin Jin Mei*.

ren Verbrechen, an Ihren Sünden ...“ Und Eka gab Sosan die Ordination. Dann machte Sosan jeden Tag Zazen. Und durch Zazen verließ ihn seine Lepra und sein Körper veränderte sich völlig. Das ist Sosans Biographie, nur das. Später hat ein bedeutender und berühmter Kaiser in der chinesischen Geschichte, Kaiser Genso, Sosan den Namen „Großer Meister Kanshi“ verliehen. Kanshi Sosan. *Hishiryo* kommt vom *Shin Jin Mei*. Was ist *Hishiryo*?

19. August – 10:30

Glaube ist Nicht-Zweifel

Das **Shin** in *Shin Jin Mei* hat zwei Bedeutungen: einerseits glauben, andererseits der Glaube. Der Glaube der Erleuchtung, des Satori, Buddhas und Gottes sind dasselbe und nicht dasselbe. *Shin* ist aktiver Glaube; es ist auch der Geist, der passive Geist. Für mich sind Gott und Buddha dasselbe, für andere ist es überhaupt nicht dasselbe. Die Namen sind verschieden. Leute, die an Gott hängen, weichen Buddha aus. Leute, die an Buddha hängen, weichen Gott aus. Doch haftet man nicht, kann alles einbezogen werden. Ich habe Glauben an Zazen, Glauben an das *Kesa* [die Bekleidung des Mönchs]. Eure lebendigen Haltungen sind besser als Buddha-Statuen. Wenn ich ins *Dojo* komme, nachdem ihr alle sitzt, mache ich immer *Sanpai* [Niederwerfungen], nicht nur vor der Satue von Kodo Sawaki auf dem Altar, sondern vor euren Haltungen, vor euren lebendigen Haltungen ... In Bezug auf euer physisches Verhalten [d. h. ausserhalb von Zazen] ist mein Glaube nicht so groß, aber wenn wir nach dem Zazen und vor dem Frühstück zusammen *Sanpai* machen, dann haben wir einen respektvollen Geist. Dann können wir jeden wesentlichen Geist in jedem Geist spüren.[112] Im Buddhismus sind Gott und Buddha nicht dasselbe. Im *Maka Hannya Haramita Sutra* bedeutet **Ku** [Leerheit], das dessen Essenz ist: Existenz ohne Wesenskern, ohne Substanz. Also hat Buddha keine Substanz, ist nur *Ku*. Doch der christliche Gott hat eine Substanz – eine feststehende Seele, die in alle Ewigkeit lebt. Nicht-Zweifel, das ist Glaube. Ich bin mit der Erde verbunden, mit dem Kosmos, mit allen Daseinsformen. Das ist der wahre Glaube im Zen. Es ist nicht nötig Gott zu sehen, ihn sich vorzustellen, wir sind schon mit ihm verbunden. Gott lebt immer in unserem Geist. Das ist Glaube. Wir sollen an diese Verbundenheit glauben. Und so sage ich, dass die Zazen-Haltung selbst Buddha ist. Wenn man jemandem etwas stiehlt, ist man in dem Moment auch gleich ein Dieb. Es ist nicht nötig, ins Gefängnis zu kommen, um ein Dieb zu sein. Denn in eben diesem Augenblick ist man schon einer. Genauso ist es mit Zazen. Wenn ihr Zazen macht, dann werdet ihr Buddha. Glaubt an Gott und in

---

[112] Notiz von Sensei: „Da *Shin* der Glauben an unseren wesentlichen Geist (an den wahren Buddha, den wahren Gott) ist, brauchen wir keinen anderen Buddha, keinen anderen Gott – weil wir den wesentlichen Geist selbst in Zazen oder im *Kesa* finden können.“

dem Moment seid ihr mit ihm verbunden. Das ist Budhas Geist, Gottes Geist. Bis zu ihrem Sarg zweifeln manche Leute. Und so ist Gott fern.

Wenn wir philosophische oder buddhistische Wörter benutzen, um den Geist auszudrücken, dann wird es komplizierter. Rinzai etwa sagte, Sutras seien nichts als Toilettenpapier. Die Essenz des Geistes schliesslich kann überhaupt nicht erklärt werden. Weil es sich um das *Ku* des *Hannya Shin Gyo* handelt, das Existenz ohne Substanz ist. Und so sagt Rinzai: *Kwatz! Kwatz!* Dann ahmen die Schüler Rinzai nach und es wird alles zeremoniell, zu Formalismus. Wenn ein Schüler Rinzais *Kwatz!* nachahmt ist das eine Spur. Wenn ein Pferd geht, hinterlässt es Huf-Spuren. Ein Hund hinterlässt Pfoten-Spuren, ein Hahn oder eine Ente hinterlassen Hahn- oder Enten-Spuren. Es gibt vielerlei Spuren. Kant-Spuren, Hegel-, Spinoza-Spuren. Auch wenn sie den Spuren hinterherlaufen, werden sie die wahre Substanz nicht zu fassen kriegen. Im *Kongo Kyo* [Diamant-Sutra] steht, wenn wir nicht bei einer Spur stehen bleiben ist der wahre Geist da. Man befreit sich von seinem Schmutz, von seinem schlechten Karma, und die wahre Reinheit ist verwirklicht. Was ist wahres Glück? Unser Geist meint, Glück heißt reich zu werden, gut zu essen, alten Wein zu trinken, ein Zweithaus zu haben, ein schönes Haus zu haben, nach Cannes in Südfrankreich zu gehen und die Welt zu bereisen. Der Geist irrt sich ... Man denkt während Zazen, dass es heute sehr heiß ist und dass wir ins Schwimmbad gehen möchten, und unser *Bonno*-Geist, unser wünschender Geist irrt sich dabei.

Vier Mönche saßen in einer Berg-Einsiedelei um eine Kerze und machten Zazen. Es sollte vollständig stillschweigend zugehen. Doch ein Windstoß blies die Kerze aus und der jüngste Mönch sagte: „Es ist dunkel hier.“ - „Sprich nicht!“ erwiderte ein anderer Mönch. „Das geht so nicht“, griff der *Shusso* ein. „Ihr habt beide die Schweige-Regel verletzt.“ - „Ihr seid alle drei schlecht“, sagte dann der Meister. „Ich bin der Einzige, der das Schweigen bewahrt hat!“ Alle vier haben gesprochen. Die meisten Menschen im Leben in der Gesellschaft sind so. Auch Mönche.

Wahres Satori heißt, es nicht zu wissen

Geist, was ist das? Man kann ihm keinen treffenden Namen geben.[113] Die Sprache ist nicht immer geeignet, um den Geist auszudrücken. Gesten sind manchmal besser geeignet. Der Gebrauch des Daumens, ein Finger vor die Lippen. **Immo** ist ein Wort, das im Zen oft gebraucht wird, und es heißt: Das. Wie betrachten wir Buddha, wie kommunizieren wir mit Buddha? ... Wenn ich denke „Jetzt schlafe ich“, dann ist das ein Traum. Wenn wir schlafen können wir nicht wissen, dass wir

---

[113] Anmerkung von Sensei: „Auf japanisch wird Geist mit *Kokoro* bezeichnet, was Bewusstsein, Herz, Geist bedeutet. *Kokoro* ist *koro-koro*: was sich ständig wandelt.

schlafen. Das ist *Shikantaza.* Wenn wir in Zazen sind, wissen wir nicht, dass wir in Zazen sind. „Ich habe Satori." Das ist nicht wahr, ist nicht wahres Satori. „Ich kommuniziere mit Gott" – das ist nicht wahr, bei wahrer Kommunikation wissen wir nichts von wahrer Kommunikation. Viele Leute täuschen sich da. Wenn wir wahres Satori haben, dann wissen wir das nicht und das ist wahres *Shikantaza.* Denkt ihr aber, dass ihr in *Shikantaza* seid, dann ist es nicht wahres *Shikantaza.* Im allgemeinen ist ein Name vorübergehend und falsch. Alle Daseinsformen, Gestalten, Bildungen, Aspekte, all das ist nicht wahr, nicht die wahre Gestalt. Es sind nur zeitweilige Aspekte und also falsch. Deshalb anwortete Bodhidharma dem Kaiser mit den Worten *fu-Shiki.*[114] Das bedeutet: „ich weiß nicht" oder „ich denke nicht". Es kann auch „über das Denken hinaus" heißen. Eka sagte *fu ka to ku,* das heißt: nicht zu begreifen. Eno sagte *honrai muichi butsu*, das bedeutet: das ursprüngliche „nichts", alles ist in seiner Ursprünglichkeit nichts. Ich erkläre euch gerade die wahre Essenz des Zen, die Essenz des Soto-Zen, von Dogens Zen. Sie ist nur Zazen. Und dessen wahre Essenz ist *Hishiryo*, jenseits des Denkens. Die Verwirklichung von ‚Jenseits des Denkens'. Das ist keine Vorstellung, keine Kategorie. Im *Hokyo Zan Mai* steht:

> Der Schnee sammelt sich auf der Silberplatte
> Der Reiher ist im Mondlicht verborgen.

Und so ist alles weiß, das Gleiche, gleich. Doch die Platte ist silbern, das Mondlicht ist das Mondlicht, der Reiher ist der Reiher. Stéphane wurde vorige Nacht auf der Bühne zum Meister. Von der Bühne runter ist er Stéphane. In meiner Jugend interessierte mich das Theater. Auf der Bühne ein König, im Alltag ein Diener. Im Alltag bedient der König den Diener. Letzte Nacht habe ich in meinem Zimmer eine Kalligraphie gemacht. „Die Tür öffnen und den Mönch empfangen." ... Ein Mönch besucht einen Tempel in den Bergen, der Vorsteher des Tempels öffnet das Tor und begrüßt den Mönch. Das ist eine schöne Szene. Aber Stéphane dachte, als er die japanischen *kanji* las, die Kalligraphie bedeutet etwas anderes. Er dachte, es steht da: Öffne das Tor, das *Manko* heißt euch willkommen. [*Manko* ist im Japanischen ein Ideogramm, das das weibliche Geschlechtsorgan bezeichnet]. Das ist ein gutes Koan. Die Ideogramme sind dieselben, doch jeder hat eine andere Vorstellung. Japanische und chinesische Ideogramme sind sehr praktisch, sie haben viele Bedeutungen.

[114] *Fu* ist die Verneinung und *Shiki* heißt Bewusstsein.

Den auswählenden Geist aufgeben

Im *San Sho Do Ei* hat Dogen geschrieben:

> Der weiße Reiher im Schneefeld
> Das Wintergras ist unsichtbar
> Das Schneefeld verbirgt seine Umrisse.

Das hat einen sehr tiefen Sin. Es bedeutet die Haltung von *Sanpai,* die Zazen-Haltung. Wir können nicht unseren eigenen Geist anschauen. Wenn wir beobachten, wenn wir eingrenzen, dann wird es zu einer bloßen Nachahmung, einer Spur. Wir können die Spuren des Geistes einfangen. Doch dann werden die Spuren zu einer Kategorie. Jemand stellte mir beim *Mondo* eine Frage über die Zeit. Über hier und jetzt. Die Gegenwart ist wichtig. Wenn wir jetzt in diesem Moment entscheiden, dann ist dieses Jetzt vorbei. Und so heißt es im ersten Satz des *Shin Jin Mei,* dass der wahre Weg, der wahre Geist nicht schwer ist; es genügt, nicht auszuwählen. Der auswählende Geist bringt Irrtümer hervor. Auswahl bedeutet Haften. In Dogens *Shobogenzo Zuimonki* - von Ejo geschrieben, dem ältesten Schüler Meister Dogens[115] - heißt es: Wenn wir den auswählenden Geist aufgeben, können wir in diesem Augenblick wahres Satori erlangen. Das ist wahrer Geist. Manche Leute hier schlafen. Senseis Kusen, seine Worte, sind gute Musik. *Chukai!* Macht mit Geduld weiter und das Ego wird verschwinden. Das ist bei jedem so. Das schlechte Ego wird aufhören und das Ego selbst wird rein. Nichts ist gar so wichtig. Ihr seid müde, aber ihr seid nicht müde. Ihr werdet stark werden. Sich zu bewegen ist leicht, sich nicht zu bewegen ist schwer.

Mondo

Gott und Buddha

Frage: Welche Beziehung sehen Sie zwischen Buddha und Christus?

Meister: Dieselbe und nicht dieselbe. Die Zeit ist eine andere, der Ort ist ein anderer. Buddha kam vor Christus. Er kam in Indien auf die Welt und Christus in Israel. Ihr Karma ist verschieden. Aber ihr heiliger und wesentlicher Geist war sehr nah. Ich kann sie jetzt nicht vergleichen; dafür wäre ein langer Vortrag nötig. Was wollen Sie fragen?

[115] Der auch älter als Dogen war. Dogen 1200-1253, Ejo 1198-1280. Vgl. Glossar.

Frage: Während Ihres *Kusen* haben Sie gesagt, Buddha ist Gott und ist nicht Gott. Können wir also sagen, Christus sei Gott und nicht Gott?

Meister: Christus ist alles, also ist er Gott. Im Christentum, in der Christus-Gott Beziehung ist Gott immer wichtig. Aber im Buddhismus kann Gott etwas anderes werden. Wir respektieren Buddha, aber wir sollen nicht an der Gestalt Buddhas haften. Wir müssen über Buddha hinausgehen. Doch im Christentum ist es unmöglich über Gott hiauszugehen.[116] Als ich in Paris ankam, da war Herr Joly ein eifriger Anhänger des Hinayana-Buddhismus. Einmal sagte Madame Lambert zu ihm, dass Gott und Buddha dasselbe sind. Monsieur Joly wurde sehr, sehr böse. [Sensei spricht wie Joly:] „Überhaupt nicht dasselbe! Überhaupt nicht dasselbe!" Monsieur Joly war überhaupt nicht *joli* [französisch für ‚hübsch']. Er haftete zu sehr an der Gestalt Buddhas. Madame Lamberts Gedanken waren weiter, internationaler, universeller. Die Gedanken von Joly waren enger. Und ich habe also nicht mit ihnen diskutiert. Beides stimmt. Wie mit Madame im *Mondo* gestern, die über Kommunion, Kommunikation sprach. Es ist dasselbe. Hätte ich gesagt, Gott und Buddha sind das gleiche, hätte sie gesagt: „Nein, nein, nein." Es ist also ein sehr großes Problem, dieser Austausch zwischen Buddhismus und Christentum. Der letzte Papst Paul VI. wollte diesen Austausch, Freundschaft schließen. Aber er wollte den Buddhismus benutzen, das Zen benutzen.[117] In der Vergangenheit war das Christentum völlig ausschließlich. Es gab nur das Christentum und alle anderen Religionen waren völlige Häresien, sie waren nicht in der Wahrheit. Gott und Buddha sind dasselbe im Sinne der grundlegenden kosmischen Kraft. Das denke ich. Im Buddhismus ist Buddha manchmal Shakyamuni, wie bei Christus, und manchmal ist Buddha der Buddha vor Buddha. In Indien bedeutet Buddha alle Meister, alle Patriarchen. Buddhas Buddha war der absolute Buddha. Wie Gott. Das Absolute existiert nicht, hingegen der Buddha Shakyamuni. Es gibt viele Arten von Buddhas. Die Nachfolge seit Bodhidharma, Eka, Eno, jeder, alle Patriarchen: Buddha. Dogen: Buddha. Wenn ich sterbe: Buddha ... Buddha in Japan bezeichnet manche Verstorbenen. Es bedeutet, man ist tot, man ist Buddha. Im Christentum ist Gott aber ganz einfach, die Kategorie ist ganz genau bestimmt. Was ist Gott? Die christliche Theologie ist sehr deutlich. Wie dem auch sei, die Kategorie von *Ku* im Buddhismus ist das gleiche wie Gott. Die grundlegende Kraft des Kosmos. Das ist Gott, das ist *Ku*, die Essenz.

---

[116] Man stelle sich vor, dass man Gott so bezeichnet wie manche Zen-Meister Buddha bezeichnen: als Kackstab. Vgl. Fußnote 16, 2. Übungsperiode.

[117] Meister Deshimaru war im Vorjahr eingeladen worden, den Papst im Vatikan zu treffen, ist der Einladung aber nicht gefolgt.

Frage: Nachdem Christus gestorben war öffnete jemand das Grab und da war nichts. Gestern erzählten Sie dasselbe über Fuke. Was ist denn geschehen?

Meister: Geheimnis! Die Menschen mögen das Geheimnisvolle. Nach dem Tod Bodhidharmas wurde der Sarg geöffnet und da war nichts. Also erzählte man, dass Bodhidharma nach seinem Tod nach Indien zurückgegangen sei. Das ist Literatur, Dichtung, das Unendliche. Es ist eine metaphysische Frage. Mischen Sie metaphysische und physische Probleme, so werden Sie ein bisschen verrückt. Im Zen-Buddhismus werden diese Probleme nicht vermischt ... Weiter Zazen zu machen ist besser. Es ist nicht nötig, Kategorien zu machen. Aus dem Nicht-Denken kommt die Intuition. Die Weisheit kommt. Das ist besser.

Der amerikanische Supermarkt

Philippe: Letztes Jahr, als sie den amerikanischen Zen-Meister [...] erwähnten, sagten Sie, seine Unterweisung sei nicht wahres Soto-Zen ...

Meister: Nein, nicht jetzt.[118]
Philippe: Letztes Jahr sagten Sie es so. Jedenfalls interessant ist dabei, dass dieser Meister, wie ich hörte, neulich ernsthafte Schwierigkeiten mit der *Soto Shu* [der offiziellen Soto-Hierarchie und -Leitung] bekommen hat. Er ist einer der wenigen Soto-Meister, der nicht Japaner ist und ich frage mich, ob seine Probleme bezüglich der *Soto-Shu* etwas damit zu tun haben.

Meister: Das ist nicht der Grund, nicht das Problem. Er ist weg vom Soto-Zen und so ist er kein wahrer Soto-Meister. Ja, Meister [...] praktizierte Soto-Zen und ich war der Meinung, er sei lauter – früher. Er war ein echter Soto-Missionar in Amerika. Manchmal empfängt er den tibetischen Meister in seinem *Dojo*, und wenn der tibetische Meister kommt, üben sie tibetische Meditation. Ein andermal kommt ein berühmter Yoga-Meister, dann haben sie Yoga-Meditation. Es gibt viele Arten von Meditation in Amerika und er öffnet ihnen allen das *Dojo*. Manchmal Zazen, manchmal Yoga. Die Methode, die er benutzt, ist sehr frei, aber es ist nicht Soto-Zen, nicht Dogens Zen. Für Leute, die Zazen mögen, gibt's Vorträge über Zazen. Für Yoga-Liebhaber gibt's Vorräge über Yoga. Das ist sehr geschickt, aber es ist nicht wahr. Er hat da keine wahre Sache. Das ist nicht *Shikantaza*. Das ist ein Supermarkt. Man verkauft allerlei. Aber *Shikantaza* heißt nur Zazen. Yasutani war auch so. Er kam in einem Soto-Tempel zur Welt, wurde Soto-Mönch und praktizierte Soto-Zen. Er praktizierte auch Rinazi-Zen – er mochte Satori. So sagte ihm ein großer Rinzai-Meister einmal: „Sie haben Satori." Deshalb wollte er Rinzai wie

[118] Es sei daran erinnert, dass dieses *Mondo* – wie die anderen – 1978 stattfand.

Soto benutzen und deshalb mochten ihn die Rinzai-Mönche nicht. Und Soto schloss ihn auch aus. So wich Yasutani nach Amerika aus.[119] Setzt man sich auf zwei Stühle, fällt man. Jagt man zwei Kaninchen nach, entwischen beide. Konzentriert euch nur auf eines. Da wird eines alles. Mein Zen ist genau das von Dogen. *Shikantaza,* nur eines. Das ist wahrer Buddhismus. Und nicht sektierisch. Und Meister [...] – selbst wenn er jenseits des Soto-Zen ist, jenseits der Soto-Sekte, so ist sein Zen doch nicht wahr. Das amerikanische Zen täuscht sich. Es gibt das Zen von Alan Watts, das Rinzai-Zen. Viele Arten, viele Blumen. Sie sind sehr schön; aber die Amerikaner verstehen nicht das wahre Zen. So ist ihr Buch sehr wichtig, Philippe ... Mein Buch! Sie haben's aufgeschrieben. Es ist sehr wichtig. Dieses Buch wird die Amerikaner beeinflussen. Die Amerikaner sind sehr gewitzt, so werden sie rasch verstehen. Es ist interessant, dieses Buch *Die Stimme des Tals.*[120]

Dokusan

Frage: Vor ein paar Jahren konnte ich an Einkehr-Tagen in einem christlichen Kloster in Belgien teilnehmen. Jeden Tag und wann wir es wünschten stand ein Seelsorger zu unserer Verfügung, mit dem wir über unsere Probleme sprechen konnten, was wir gerade erlebten, die Erfahrungen, die wir machte; ich fand, das brachte sehr viel. Gibt es solche Zusammenkünfte im Zen?

Meister: Im Zen: *Dokusan.* Wer war der Meister?

Antwort: Jeden Tag ein anderer. Man nannte sie ‚Spirituelle Väter'.

Meister: Und was haben Sie gefragt?

Antwort: Wir konnten alles fragen, was wir wollten. Aber speziell sagten wir ihm, welche Erfahrungen wir machten, was wir fühlten.

Meister: Das wird im Rinzai gemacht. Aber im Soto nicht so sehr. Im Soto stellen die Leute ihre Fragen so, in einem öffentlichen *Mondo.* Das ist besser. Aber wenn Sie mich privat etwas fragen wollen, so ist es möglich in mein Zimmer zu kommen. Das ist *Dokusan.* Ich benutze das.[121] Doch heutzutage ist im Soto wie im

---

[119] Yasutani, der 1973 starb, war der Meister von Kapleau, Maezumi, Yamada, Aitken usw., derzeit ist das die vorherrschende Linie der Weitergabe in den USA .

[120] Es hat letztlich die Amerikaner nicht sehr beeinflusst. Der Vertrieb des englischen Originals *The Voice of the Valley* wurde einen Monat nach der Veröffentlichung plötzlich eingestellt.

[121] *Dokusan:* Eine private, formelle, traditionelle Unterredung mit dem Meister in seinem Zimmer. Im Rinzai-Zen wird *Dokusan* sehr ernst genommen. Der Schüler kommt zu einer bestimmten Zeit, macht *Sanpai* (Niederwerfungen) vor der geschlossenen Tür, öffnet die Tür und macht *Sanpai* vor dem Meister. Bevor er geht,

Rinzai das *Dokusan* formalistisch geworden. Im Rinzai geht man nach dem Morgen-Zazen mit seinem Koan zum Meister. „Was ist *mu*?" fragt der Meister. „*Kwaaat!*" Im Soto ist *Dokusan* dasselbe. Der Schüler geht in das Zimmer des Meisters, fragt den Meister etwas und der Meister gibt ihm *Kyosaku*. Weiter nichts. Reiner Formalismus. Ich habe das [diese Art von *Mondo*] geschaffen. Es ist sehr effektiv. Solche *Mondo* wie diese gibt es nie in Japan. Weil der Meister selbst die Fragen nicht beantworten kann. Also antworten sie mit einem *Kwatz* oder mit dem *Kyosaku*. Aber ich bin sehr nett, ich antworte Ihnen ganz genau. Sprache ist sehr schwer, wenn Sie mir also eine geheime Frage stellen wollen, Madame, wär's besser in einem Brief. Schreiben Sie es auf und geben Sie es meiner Sekretärin und ich werde antworten. So bleibt ihr Geheimnis ein Geheimnis.

Der Tod Buddhas, der Tod Christi

Frage: Christus starb jung, es war sehr aufsehenerregend und gewaltsam und sein Tod hat eine tiefe Bedeutung für die Menschheit gehabt. Hat der Tod Buddhas auch eine tiefe Bedeutung?

Meister: Nein. Sein Tod war natürlich. Buddha hatte einfach ein bisschen Schweinefleisch gegessen und seine Gedärme waren krank, er starb sehr natürlich. Er war etwa 85 Jahre alt und es war nichts Aufsehenerregendes oder Besonderes daran. In Indien ist es nicht gut, Schweinefleisch zu essen und für die Hindus ist es sogar verboten. Aber Buddha hat Schweinefleisch gegessen – ich habe das in einem echten Sutra gelesen.[122] Es geschah, als er bei einem Gläubigen in Kusinagara war. Der Gläubige [Cunda, ein Schmied] hatte Buddha eingeladen und das Essen schmeckte sehr gut und alle aßen sehr viel; und Buddha, dessen Eingeweide schwach waren, starb. Er starb in einem Wald, einem schönen Wald, zwischen zwei schönen Bäumen, zwei Sala-Bäumen. Viele Schüler, alle seine Gläubigen, alle Tiere – eintausend, der Wald war voll – sammelten sich um ihn ... Buddha hatte eine ganz hervorragende Haltung und gab ihnen zum Schluss das Testament-Sutra, *Butsu Yuikyo Gyo*. Nach diesem *Kusen* [mündliche Unterweisung] fiel er in einen tiefen Schlaf. Das ist eine sehr berühmte Szene; sie ist auf dem Nirwana-Bild dar-

---

macht er wieder alle *Sanpai*. Philippe Kapleau Roshi, ein Rinzai-Meister, schreibt, dass die „... Koan-Praxis des Zen ein *Crescendo* von Schlägen und Schreien kurz vor dem Treffen mit dem Meister erreicht, das im Aufbruch oder besser im *Run* zum *Dokusan* kulminiert. Beim *Dokusan* hat der Meister einen Stock, den er tüchtig auf die Rücken der Schüler sausen lässt, wenn sie sich vor ihm verbeugen." (zitiert nach: K. Kraft [Hg.], *Zen, Tradition and Transition*. N.Y.: Grove Press, 1988, S. 282). Bei Sensei ging es anders zu: keine *Sanpai*, außer natürlich, wenn man das gerne wollte; kein bestimmter Zeitplan – man rief ihn am Telefon an und machte einen Termin aus. Da war *Dokusan* immer frei und natürlich.

[122] Dagegen behaupten buddhistische Vegetarier, dass Buddha starb, als er einen Pilz aß. Der Pilz wurde einfach mit Schweinefleisch von denen verwechselt, die im Sutra darüber berichteten. Quellen der Theravada-Tradition erläutern sehr genau, welche Ähnlichkeit ein indischer Pilz mit einem Stück Schweinefleisch hat.

gestellt [auf dem Buddha auf seiner rechten Seite liegt]. Dieser Tod hat keine Bedeutung. Sein Testament dagegen ist sehr berühmt. Meister Dogen schreibt im 59. Kapitel des *Shobogenzo* darüber. Buddha starb auf natürliche Weise, er lächelte und war friedlich. Das ist Nirwana. Nirwana, vollkommen ruhig, nur das. Mit Christus war es anders. Sein Tod war sehr dramatisch. Und die Religion dann genauso. Buddha hatte mehr als achtzig Jahre Lebenserfahrung und so veränderte sich seine Unterweisung. Buddha hat fünfzig Jahre länger gelebt als Christus; und er hat sich verändert. Auch Kodo Sawaki – als er jung war, und dann später mit fünfzig, sechzig, siebzig und dann kurz vor seinem Tod mit achtzig – er hat sich noch und noch verändert. Meine Unterweisung hat sich auch verändert. Meine alten Schüler wissen das. Seit der Zeit, als ich hier ankam, bis jetzt hat sie sich verändert. Sie ist tief geworden. Christentum und Buddhismus sind also verschieden. Ein Mensch, der achtzig Jahre lang lebt, wird tief. Seine Erfahrung wird sehr tief. Aber für jüngere Leute ist Christentum sehr effektiv. Ich selbst habe, als ich jünger war, die Erfahrung des Christentums gemacht. Es hat mich sehr beeindruckt. Aber Buddhismus ist tiefer. Und so ist es sehr effektiv, nach dem Christentum den Buddhismus zu praktizieren; die Persönlichkeit wird tiefer ... Eine andere Frage?

Der Geist ist immer derselbe

Frage: Heute morgen haben Sie gesagt, dass der wahre Geist nicht aussucht; doch im Alltag werden wir dauernd vor Entscheidungen gestellt. Wir müssen immer wählen. Wie können wir diese beiden Erfordernisse in Einklang bringen?

Meister: Gute Frage! Es ist eine physisch-metaphysische Frage. Wenn man den Weg sucht: nicht wählen. Im Alltag ist es notwendig zu wählen. Makrobiotiker wählen immer: [Sensei spielt jemanden, der Nahrung, die ihm vorgelegt wird, in Augenschein nimmt.] „Das ist nicht gut, das esse ich nicht! Oh, das ist sehr gut, das esse ich!“ Der Geist ist wichtig. Ich suche meine Schüler nicht aus. Wenn sich jemand davonmacht, *d'accord!* Wenn jemand kommt: willkommen! ... Der Geist ist immer friedlich. Der Geist der meisten Menschen ist immer am Aussortieren. Aber ein solcher Geist praktiziert nicht. Das ist ein Widerspruch; und so wird das Leben dann schwer. Wenn der Geist nicht wählt ist er in seiner normalen Verfassung und für diesen Geist ist alles *d'accord*. Ich hab' kein Geld, nun gut. Der Geist ist nicht wählerisch. Das ist eine Entscheidung. Sich zu entscheiden ist wichtig. Bewusstsein schafft immer Karma. „Das musst du so machen!“ oder: „Das musst du vielmehr so machen!“ Aber die kosmische Ordnung ist nicht so. Also ist es nicht nötig auszuwählen. Schlechte Dinge werden schließlich gut und gute Dinge schlecht. Wenn wir etwas erhalten, verlieren wir etwas. Das läuft immer so ab; der Geist ist immer gleich. Verstehen Sie? Das ist Satori. Innerer Geist. Alles. Weisheit ist notwendig. Zuviel wünschen und es entwischt. Die Katze, die Frau. Doch wenn der Geist ruhig wird, so kommt alles. Sogar Geld. Geschäft ohne Profit ist Unsinn. Im Geschäftsleben ist es notwendig, zu Geld zu kommen. Im Geschäftsleben, im Leben, ist Weisheit nötig.

***

19. August – 20:30
Nichts ist so sehr wichtig

Der wahre Weg ist nicht schwer, aber die Menschen wollen auswählen und so wird es kompliziert. Satori ist überhaupt nicht schwierig. Es ist einfach. Es bedeutet, zur normalen, ursprünglichen Verfassung des Gehirns zurückzukehren. Nirwana bedeutet allumfassender Tod. Kommt man in den Sarg, ist das vollständiges Satori. Zazen heißt: in den Sarg kommen. Da gibt's keine Ausschmückung. Die Familie kümmert sich um die Ausschmückung. Nach unserem Tod brauchen wir keinen Schmuck, kein Essen, keinen Sex. Es ist sehr einfach, sehr rein. Christus sagte in der Bibel, dass alle Lebenden zum Tod zurückkehren. Doch dann gibt ihnen Gott neues Leben. Denkt ihr, während ihr im Sarg seid, dann werdet ihr verstehen, dass nichts wichtig ist. Während Zazen – wenn man es lange geübt hat – sind die Dinge nicht so wichtig. Die Quelle der Ängste nimmt ab. Die Wünsche und Begierden nehmen ab.[123] Manchmal tauchen sie wieder auf: „Was ist aus meiner Familie geworden?" Auch wenn ihr Schmerzen habt, wenn ihr in Zazen leidet, auch wenn ihr jetzt sterbt – macht nichts. Es ist nicht so wichtig. Einfach weiter Zazen machen und in dem Moment erledigt sich alles. Die Philosophien, die Sutras, die Ängste, die Befürchtungen – so wichtig sind sie nicht. Übt Zazen auf diese Weise und alles wird sich schließlich erledigen. In den *Mondo* wird es keine Fragen mehr geben. Das Gehirn ist dann einfach geworden. Aber wenn ich sagen sollte: „Falls es keine Fragen mehr gibt, machen wir weiter Zazen", dann gibt es bestimmt jemanden, der denkt: „Ich muss mir eine Frage einfallen lassen." Und so tauchen Gedanken auf und das Gehirn wird kompliziert und immer mehr Gedanken tauchen auf. Ein kleiner Unterschied am Anfang ist am Ende ein großer Unterschied. So groß wie zwischen Himmel und Erde. Zazen ist nichts, es ist einfach. Aber sogar das kann kompliziert werden. Manche machen fünf oder sieben Jahre weiter Zazen, und ihr Zazen ist kompliziert geworden. Das Karma ist anders und das Denken und die Bestrebungen sind nicht dieselben. Als ich ein Kind war, wollte mich meine Mutter zu einem kleinen Mönch machen. Sie war sehr religiös, wie Kannon [Avalokitesvara], und sie achtete Mönche. Sie hat sogar einmal meinen Kopf kahlgeschoren. Sehr gut; ich hatte eine hübsche Kopf-Form. Aber meine Mutter war auch sehr

[123] „Könnten wir einmal im Sarg auf unser Leben zurückblicken", sagte Meister Kodo Sawaki, „würden wir wahrscheinlich denken: ‚Es wäre gewiss ganz gut gewesen, nicht über allem so ernst geworden zu sein'."

sparsam und so konnte sie das Geld für den Friseur sparen ... Um die zwanzig wurde ich neurotisch: Ich las Philosophie, Literatur, Bücher über Buddhismus und Christentum und ich wurde kompliziert. Dann beschäftigte ich mich mit Rinzai in Engakuji. Danach ging ich zu [dem Soto-Meister] Kodo Sawaki in den Tempel von Sojiji und sagte ihm, ich wolle Mönch werden. Unsinn, sagte er. Er kannte meinen Charakter. Wenn er mir die Mönchs-Ordination zu früh geben würde, dann würde ich bestimmt wieder davonlaufen. Besser, mir die Ordination knapp vor seinem Tod zu geben. So würde ich dann nicht abhauen. Ich gebe jedem die Mönchsordination: Alles, was man tun muss ist darum zu bitten, und ich sage: *„D'accord, d'accord"*. Der Körper erhält sie, nicht der Geist. Aber später empfängt sie auch der Geist. Körper und Geist, bestimmt ... Satori bedeutet, dass es keine zu fliehende Welt gibt, keine zu suchende Welt gibt. Das ist wahres Zazen, *Shikantaza.*

20. August – 7:00

Genshi und das Licht des Mondes

Wenn ihr es nicht kennt, wie der tiefe Weg wirkt, wird euer Gehirn vergebens ermüden. *Genshi. Gen* bedeutet tief oder Grund; *shi* bedeutet Wirkungsweise. *Genshi* hat eine tiefe Bedeutung, eine tiefe Eigenart. Es bedeutet: der wahre Weg. Wenn wir nur auf den Finger schauen, der auf den Mond zeigt, können wir den Mond von *Genshi* nicht sehen. Jeder Mensch ist anders. Jeder hat eine andere Dimension. Zwischen der des kleinen Mädchens und der des Mannes: Ich liebe dich. Das kleine Mädchen kennt das nicht ... Wenn die Dimensionen verschieden sind, dann ist es sehr kompliziert. Aber wenn die Dimensionen dieselben sind, dann kann man schnell verstehen. Mann und Mann, Frau und Frau, Pferd und Pferd, Homosexueller und Homosexueller.[124] Der Schatten des Monds geht überall auf, und das Licht spiegelt sich an jedem Ort. Aber sein Schatten lebt im Geist derer, die ihn anschauen. Der Schatten des Monds ist nur einer, derselbe. Aber im Geist jedes Betrachters ist er verschieden. *Genshi,* die tiefe Wirkungsweise, der Urquell, erfüllt den ganzen Kosmos. Und doch – wie das Mondlicht ist es in jeder Stadt, in jedem Dorf. Die grundlegende kosmische Kraft ist überall, hier und jetzt. Also auch in Zazen, jetzt im Moment. Aber wir können sie nicht anschauen; wir können sie nicht ergreifen, sie nicht berühren. Weil ein Jedes sein eigenes Karma hat. Die Dimensionen sind nicht dieselben. Das ist Satori, das ist Erleuchtung, Kommunion. Jeder Mensch hat seine Vorstellung, seine Kategorie, seinen eigenen Maßstab. Jeder wählt für sich. Hört euch die Stimme des Tals an. Wenn ihr nach Hause zurückkehrt versucht, euch an diesen Klang zu erinnern. Die Stimme des Tals, der

[124] „Gibt es irgendein Geschöpf an Land oder im Wasser, das sein größtes Vergnügen nicht an Geschöpfen seiner Art findet? Wäre es anders, weshalb sollte dann ein Stier sich nicht mit einer Stute vergnügen oder ein Hengst mit einer Kuh?" (Cicero).

Strom im Tal, die Farbe des Bergs – das ist von Sotoba, ein großer Dichter im alten China. Also in einer Nacht, als er Zazen in seiner Einsiedelei machte, hörte er die Stimme des Tals und erwachte völlig. Unbewusst, automatisch und natürlich drang *Genshi* in den tiefen Grund seines *Kikai tanden*. *Genshi*, die tiefe Wirkungsweise. *Genshi*, die Wurzel, die Quelle. Alle Erscheinungsformen sind bloß ein Traum, eine Luftblase, ein Schatten, ein Donnerschlag, ein Tautropfen – es ist alles dasselbe. Der fließende Strom – er ist unbeständig, immer verändert er sich. Aber er ist [auch] beständig, es ist der Strom, der immer fließt, nie anhält, und das Wasser ist immer frisch. Luftblasen an der Oberfläche eines Teichs: Manchmal verschwinden sie, manchmal tauchen sie wieder auf. Unser Leben ist so. Es ist nicht nötig, hinterherzurennen oder wegzulaufen.

Kaijo!

Nicht bewegen! Sobald ich *Kaijo* sage, bewegt ihr euch. Ihr lauft der Trommel hinterher, dem Klang der Trommel. [Die Trommel wird neun Mal geschlagen, sie gibt die Uhrzeit an.] Der Klang der Trommel ist sehr tief und am Ende von Zazen hat er eine große Wirkung. Er berührt euer *Kikai tanden* unter dem Nabel. So wird es stark. [Der Holzblock, der am Eingang des *Dojo* hängt, und die Metallscheibe, die vor der Küche hängt, gute zweihundert Meter entfernt, werden immer rascher geschlagen, so dass die Klänge aufeinander antworten und sich vermischen.][125] Die traditionellen Klänge, die ihr während und nach Zazen hört, haben eine tiefe Bedeutung.

20. August – 10:30

Das letzte Zazen: Die Blüte ist abgefallen und der Berg ist ruhig

Drückt gegen den Himmel mit dem Kopf, gegen die Erde mit den Knien! Wenn euer Geist normal wird, ruhig, verschwindet er natürlich und von selbst. Das ist Satori, das ist *Hishiryo*. Hier Meister **Keizan**s Kommentar dazu:

> Die weißen Wolken verschwinden, der blaue Berg steht allein.
> Die nachlassende Kraft der vielen Berge löst sich auf,
> Nur einer – der höchste, der an den Himmel reicht – steht aufrecht.
> Keiner erreicht seinen Gipfel, keiner kennt seinen Namen.

[125] Nach diesem Wechselspiel zwischen Holz und Metall schlägt der *Shusso* die kleine Glocke, der *Kyosaku*-Verantwortliche darauf den großen Gong und beim vierten Schlag stimmen alle das *Hannya Shingyo* an. Die Monodie des Gesangs wird von zwei Instrumenten begleitet, vom großen Gong und vom *Mokugyo*. Der Gong, eine Klangschale aus dickem, gehämmertem Metall, wird zu Beginn geschlagen, am Ende und während der Pausen, mit einem durch eine Stoff-Ummantelung abgedämpften Schlegel. Das *Mokugyo* ist aus Holz und sieht wie ein aufgeblähter Fisch mit teilweise geöffnetem Mund aus, es wird ebenfalls mittels eines Schlegels mit Stoff-Kopf geschlagen. Der Gong zeigt also an, gleichsam als Signal, während das *Mokugyo*, mit seinem verhaltenen Schlag, das Tempo und die Lautstärke des Gesangs angibt.

Selbst Buddha und die Patriarchen können es [Doshu] nicht erklären,
Weder beim Vortrag noch durch das Schweigen.
Dort, wohin man gelangt ist durch tiefes Erforschen,
Schaut man den ganzen Tag lang,
Doch sind da keine Augen, um es zu sehen,
Die ganze Nacht lang lauscht man,
Doch sind da keine Ohren, um es zu hören.

Keizans Gedicht ist sehr schön; dieses Gedicht gefällt mir gut. Was ist Zazen? Genau das ist es.

Die Musik eines Saiteninstruments ohne Saiten,[126]
Selbst die Ärmel der Menschen aus Holz bewegt sie.
Eine Flöte ohne Löcher,
Sie findet selbst mit Menschen aus Eisen die Harmonie.[127]

Shinpo kyochi. Shin ist Geist und *Po* ist Gegenstand, Objekt. So verschwinden Subjekt und Objekt zusammen. *Kyo* ist die Umgebung, die Objekte, und *Chi* ist Weisheit. *Kyochi tomoni minzu:* Umgebung und Weisheit zusammen verschwinden. Also zusammen, ohne Absprache – da ist kein Planen, kein Vergleichen, kein Denken – hört der Wind auf zu blasen, die Wellen sind verschwunden und der Ozean ist wieder ruhig. Die Blüte fällt und der Berg wird friedlicher. Die Blüte fällt und die Menschen sind weggegangen. Nachdem die Blüte gefallen ist und die Menschen weggegangen sind, ist der Berg friedlicher. Das ist der Aspekt des Geistes während Zazen. So ist es zu verstehen. Es ist nicht nur eine Landschaft, sondern auch der Zazen-Geist. Es ist eine Val d'Isère-Landschaft. Die Landschaft und das letzte Zazen sind dasselbe. Macht Zazen und ihr braucht nicht ins Gebirge zu gehen. Zazen und die Berge sind dasselbe. Der wahre Berg ist im Geist. Bitte, schaut auf den Berg in eurem Geist. Das ist die Beziehung zwischen Leben und Tod und die Erfahrung davon kann während Zazen gemacht werden. Die Blume fällt bedeutet, dass alles ein Ende nimmt, Gutes und Schlechtes. Manche hier kritisieren andauernd: das Essen, die andern Leute. Und sogar während des *Sesshin* sagen sie noch: „Es ist kalt heute und wir brauchen ein bisschen Wärme." Und sie denken darüber nach, wie sie bei der Börse Gewinne erzielen können. All das ist schlechtes Karma. Doch wenn der Wind bläst, fällt die Blume ab. Alles fällt ab. Da ist dann keine Dunkelheit und kein Licht, kein Hinterherrennen und kein Davonlaufen. Da ist keine Angst und keine Furcht. Der Berg wird vollkommen friedlich. Das ist Zazen.

---

[126] Ein *Biwa*, eine Art japanischer Gitarre.
[127] D. h. ein *Biwa* beeinflusst sogar den Geist der Plumpen; eine Flöte ohne Löcher setzt sich sogar mit dem starken Menschen in Einklang („bewegt": beeinflusst; „Ärmel": Geist; „hölzern": plump; „eisern": stark).

Kyosaku!

Das ist das letzte Geschenk.. Das *Kusen* ist sanft. Der *Kyosaku* ist kraftvoll. Zazen ist trockenes Holz ohne Denken. Die tiefe Weisheit erhebt sich. Der blaue Berg steht allein. Es gibt viele Berge und ihr Emporwachsen ist zuende. Da ist nur einer: der höchste, der Berg, der sich in den Himmel erhebt. Das ist der Zazen-Geist. Ihr müsst während Zazen ein trockener Baum werden. Das stammt aus einem Gedicht von Meister Daichi.[128]

Trockener Baum

Werft ab den Körper
Steht am Rand des Abgrunds.
Der Wind poliert, der Regen wäscht –
Wieviele tausend Mal?
Die Rinde der Bäume fällt ab,
Es bleibt nichts übrig als die lautere Wahrheit
Und selbst eine Axt kann sie nicht aufbrechen.

Dieses Gedicht spricht nicht nur von einem trockenen Baum, es drückt Zazen aus.[129] Kein Wind mehr, die Blume ist abgefallen und der Berg ist ruhig – das ist das letzte *Kusen*.

---

[128] Dogen Keizan Meiho Sotetsu Daichi (1290-1366).

[129] Ein *Dojo* wird auch „Ort der trockenen Bäume" genannt, während eine andere Bezeichnung für Zazen „trockene Bäume" (*Koboku*) lautet.

4. ÜBUNGSPERIODE

23. AUGUST – 31. AUGUST

23. August – 10:00

Die harten Küsse von Meister Kiss

Kinhin ist dasselbe wie Zazen. Es ist Zazen im Stehen, es ist Zazen in Bewegung. [Jeder übt jetzt *Kinhin*.] *Kinhin* ist schwerer als Zazen. [Jemand fällt in Ohnmacht.] *Kinhin* und Zazen rufen eine starke Reaktion hervor. Die Leute, die schwach sind, deren Nervensystem angeschlagen ist, fallen schnell um. Aber danach werden sie stark. [Zazen:] Nicht bewegen, nicht bewegen. Wenn ihr euch bewegt, sollt ihr vorher *Gassho* machen. Wer die Geduld nicht hat oder krank oder knapp vor einer Ohnmacht ist, der soll vorher *Gassho* machen. Und dann sollen die Pfeiler sie hinausbegleiten. [Jemand anderer wird hinausbegleitet.] Ein *Sesshin* bedeutet, unseren wahren Geist berühren, mit ihm in Verbindung treten. Wir müssen nach innen schauen. Wir müssen das in der Ruhe, in der Stille tun. Aber ein *Sesshin* bedeutet auch, das Wünschen und Begehren zu verringern. Die Menschen in der modernen Zivilisation haben zuviele Wünsche. Komplizierte Wünsche, die sie nicht verwirklichen können. Und so werden sie dann krank. Die Menschen haben zuviele Wünsche und können sie deshalb nicht befriedigen. Es bleibt ihnen also nichts übrig, als ihre Phantasie zu benutzen. Können ihre Wünsche sich nicht verwirklichen, werden sie krank oder verrückt oder begehen Selbstmord. Wahrer Friede bedeutet, nicht zu viele Wünsche im Innern zu haben. Auf diese Weise wird die Verwirklichung der Wünsche sehr leicht und es ist keine Angst da. Das Innere ist ruhig. Es ist schwierig, die Wünsche zu verringern. Macht aber weiter Zazen und es geschieht unbewusst und automatisch. Die Atmosphäre ist sehr ruhig, die anderen sind ruhig. Wenn ihr den Regeln des *Dojo*, des *Sesshin* folgt, werdet ihr den Einfluss der anderen empfangen. Von der Atmosphäre werdet ihr ruhig werden, und eure inneren Wünsche werden abnehmen.[130]

Früher dauerten in Japan die traditionellen *Sesshin* ein, zwei oder drei Monate. Heute nur zehn Tage oder einen Monat. Damals waren *Sesshin* nur für Mönche. Wenn ein Mönch zum ersten Mal kam, wurde ihm nicht gleich gestattet, das *Dojo* zu betreten. Er musste im Warteraum warten. Um eingeübt und geprüft zu werden. Manche warteten eine Woche, bevor sie ins *Dojo* durften. In der Geschichte des Zen wurden viele große Zen-Meister zuerst im Warteraum geprüft. Hier gibt es keinen Warteraum, nur eine Garage. Im Warteraum konnte man nicht schlafen. Das Essen war reduziert.

[130] Der Meister richtet sich hier vorrangig an die Neuankömmlinge, die zu dieser abschließenden zehntägigen Übungsperiode gekommen sind.

In der Geschichte des Rinzai-Zen gab es einen Mönch, er gehörte zur direkten Linie von Nangaku, des großen chinesischen Patriarchen, er hieß Sekken Kiss.[131] *Sekken* heißt auf japanisch Seife; aber es bezeichnet auch einen Berg in China. Und sein erster Schüler hieß Fusan Ho on.[132] Fusan ist der Name eines anderen Bergs in China. Ho-on war einmal in ein Soto-*Dojo* gegangen, der Leiter war Taiyo Kyogen[133], ein berühmter Patriarch der Soto-Linie, und Kyogen wollte später Ho-on das *Shiho* [Weitergabe] verleihen. Ho-on lehnte aber ab, weil er schon die Rinzai-Ordination erhalten hatte. Ho-on also, der auch eine Soto-Erziehung empfangen hatte, kehrte zum Rinzai-Meister Kiss zurück. Kiss war sehr stark. Während der Vorbereitungszeit zu einem *Sesshin* gab es viele Leute im Warteraum von Kiss, und jeden Morgen brachte Kiss einen Eimer Wasser. Einen Eimer für jeden Wartenden. Dann schüttete Kiss den Eimer über den Kopf jedes Wartenden aus, so dass sie völlig durchnässt waren. Das war im Winter und es war kalt und alle waren verärgert. Dieser Meister war verrückt. Ich bin sehr nett. Ich heiße euch willkommen. Ihr seid alle sehr willkommen. Ich umarme euch, auch wenn ich nicht „Kiss" heiße. Meister Kiss gab nie sanfte Küsse. Also prüfte Kiss, ob sie imstande waren dem *Sesshin* zu folgen. Und alle machten sich davon. Ausser Ho-on. Ho-on allein war geduldig. „Ich komme vom Soto-*Dojo* von Taiyo Kyogen und ich will hierbleiben. Auch wenn Sie mich jeden Morgen mit Wasser überschütten. Weil ich gekommen bin, um den Weg zu suchen." Suchen ist nicht so leicht, ist nicht so schwer. Und Kiss war beeindruckt. Die meisten Leute kommen nur, um zu essen oder zu tanzen oder einen Sexualpartner zu finden. „Aber das ist nicht der Club Méditerranée hier", sagte Kiss. Ho-on wurde der *Tenzo* ... Kiss war sehr strikt. Es gab nur hundert Mönche in seinem *Dojo*, aber es waren alles starke Mönche. Weil nur die Starken blieben. Es gab nie genug zu essen. Es gab nur *Genmai*-Suppe morgens und *Genmai*-Suppe zu Mittag. Es gab nichts zum Nachtessen, ausserdem bestand die *Genmai*-Suppe vor allem aus Wasser. So nahmen die Wünsche aller ab: Ihre Wünsche betrafen nur das Essen. Sie waren sehr, sehr hungrig. Das ist gut für Zazen; isst man zuviel, wird Zazen schwer. Dann ging Meister Kiss einmal weg, er machte einen Spaziergang und der *Tenzo* Ho-on, der für die Mönche Mitgefühl empfand, wollte für sie mehr kochen als nur *Genmai.* So suchte er in den Räumen des Meisters den Schlüssel zur Vorratskammer und nahm Nudeln, die er allen gab. Kiss kam da gerade zurück und rief den *Tenzo*. Laurent, Guy, kommt![134] Kiss war sehr verärgert. „In meiner Abwesenheit habt ihr gestohlen! Ihr habt den Schlüssel gestohlen!" - „Die Mönche sagten: Wir waren ausgehungert, also haben wir den Schlüssel gestohlen." - „Ihr seid genauso wie ein Dieb! Ihr könnt nicht länger in

[131] Auch unter dem Namen Yoken Kisei bekannt. Seine genauen Lebensdaten sind nicht überliefert.
[132] Rinzai-Meister, 991-1067.
[133] Soto-Meister, 942-1027.
[134] Laurent und Guy sind die beiden *Tenzo* dieses *Dojo*.

diesem *Dojo* leben. Raus mit euch, raus ..." Ho-on ging fort und reiste umher. Doch manchmal kam er zum *Dojo* zurück und schlief vor dem Eingangstor. Kiss wurde wieder ärgerlich: „Sie müssen weg. Ein Dieb kann nicht hier schlafen." Ho-on ging betteln. Er bettelte rund um den Tempel. Und wenn Kiss weg war, machte er Zazen im Garten unter den Bäumen. Als Kiss das sah, sagte er: „Das ist ein Tempel-Garten. Sie müssen für den Platz bezahlen, den Sie einnehmen." Kiss war sehr sparsam. Da gab ihm Ho-on das Geld und den Reis, die er beim Betteln bekommen hatte; und so machte er weiter Zazen im Garten des Tempels, auf dem Platz, für den er bezahlte. Und dann begegnete Kiss eines Tages Ho-on, der auf der Straße bettelte, und er sagte zu ihm: „Sie tun das für den Weg. Sie suchen den Weg. Sehr gut."... Und zuletzt gab er dann Ho-on das *Shiho.* Diese Geschichte ist berühmt, weil Ho-on zuerst eine Soto-Erziehung erhalten hatte. Soto-Zen ist nicht so nachlässig. Geduld ist notwendig ... und Ho-on hatte seine Wünsche schon verringert.
Kaijo!
Nicht bewegen, nicht bewegen. Die letzten Augenblicke von Zazen sind sehr wichtig. Ihr müsst Geduld üben ... Stéphane! Socken sind nicht gut.[135] Du bist nachlässig, du ziehst dich nachlässig an. Deswegen hast du dich erkältet. Jeder soll darauf achten, sich während dieses *Sesshin* nicht zu erkälten.

23. August – 20:30
Rinzai verstehen

[Das Fenster zum allmählich dunkler werdenden Dämmerungshimmel hin ist geöffnet, die blauen Berge, die Geräusche und Töne, der Wind in den Kiefern und der Fluss weiter unten – jeder hat seine Aufmerksamkeit aufs Hören des Anderen gerichtet, vernimmt, was die Welt sagt, die sich nie wiederholt, immer sich selbst bleibt, den Berg hinunter verhallt, in die Stille verklingt ...]

Wenn wir den Klang des Tals, des Flusses hören, dann erhebt sich der wahre religiöse Geist. Der amerikanische Junge Philippe Coupey hat auf Englisch *The Voice of the Valley* geschrieben, das jetzt in New York herauskommt. Das Buch beschäftigt sich mit meinen Reden vom vergangenen Jahr in Val d'Isère, als ich über das Karma im Menschen sprach, über Konzentration und Beobachtung. Und jetzt, dieses Jahr, vergleiche ich das Zen Rinzais und Dogens: das *Shobogenzo* und das *Rinzai Roku.*

Jede Religion ist anders und jeder religiöse Geist ist anders. Warum ist Rinzai gekommen? Warum bildete sich seine Sekte? Ich sprach schon von Rinzais Besuch

[135] In einem *Dojo* darf nur der Meister Socken tragen.

im *Dojo* von Obaku. Und wie Rinzai drei Jahre lang nur Zazen übte und nie auch nur ein *Mondo* mit dem Meister hatte. Ich habe in vielen Büchern darüber nachgelesen und schließlich die wirkliche Geschichte verstanden. Sie wird nicht in anderen Büchern erklärt, auch nicht im *Rinzai Roku.* Und kein Meister hat darüber etwas Tiefes geschrieben. In jungen Jahren hat sich Rinzai eingehend mit der Psychologie des Buddhismus beschäftigt. Er hat sich mit dem *Yui-Shiki* beschäftigt, dem Visryana [sic!] des Mahayana-Budhismus. Das *Yui-Shiki* ist komplizierter und viel tiefer als die moderne Psychologie ... Rinzai las also nur Bücher. Er machte nicht Zazen und so wurde er zu intelligent, zu gelehrt. Dann wurde er Mönch und ging ins *Dojo* von Obaku. Rinzai fand den Buddhismus sehr kompliziert, deshalb ging er zu Obaku. Doch was er da erlebte war das völlige Gegenteil von buddhistischer Philosophie. Jeden Tag einfach nur *Kyosaku.* Jeden Tag die starke Stimme von Meister Obaku. Und er stellte sich viele Fragen. Also sagte ihm der *Shusso*, er solle mit einer zum Meister gehen. „Was für eine Frage soll ich denn stellen?" sagte Rinzai. „Fragen Sie den Meister, was die Essenz des Buddhismus ist", antwortete der *Shusso.* Rinzai hatte Angst. Trotzdem ging er hin und stellte die Frage. Er erhielt keine Antwort. Er bekam den *Kyosaku* und lief weg. Der *Shusso* schickte ihn zurück, da bekam er *Rensaku* – und nicht auf den Akupunktur-Punkten, sondern auf den Kopf ... Wie ich auch – als ich zum Rinzai-Meister Asahina in Engakuji ging, in meiner Jugend, wurde ich auch auf den Kopf geschlagen und ich lief auch weg; aber ich ging nicht wieder hin.[136] ... Rinzai hatte aber viel Geduld und ging nochmal hin. Er kehrte zweimal zurück und erhielt neunzig Schläge. Wie dem auch sei, er war voller Zweifel. „Ich will spazierengehen", sagte er zum *Shusso.* „Nicht weglaufen, nur spazieren gehen." - „In dem Fall", sagte der *Shusso,* „will ich Sie mit einem großen Meister bekannt machen und Sie können zu ihm gehen. Meister Taigu, Meister ‚Großer Narr'. Dieser große Meister ist ein großer Narr."[137] Rinzai fand das sehr interessant. Nach wenigen Tagen kam er im Tempel von Taigu an und dort traf er den Großen Narren. „Warum sind Sie gekommen?" ... Rinzai erzählt ihm: „Wenn ich Obaku eine Frage über die Essenz des Buddhismus stelle, so bekomme ich nur *Rensaku.* Habe ich einen Fehler gemacht?" Er war voller Zweifel. „Sie haben gar keinen Fehler gemacht. Aber warum können Sie nicht verstehen? Weil Sie beknackt sind." - „Wieso bin ich beknackt?" - „Weil Obaku Ihnen die genaue Antwort gegeben hat. Und außerdem hat er Sie auf wirklich nette Art unterwiesen." In dem Moment erlangte Rinzai Satori. „Oh, die Essenz des Buddhismus ist sehr einfach", sagte er. Als Rinzai wieder heimkam, fragte ihn Obaku: „Verstehen Sie denn jetzt die Essenz des Buddhismus?" - „Ja, ich verstehe", antwortete er, stand auf und schlug Obaku ins Gesicht. Obaku sagte ihm, er solle nicht zu nahe kommen. „Mein Schnurrbart ist sehr stark. Sie dürfen den Schnurr-

---

[136] Vgl. 2. Übungsperiode, 4. August, 7:30: *Das Dojo wurde zum Schlachtfeld.*
[137] Das Schriftzeichen *taigu* bedeutet: großer Narr.

bart des Tigers nicht anrühren." In seiner Jugend, bevor er Mönch wurde, war Rinzai sehr gescheit – er hatte viele Bücher gelesen. Also hat Obaku das gekappt. Obakus Stock war sehr wirkungsvoll ... Für die ganz Gescheiten sind Schreie und *Rensaku* sehr wirksam. Für jeden ist es anders, aber für Rinzai war es wirksam. Und so benutzte er immer diese Methode für seine Schüler. Deshalb hat ihn dann Dogen kritisiert: zu schludrig. [Zwei Personen sind in Ohnmacht gefallen und werden vom *Kyosaku*-Verantwortlichen und einem der Pfeiler hinausgetragen.] Zu Beginn fallen viele Leute um. Heute sind es schon vier oder fünf gewesen. Das liegt daran, dass sie zu ihrer ursprünglichen Verfassung von Körper und Geist zurückkehren. Für Leute also, die ein schwaches Nervensystem haben, ist das sehr gut: Gerade bevor sie Selbstmord begehen oder bevor sie sterben, fallen sie hin ... Aber für Leute, die richtig verrückt sind, gilt das nicht. Die wirklich Kranken zu heilen ist schwierig. Doch für Leute, die zu nervös sind, die zuviel denken, zuviel Drogen nehmen, und für die, die von ihren Eltern, von ihrer Erziehung, ihrer Umgebung verzogen wurden, ist das Rinzai-Zen manchmal effektiv. Aber die Rinzai-Erziehung ist keine normale Erziehung. Deshalb hat Dogen das Rinzai-Zen kritisiert und gesagt, es sei *zusan*; ungehobelt und barbarisch.

Über dieses Nicht-Denken denkt bitte vom Grund des Nicht-Denkens – so sollt ihr denken. Denkt nicht vom Grund des Nicht-Denkens, sagte Dogen. Denkt nicht übers Denken. Denkt Nicht-Denken. Beides. Das ist *Hishiryo*. Das ist das Geheimnis des Zen. Was ist *Hishiryo*? Während Zazen übt jeder *Hishiryo* aus. Der Einfluss, der von der Haltung kommt, ist notwendig. Wenn die Haltung falsch ist, könnt ihr nicht den *Hishiryo*-Zustand schaffen. Für Blaise Pascal ist es das *Roseau pensant* [denkendes Schilfrohr] – das ist religiöses Denken. Ich kenne Pascales Geist nicht. Aber wenn Dogen lebte würde er sagen, dass Pascal sehr fein war, sehr aufmerksam und nicht schludrig.

Unser Leben ist sehr begrenzt, gerade so wie der Wind, wie der Fluss. Es geht sehr schnell vorbei. Die Zeit geht vorbei und der fließende Strom ist überhaupt nicht beständig. Er verändert sich dauernd. Der Fluss bleibt, aber das Wasser verändert sich ständig ... In einem stehenden Gewässer erscheinen mal Luftblasen, mal verschwinden sie. Das *Roseau* im Mondlicht: Der Herbstwind kommt und es denkt immer und dann, vor dem Winter, stirbt es. Das *Roseau* ist sehr schwach. Aber es denkt. Das wahre *Roseau* jedoch denkt nicht; der Mensch denkt. Das ist religiöses Bewusstsein. Was ist der religiöse Geist? Der Geist kehrt zurück, er sinkt zur Wurzel der Geburt. Das heißt denken: Nachdenken über unsere Wurzeln, unseren Ursprung, unsere Geburt. Der Mensch wird aus einem Loch geboren und er endet in einem anderen Loch. Er geht von Loch zu Loch. Das ist das Leben des Menschen. *C'est la vie* ... Das Lachsweib kehrt zu ihrer Quelle zurück, zum Ursprung ihrer Geburt. Und dort legt sie ihre Eier; sie befruchtet sie, dann stirbt sie. Alle fühlenden Wesen haben den Wunsch, zum Ursprung ihrer Geburt zurückzukehren. Doch für den Menschen ist es nicht nötig zum Ursprung seiner Geburt zurückzukehren, zur Körperöffnung seiner Mutter, weil der Mensch sein Vorderhirn entwickelt hat, seinen Intellekt; er besitzt ein Gedächtnis. So denkt er darüber nach. Manchmal kann das zu Animismus führen. Wie die Leute, die ins Gebirge gehen wollen, den Klang des Tals hören wollen. Der Mensch sucht nach dem Grund. Warum? Warum? Von Ursprung zu Ursprung. Warum? Warum? Logisch, mathematisch denkende Menschen entdecken die unendliche Reihe. Es ist das Gesetz der Serien. Menschen, die einsehen, dass der Kosmos unendlich ist, das Ego aber nicht, verstehen. Das Leben ist kurz. Das Leben geht vorbei, vorbei wie ein Fluss, wie ein Pfeil. Wir müssen schnell zum Sarg und schnell betreten wir ihn. Das ist der wahre religiöse Geist. Und so wollen die Menschen eine vernünftige Suche schaffen, jenseits ihres begrenzten Lebens.

Die große Weisheit der Vorgeschichte: Zeremonien einfacher Moral

In prähistorischen und alten Zeiten waren die Menschen nicht wie Tiere, aber anders, und sie schufen eine einfache Moral und einfache Verhaltensweisen. Das ist die Wurzel der Zivilisation; es war primitiv, sehr einfach. Das war die große Weisheit der Menschheit in vorgeschichtlicher Zeit. Die Zeremonie, die Niederwerfungen [*Sanpai*] und das Singen des *Hannya Shingyo* sind sehr einfach. Einfache Moral, einfaches Verhalten. Das ist die Wurzel unserer Zivilisation. Warum machen wir *Sanpai*? Im großen Sutra *Hannya Haramitsu* steht geschrieben, dass wir für Buddha *Sanpai* machen. Das ist *Maka Hannya Haramitsu,* die Große Weisheit. Das ist *Prajna*, Weisheit. Wir machen jeden Morgen nach dem Frühstück zusammen *Sanpai*, der Meister und die Schüler zusammen, auf dem Beton [einer Terrasse vor Senseis Wohnräumen]. Jeder berührt mit der Stirn den Beton. Eine tiefe Bedeutung. Es bedeutet, Weisheit zu schaffen. Legt eure Stirn auf den Beton und ohne Zweifel wird Weisheit entstehen. Macht *Sanpai* für Buddha aus Respekt für Buddha; bringt Blumen dar, eine Kerze, Weihrauch, lest die Sutras – all das ist Zeremonie. Warum machen wir *Sanpai*? Um Weisheit zu erschaffen.
Kyosaku! Gebt *Kyosaku* allen, die es wünschen.
Und denen, die zu gescheit sind.
Chukai!

24. August – 7:30

Die fünf Revolutionen der Menschheit

Während Zazen: kein Hören, kein Schauen, kein Denken. Nicht mit den Augen schauen, aber schauen. Nicht-denkend denken.[138] Heute morgen hängt kein Vorhang vor dem Fenster und die Leute schauen zum Fenster hinaus. Oder sie schauen auf die Hüften der Frau vor ihnen. Hört den Klang des Tals. Hören, doch nicht hören. Jemand im schwarzen *Kolomo* spaziert draußen herum.[139] Er kann dem Ganzen nicht folgen. Er ist eine Krebszelle. Normale Zellen werden abnormal. Sie werden verrückt und das wirkt sich dann auf die anderen normalen Zellen aus. Er läuft jetzt über die Brücke. S., es ist nicht nötig hinzuschauen! Sie sind auch eine Krebszelle. Schauen Sie während Zazen nicht auf andere.

[Alle stehen jetzt in *Kinhin* und der Meister sagt:] Wenn die Form gerade ist, ist der Schatten gerade; und so wird der Geist gerade.

[Zazen:] In der zukünftigen Zivilisation, der Zivilisation des 21. Jahrhunderts, wird die Revolution nicht materialistisch sein wie die kommunistische, sondern eine innere, spirituelle Revolution. Eine Revolution des Geistes. Die Menschen irren sich im Bewusstsein. Die Leute denken überhaupt nicht nach, nur übers Materielle. Der Materialismus hat sich entwickelt und der Mensch hat den Geist vergessen. Nur ihr, die ihr euch selbst anschaut, erkennt den Geist. In der Entwicklung der Menschheit zähle ich fünf Stufen, fünf Revolutionen. Die erste fand in der Vorgeschichte statt, als der Mensch sich aufrichtete. Dann kam die landwirtschaftliche Revolution: die Entwicklung der Ernährung. Dann kam es zur Bildung von Städten. Zuerst lebten sie auf Schiffen, jetzt leben sie in Paris. Vom 4. bis zum 6. Jahrhundert vor Chr. kam es zu einer spirituellen Revolution. Eine spirituelle Neubesinnung. In England war sie industriell, in Frankreich kulturell. In Indien erschien der Buddhismus. Die jetzige Revolution ist wissenschaftlich, industriell gewesen. Die heutige Zeit ist vollkommen materiell. Das Materielle beherrscht den Geist des Menschen. Das ist ein großes Problem für das zwanzigste Jahrhundert. Wie sind wir hier und jetzt? Wie in unserem Geist? Die Menschen haben den Geist vergessen. Auf der vierten Stufe kam es zur spirituellen Revolution. Es geschah vier bis sechs Jahrhunderte vor Christus und erstreckte sich auf die ganze Menschheit: Indien, China, Griechenland.[140] Die Menschheit vollbrachte diese große spirituelle

---

138 „Du sollst es nicht zulassen, dass die Alltags-Erfahrung in ihrer Mannigfaltigkeit dich zwingt, dem Auge, das nicht sieht, oder dem Ohr, das voller Getöse ist, oder der Zunge zu gestatten, dein Denken zu beherrschen." (Parmenides, 6. Jh. v. Chr.).

139 Als er aus dem Fenster vor ihm schaut sieht Sensei jemanden, der ein Mönchsgewand anhat und am Ufer des Flusses entlanggeht.

140 Wie Pythagoras, der griechische Philosoph im 6. Jh. v. Chr., der auf der Suche nach Weisheit gen Osten aufbrach und dann eine Gemeinschaft von Schülern in Italien gründete. Er lehrte die Reinkarnation und

Revolution. Und jetzt muss die Menschheit dahin zurückkehren. Der Mensch muss den Wert des Bewusstseins finden; er muss den Wert des Geistes der Menschheit finden. Die ersten Revolutionen der Menschheit sind alle sichtbar gewesen. Niemand vergisst die Städte, niemand vergisst die aufrechte Haltung. Landwirtschaft ist auch sichtbar. Aber die spirituelle Revolution ist unsichtbar. Und so haben die Menschen sie vergessen. Ich mache nun schon vierzig Jahre lang Zazen. Ich habe mich nur auf Zazen konzentriert und so verstehe ich: Die Menschheit hat vergessen. Die Menschheit interessiert sich nicht für den Geist, sie ist nur daran interessiert, nach außen zu schauen. Sogar hier gibt es welche, die nur nach draußen schauen. Wie dieser Mann, der über die Brücke geht in seinem schwarzen *Kolomo*. Während des *Sesshin* – bitte folgt dem Ganzen, folgt den Regeln. Wenn ihr sie übertretet, seid ihr wie eine Krebszelle. Man muss an der Zelle operieren, sie ausscheiden, beseitigen. Umgekehrt: Eine Person, die sich auch nur eine Stunde, auch nur eine halbe Stunde konzentriert, wird Einfluss ausüben in die vier Richtungen. Konzentriert sie sich in *Shikantaza*, wird sie den ganzen Kosmos, das ganze Dasein beeinflussen. Wenn ihr Zazen macht, wenn ihr eine gute Haltung habt, wenn ihr das *Hishiryo*-Bewusstsein habt, so wird das den Kosmos in alle Ewigkeit beeinflussen.

24. August – 20:30

Der Widerspruch: Hellebarde oder Schild?

Was ist wahres Glück? Die sexuellen Wünsche zu befriedigen? Gestern während Zazen waren ein Mann und eine Frau zusammen in einem Zimmer. Der *Kyosaku*-Verantwortliche hat sie gefunden. Sie lagen auf dem Bett und sie waren dabei ... Sie hatten gedacht, dass sie während Zazen bestimmt ein freies Zimmer finden und nicht gestört würden. Also warteten sie, bis es Zeit war Zazen zu machen. Sie sollten *Rensaku* erhalten. Aber ich will warten, bis es wieder geschieht. Einmal erlaube ich. Ich weiß, wie sie heißen. Sie sind in Zimmer Nummer ... Ich habe seit dem Beginn gesagt, das ist hier nicht der Club Méditerranée. Bestimmt wird jetzt schlechtes Karma entstehen. Sex und Appetit befriedigen – das ist wichtig für das Glück des Menschen. Aber heutzutage gibt es freien Sex, und so ist es zu einem wichtigen gesellschaftlichen Problem geworden. Sex ist schwer zu befriedigen. Es braucht zwei Partner, einen Mann und eine Frau ... Selbstbefriedigung ist einfacher. Kodo Sawaki witzelte gern, dass Selbstbefriedigung bequemer ist, weil man nur ein Geschlechtsteil braucht. Und so sei sie nicht teuer und spare Zeit. Und danach sei es nicht kompliziert. Dieses Problem von sexueller Befriedigung – mit der Zeit wird es zu einem Liebesproblem ... Liebe hat einen spirituellen Wert; ohne Liebe

predigte eine neue Lebensweise, die von der Liebe zur Weisheit, ohne Ziel und Absicht *(mushotoku)*, geleitet sein sollte.

wird es kompliziert. Begierde, Liebe und dann keine Liebe. Manche Leute wollen den Partner wechseln. Sie wechseln und wechseln und das schlechte Karma häuft sich an, und dann wird das schlechte Karma verwirklicht. Sexualmoral ist sehr wichtig. Läuft man dem Sex nach, so wird sich schlechtes Karma bemerkbar machen. Pervertierter Sex ist nicht gut. Er hat Einfluss auf den Körper und die Gesundheit. Er führt zum Verlust von Vertrauen, Respekt, Ehre zwischen den Menschen. Die Menschen werden euch nicht mehr achten und das wird einen Einfluss haben auf die Familie, die Kinder, und so entsteht Karma. Um eine lange Liebe zu erhalten ist eine gesunde Familie notwendig. Aber heutzutage sind die Familien nicht gesund und sie dauern nicht lange an. Die meisten Menschen sind nicht zufrieden. Sie wünschen sich zu begehren und zu lieben, aber sie verwirklichen es nicht. So kommt es zu Widersprüchen, die zu Leiden werden. Glück wird Unglück. Also ist die Befriedigung von Wünschen nicht das, worum es echtem Glück geht. Was soll getan werden? Es ist sehr wichtig zu kontrollieren, zu meistern. In den traditionellen Religionen wurde Sex verboten, verleugnet. So kam es zu Kasteiung, was keine echte Praxis ist, und es entstanden Widersprüche. Wie lösen wir Widersprüche? Das ist das Problem der modernen Zivilisation. Alles ist Widerspruch: Glück, Begehren, Politik. Linke und Rechte sind völlig gegensätzlich; Spiritualität steht im Widerspruch zum Materialismus, Wissenschaft zur Technologie. Wie können wir das also lösen? Die Religion kann es nicht, auch die Moral nicht, und offensichtlich kann Politik es auch nicht lösen; weder die Universitäten noch die Eltern. Das ist ein großes Problem, es ist ein Problem des menschlichen Bewusstseins, des Geistes des Menschen. Und auch für den Psychoanalytiker ist das ein großes Problem. Moderne Psychoanalytiker komplizieren die Sache nur noch mehr. „Was haben Sie letzte Nacht geträumt?“ So fragen sie zum Beispiel. Solche Dinge machen die Leute noch kränker. Es macht sie verrückt. Es bringt sie dem Selbstmord nah. In den alten Religionen hat Gott alles geregelt. Doch dann entwickelte der Mensch die Fähigkeit eine unmittelbare Anschauung der Natur zu gewinnen, und so entwickelten sich die Naturwissenschaften und es entstanden Rationalismus, Materialismus, Technologie usw. und Religion wurde zum sogenannten Opium des Volkes. Heutzutage sind Religion und Moral zugrunde gegangen, während im Gegenzug Rationalismus, Materialismus und Wissenschaft zum Opium des Volkes geworden sind. Das menschliche Gehirn ist an sich nicht rational. Es beinhaltet einen großen Widerspruch zwischen dem intellektuellen Vorderhirn und dem primitiven Tier-Hirn. Also müssen wahre Religion ohne Opium und friedfertige Wissenschaft ohne Opium in dieser künftigen Zivilisation in Einklang gebracht werden. Seit ich in Europa bin handeln meine *Kusen* von Widersprüchen und wie man sie lösen kann. Wir können das menschliche Bewusstsein, das menschliche Karma nicht verändern, lösen. Die Ärzte können es nicht, die Psychoanalytiker auch nicht. Und die moderne Erziehung, mit ihrem Nachdruck auf den Wissenschaften, schafft nur Gegensätze und Kategorien. *Mujun* bedeutet Widersprüche. *Mu* bedeutet Hellebarde und *Jun* heißt Schild ... In alten Zeiten in China führten die Waffenhändler dem Kaiser eine neue Hellebarde vor. Sie war sehr stark und durchbohrte jede Art von Schild. Also bestellte der Kaiser ein große Anzahl solcher Hellebarden. Dann brachten die Waffenhändler starke Schilde aus Eisen, so stark, dass keine Hellebarde sie durchbohren konnte. Der Kaiser, der gescheit war, sagte zu ihnen: „Ihr habt mir beides gezeigt. Ich will beides benutzen." Damals wurde das Schriftzeichen *Mujun* geschaffen – und von da an kam es zu Gegensätzen. Die moderne Krise ist genauso. Ideologien, immer Ideologien. Professoren, Ärzte, Politiker, Geistliche vertreten immer die eine oder die andere Seite. Entweder als Hellebarde oder als Schild. Wie lösen wir nun dieses Problem? Perfekte Weisheit im Buddhismus ist *Hannya.* Ich schreibe gerade ein Buch über *Maka Hannya Haramitsu.* Dogen auch. Den ersten Vortrag nach seiner Rückkehr aus China hielt er über das *Maka Hannya Haramitsu.* Wie dem auch sei, ich schreibe gerade einen Kommentar von 500 Seiten über dieses Buch.[141] Weisheit ist kompliziert. Aber die Schlussfolgerung ist sehr leicht, sehr einfach. Wir müssen sowohl Schild als auch Hellebarde verstehen. In der rechten Hand müssen wir die Hellebarde halten, mit der linken den Schild ergreifen. Wir müssen beides haben. Wir sollen diese Waffen nicht gebrauchen, aber wir müssen sie haben – so können sie die Widersprüche lösen. Und so wird dann Weisheit daraus. Mit der wir noch größere Weisheit schaffen können. Wir können alle Widersprüche lösen. Seid nicht kompliziert. Seid immer frei. Das ist das *Hishiryo*-Bewusstsein. *Hishiryo* schafft unendliche Weisheit.

25. August – 7:30
Glück und die amerikanische Unabhängigkeitserklärung

Am Beginn von Zazen sollte man sich sieben bis acht Mal wie ein Pendel mit immer geringeren Ausschlägen ‚einpendeln'. Auf diese Weise werdet ihr euren Schwerpunkt in Zazen finden und euch nicht mehr zu bewegen brauchen. Wenn ihr das vergesst, wird Zazen schwierig. Und ebenso: Bevor ihr wieder aufsteht solltet ihr euch ‚auspendeln', mit immer weiter werdenden Ausschlägen. So werden dann die Nerven stark, die aus dem fünften Lendenwirbel austreten. Dassselbe gilt

[141] Deshimaru, Maître Taisen. *Le Sutra de la Grande Sagesse. Editions Retz, 1980* (auf Deutsch im Verlag Werner Kristkeitz, Leimen 1988. *Hannya Shingyo – Das Sutra der höchsten Weisheit.* [Anm. d. Ü.] Das Buch hat allerdings keine 500 Seiten. [Anm. des Verlegers]). *Maka* bedeutet höchste, größte; *Hannya* ist vollkommene Weisheit; *Haramitsu* bedeutet, die ganze Menschheit retten. Die höchste, vollkommenste Weisheit, um die ganze Menschheit zu retten. - „Werde ich gefragt: ‚Was ist deine Religion?', antworte ich: ‚Die Kraft von *Maka Hannya.*' Manchmal Dinge bejahend, manchmal Dinge verneinend, ist sie jenseits der Weisheit der Menschen. Manchmal mit gesundem Menschenverstand, manchmal dagegen, der Himmel kann sich keinen Reim darauf machen." (Yoka Daishi, †713)

für die Nerven im *Kikai tanden.* Einer meiner ältesten Schüler, Stéphane, sitzt in Zazen mit weit geöffnetem Mund, er gähnt. Er soll die Hand vor den Mund tun.

Warum ist die heutige Zivilisation so, wie sie ist? Warum wurde diese große materielle Zivilisation entwickelt? Warum dieser riesige technologische Fortschritt? Vor zweihundert Jahren haben die Vereinigten Staaten von Amerika ihre Unabhängigkeit erklärt und darin haben sie geschrieben, dass jeder Mensch das Recht hat, nach seinem eigenen Glück zu streben. Dreizehn Jahre später kam es zur französischen Revolution. Und die Menschenrechte, eine aufklärerische Philosophie, entstanden. Die ganze Welt strebte nach Glück. Und die meisten Menschen begriffen dieses Glück als erreichbar durch die Befriedigung von Wünschen. Wenn der Mensch gutes Essen, ein gutes Haus und guten Sex hätte, wenn er Geld und Güter besäße, dann würde er bestimmt glücklich. Wenn wir in der amerikanischen Geschichte nachlesen, so sehen wir, dass sie nach dem Materiellen strebten. Zuerst, gleich nach der Loslösung von Großbritannien, entwickelten sie sich rasch auf dem Gebiet der Landwirtschaft. Zunächst war ihr Glaube an den Puritanismus sehr stark. Sie waren stark im Arbeiten. Sie waren nicht faul, mühten sich ab. Bis hundert Jahre nach ihrer Unabhängigkeit – bis zum Bürgerkrieg – änderte sich ihre Währung nicht, ja mehr noch, der Preis für Waren sank um die Hälfte. Das war keine Inflation. Amerika war sehr reich, es hatte große Ressourcen an Nahrungsmitteln und der Pioniergeist war stark. Es gelang ihnen, die stärkste Wirtschaftsmacht der Welt aufzubauen. Anfangs setzten die Amerikaner alle Mühe daran, die materielle Basis für das Menschenleben zu schaffen. Und so wurden sie zum reichsten Land der Erde, im wirtschaftlichen Bereich gingen sie der ganzen Welt voran. Heute gibt es auf der anderen Seite die Kommunisten, die Sozialisten; sie wurden zum Gegenteil, und so sind auch sie sehr stark geworden. Aber inzwischen sind die Ressourcen des Planeten begrenzt und das ist ein Problem. Wie mit dem Erdöl. So geht es mit dem Fortschritt: Die Ressourcen des Planeten sind begrenzt und so haben wir immer mehr Krisen. Von ihren Wünschen gelenkt, streben die Menschen nach materieller Befriedigung: Ihre Wünsche verwirklichen sich und dabei haben sie die Wurzel des Glücks verloren. Materielle Reichtümer, praktische Bequemlichkeiten, Ernährung und so weiter sind wichtig, aber sie sind nicht die Erfüllung des Glücks. Das Aufkommen der Hippie-Bewegung in Amerika ist ein Beispiel dafür.

Eine neue Erscheinung: Die Suche nach psychologischem Glück

In der ganzen Welt suchen die Menschen heutzutage nach einem anderen Glück, einem psychologischen Glück. Denn die Menschen können nicht wirklich glücklich werden, wenn sie nicht ihren eigenen Geist befriedigen und den Grund ihres Herzens. Der Mensch hat in wirtschaftlichen wie materiellen Dingen größte Erfolge errungen. Und die traditionellen Moralvorstellungen, die Lebensmoral, haben sich verändert. Freier Sex, pornographische Filme. Seit ich nach Europa gekommen bin, hat die Zahl der Menschen, die hierher zu diesen Sommerlagern kommen, zugenommen, ohne viel Werbung [von Seiten der *Association Zen*]. Wenn wir eine große *Dojo*-Halle hätten und Werbung machen würden, kämen 5000 Menschen. Die Leute suchen psychologisches Glück; das ist eine andere Erscheinung. Sucht man materielles Glück, geht man in den Club Méditerranée. Herr Blitz, der Leiter des Club Méditerranée, sagt: Jedes Jahr nimmt die Zahl derer ab, die Materielles, Essen und Sex suchen. Jetzt wollen sie Yoga, Kampfkünste, Zazen. Es ändert sich. Deshalb veranstaltet Herr Blitz jetzt spirituelle Ferien.[142] Das geht nicht so leicht; weil jeder Mensch anders ist. Essen und Sex zu organisieren ist leichter. Aber das spirituelle Problem ist schwerer zu organisieren, weil das Karma eines jeden anders ist. So muss jeder selbst sein eigenes Problem lösen, durch die Praxis der Meditation. Wir müssen uns selbst anschauen, unseren eigenen Geist. Es gibt viele Arten von Meditation. Aber die Haltung und die Atmung und die Art, wie wir während der Meditation denken, sind das Allerwichtigste. Also haben wir Zazen. Macht Zazen und ihr könnt das wahre Glück finden. Euer Karma verändert sich; euer schlechtes Karma nimmt ab und ihr könnt das wahre Glück auf dem Grund eures Herzens finden. Anfangs tut Zazen weh. Wer die Erfahrung von Zazen nicht gemacht hat, kann nicht verstehen. Das letztendliche Glück, das Ende des Leidens geschieht in der Haltung und dem Frieden des Geistes. Es ist das Ende der Widersprüche. Das *Hishiryo*-Bewusstsein löst alle Widersprüche.

24. August – 20:30

Das primitive Gehirn des Menschen: Der Hypothalamus

Ohne Verschmutzung im Wasser des Geistes,
Hell ist der Mond.
Selbst die Wellen brechen sich an ihm
Und werden zu Licht.[143]

Der helle Mond ist die Zazen-Haltung. Die Wellen sind *Bonno*, Illusionen. *Bonno* brechen sich an ihm und in dem Moment ist Erleuchtung, Licht. In dem Moment ist das Licht *Bodhi*, Satori, Nirwana ... Selbst Wellen, selbst *Bonno* werden Nirwana. Unsere Wünsche, die Illusionen des Alltags, sind wie Wellen. Die Wellen sind bloße Form, bloße Erscheinung. Ihre Substanz ist nur Wasser. Sie verschwinden rasch wie Luftblasen. Wellen haben keine Substanz, keinen Wesenskern. Sie verändern

---

[142] Siehe Fußnote 15, Übungsperiode 3.

[143] Dogens Gedicht *Zazen*. Vgl. Übungsperiode 3, 18.August, 8:30: *Die Welle schlägt und die Welle bricht,* für eine weniger durchgeformte Wiedergabe desselben Gedichts.

sich ständig wie Wasser in einem Strom, immer im Fluss. Unbeständig. Klang hat auch keinen Wesenskern. Was ist Klang? Steine und Felsen stoßen aneinander und es entsteht Klang.

[Jeder geht jetzt hinter dem anderen her in *Kinhin*. Der Meister geht durch die Reihen, schaut sich die Haltungen an:] Spannung ist wichtig; aber nicht zuviel. Nach dem Aufbau von Spannung beim Ausatmen kommt die Entspannung beim Einatmen. Ein verkrampftes Gesicht ist aber nicht richtig. Ein bisschen Freude ist notwendig, ein kleines Lächeln. Manche hier sind völlig verkrampft. Die Gestalt des Gesichts beeinflusst den Geist. Manche Leute, die weiter Zazen machen, werden ganz böse. Es ist nicht nötig, Bodhidharmas Züge anzunehmen. Manchmal lächelte Bodhidharma.[144]

[Zazen:] Dogen hat im *Shobogenzo* geschrieben, wenn ein Mensch auch nur kurze Zeit Zazen macht beeinflusst es den ganzen Kosmos und alle Daseinsformen. Es beeinflusst sogar die Berge, die Bäume und die Blumen. Während des *Sesshin* wird die *Sangha* ruhig und ganz Val d'Isère, alle Menschen da, werden ruhig. Sogar die Tiere. Sogar die sehr Verrückten. Die Verrückten verstehen. Ihr Hypothalamus versteht. Der Hypothalamus von Mensch und Tier ist sehr lauter.[145] Eben flatterte ein Schmetterling ins *Dojo* und ich beobachtete, wohin er fliegen wollte. Er setzte sich auf meinen Kopf. Der Schmetterling versteht: Dieser Meister ist sehr ruhig, er ist nicht gefährlich ... Heute Nachmittag kam Doktor Evelyne auf mein Zimmer zur Akupunktur; sie war sehr überrascht, weil ein Spatz durchs Fenster hereinflog. „Sensei, Sensei, ein Vogel, ein Vogel!" Es war sehr lustig ... Vorgestern kam eine schwarze Katze zu mir, während ich an meinem Schreibtisch saß. Die Katze hat mich richtig gestört. Sie setzte sich mitten auf meine Arbeitspapiere und war nicht zu verscheuchen ... Ich erlebe das oft während *Sesshin*. Katze und Hunde und andere Tiere kommen ins *Dojo*. Sie wollen während der *Sesshin* im *Dojo* schlafen. Bilou[146] wartet immer vor dem *Dojo* und morgens führt er die Prozession.[147] Aber sobald man ein Auto hört, bellt Bilou. Sobald es laut wird, gibt er Laute von sich. Der Hypothalamus versteht. Wenn ein Verrückter verrückt wird, so geschieht das im Vorderhirn. Der Hypothalamus wird nie krank, wird nie verückt. Wenn er es

[144] Nach seinem populären Bildnis – grimmiger Ausdruck, Augen wie brennende Kohle unter buschigen Augenbrauen – und den ihm zugeschriebenen Worten würde man das nicht unbedingt annehmen.

[145] Der Hypothalamus ist das instinktive primitive Gehirn im Unterschied zum Vorder- oder intellektuellen Gehirn. Er befindet sich ungefähr im Zentrum des Kopfes. Er ist der Ort der Verbindung zwischen Körper und Geist; er steuert die Sinne, und er kontrolliert die Homöostase – das Bestreben des Körpers, in seinem Inneren konstante Bedingungen aufrechtzuerhalten, und zwar unabhängig von den Veränderungen der äusseren Umweltbedingungen.

[146] Ein Hund, der zum *Dojo* gehörte.

[147] Jeden Morgen nach dem Zazen und vor dem Frühstück ging Sensei in einer Prozession durch den Wald am Fuß des Berges hinter dem *Dojo*.

werden sollte, würde der Betreffende sofort sterben ... Verrückte Menschen wissen genau, wo die Ruhe zu finden ist, wo keine Gefahr besteht. Sie wissen es intuitiv. Ihr Instinkt will hierher kommen, will *Sesshin* machen ... Aber verrückte Menschen verursachen Störungen. Zazen ist sehr schmerzhaft, sehr schwer zu üben, doch die, die schon länger diese Erfahrung gemacht haben, verstehen. Sie wollen Zazen üben, ihr Hypothalamus wünscht es. Das ist das letztendliche Glück, der Friede, das ruhige Leben zu guter Letzt. Das ist Zazen.
Chukai!

26. August – 7:30
Die vier Elemente des Gehirns: Ju so gyo Shiki

Gestern Abend sagte ich, *Bonno*, Illusionen, sind wie Wellen. Wellen, die Wasser sind, haben keine Substanz. Auch die *Bonno*: keine Substanz. Sie sind nur Erscheinungsform, nur *Shiki*. Was ist also Wasser? Es ist Aktivität, es ist *Ki*.[148] Was ist Aktivität? Im alten indischen Buddhismus und auch im Hinduismus haben sie die Wörter *Go un*[149] benutzt. *Go un kai ku*[150]... Was ist *Go un*? Es ist *Shiki ju so gyo Shiki*.[151] *Go un*, was ist das? Wir denken, es bedeutet Körper und Geist. Aber im alten Indien und im alten China und auch im japanischen Buddhismus bedeutet es nicht Körper und Geist. Es bedeutet *Go un*. Das erste *Shiki* von „*Shiki ju so gyo Shiki*" bedeutet der Körper, das heißt seine fünf Sinnesorgane. Die anderen vier Elemente haben mit dem Bewusstsein zu tun, mit dem Geist, mit dem, was nicht sichtbar ist, metaphysisch.

Hinduistische Vorstellungen

Nach den Vorstellungen der alten Hindu bestand der Körper aus den fünf Elementen Erde, d. h. Knochen, Wasser, d. h. Blut, Feuer, d. h. Fieber, Luft, d. h.

---

[148] Siehe Glossar.
[149] *Go un* sind japanische Ideogramme, die soviel bedeuten wie Körper und Geist. *Go* heißt wörtlich fünf (d. h. die fünf Elemente). *Un* bedeutet Elemente, Zusammengesetztes, das Sichtbare, das Materielle. Es heißt: ein Klumpen, eine Masse, eine Gruppe.
[150] *Go un* (auch *go on)* ist Element des Satzes im Sutra *Hannya Shingyo*, der lautet: *Go on kai ku,* der bedeutet: „der Körper und die fünf *Skandha*". *Go* heißt fünf, *On* oder *Un* sind die Elemente, *kai* ist alles, und *Ku* ist Leerheit. Die fünf *Skandha* oder Zusammensetzungen sind: Empfindung, Wahrnehmung, Aktivität, Denken, Bewusstsein. Die fünf Elemente werden Leerheit *(Kai ku)* – in dem Moment haben wir die vollkommene Weisheit durch das *Hishiryo* von Zazen.
[151] Das erste *Shiki* in *Shiki ju so gyo Shiki* sind die fünf Sinnesorgane: Augen, Ohren, Nase, Zunge, Körper und Bewusstsein. *Ju*: das, was gefühlt, oder wahrgenommen wird durch die fünf Sinnesorgane (etwa: „Ah, da ist eine Blume."); *So*: das Bild, das Vorgestellte, das vom Gegenstand verursacht wird (etwa: „Diese Blume ist schön."); *Gyo*: Tat, der Wille zu handeln, Praxis (etwa: „Ich will diese Blume pflücken."); *Shiki*: Hier bedeutet *Shiki* intellektuelles Bewusstsein. Dieses *Shiki* kontrolliert den Geist, wie ein Urteil.

Gase und Geist.[152] Während sie meditieren, denken die Hindu immer: „Was ist das Ego?“ Sie beobachten sich während der Meditation: „Wie ist mein Körper heute? Heute nicht so gut. Mein Körper ist nicht in guter Verfassung. Meine Knochen sind nicht so stark.“ Die Knochen sind die Erde. Blut und Urin, Säuren und andere Flüssigkeiten sind Wasser. „Mein Wasser – mein Blut – ist nicht so gut.“ Oder: „Heute hat mein Körper zuviel Feuer. Ich habe Fieber.“ Oder: „Mein Körper ist zu kalt.“ Wenn wir uns erkälten, sagen wir in chinesischen oder japanischen Schriftzeichen: *Kaze*. *Kaze* bedeutet, dass der Wind in den Körper dringt. Dass kalte Luft durch die Haut oder in die Lunge eingedrungen ist. Die Hindus dachten, der Körper sei mit dem Kosmos außen verbunden. Die Knochen waren die Erde, die Flüssigkeiten das Wasser ... Im japanischen Buddhismus sind die vier Elemente, die den Körper vorstellen, *Ju so gyo Shiki*. Was ist *Ju*? *Ju* ist die vier Elemente des Geistes. *Ju* bedeutet die angenommenen Gefühle oder Wahrnehmungen, die von den sechs Sinnesorganen kommen: *Gen ni bi ze shin i*. *Gen* ist Auge, *Ni* ist Ohr, *Bi* ist Nase, *Ze* ist Zunge, *Shin* ist Körper und *I* ist Bewusstsein.[153] Durch *Ju* [durch die fünf Sinnesorgane] nehmen wir die Dinge an, empfangen wir die Dinge, fühlen wir die Dinge. Wir schauen durch unsere Augen. Und *So* – von *Ju* so *gyo Shiki* – ist das Bild, das Vorgestellte: „Ah, das ist eine schöne Blume.“ *Doch wenn wir ohne Bild schauen, ohne uns irgendetwas vorzustellen, dann entsteht nichts.*[154] Dann ist da nichts. Wenn wir eine bezaubernde Frau sehen, doch dann kein Bild ihretwegen schaffen, dann ist da nichts. „Das ist eine schöne Blume – ich muss sie pflücken.“ Das ist *Gyo*. Karma entsteht. „Sie ist ein bezauberndes Mädchen. Ich muss sie in mein Zimmer einladen. ‚Na, wie geht's? Wie wär's mit einem Schluck Kaffee?‘“ Das ist *Gyo*. *Gyo* bedeutet Tun. Es ist der Wille zu handeln. Es bedeutet: ausüben. Der Geist ist in Bewegung: *So gyo Shiki*. Das letzte *Shiki* – von *Shiki ju so gyo Shiki* – ist nicht dasselbe Schriftzeichen wie das erste *Shiki*. Dieses *Shiki* bedeutet Bewusstsein, alle Arten von Bewusstsein, das Verstehen, das den Geist steuert, kontrolliert. Es gib viele Arten von Bewusstsein: Bewusstsein, das von den Augen kommt, von den Ohren, der Nase, vom Berühren, von der Zunge. Dieses letzte *Shiki* also stellt die Bewusstseinsformen dar, die von den fünf Sinnen stammen, und das schließt das Gedächtnis ein. Wir fühlen, dann schaffen wir das Bild, als Nächstes handeln wir willentlich und so entsteht eben Gedächtnis, Erinnerung. Was den Neuronen eingeprägt ist – die Samenkörner –, wird zu Gedächtnis. Wir vergessen schnell, nämlich das, was wir gefühlt und uns vorgestellt hatten, dennoch wird es zu Saat im

[152] Das ist das Bewusstsein, Gott.

[153] Für die westliche Auffassung, die auf der Medizin beruhen soll, gibt es nur fünf Sinne; für das östliche Denken, das von der Selbsterkenntnis ausgeht, gibt es deren sechs. *Mu gen ni bi ze shin i* ist eine berühmte Stelle im *Hannya Shingyo*, das jeden Morgen im *Dojo* gesungen wird; sie bedeutet: „kein Auge, kein Ohr, keine Zunge, keine Nase, kein Körper, kein Geist.“ *Mu*, das „Präfix“, kann viel bedeuten, hier heißt es „kein“ – „kein Auge, kein Ohr“.

[154] Hervorhebung stammt von mir (Anm. d. Hg.).

Gehirn und später wird es aufgehen ... *So gyo Shiki* sind die drei Bewusstseins-Arten. Diese Saat in den Neuronen geht später auf, wie etwa in Träumen. Wenn wir während Zazen denken, so ist es das Unterbewusste, das aufsteigt ... Die, die schon längere Zeit Zazen machen, haben nicht so schlechte Gedanken. Sie denken an das Rauschen des Flusses, sie denken an Senseis *Kusen.* „Diese Vorträge Senseis sind nicht so schlecht; sie sind besser als meine Gedanken." Das also ist Geist. *Ju so gyo Shiki.* Das ist Wasser. Woraus Wellen aufsteigen, *Bonno.* Das ist die Substanz von Wellen, von Wasser, von *Bonno. Shiki ju so gyo Shiki.* Die Wellen entstehen und so wird schlechtes Karma geschaffen; und manchmal gutes Karma. Während Zazen wird *Shiki so gyo Shiki* ruhig. Wenn es stark würde, dann würde Karma entstehen, schlechtes Karma würde entstehen. Aktivität ... Wenn die Aktivität stark ist, wenn *Shiki so gyo Shiki* in Bewegung gerät, dann entsteht schlechtes Karma.
Chukai!

26. August – 20:30
Wie das Gehirn funktioniert

Sokrates hat gesagt: „*Gnoti seauton*" – Erkenne dich selbst. Aber wie? Wie schauen wir in unseren Geist? Diesbezüglich war Sokrates nicht sehr klar.[155] In der abendländischen Philosophie wird gern analysiert, aber wenn es um den Geist geht wird nicht so sehr analysiert. Montaigne, den ich schon oft gelesen habe, schreibt in seinen *Essais*, dass „die meisten Menschen ihren Blick nach außen richten, ich aber richte ihn nach innen." Er wiederholt dreimal diesen Gedanken in seinen Essays, doch teilt er uns nie mit, was Geist ist.[156] Wie denken wir über den Geist nach? Wie beobachten wir den Geist? Diesbezüglich ist das Zen sehr tief; es ist wissenschaftlicher, logischer als die abendländische Philosophie. Zen betrachtet den Geist von vielerlei Warten aus, von vielen Sichtweisen her. Von *Hishiryo* aus, vom unendlichen Bewusstsein aus.

Letztes Jahr in Val d'Isère habe ich von Konzentration, von *Samadhi* gesprochen. Von der Beobachtung unseres inneren Geistes. Wenn wir einen Film auf einer Leinwand anschauen, sind wir in einem Zustand völliger Konzentration; wir sind berührt, beeindruckt. Das ist Konzentration. Wenn der Film vorüber ist macht sich ein beeindruckter Geist bemerkbar und wir bewundern oder wir kritisieren. Das ist Beobachtung. Wir haben also *Ju so gyo Shiki. Ju* sind sie Sinne, die Empfindungen. *So* ist das Bild: „Das ist eine Blume." *Gyo* ist das, was nach dem Bild

---

[155] Und doch heißt es, Sokrates habe gelehrt, Tugend (oder Erkenntnis) sei nur wahr, wenn sie das Stadium des Ausdrucks erreiche (d. h. *Doshu;* vgl. 15. August, 7:30 und 21:00).
[156] „Die Welt schaut immer nach außen, ich richte meinen Blick nach innen; da lasse ich ihn ruhen und da erhalte ich ihn tätig. Jeder schaut vor sich; ich schaue drinnen. Ich bin mit nichts beschäftigt außer mit mir. Ich betrachte, untersuche und analysiere ohne Unterlass mich selbst." (Montaigne)

kommt: Was wollen wir? „Ah, das ist eine schöne Blume – ich will sie pflücken." *Gyo* ist der Wille zu handeln. Wenn nur *Ju* und *So* da sind, ohne *Gyo* – wenn *Gyo* nicht verwirklicht wird –, dann manifestiert sich kein Karma. Wenn wir nur schauen – „Das ist ein schöner Berg" – und dann einen anderen Gedanken zulassen [d. h. einen anderen Gedanken, der beispielsweise eine andere Sache zum Gegenstand hat], dann entsteht kein Karma. Wenn wir am Santa Lucia [der Bar des Orts] vorbeigehen und in unserem Geist erscheint nur *Ju,* und *So* und *Gyo* manifestieren sich nicht, dann entsteht kein Karma. Versetzen wir uns in den Zustand des Bewusstseins, so wird dieses Denken die Neuronen in unserem Gehirn beeinflussen. Die Samen des Denkens, die so ins Gehirn gepflanzt wurden, werden zu Gedächtnis. Werden zu einer Erinnerung. Von *Shiki* aus, vom Bewusstsein, steigt dann das Bild auf.

Die Tätigkeit des menschlichen Geistes, des Gehirns, wird sehr realistisch im Mahayana-Buddhismus erklärt. Dessen Analyse-Methode ist keineswegs hypothetisch, es geht um die Anerkennung der tatsächlichen Vorgänge ... Doch zu diesem Thema der Methode geben die abendländische Philosophie und Psychologie keine derartigen Erklärungen. Der Körper ist eine Konstruktion, der Geist aber ein systematisierter Mechanismus. Wir kennen aus Erfahrung den Zustand des Geistes, wenn er sich bewegt. Und so können wir objektiv unseren Geist betrachten.

Heute Abend haben mich Bernard [der *Tenzo*] und Mademoiselle gebeten, sie zu verheiraten. Sogar während des *Sesshin* denken sie daran Liebe zu machen, also wird bestimmt mit dieser Zeremonie ihr schlechtes Karma zuende sein. Also habe ich zugesagt die Heirats-Zeremonie zu machen. Heute Abend habe ich auch erfahren, dass es einen neuen Papst gibt. Ich will darum ein *Kito* für ihn machen. Für Papst Johannes Paul I.[157]
Kaijo !

[Nach dem *Kito* für den neuen Papst hielt der Meister die Hochzeitszeremonie ab, am Altar vor dem Buddha. Danach sagte er zu dem Paar, dass es „jetzt nicht nötig ist, mit anderen Leuten zu gehen". Und zum *Tenzo* sagte er: „Sie müssen sich auf Madame konzentrieren." Dann tranken alle drei Wein aus demselben Glas und der Meister schloss mit den Worten: „Es ist meine Hoffnung, dass eure Ehe ein großer Erfolg wird". Und er küsste sie beide.]

[157] Das war der Papst, der kurz darauf starb.

27. August – 7:30
Die Sinne kontrollieren und den Geist beobachten

[Die offene Tür hinten im *Dojo*, die kühle Morgenbrise, der Geruch der Erde und der Kiefer, das Rauschen des Flusses, der Klang des *Kyosaku* ...]

Hören, aber nicht hören. Das ist unmöglich. *Ju so gyo Shiki. Ju* heißt den Klang des *Kyosaku* zu hören. *So* ist das Bild davon. Doch wenn es nicht zu *Ju so gyo Shiki* kommt, dann hören wir es nicht. Die meisten Leute aber, wenn sie den *Kyosaku* hören, sagen: „Ah, das ist der Klang des *Kyosaku*", und als nächstes sehen sie das Bild des *Kyosaku*-Verantwortlichen im Geist. *Ju so gyo. Gyo* heißt wünschen: „Ich will den *Kyosaku* erhalten." Und *Shiki* ist das Urteil. Aber wenn wir uns nichts vorstellen, wenn wir nicht wünschen, wenn wir nicht urteilen, dann ist da nichts. Das heißt denken, aber nicht denken; nicht denken, aber denken. Wenn wir nicht annehmen, nicht schauen, nicht hören, dann kommt es nicht zu *Ju.* Nur dann haben wir *So gyo Shiki. So gyo Shiki* entsteht – wie ein Blinder, der nicht schaut, aber schaut. So können wir dann *So gyo Shiki* ohne *Ju* haben. Das ist möglich. Es ist dann das Gegenteil. Es ist Phantasie.

Go un kai ku [d. h.: Die fünf *Skandha* oder Elemente werden Leerheit]. Das ist *Hishiryo. Go un* sind die fünf Aggregate. Sie haben keine Substanz. Diese *Go un* werden *Bonno,* Illusion, und Karma entsteht. Wenn wir Klänge hören, Gerüche riechen oder wenn wir schauen – wenn kein Bild entsteht und infolgedessen kein Wunsch, kein Urteil, dann haben sie keinen Einfluss; da ist dann nichts. Es gibt keine *Bonno* und so sind *Go un* manchmal *Bonno*, manchmal sind sie *Bodhai.*[158] *Go un* [d. h. die fünf Elemente] sind die Quelle von *Samadhi.*[159] Während Zazen lasst es vorbeiziehen und es wird *Ku* [Leerheit]. Es wird also kein *Ju so gyo Shiki* geben, keine *Bonno.* Lediglich *Hishiryo. Go un* wird *Hishiryo* [d.h. aus der Illusion entsteht Satori]. Da ist also kein Denken. Aber während eines Tanzes, eines Walzers, eines Tangos oder einer Umarmung steigt Liebe auf und *So gyo Shiki* wird sehr stark und aktiv. So ist es: *Gen ni bi ze shin i* [d. h. die sechs „Organe" des Körpers]. Manchmal *Go un*, manchmal *Go un kai ku.* Alles ist *Ku. Go un kai ku.* Das sind wichtige Wörter. Alles wird *Ku*, Leerheit, weil es keine Substanz gibt. Kontrolliert man diese *Go un* [fünf Sinne], kann man den inneren Geist erkennen, beobachten. Und wir können außen erkennen, beobachten. Das sind die sechs Wurzeln, die sechs Bewusstseinsarten, die sechs Gegenstände. Es sind die Sinnesorgane. Was ist die sechste Bewusstseinsart? Die Intuition. In der modernen Psychologie wird das Bewusst-

---

158 Erwachen.

159 Das reine Wirken des Nicht-Geistes, das Tun wie Stille transzendiert. Es bezeichnet einen Zustand, in dem der Geist ganz aufgeht in intensiver, zweckfreier Konzentration.

sein nicht als Organ betrachtet, im Buddhismus schon. Im Budhismus ist dann das sechste Organ die Wurzel des Bewusstseins und das wird zu Intuition. Der Gegenstand des Auges ist die Farbe. Der Gegenstand des Ohrs ist der Klang. Der Gegenstand der Nase ist der Geruch; der Zunge der Geschmack, des Körpers das Berühren und Gegenstand des Bewusstseins ist die Intuition. Der Gegenstand des Körpers ist das Mentale. Die sechs Wurzeln [Organe, Sinne] empfangen, fühlen die sechs Gegenstände. In dem Moment kommt es zu mentalen Reaktionen, *Ju so gyo Shiki*. Die vier Elemente, die vier mentalen Reaktionen entstehen. Das ist kompliziert, ist aber doch sehr systematisch geordnet. Wenn ihr das versteht, könnt ihr die Struktur eures Geistes mit Genauigkeit beobachten. Ich erkläre die Methode, um eine wahre tiefe Weisheit zu schaffen, zu erlangen. Wenn ihr das also versteht, könnt ihr Satori erlangen. Aber wenn ihr Zazen macht, könnt ihr das [*Genjo*] automatisch, natürlich und unbewusst [d. h. ohne das beschriebene analytische Vorgehen] verwirklichen. Doch wenn ihr es analysiert, wird es natürlich klarer.
Nicht bewegen. Geduld.
Kaijo!

29. August – 7:00
Bewusstsein oder die Behinderung von Weisheit

Heute beginnen wir mit dem letzten *Sesshin*. Nur heute und morgen und die Hälfte des folgenden Tages. Also konzentriert euch. Besonders die Permanenten, die schon seit Beginn da sind: Konzentriert euch hier und jetzt und die Zeit wird rasch vorübergehen. Wenn wir bemerken, wie die Zeit im Flug vergeht wie ein Pfeil, so ist das Satori. Satori ist kein besonderes Bewusstsein, nicht vorgestelltes Satori. Satori bedeutet, zum ursprünglichen Zustand des Gehirns zurückzukehren. Die vierzig Tage hier gehen sehr schnell vorbei. In dem Moment verstehen wir, dass unser Leben unbeständig ist. Und dass andere Dinge nicht sehr wichtig sind. Dass die Zeit vorbeigeht, nur das ist wichtig. Wir nähern uns rasch dem Sarg. Die Menschen wollen das vergessen, aber wenn sie es tun – wenn sie diesem Problem ausweichen –, dann ist das Leben eitel. Versteht man das, dann wird das Leben stark. Dann wird das Leben heilig. Später also, wenn ihr nach Hause zurückkehrt, versucht, euch an dieses Sommerlager zu erinnern ...

[*Kinhin* ist vorbei und jeder kehrt, einer hinter dem anderen, an seinen Platz zurück.] Ihr sollt nicht die Arme baumeln lassen. Legt die Hände übereinander, auf Höhe des Nabels ... Gähnt nicht. Ihr habt nicht genug Spannung, deswegen seid ihr müde und gähnt. Wenn ihr gähnt, verwirklicht ihr die Müdigkeit. Das ist nicht so schlecht, doch dann sollt ihr die Hand vor den Mund tun.

[Zazen:] Vom Beginn des Zazen bis zum Ende von Zazen ist die Zeit sehr lang. So ist die Zeit sehr kurz. Danach, wenn ihr euch erinnert, ist sie sehr kurz. Zazen ist sehr lang, sehr kurz. Wenn das innere Subjektive auf das äußere Objektive schaut und mit den sechs Wurzeln des Gehirns, die die sechs Gegenstände fühlen, dann erscheint in dem Moment eine mentale Reaktion. *Gyo:* Wunsch. Das Bewusstsein setzt sich fort. Die Phantasie. Wenn man sich nichts vorstellt, wenn man nicht denkt, dann schaut man nicht, auch wenn man schaut; selbst wenn man hört, hört man nicht. Umgekehrt, wenn man nicht schaut, dann schaut die Einbildungskraft; wenn man nicht hört, dann hört die Phantasie. Während Zazen müssen wir die Dinge vorbeiziehen lassen. Wenn wir uns der Einbildungskraft hingeben, wird sie sich ausweiten. Verrückt ausweiten ... Die Phantasie wird zu Irrtum, macht Fehler. Sie bildet Kategorien, wird dogmatisch. Irriges Denken.

Ich erkläre euch, wie man wahre Weisheit schafft. Schaut man vom inneren Geist auf den äußeren Geist; schaut man objektiv, ist das Auge ganz wie eine Kamera. Das Bild dringt ins Auge durch die Linse [Pupille] und ruht auf der Netzhaut. Der Sehnerv sendet dem Gehirn Signale. Diese Signale werden in einer Puffer-Zone empfangen ... Na ja, ihr müsst Doktor Durix fragen. Er kann euch das alles erklären. Er ist Augenarzt ... Bewusstsein entsteht also im Zentrum des Gesichtssinnes. Das ist *Gen Shiki*, Seh-Bewusstsein. Also wird Bewusstsein im Zentrum des Gesichtssinnes geschaffen. *Gen ni bi ze shin i.* Doch wenn dieses Seh-Bewusstsein nicht entsteht, wird kein Bewusstsein geschaffen. Wenn wir nicht denken, wenn wir kein Bewusstsein schaffen - innerhalb der Sinne -, dann entsteht kein Bewusstsein. Dann schauen wir nicht, hören wir nicht. Manche Leute sagen, dass Sensei nie hört: „Auch wenn ich mit ihm spreche, hört er nicht." Manchmal stimmt das. Muriel, meine frühere Sekretärin, sprach zuviel. Sie machte zuviel Lärm ... Viele Leute kommen in mein Zimmer. Sie sprechen französisch und ich verstehe nicht. Sie hören sich wie Vögel an. Selbst wenn wir nicht hören, wenn wir nicht annehmen und selbst wenn *Ju* nicht entsteht, wenn *So gyo* nicht geschaffen und nicht genährt wird, dann wird es kein *Shiki*, kein Bewusstsein geben [d. h. das, was Erscheinen wahrer Weisheit behindern würde]. Niemand hat bisher gelehrt, was ich jetzt lehre. Es geht um *Hishiryo*. Das ist das Zen von Dogen. Was ist das Denken des Nicht-Denkens? Es ist *Hishiryo*. Und in dem Moment entsteht Weisheit. Auch wenn wir sehen, nicht sehen, gibt es keine Müdigkeit. Mit den modernen Menschen ist es aber das Gegenteil. Sie schauen nicht, aber sie stellen sich vor. Dieses Bild wird zu einem Wunsch und dann können sie an nichts anderes mehr denken; sie können keine Weisheit schaffen und so werden sie neurotisch und schließlich verrückt.

Kinn einziehen, Kinn einziehen. Nicht bewegen. Haltung und Geduld sind sehr wichtig.

29. August – 14:30

Beobachtung des Geistes: Die Öffnung des Horizonts

Ju so gyo Shiki: Selbst wenn *Ju* sich nicht manifestiert, so entsteht doch Gedächtnis. Und das geschieht insbesondere während Zazen. Wenn ihr also mit Zazen fortfahrt ohne meine *Kusen* zu hören, dann macht sich das Unterbewusste bemerkbar. Das ist nicht *Ju*, sondern es ist *So*. Wenn die sechs Wurzeln des Gehirns die sechs Gegenstände spüren, in dem Moment erscheint dann eine mentale Vorstellung: die Phantasie. Also, selbst wenn ihr schaut oder hört, so schaut oder hört ihr nicht. Aber es kann auch das Gegenteil geschehen: Obwohl ihr nicht schaut und nicht hört, schaut ihr und hört ihr. Das Bild, *So*, ist entstanden. Wenn wir hören, hören wir nicht. Und wenn wir nicht hören, so hört die Phantasie. Wenn wir uns also nichts vorstellen, dann: nichts.

Ein Gehirn ist wie ein Computer, nur dass ein Computer kein eigenes Leben besitzt. Er ist bloß eine Maschine ... Früher kannten die Menschen keine Computer und Maschinen. Die Patriarchen wussten nicht, welche Funktion das Gehirn hat. Aber heute – weil wir Gehirn und Maschine miteinander vergleichen können, können wir sehr klar sehen, was Beobachtung des Geistes ist.

Der *Kyosaku* muss kräftig sein. Dieser hat einen schläfrigen Klang. [Es wird *Kyosaku* gegeben.] Schnelligkeit ist beim *Kyosaku*-Geben notwendig. Eine starke Schnelligkeit, in die richtige Richtung. Nicht auf die Knochen, nicht ins Gesicht. Wenn eine Stechmücke auf eurem Gesicht landet, müsst ihr korrekt zielen und schnell schlagen. Geht ihr langsam vor, fliegt sie weg. Beim *Kyosaku* ist es das Gleiche. Wenn der *Kyosaku*-Verantwortliche sich nicht konzentriert, schlägt er auf den Knochen, ins Gesicht ... André ist überhaupt nicht effektiv. Nur Formalismus. Er versteht es sehr gut, *Kyosaku* herzustellen, aber ... [er versteht es nicht, damit zu schlagen].[160]

Ich bin dabei euch zu erklären, wie wir Weisheit erschaffen. Und am Ende ist es *Hishiryo,* das ist Weisheit. Ein Computer kann keine Weisheit erschaffen, aber ein Computer empfängt, ganz wie *Ju.* Wie eine Lochkartenmaschine. Das Signal gelangt zur Speicherplatte des Computers. Das ist *Ju.* Empfinden. Auf der anderen Seite – und das ist dasselbe wie Wurzel-Bewusstsein oder *Manas*-Bewusstsein – gibt es das Programm, die gespeicherten Daten, ein Datenverarbeitungssystem. Es funktioniert logisch. Das ist das sechste Bewusstsein. *Manas.* Aber das Ergebnis ist dasselbe: Phantasie. Durch den Vergleich des Gehirns mit einem Computer könnt ihr diese Methode der Beobachtung des Geistes klar verstehen. Unser Denken ist zugleich objektiv und subjektiv. Aber die meisten Menschen denken nur subjektiv,

[160] André ist der *Kyosaku*-Macher des Meisters.

sie denken ich-bezogen, egozentrisch, sie gehen von ihren eigenen Vorlieben aus. Das ist die Gewohnheit unseres Alltagslebens. Doch während Zazen schauen wir zugleich objektiv und subjektiv. Das *Hishiryo*-Bewusstsein ist subjektive Beobachtung und objektive Beobachtung. Während Zazen kommt dies alles gleichzeitig zum Tragen. Während Zazen denken wir anders als während unseres Alltagslebens. Es ist nicht nötig und auch nicht zweckdienlich während Zazen zu denken: „Ich muss wie ein Computer denken." Wenn ihr an eure Haltung denkt, dann macht ihr das unbewusst. Auf diese Weise könnt ihr Weisheit schaffen und entwickeln.

Heutzutage können die Menschen nicht verstehen, warum Zazen wirkt. Selbst studierte Philosophen können das nicht verstehen, sogar Professor Chauchard[161] nicht. Weil er nie die Erfahrung von Zazen gemacht hat und er es wissenschaftlich nicht erklären kann. Die Psychologen können es auch nicht verstehen. Auch Jung nicht; Jung hat sich sogar mit Zazen beschäftigt, aber er spricht nie darüber [über diese Methode, den Geist zu beobachten]. Da ist der Körper, der individuelle Körper und die Außenwelt. Wir stellen uns vor, dass wir innerhalb unseres Körpers denken, innerhalb unserer Haut. Außerhalb des Körpers ist der Rest. Und so grenzen wir ein. Das ist das egozentrische Bewusstsein. Da ist immer Selbst-Bevorzugung, Selbst-Schutz, Selbst-Bewahrung, Selbst-Befriedigung, Selbst-Anpreisung. Wir wollen immer unsere egoistischen Wünsche befriedigen. Wir wollen immer dem aus dem Weg gehen, was wir nicht mögen, der Angst, der Furcht vor allem, was uns zuwider ist. Doch für die, die mit Zazen weitermachen, ist es ein anderes Denken, was ihr praktiziert. Ich kann das bezeugen. Dieses Denken ist nicht dasselbe. Wir praktizieren objektive Beobachtung – genau wie andere Daseinsformen. Wir können diese Gleichheit anderer Daseinsformen mit dem Ego beobachten. So können wir einen weiten Horizont eröffnen. Das ist *Hannya Haramita*. Das Auge der Weisheit, die Beobachtung der Weisheit. Das ist die Beobachtung von *Kanji-zai* [des Bodhisattva Avalokitesvara]. Unser Ego ist in dem Augenblick nicht dasselbe wie das gewöhnliche Ego. Himmel, Erde und das Ego haben dieselbe Wurzel. Alle Daseinsformen und das Ego sind in Einheit; sie sind ein Körper. Dabei wird das Ego nicht geleugnet; das ist nicht Nihilismus. Alles wird zum Ego. Der ganze Kosmos wird Ego. Das ist die wechselseitige Abhängigkeit. Das Ego hat keine Substanz, es hat keinen Wesenskern. Wir haften an nichts. In dem Moment können wir wach werden für das Dharma der Unsterblichkeit jenseits von Leben und Tod. Das ist das *Hishiryo*-Bewusstsein. Von da, von diesem

[161] Paul Chauchard, französischer Philosoph, in Japan bekannt durch seine Bücher über Geist und Gehirn. Er ist mit Deshimaru befreundet, sie haben zusammen das Buch *Zen et cerveau* (Zen und Gehirn) verfasst, erschienen in Paris bei Le Courrier du livre, 1976.

Bewusstsein, kommt unendliche Weisheit, unendliche Weisheit wird geschaffen und entwickelt.

Kinn einziehen, Kinn einziehen. Wenn die Leute denken, fällt ihr Kinn nach vorn. Ihr Vorderhirn ist schwer und ihre Köpfe fallen. Ihr müsst immer den Nacken strecken, die Taille strecken. Aus der Haltung heraus Weisheit schaffen. Der Hypothalamus ist die Quelle und die Energie der Weisheit. Während Zazen werden Hypothalamus und Thalamus[162] stark vor Aktivität. Das ist der Nutzen von Zazen. Aber es ist nicht nötig zu denken: „Ich muss einen starken Hypothalamus schaffen." *Mushotoku* – ohne Ziel, das ist notwendig. *Mushotoku*: automatisch, natürlich, unbewusst.

Mondo

Analyse oder Wiederholung

Frage: Während Zazen – was wir da praktizieren, ist das Selbst-Analyse?

Meister: Nein, nicht analysieren, nicht analysieren! Während Zazen ist es nicht nötig seinen Geist zu analysieren. Wenn Sie sich auf Ihre Haltung konzentrieren, können Sie so sein – [Sensei nimmt die Zazen-Haltung ein] –: unbewusst, natürlich, automatisch. Ich habe das erklärt. Sie verstehen nicht? [Der Fragende schüttelt den Kopf: nein.] Zazen ist nicht dasselbe wie wenn man Bücher liest. Die Praxis ist sehr wichtig. Wiederholen: *Dokan*. Das ist sehr schwer zu verstehen. Verstehen Sie? [Schweigen.] Klar, Sie können nicht verstehen. Sie versuchen, mit Ihrem Kopf zu verstehen. Sie beobachten mit Ihrem Vorderhirn. Noch eine Frage?

Auf der Toilette

Frage: Warum soll man sein *Rakusu* ausziehen, bevor man auf die Toilette geht?

Meister: Damit Ihr *Rakusu* nicht schmutzig wird. Wenn Sie es in die Toilette fallen lassen, dann werden Sie es schmutzig und stinkend herausfischen. Das *Rakusu* sollte besser sauber sein. Achten Sie es. Es ist auch ein bisschen eine Sitte [sein *Rakusu* oder sein *Kesa* auszuziehen, bevor man auf die Toilette geht.] Moderne Toiletten sind sehr sauber; in früheren Zeiten waren die Toiletten auch sauber, aber es roch. Und in einem japanischen Tempel auf die Toilette zu gehen ist eine

[162] Vgl. Glossar.

sehr komplizierte Angelegenheit. Sein *Kolomo* und sein *Chukin*[163] auszuziehen und das ganz genau zu tun und sie ordentlich hinzulegen ist sehr schwierig. Und die Haltung beim Pinkeln, die anders ist als im Westen, ist auch kompliziert – in einem japanischen Tempel muss man sich hinsetzen wie eine Frau. Dann muss man *Gassho* machen. Allein die Vorbereitung dauert fünf Minuten. So wird es eine Gewohnheit, eine Haltung; es wird tief. Es ist anders als bei Hunden. Für Hunde ist es sehr praktisch; sie können pinkeln, wo sie wollen. Sehr wichtig, das Benehmen. Wichtig! Noch eine Frage?

Frage: Um Zazen zu machen, sollte man da politisch engagiert sein?

Meister: Wie Sie wollen. Sie müssen selbst entscheiden. Ich zwinge oder befehle nicht ... Warum, wollen Sie einer politischen Partei folgen?

Antwort: Nicht einer Partei, aber einer Richtung.

Meister: Die Menschen, die meine Ordination erhalten, Menschen, die meine Schüler werden, die kann ich in dieser Beziehung erziehen. Aber nicht die anderen. Ganz wie Sie wollen, Sie müssen entscheiden: Wenn Sie ein Abgeordneter werden wollen oder sogar ein Minister, so ist das möglich. Das können Sie werden ... Was mögen Sie?

Antwort: Ökologie.

Meister: Ökologie ist gut. Aber zu sehr daran zu haften ist nicht gut. Ich mag Ökologie. Und ich habe Konrad Lorenz gelesen. Er ist sehr interessant.

Der Ärger eines richtigen Erziehers

Stéphane: Manchmal ist Sensei sehr nett zu seinen Schülern und wir lieben ihn sehr, aber manchmal ist er sehr hart mit uns und wir sind nicht so glücklich.

Meister: Und?

Stéphane: Und so kommt es manchmal vor, dass wir Sie nicht lieben. Macht das etwas?

---

[163] Eine lange Kordel, die man um die Taille trägt. Die Mönche in den Tempeln tragen schwarze *Chukin*, wer das *Shiho* erhalten hat trägt ein braunes *Chukin*. Der Meister trägt ein violettes. Doch Meister Deshimaru hatte nur selten ein *Chukin* an.

Meister: Wenn ihr einen Fehler macht, so ist es notwendig, dass ich mich ärgere. Wenn man dauernd seine Eltern oder seinen Meister testet und wenn dann der Meister nicht reagiert, dann ist er ein bisschen verrückt. Ein richtiger Erzieher muss auch ärgerlich werden. Heutzutage sind die Eltern sehr bemutternd und viel zu nett. Und dann haben die Eltern Angst vor ihren Kindern ... Demokratische Erziehung ist nicht immer so gut. Die Erzieher machen Fehler, sie werden selten ärgerlich und wenn sie es auch nur ein bisschen werden, dann hauen die Leute ab. Während der zehn Jahre, die ich schon in Europa bin, haben sich viele Leute davongemacht. Ich mache das so und so [Sensei macht eine Handbewegung, die den angenommenen Schüler einlädt näherzukommen, dann packt er mit der Hand zu], und dann *paff!* Und so rennen sie weg ... Es ist sehr schwer, zu erziehen. Noch eine Frage?

Frage: Professor Dürckheim[164] lässt seine Anhänger manchmal in der Zazen-Haltung meditieren. Zum Beispiel lässt er sie über das Symbol der Schale, des Baums, das Symbol der Zwiebel meditieren ...

Meister: Professor Dürckheim konnte mein Zen nicht verstehen und er ist weggegangen. Er ist ganz Psychoanalytiker, aber er ist kein Zen-Meister und er versteht Zen überhaupt nicht. Die Methode, von der Sie sprechen, ist Professor Dürckheims Methode und wenn Sie ihr folgen wollen, so ist das möglich; man kann alles benutzen. Aber das ist kein Zen. Noch eine Frage?

Kito

Frage: Was ist *Kito*?

Meister: Sie haben zugeschaut, Sie haben es doch gesehen?

Antwort: Ja.

Meister: Also können Sie verstehen. Es ist so.

Frage: Ja, aber wie kann *Kito* das Karma abschneiden?

Meister: Das ist ein psychologisches und ein metaphysisches Problem. Etwas geschieht während *Kito*. Aber wenn ich es erkläre, so wird es zu einer Kategorie, es entwickelt eine Bedeutung ... *Kito* ist eine sehr vielschichtige Angelegenheit. Für

[164] Karlfried Graf von Dürckheim.

Menschen, die daran glauben, schneidet *Kito* das Karma ab. Aber für mich ist das nicht so.

Frage: Und für Sie, kann da das *Kito* wirksam sein?

Meister: Andere Menschen, die für mich ein *Kito* machen? Ich bin jenseits von *Kito*. Aber für Gläubige, für Menschen, die an mich glauben, ist *Kito* sehr wirksam. Für andere ist es aber gar nicht wirksam ... Während der Zeremonie singen die Schüler das *Hannya Shingyo* und der Meister singt das *Kito* und so entsteht eine besondere Atmosphäre und es wird ein starker geistiger Einfluss geschaffen.

Frage: Ich möchte Ihnen vielmals dafür danken, dass Sie mein Karma und mein Ego geöffnet haben, dass Sie mir geholfen haben, mein kleines Ego aufzugeben.

Meister: Bestimmt!

Frage: Aber manchmal bin ich pessimistisch. Wie kann man das Karma von anderen ändern? Wie kann ich das universelle Karma ändern?

Meister: Sie brauchen sich nicht um die ganze Welt zu kümmern.

Antwort: Ja, aber wir sitzen auf einer Atom-Bombe!

Meister: Das stimmt ... Diese Dame geht zu all den verschiedenen religiösen Kongressen. Wo auch immer es einen religiösen Kongress gibt, ist sie dort.

Dame: Und auch bei den politischen Kongressen. *(Lachen.)*

Meister: Sind die effektiv?

Dame: Nicht so sehr.

Meister: Was ist also Ihre Folgerung?

Dame: Ich bin pessimistisch.

Meister: Es ist nicht nötig, pessimistisch zu sein. Machen Sie einfach weiter Zazen. Wie ich. Das ist besser. Der Weg der Mitte.

Dame: Aber wir sind nicht allein! Für die anderen Menschen, die anderen, die anderen!

Meister: Die Andern, die Andern ... Während dieser Übungsperioden sind mehr als eintausend Menschen hier gewesen. Es verbreitet sich und meine Schüler werden stärker und sie beeinflussen ganz Europa, die ganze Welt ... Den Weg zu suchen, das ist wichtig. Was ist der Weg? Der Weg ist unter Ihren Füßen.

***

29. August – 16:00

Das Sutra hören oder den Geist kappen, der anhaftet

Wie vollkommene Weisheit erlangen? Das wird im *Hannya Shingyo* erklärt. Alles ist *Ku*, alles ist *mu*[165], alles wird verneint. [Sensei rezitiert das Sutra *Hannya Shingyo*.] Dann entsteht vollkommene und ganze Weisheit. Abendländische Philosophie ist die Welt der Erkenntnistheorie, während buddhistische Philosophie die Welt der Erfahrung ist. Während Zazen können wir es unmittelbar erfahren. Wir machen die Erfahrung der objektiven Beobachtung und objektiven Bestätigung des Egos. Weil wir manchmal nicht schauen, nicht hören, nicht schmecken, nicht berühren. Während dieser ganzen Zeit findet keine Wahrnehmung der fünf Sinnesorgane statt. Doch die Phantasie, die vom Gedächtnis herrührt, erhebt sich wie ein Traum. Das ist das Unterbewusste, das wir schaffen. Das ist „Meditation". Das ist Meditation in anderen Religionen. In anderen Religionen bildet man Vorstellungen mit dem eigenen Bewusstsein. Doch Zazen bedeutet, mit der eigenen Phantasie nicht fortzufahren, *So* nicht fortzusetzen ... Das heißt, sich nicht an irgendetwas zu verhaften. Rennt nichts hinterher, lauft vor nichts weg.

Eno, der berühmte 6. Patriarch – sein Vater starb, als er noch ein Knabe war, er hatte keine Geschwister, nur eine Mutter. Er schlug Holz, trug es auf seinen Schultern in die Stadt, um es zu verkaufen. Als er einmal unterwegs war fing es zu regnen an, er suchte Schutz in einem Hauseingang. Von dort aus konnte er hören, wie ein Sutra besonders schön gesungen wurde. Er verstand den Sinn nicht, war aber trotzdem sehr beeindruckt ... Auch wenn man den Sinn nicht verstehen kann, wird man von einem guten Sutra geprägt, beeindruckt. Genauso, wie wenn wir hier ein Sutra singen. Es ist anders als wenn man Lieder singt. [Zwanzig Minuten lang singt nun der Meister das Diamant-Sutra in altem Kambun.] „Was ist dieses Sutra?", fragte Eno den Mönch, nachdem der aufgehört hatte zu singen. „Es ist das

[165] *Mu* (oder *wu* auf Chinesisch) bedeutet ‚kein' oder ‚nicht' – was über das bloße Bejahen oder Verneinen hinausgeht. *Ku* (auf Sanskrit *Sunyata*) bedeutet Leerheit – in dem Sinn, dass alles von *Ku* ausgeht.

Diamant Prajna Paramita Sutra"[166], antwortete der Mönch. „Wenn wir nicht bei irgendetwas verweilen, dann erhebt sich der wahre Geist."[167] Wahrer Geist bedeutet das wahre Wesen Buddhas. Da entsteht wahre vollkommene Weisheit. In dem Moment also, in dem er diesen Satz hörte, hatte Eno Satori. Durch diesen Satz aus acht Schriftzeichen. Es gibt viele berühmte kurze Aussagen in den Sutras. Wie diese hier – [Sensei singt:] Wenn ein großer Meister singt, kann ein einziger Satz einen Menschen verändern ... Satori – dazu gibt es viele Geschichten im Zen. Wenn wir nicht haften, wenn unser Bewusstsein nicht bei irgendeiner Sache bleibt, dann können wir vollkommenes Satori erlangen, vollkommene Weisheit. Aber die meisten Menschen haften immer am verrückten Ego. Sie können das Ego nicht loslassen. Insbesondere in der modernen Zivilisation haben die Menschen ein starkes Ego. Ich-bezogen: Sie denken immer an Selbst-Bewahrung; sie machen für sich selbst Werbung, um sich selbst mehr Wert zu verleihen. So sollt ihr euch also von diesem haftenden Geist lossagen, ihn kappen, euch davon befreien! Dann könnt ihr wahre Weisheit erlangen.

Nô-Theater

Ze-ami, der im japanischen Nô-Theater sehr bekannt ist, hat ein Buch über die Geisteshaltung von Nô-Schauspielern geschrieben. Es ist das Schauen-des-Nicht-Schauens. Was ist das? Es ist denken ohne zu denken. Es ist *Hishiryo*. Ze-ami ist von Dogens Zen beeinflusst gewesen, und so wurde es zum Nô. Ze-ami hat das selbst geschrieben.[168] Die Maske des Schauspielers hat auf Augenhöhe nur kleine Schlitze. Der Darsteller ist also so gut wie blind. Er schaut durch zwei winzige Löcher und kann nicht alles sehen. Doch beim Spielen muss er die ganze Bühne im Blick haben; und noch mehr. Er muss die Zuschauer anschauen; nicht nur ihre Gesichter, sondern auch ihren Geist. Er muss alles sehen, aber er kann nicht – jedenfalls nicht durch die kleinen Löcher ... Das ist ähnlich wie beim Zen. Nô-Schauspieler müssen Zen verstehen ... Sehen, ohne zu sehen. Der Schauspieler kann subjektiv nicht sehen, doch um zu spielen, muss man alles im Blick haben. Auf diese Weise entwickelt man *So gyo Shiki*. Der Schauspieler spielt durch *So gyo Shiki*. Wenn wir also nicht an einer Einzelheit haften, können wir alles sehen. Und wenn wir alles sehen, dürfen wir die Einzelheiten nicht aus dem Blick verlieren. Das ist die Beziehung zwischen Kunst und Zen. [Sensei rezitiert eine Stelle aus

---

[166] Bekannt als *Kongo Kyo* im Japanischen, im Sanskrit als *Vajracchedika Prana Paramita Sutra* („Die Vollkommenheit transzendentaler Weisheit, die wie ein Diamant schneidet"), auf Deutsch als Diamant-Sutra.

[167] Ein berühmter Satz aus dem *Diamant-Sutra*.

[168] Ze-ami (1363-1443), der Begründer das Nô; schrieb ein Buch mit dem Titel *Kanedsho*. Darin vertritt er die Ansicht, dass es bei jeder Art von Tätigkeit grundlegend sei, das *Yo* (das Positive, das Licht) mit dem *Yin* (dem Negativen, der Dunkelheit) in Einklang zu bringen. Ze-ami zog sich sechzigjährig von der Nô-Bühne zurück, wurde Zen-Mönch und widmete den Rest seines Lebens dem Weg.

dem *Shodoka* in Kambun, die mit den Worten endet: „...vergesst nicht, dass der Buddhismus die Wurzel abschneiden soll und nicht die Äste und Blätter."] ... Die Blätter abschneiden und sich mit den Ästen beschäftigen – das mag ich nicht. Mir gefällt es, zur Wurzel zu gelangen und mich nicht um die Enden zu sorgen.

Eure Haltungen hier sind nicht gut. Ich habe länger gesprochen und bei allen ist das Kinn nach vorn gefallen. Bei allen außer beim zehnjährigen amerikanischen Mädchen; sie hat sich überhaupt nicht bewegt. Konzentriert euch. Noch zwei Minuten. Dann hören wir auf und machen ein *Mondo.* Wenn die Zeiten schwer sind, dann ist Zazen am wirksamsten. Dann könnt ihr nicht stehenbleiben. Ihr bleibt dann nur bei den Schmerzen stehen.

Mondo

Die Bettler sangen Shomyo

Frage: Ich möchte etwas über die Ursprünge von *Shomyo* erfahren. Und auch über *Daihishin-darani.*

Meister: Die japanische Sprache ist *Shomyo* geworden! *Shomyo* ist ein besonderes Singen. Es ist ein besonderer Ton, eine besondere Modulation. [Sensei singt *Shomyo.*] Das ist Zen-*Shomyo.* Aber es gibt viele anderen Arten von *Shomyo*; es gibt Tendai-*Shomyo*, Shingon-*Shomyo.*[169] Und dann gibt es *Daihishin-darani.* Das ist das allgemeine, gewöhnliche Singen. [Sensei singt in *Daihishin-darani.*][170] *Daihishin-darani* sind in den Tempeln von Eihei-ji und Soji-ji verschieden. In Eihei-ji klingt das so: [Er singt.] In Soji-ji singt man – [Er singt wieder, diesmal langsamer.] Dieses Singen ist sehr langsam; das ist *Shomyo.* [Da es hier unmöglich ist, Senseis Worte in einem lesbaren Satzbau wiederzugeben, habe ich sie mit eigenen Worten zusammengefasst: *Shomyo* entwickelte sich in den japanischen Tempeln von Soji-ji und Daijozenji-noto. Der Meister von Daijozenji-noto, der ein Schüler des großen Soto-Patriarchen Keizan gewesen war, musste von zu Hause dreißig oder vierzig Kilometer weit gehen, um mit seinen Schülern morgens Zazen im Tempel von Daijozenji-noto zu üben. Um nicht zu ermüden und um einen gleichmässigen Schritt beim allmorgendlichen Überqueren des Berges beizubehalten, erfand er

[169] *Sho* heißt singen und *Myo* Licht. Ein pentatonischer, einstimmiger Gesang, dem gregorianischen Gesang ähnlich. Heutzutage wird *Shomyo* vor allem in der Tendai- und der Shingon-Sekte gepflegt.

[170] *Daihishin-darani*: ein Solo-Gesang. Man singt für die Aufrechterhaltung und Bewahrung seiner besseren Eigenschaften. *Daranis* sind magische Formeln, die das Gute festhalten, damit es nicht verloren geht, und das Böse, damit es nicht aufkommt.

diese Gesangsmethode, die in der Folge „*Shomyo*" genannt wurde – eine Technik, bei der es im Wesentlichen darum geht, die Sutras langsamer zu singen als es üblich war ... Diese Methode wurde populär, insbesondere während der Tokugawa-Periode, als Bettler die Sutras in *Shomyo* sangen. Sie sangen diese einfachen Melodien immer langsamer, viel langsamer sogar als die Mönche in den Tempeln und die Leute weinten und gaben ihnen Geld. Jedenfalls war es vor allem dank dieser Mönche, dass *Shomyo*, in seiner schwermütigen Spielart, sich in ganz Japan verbreitete. – Sensei singt in *Shomyo;* dann imitiert er das Selbstgespräch eines Bettlers:] „Ich kann nicht gehen, ich habe keine Beine und ich bin blind. Wie jämmerlich ich doch bin, habt Mitleid und gebt mir Geld ..." Sie sangen ganz, ganz langsam. Es klang erbärmlich, und so gaben ihnen die Leute Geld ... Und dann jede Nacht, wenn es dunkel wurde, standen die scheinbar beinlosen Bettler auf und gingen nach Hause. Die Bettler sangen die Sutras. Obwohl sie sie nicht verstehen konnten. *Shomyo* ist interessant. Wenn ich für eine Japanerin *Shomyo* singen würde, sie würde bestimmt weinen ... Manchmal singe ich so bei japanischen Totenzeremonien. Ihr könnt genau *Mujo* fühlen, die Unbeständigkeit.

Frage: Manchmal schreiben Sie Gedichte oder Sie singen oder malen Kalligraphien. Haben Sie dann den Eindruck, mehr Künstler als Zen-Mönch zu sein?

Meister: Überhaupt nicht. Ich denke darüber nicht nach. Wenn ich schreibe, bin ich mir dessen nicht bewusst, ich denke dann nicht: „Jetzt bin ich ein Künstler." Und wenn ich Zazen mache, so denke ich nicht über Zen oder über Buddhismus nach. Das ist ein objektives Problem. Subjektiv denke ich überhaupt nicht. Aber weil Sie das objektiv verstehen wollen: Wenn ich schreibe bin ich ein Zen-Mönch, der schreibt. Das ist eine Bezeichnung. Aber subjektiv ist da nichts.

Karma setzt sich fort

Frage: Was ist Karma?

Meister: Oh là là! Das ist die Frage, die die Leute am häufigsten stellen. Während der zehn Jahre, die ich hier schon *Mondo* mache, ist mir diese Frage schon hundertmal gestellt worden. Ich antworte immer auf diese Frage. Deshalb habe ich letztes Jahr *Kusen* über Karma gehalten. Vierzig Tage lang habe ich nur über Karma gesprochen: Philippe hat das in *Die Stimme des Tals* aufgeschrieben. [Sensei zu seiner Sekretärin:] Und auf Französisch?

Sekretärin: Ja, wir haben zwölf *Kusen* über Karma auf französisch herausgegeben. *(Lachen.)*

Meister [zum Fragenden]: Wenn ich wieder Karma erkläre, müssen Sie noch mal für zehn Tage bezahlen. Jedenfalls, in ein paar Worten: Karma heißt Tun. Es gibt drei Arten: Körper, Mund und Geist. Was das Körper-Karma betrifft: Stiehlt oder tötet man, wird dieses Tun die Zukunft ganz und gar beeinflussen. Das Tun des Mundes beeinflusst ebenfalls die Zukunft. Man lügt, man kritisiert, Zeit geht vorbei, aber später wir dieses Karma, dieses Tun genau wiederkehren ... Mit dem Tun des Geistes ist es dasselbe: Man sagt, dass man liebt, aber in seinem Bewusstsein denkt man immer Hass. Nun, dieses Karma kommt dann in der Zukunft. Im traditionellen Hinduismus gibt es das Atman, die Seele.[171] Beim Tod stirbt der Körper, aber die Seele geht weiter. Im Buddhismus ist das nicht so. Doch das Karma geht weiter. Sogar nach dem Tod, ewig.[172] Wie kappen wir also das Karma? Ein religiöser Mensch muss Karma kappen. Noch eine Frage?

Frage: Wenn Zazen fast vorüber ist und Sie sagen: „Wir müssen noch zwei Minuten leiden" – in dem Moment hasse ich Sie. Was ich wissen möchte ist, was in meinem Geist passiert, wenn ich so denke.

Meister: So denken Sie also während Zazen? Warum? Warum während Zazen? ... Das amerikanische Mädchen hier ist zehn Jahre alt und es ist weiter entwickelt als Sie. Sie sind kindisch. Das kleine Mädchen ist das genaue Gegenteil von Ihnen: Es bewegt sich überhaupt nicht.

Antwort: Manchmal wenn ich leide, denke ich, dass Sie Hitler sind.

Meister (runzelt die Stirn): Ich bin nicht Hitler. Ich habe keinen Schnurrbart und ich bin ein Japaner, kein Deutscher. [Sensei wendet sich zu seiner Sekretärin und fragt sie, wieviele Leute das Sesshin verlassen haben.]

Sekretärin: Heute sind vier Personen weggegangen.

Meister: Meine Erziehung ist sehr sanft. Aber ein wenig Strenge ist manchmal notwendig. Die Menschen im Westen drehen völlig ab. Ihr Ego wird immer stärker. Sie sind nur Individuen. Zehn Personen haben sich seit Beginn des *Sesshin* aus dem

---

[171] *Atman*: das höchste Selbst, das universelle Bewusstsein, das göttliche Element im Menschen.

[172] Nach Buddhas Tod kam es zu einem weitreichenden philosophischen Streit über diese Frage. Die buddhistische Lehre der Vergänglichkeit der Erscheinungsformen besagt, dass alle Erscheinungsformen Illusion sind; deshalb muss Karma, das auch etwas ist, ebenso vergehen. Dagegen besagt die buddhistische Lehre vom Karma, dass nicht-manifestiertes Karma nicht vergeht, sondern vielmehr sich fortsetzt, sogar bis in alle Ewigkeit. Wirklichkeit im Buddhismus ist aber die Wirklichkeit des Daseins wie des Nicht-Daseins; es ist das Dasein jedes Einzelwesens, von affirmiertem Dasein ebenso wie von negiertem Nicht-Dasein. Wo besteht also da ein Widerspruch?

Staub gemacht. Sie sind richtige Narren. Bestimmt dachten sie, ein *Sesshin* in Val d'Isère sei das Gleiche wie ein Urlaub im Club Méditerranée. Also sind sie weggelaufen. Bis zu ihrem Tod werden sie nicht klug werden.

20:30
Zen und Budo

Der Rinzai-Meister Takuan unterwies Yaku Tajima no Kami, einen Meister und Weisen des Kendo[173], in der Essenz des Kendo. *Takuan* bedeutet im Japanischen ‚Gurke'. Meister Gurke also lehrte ihn die Essenz. Er gab Tajimanokami das *Fudo Shinmyo Chi Roku,* die *Aufzeichnung der nicht-bewegten herausragenden Weisheit.*[174] Darin besteht die Essenz des Kendo: schauen, ohne zu schauen. Während eines Kendo-Turniers geht es darum, entweder zu töten oder getötet zu werden. Es ist nicht wie ein Baseball-Spiel. Da gibt es kein Warten. Im westlichen Sport gibt es immer Wartezeiten. In den Kampfkünsten gibt es keine. Töten oder getötet werden. Also muss man den ganzen Körper des Gegners anschauen und nicht nur auf einen Teil. Man muss auf den Scheitel zielen, aber wenn man nur auf den Scheitel schaut, ist das ein Fehler. Das ist subjektives, egoistisches Schauen ... Der Gegner bewegt sich rasch, plötzlich ... Bewegt sich die Hand, der Fuß? Bewegen sich die Augen? ... Also schauen, ohne zu schauen, das ist sehr wichtig. Der erste Blick ist objektives Schauen. Der zweite Blick – ohne zu schauen – ist subjektives Schauen. Es ist also objektiv schauen, ohne subjektiv zu schauen ... Genauso ist es während Zazen: denken ohne zu denken, aus dem Grund des Nicht-Denkens denken.

Im alten *Budo* gibt es viele verschiedene Schulen.[175] Es gibt *Mu Gen Ryu,* die Schule der Blinden.[176] Dann gibt es *Mu Nen Ryu,* die Schule des Nicht-Denkens.[177] Diese Schule ist völlig Zen. Die Schule von *Otanashino Kamae*, die vom blinden Samurai Sukuae gegründet wurde, bedeutet die Schule der Haltung ohne Klang.[178] Die beiden berühmtesten Samurai-Weisen im Kendo waren Miyamoto Musashi und Sukuae. Sukuae war blind, aber wie Miyamoto Musashi tötete er bei Turnieren.[179] Blind zu sein ist von Vorteil. Wenn die Technik der beiden Gegner gleichwertig ist,

---

[173] Kendo, wörtlich: der Weg des Schwerts.

[174] *Fudo* ist Nicht-Bewegung; *shinmyo* bedeutet magisch, herausragend; *Chi* ist Weisheit; *Roku* ist Aufzeichnung.

[175] *Budo*, der Weg der alten Samurai. Dazu gehören *Kendo, Judo, Aikido* usw.

[176] *Mu gen* bedeutet: keine Augen; *Ryu* ist Schule.

[177] *Mu* ist ‚nicht'; *Nen* ist ‚Denken'.

[178] *Oto* bedeutet Klang; *nashi* heißt ohne; und *Kamae* heißt Haltung.

[179] Miyamoto Musashi war einer der größten japanischen Samurai, er tötete viele Menschen. Später in seinem Leben hat er sich vom Schwert abgewandt und wurde, wie der blinde Samurai Sukuae, Schüler des Zen-Meisters Takuan. In den letzten Jahren seines Lebens lebte Musashi in einer Höhle im Gebirge. Er starb 1645 als ordinierter Bodhisattva.

dann hat der Blinde den Vorteil. Die Intuition eines Blinden ist stark und wenn die Techniken auf gleicher Stufe sind, dann heißt das Geist gegen Geist ... Zu Beginn findet der Kampf in der sichtbaren Welt statt, aber schließlich in der unsichtbaren. Und der Blinde ist in der unsichtbaren Welt sehr geübt. [Die Glocke für *Kinhin* wurde geläutet und alle stehen auf:] Die *Kinhin*-Haltung ist die Haltung, die allen Kampfkünsten zugrunde liegt. *Kinhin* ist nicht dasselbe wie Gehen. Spannung, Nicht-Spannung. Auf einen Punkt schauen, alles sehen. Wenn ihr die Gewohnheit von *Kinhin* entwickelt, wird euer sonstiges Gehen Würde ausstrahlen.

[Zazen:] Die metaphysische Welt ist die Welt des Unsichtbaren, während die physische Welt die Welt des Sichtbaren ist. Und Zen ist das Sichtbare des Unsichtbaren. Zen ist die metaphysische Welt der physischen, es ist das Physische der metaphysischen. Ich habe auch die Erfahrung der japanischen Kampfkünste gemacht. Ich bin ein fünfter *Dan* im Judo und auch fünfter *Dan* im Kendo. Nach der alten *Dan*-Einteilung. Ein fünfter *Dan* damals ist ein achter *Dan* heute. Mein Großvater war ein achter *Dan* in Yawara.[180] Er unterwies die Samurai während der Meiji-Revolution. Ich kenne die Essenz des Judo, aber ich habe die *Wasa* [Technik] vergessen. *Kyushin Ryu*[181] im Judo – die alte Yawara-Schule – ist die Schule der Meisterung [Lenkung] des Geistes. Im Alltags-Geist lenkt das Ego, der subjektive Geist, den Körper; aber in *Kyushin* lenkt der objektive Geist den Geist [d. h. den Geist, der sich selbst anschaut]. Das ist Zen. Wir sollen nicht dem Geist, dem egoistischen Geist folgen – wir sollen ihn lenken.
Kyosaku! [Es wird *Kyosaku* gegeben.]

Es gibt zahllose Beispiele, die den Einfluss des Zen auf die Kampfkünste zeigen ... Und auch auf die japanische Kunst. Alan Watts mochte Zen; er hat es oberflächlich verstanden. Westliche Intellektuelle mögen Zen wegen seiner Beziehung zur Kunst. Sie verstehen nur die Oberfläche.[182] Konzentriert euch. Geduld. Ich bin nicht Hitler![183]
Kaijo!

---

[180] Traditionelles Judo. Bekannt als Unterweisung der Sanftmut.

[181] *Kyu* heißt meistern, lenken, kontrollieren. *Shin* heißt Geist. *Ryu* ist Schule.

[182] Alan Watts bemerkt selbst, dass in manchen Formen des Zen Zazen keine zentrale Bedeutung hat, sondern darauf abgezielt wird, „... die gewöhnliche Arbeit als Meditations-Werkzeug zu benutzen. Das trifft gewiss auf Bankei zu und dieses Prinzip liegt dem allgemeinen Verständnis von Künsten zugrunde, die als Wege der Zen-Praxis aufgefasst werden, wie von der Tee-Zeremonie, dem Flötenspiel, der Pinsel-Zeichnung, dem Bogenschiessen, dem Fechten und *Ju Jutsu*." (nach: Alan Watts, *The Way of Zen*. New York: Vintage, 1957, S. 111).

[183] Diese Aussage bezieht sich auf eine Frage, die eine Frau im *Mondo* gestellt hatte.

30. August – 7:00
Sein Sekretär war sein Schatten

[Der Meister betritt das *Dojo* und geht wie immer, ohne Zeit zu verlieren, rasch die Reihen der Übenden ab, die in Zazen sitzen, wirft ein Auge auf alles und jeden. Hinter ihm folgt der *Shusso*. Der Meister geht zu seinem Sitz rechts vom Eingang und genau gegenüber dem großen Veranda-Fenster, macht *Gassho* und setzt sich dann. Der erste Sonnenstrahl, der in diesem Moment über einem Bergrücken hervorschießt, fällt auf sein Gesicht, als er die Lotus-Haltung einnimmt. Der *Shusso*, der erst stehengeblieben war, um jemandes Haltung zu korrigieren, geht kurz danach zu seinem Sitz links vom Eingang. Der Meister sagt:]

Der *Shusso* muss alle im Blick haben, alle zweihundert hier Anwesenden. Er braucht sich nicht auf eine einzige Person zu konzentrieren. Einige Leute sind nicht zum Zazen gekommen. Ich habe den *Kyosaku*-Verantwortlichen gebeten in den Zimmern nachzusehen. Er ist jetzt seit einer halben Stunde unterwegs. [Nach einer Weile taucht der *Kyosaku*-Verantwortliche auf. Er betritt wieder das *Dojo*, beugt sich zum Meister und flüstert in sein Ohr.] Dieser *Kyosaku*-Verantwortliche hat eine Person gefunden, die krank ist. Der *Kyosaku*-Verantwortliche muss intuitiv finden, rasch; er soll keine halbe Stunde dafür brauchen. Während eines *Sesshin* könnt ihr euch ausschließlich auf Zazen konzentrieren, auf eine einzige Sache. Gibt es ein *Sesshin*, ist das Leben einfach. Aber selbst dann ist es nicht so einfach. Wer Verantwortung hier trägt, soll sich nicht nur auf seine Verantwortung konzentrieren. Schauen, Nicht-Schauen. Sich auf eine Sache zu konzentrieren ist sehr leicht. Wenn auch manche nicht einmal das können. Wie Verrückte, wie Kinder. Aber sich im heutigen Alltag auf viele Dinge zu konzentrieren ist schwer. Bevor ich der Sekretär meines Meisters Kodo Sawaki wurde, bin ich der persönliche Sekretär des japanischen Finanzministers Matsunaga gewesen. Jeden Tag kamen Minister und es war sehr kompliziert: Anrufe, Briefe, Diktate, Fragen, Termine. Weisheit war notwendig. Schauen ohne zu schauen. Hätte ich mich auf eine Sache konzentriert, würde ich andere Dinge vergessen haben. Wird man Sekretär wichtiger Leute, wird man gewitzt. Man kann die Probleme nicht nur durch Wissen lösen, also muss man kreativ sein. Man erschafft Weisheit. Wenn ihr nur einen Teil anschaut, könnt ihr euch nicht auf das Ganze konzentrieren. Schaut man nur auf die Blätter, kann man nicht die Wurzel sehen. Schaut man nur auf die Wurzel, kann man die Blätter nicht sehen. Tut man das, tauchen die Gegensätze auf.

Eka war neun Jahre lang Bodhidharmas Sekretär – bis zum Tod seines Meisters. Und Eka bekam das *Shiho* unmittelbar vor dem Tod Bodhidharmas. Ejo wurde

Sekretär von Dogen, obwohl er älter war als Dogen. Doch blieb er bis zu Dogens Tod sein Sekretär. Er war wie Dogens Schatten.[184] Und so wurde Dogen berühmt. Ejo half ihm ganz und gar. Dogen hat das *Shobogenzo* nicht selbst geschrieben, überhaupt nicht. Ejo hat das meiste getan. Er redigierte es, gab es heraus. Ejo besaß eine tiefe Weisheit. In japanischen Tempeln haben die Meister fünf *Gojisha* [Sekretäre] und die sind sehr wichtig. Im Soto-Zen erhalten die Sekretäre eine starke Erziehung. Die Sekretäre müssen sich um die *Shoko*-Schachtel [Weihrauch] kümmern und die Zeremonien ausrichten. Sie müssen die Besucher empfangen, die Würdenträger und wichtige hochrangige Persönlichkeiten. Sie müssen Briefe schreiben, Anrufe entgegennehmen, Diktate aufnehmen, die Unterweisungen aufschreiben. Sie müssen darauf achten, dass der Meister saubere Hemden und *Kolomo* hat. Und sie müssen sich um sein Essen kümmern. Für einen japanischen Meister ist das kompliziert: Miso-Suppe, Soba, Tamari.

Aus Einfachheit entsteht Kompliziertes

Als ich in Frankreich ankam war das Leben überhaupt nicht schwer. Ich lebte in einem kleinen Zimmer hinten in einem Lagerraum. Ich schlief auf dem Beton, nur mit einem *Zafu*, und als Schreibtisch hatte ich ein Fass. Ich aß nur *Genmai*, die ich selbst kochte. Ich ging kaum aus; einmal ging ich aus und verirrte mich. Es war ein einfaches Leben. Nur Zazen und ein bisschen Schreiben. Später wurde ich gebeten, Vorträge zu halten; das tat ich dann. Darauf entstanden die *Dojo*. In ganz Frankreich, in der Schweiz, in Mailand, Brüssel, London. So wurde es dann komplizierter. Verleger wollten gerne Bücher haben. Film, Fernsehen. Und jetzt Sommerlager. Diese Lager dauern jetzt vierzig Tage. Soweit möglich möchte ich mich nur auf Zazen konzentrieren. Aber um Zazen zu verbreiten, ist Organisation nötig. Also braucht es Weisheit. *Kesa* nähen wie Jeanne; es ist sehr einfach, von morgens bis abends *Kesa* zu nähen. Sie ist sehr glücklich ... Doch im Alltag ist es nicht so einfach. Weisheit ist nötig. Wir sollen nicht nur einen Teil anschauen; wir müssen alles betrachten. *Shiki soku ze Ku, Ku soku ze Shiki.* Form ist Leerheit, Leerheit ist Form. *Ku* [Leerheit] ist null; nur eins. Das ist sehr einfach. Doch dann entsteht *Shiki* [Erscheinungsformen] ... Die Quelle ist sehr einfach, sehr rein: nur *Ku.* Doch aus dieser Quelle entstehen viele Erscheinungsformen. Und so wird sie zu *Shiki.* Wie lösen wir diese Widersprüche? Wir müssen die Wurzel packen. Es ist nicht nötig auf die Blätter zu achten. Aber natürlich, unbewusst, automatisch können wir beides tun. Wer sich nur um die Blätter kümmert, vergisst die Wurzel, und so kümmert er sich um die kleinen Dinge, Blätter, Blätter ... mit seinem persönlichen Bewusstsein. Doch er kann die Wurzel fassen und von da entsteht dann Weisheit.

---

[184] Ejo, der Sekretär; vgl. Glossar.

30. August – 10:30

Wenn der Geist sich nirgends festhält oder: Weshalb Piloten Zazen machen

Shiki ju so gyo Shiki. Wenn ihr lange Zeit mit Zazen fortfahrt, dann fühlt ihr *Shiki,* den Körper, nicht. Genauso mit *Ju*: es gibt dann keinen Akt des Sehens, des Hörens. *So* und *Gyo* nehmen auch ein Ende. Es gibt keine Bilder, keine Wünsche mehr. Nur *Shiki* [das Bewusstsein] bleibt. Es gibt dann nur noch Unbewusstes, Unterbewusstsein, natürliches Bewusstsein. Dieses Schauen ohne zu schauen, Nicht-Hören, aber hören, denkendes Nicht-Denken und nicht-denkendes Denken. Das *Manas*-Bewusstsein nimmt ein Ende und nur das *Alaya*-Bewusstsein ist noch da.[185] Wenn wir uns nur auf unsere Hände konzentrieren, auf unsere Daumen, dann können wir uns nicht auf unsere Atmung konzentrieren – jemand fragte das während des *Mondo.* Aber wenn wir die Gewohnheit der Konzentration in Zazen haben, dann können wir uns darauf konzentrieren die Taille zu strecken, den Nakken zu strecken, das Kinn einzuziehen, gegen den Himmel mit dem Kopf und gegen den Boden mit den Knien zu drücken; dann können wir uns auf die gesamte Haltung gleichzeitig konzentrieren. Durch das Wiederholen können wir uns auf alles konzentrieren. In der modernen Zivilisation ist das Leben kompliziert und manchmal müssen wir uns in viele Richtungen gleichzeitig konzentrieren. Deshalb kommt Guy – er ist Jumbo-Jet-Pilot bei der *Air France* – zum Zazen ... Ich werde oft von Vertretern der japanischen Fluggesellschaften um Rat gefragt. Zen-Unterweisung für Piloten ist sehr wichtig. *Hishiryo* ... Der Pilot eines Jumbo-Jets muss während des Landemanövers immer mit dem Kontrollturm in Verbindung bleiben. Er muss die Information hören und er muss Befehle und Anweisungen in Empfang nehmen. Er muss nach außen und gleichzeitig nach innen schauen – auf die Bordinstrumente. Er muss Hände und Füße gebrauchen. Er muss mit dem Steward und der Roten Armee [d. h. den Flugzeugentführern] sprechen. Und zugleich muss er eine präzise Landung hinkriegen, mit der richtigen Geschwindigkeit. Also muss der Pilot ein tiefes Training absolvieren. Nur Wiederholung; und so entwickelt sich die Angewohnheit. Er benutzt nicht sein eigenes persönliches Bewusstsein, nur das Unbewusste. Was man braucht sind drei Köpfe und sechs Hände, wie der Hindu-Gott Shiva. Der Pilot ist ganz und gar in Zazen. In dem Moment gibt es kein *Ju so gyo.* Es ist wie bei einem Turnier: töten oder nicht getötet

---

[185] Das *Alaya*-Bewusstsein ist der universelle Geist; das Speicher-Bewusstsein der reinen Essenz von Geist. Coomaraswamy sagt über das *Alaya*-Bewusstsein, dass es kosmischer, nicht unpersönlicher, allesbeinhaltender, immerwährender Geist ist. Ernest Wood sagt, dass *Alaya* die in den fühlenden Wesen gegenwärtige Selbst-Natur ist und dasjenige, was Buddha zum Zeitpunkt seines großen Satori unter dem Bodhi-Baum erfuhr. Und im *Mahayana Sraddhotpada Sastra* heißt es von *Manas* wie *Alaya*, dass „... der Geist (*Manas*) zwei Tore hat, woraus seine Tätigkeiten ausgehen. Das eine führt zu einer Verwirklichung der reinen Essenz des Geistes (*Alaya*). Das andere führt zur Differenzierung von Erscheinen und Vergehen, von Leben und Tod."

werden. Von Angesicht zu Angesicht mit einem Schwert: In einem Augenblick ist alles entschieden. Manche schlafen beim Zazen. Zazen ist nicht so gefährlich. Manche bewegen sich und denken an andere Dinge. Doch wenn man sich nur auf die Haltung konzentriert ist es wie beim Jumbo-Pilot oder in den Kampfkünsten.

Ein anderer Menschenschlag

Wenn sich der Geist nirgends festhält, dann erhebt sich der wahre Geist. Stockt ihr bei einer Sache, so ist das ein Fehler. Doch wenn ihr euch auf die Zazen-Haltung konzentriert, jeden Tag eine Stunde lang, zwei Stunden, und die Gewohnheit dieser Haltung entwickelt, dann unterscheidet ihr euch von anderen Leuten. Phantasie, Bilder werden von unserem eigenen Geist geschaffen, von unserem Bewusstsein. Unser Geist macht *Naraka* [die Hölle]; er macht das Leiden. Jeder Mensch lebt in einer Welt, die er mit seinem eigenen Bewusstsein erschafft. Was ist also das Ego? ... Jeder von uns denkt: „Ich bin ich", ich bin so und so; und wir verstehen das durch *Go un*, die fünf Aggregate [Empfinden, Wahrnehmen, Denken, Tätigkeit und Bewusstsein]. Das ist *Gyo* und *Shiki* – egoistisches *Gyo* und egoistisches *Shiki*. Aber unbewusst, objektiv zu verstehen – das ist *Hishiryo*-Bewusstsein. Und so können in dem Moment unsere egoistischen Wünsche auf eine höhere Stufe sublimiert werden. Das ist die Unterweisung des Zen. Es ist die höchste Weisheit für das tägliche Leben. Wiederholt also Zazen. Ein *Sesshin* zeigt Wirkung; doch wenn ihr mit Zazen weitermacht, wird es zu einer Angewohnheit, es wird tiefer. Für Anfänger ist das schwer, weil sie ihren Willen einsetzen müssen. Aber für die, die weiter Zazen machen, ist das nicht so. Willenskraft ist da nicht nötig, weil Körper und Geist der kosmischen Ordnung folgen. Der Geist hat die Gewohnheit angenommen, der kosmischen Ordnung zu folgen.

Mondo

Die Bedeutung der Selbst-Bestätigung

Frage: Ich habe viele Fragen zu stellen, Fragen, die ich in einem Notizbuch aufschreibe, wenn ich allein bin. Aber wenn ich Zazen mache, erscheinen meine Fragen plötzlich bedeutungslos und nutzlos und ich vergesse sie alle.

Meister: Das ist, weil sie weiterkommen, weiterkommen im Satori. Wenn das Zweifeln aufhört – das ist Satori. Dann, wenn Sie Ihre Fragen selbst lösen, wenn Sie sie selbst verstehen. Wenn Sie durch meine Antworten verstehen, dann ist es nicht wahres Satori. Verstehen Sie selbst, dann ist es Selbst-Bestätigung. Selbst-

Bestätigung ist sehr wichtig, nicht nur vom Gehirn, sondern vom Grund des Geistes. Satori, das ist nicht nur einmal.

Frage: Was meinen Sie mit kosmischer Ordnung?

Meister: Der Lauf der Planeten, Wind, Sturm. Die Wissenschaft nennt das die kosmische Ordnung. Die Bewegung der Gestirne; der Morgen kommt und die Sonne geht auf und abends geht sie unter.

Antwort: Also ist es unmöglich, der kosmischen Ordnung nicht zu folgen.

Meister: Wir sollen ihr folgen, aber manche tun's nicht. Wenn die Sonne aufgeht, gehen sie schlafen. Das ist alles ganz einfach und doch machen manche Leute das Gegenteil. Während Zazen folgen wir der kosmischen Ordnung. Professor Chauchard hat geschrieben, dass wenn wir tief meditieren, wir der kosmischen Ordnung folgen. Doch in der modernen Zivilisation setzt sich das Vorderhirn dem entgegen und so wird ihr autonomes Nervensystem müde; man wird müde, neurotisch, schliesslich wird man verrückt und endet im Krankenhaus. Sie, Herr Doktor, Sie haben sich mit dem Hypothalamus beschäftigt. Sie müssen es die anderen lehren.

Die Wahrheit?

Frage: Ist Zen die wahre Wahrheit?

Meister: Bien sûr! Was ist Wahrheit ? [Keine Antwort.] Wenn Sie Zen nicht kennen und die Wahrheit nicht kennen, dann ist Ihre Frage leer. *(Alle lachen.)* Ihre Frage ist lustig. Was ist Wahrheit? Jeder benutzt das Wort, aber was ist es? Was ist die Wahrheit, was ist der Weg? Das ist ein großes Koan. Noch eine Frage?

Frage: Ist die Wahrheit relativ?

Meister: Relativ und nicht relativ. Wahre Wahrheit ist jenseits von allem, sie ist universell. Relative Wahrheit ist die Wahrheit für manche und nicht für andere; also ist es nicht die Wahrheit. Die Wahrheit ist auch objektiv. Aber Madame, die diese Frage stellt, macht immer ihre eigenen Kategorien und so wird ihr Denken eng ... Jeder macht seine eigenen Kategorien. Jeder schaut durch seinen eigene gefärbte Brille. Noch eine Frage?

Der Wissenschaftler ist ein Forscher

Frage: Sie sagen, die Wissenschaft bestätigt, dass der Geist während Zazen der kosmischen Ordnung folgt. Und doch sagen Sie auch, dass Wissenschaft eng ist und dass auch sie durch Brillengläser schaut.

Meister: Ja, innerhalb der Welt der Wissenschaft: Wahrheit [das heißt: Innerhalb der Welt der Wissenschaft bestätigt die Wissenschaft sich selbst]. In Bezug auf die materielle und physische Welt ist die Wissenschaft sehr praktisch. Aber wenn es um metaphysische Fragen geht, so kann sie die Wissenschaft nicht bestätigen. Die Wissenschaft kann die Religion nicht bestätigen, sie kann den Geist nicht beglaubigen. Psychologie kann das auch nicht. Objektiv kann Psychologie das leisten, aber subjektiv ist das nicht möglich. Weil jeder Mensch durch seine gefärbten Brillengläser schaut. Wissenschaft ist nicht vollständig. Deshalb sind die Wissenschaftler immer am Suchen, Suchen, Suchen. Sie haben verstanden, dass Wissenschaft nicht vollständig ist; und so sind sie immer am Denken. Sie suchen immer nach mehr und mehr und mehr Wahrheit. Ist das nicht so, Herr Doktor? [Sensei schaut Dr. Durix an.] Wissenschaft ist unvollständig, auch die moderne Medizin; und so suchen sie, bemühen sich weiterzukommen.

Gehirn im Angebot

Dr. D.(nickt): Deshalb üben viele von uns Zazen.

Meister (lacht): Ja, wie Sie! Bitte, Herr Doktor, halten Sie uns einen Vortrag!

Dr. D. (zunächst verdutzt): So, ja, wieviel Zeit haben wir denn noch?

Meister (schaut auf seine große, silberne Uhr): Zehn Minuten ... Dr. Durix wird uns jetzt einen Vortrag halten. [Durix, ein Schüler des Meisters und eine Autorität auf dem Gebiet der Hypothalamus-Forschung, improvisiert einen Aufriss des neuesten Stands seiner Wissenschaft. Er spricht etwa eine halbe Stunde lang.]

Meister: Genau. Die Haltung ist wichtig. Die Atmung. Ich habe mich sehr eingehend damit auseinandergesetzt. Und jetzt auch Dr. Durix. Er ist sehr bewandert in der Hypothalamus-Forschung ... Aber wir [d. h. Wissenschaftler und andere] müssen in bezug auf Zazen weiterkommen. Vor vielen Jahren haben Wissenschaftler der Universität Tokyo meinen Körper und meinen Geist untersucht. Und seitdem wollen die Ärzte an der Universität mich untersuchen, immer wenn ich nach Japan zurückkehre. Und einmal in Paris wurden Étienne und ich im St.Anne-Krankenhaus untersucht. Einen ganzen Tag lang wurden wir mit Elektroenzephalogrammen getestet. [Er schüttelt die Hand um anzudeuten, dass es sehr anstrengend war.] Die Universität Tokyo besitzt viele Elektroenze-phalogramme meines Gehirns. Drei Assistenten haben ihren Doktortitel erhalten, weil sie ihre Doktorarbeit über mein Gehirn geschrieben haben. *(Gelächter.)* Das stimmt! Und Dr. Hirai – die Arbeit, die er über mein Gehirn geschrieben hat, machte ihn berühmt! Und später dann hat Professsor Chauchard an der Sorbonne die Untersuchung von Hirai gelesen und er war sehr überrascht, sehr beeindruckt davon. Dr. Hirai ist jünger als ich. Er wurde in jungen Jahren Doktor. Jetzt übt er Zazen.

Dr.D.: Es wäre äußerst lehrreich, wenn wir Ihr Gehirn als Studienobjekt haben könnten.

Meister: Später wird das gehen. Aber jetzt: Ich will noch nicht sterben ... Mein Meister Kodo Sawaki hat seinen Körper der Universität Tokyo gegeben. [Sensei wendet sich zum Arzt:] Ah, aber die Universität Tokyo interessiert sich schon dafür, für mein Gehirn. Hirai will es. „*D'accord, d'accord*", habe ich zu ihm gesagt.

30. August – 16:00
Das prächtige Buch

Philippe hat *Die Stimme des Tals* geschrieben, und heute sind hundert Bücher angekommen. Die Stimme des Tals, ihr Klang ist sehr schön. Es ist die Stimme von Kanzeon. *Bonnon kai kyo on. Bonnon* ist der Klang vollkommener Reinheit. *Kai kyo on* ist das Rauschen des Ozeans. Das ist jenseits des Rauschens der Welt der fühlenden Wesen. Philippe hat ein tiefes *Kan*, ein tiefes Gelübde gemacht, dieses Buch zu schreiben und in Amerika zu publizieren. Und selbst jetzt schreibt er weiter, ohne Bezahlung, ohne irgendetwas. „Ich bin sehr arm, ich habe kein Geld, Sensei." Aber seine Tochter hat mich sehr überrascht: Sie schenkte mir eine Flasche Whisky. Da war ich aber erstaunt. „Vielen Dank, Mademoiselle." Ich wollte ihr ein bisschen Geld geben, aber sie lief schnell weg und sagte: „Nein, nein. Ich habe Geld. Ich bin reicher als Papa." Sie ist eine sehr gute Tochter. Ich war völlig beeindruckt. Ich bin sehr glücklich. Ich habe *Die Stimme des Tals* bekommen, in wunderbarem, prächtigem Englisch. Es ist ein sehr schönes Buch. Philippe hat genau mein Englisch aufgeschrieben. Er hat es korrigiert, in gutem Englisch formuliert, in prächtigem Englisch. *(Gelächter.)* Doch er folgt meinem *Zen-glisch.* Er folgt ihm genau, er macht keine Fehler. Es ist durch und durch schön: *Die Stimme des Tals* – ein historisches Buch.

30. August – 20:30

Im Westen wird man dazu erzogen einander in die Augen zu schauen, wenn man miteinander redet. Das traditionelle chinesische gute Benehmen lehrt, man solle dabei auf die Brust, das Herz des Anderen schauen. Beides ist notwendig. Ein Gespräch findet nicht nur mit Wörtern statt. Man spricht auch mit den Augen. Japaner sind völlig ... [Sensei zieht die Schultern ein, stellt jemanden dar, der in beengten Raumverhältnissen lebt.] Während die Amerikaner wie Philippe Platz brauchen. Sie brauchen einen weiten Raum. Und wenn sie tanzen, brauchen sie auch viel Raum. Die Franzosen sind wie Affen, wenn sie tanzen, aber wenn Philippe tanzt, ist er wie ein Gorilla. Geburtsort, Erziehung, Genetik sind sehr unterschiedlich und so ist es manchmal gut, die entgegengesetzte Haltung nachzuahmen, so kann sich Weisheit entwickeln ... Nutzt beides, eine Seite und die andere, und Weisheit wird daraus hervorgehen, ohne Ende. Im *Shobogenzo Genjo Koan* steht geschrieben, dass das Ego zur kosmischen Ordnung geht. Das ist *Mayoi*, Illusion. Dann haben wir das Gegenteil: Die kosmische Ordnung bestätigt das Ego, macht es leuchten. Das ist Satori.[186] Im *Agama*-Sutra heißt es, dass *Shiki*, Bewusstsein, vor allem entsteht. Dass alles aus Denken besteht. Denken führt alles herbei. Wenn wir also mit bösem Denken reden oder handeln sind wir wie jemand, der den Spuren eines Autos hinterherläuft. Und so folgt dann bestimmt Leiden.[187] Reden, handeln wir aber mit lauterem Denken, dann erscheinen Freude, Glück. Der Schatten folgt der Gestalt.

31. August – 7:00

Die 180 Grad-Veränderung

Das ist der letzte Tag dieses Vierzig-Tage-*Sesshin*. Jeder ist glücklich ... Die, die hergekommen sind für ein zehntägiges *Sesshin* – ihr müsst euren Geist ändern. Ihr müsst Verbindung aufnehmen mit eurem wahren, tiefen Geist. Das ist *Sesshin*. *Ses* bedeutet berühren, und *Shin* bedeutet wahrer Geist. Und diejenigen, die gestern die Ordination erhalten haben, die müssen sich auch verändern. Sie müssen aufhören, Drogen zu nehmen und zum ursprünglichen Geist zurückkehren. Drogen sind zu nichts gut. Drogen sind besonderer Geist ... Für die, die Drogen genommen haben

---

[186] „Diejenigen, welche die Erfahrung des Satori in Bezug auf *Mayoi* machen, sind alle Buddhas", schreibt Dogen. „Die, welche das große *Mayoi* für Satori halten, werden die Mittelmäßigen und Gewöhnlichen genannt."

[187] „Wir waren geist-geschaffene spirituelle Wesen, genährt von Freude", lautet eine Stelle eines der *Agama*-Sutras (einer Sammlung alter buddhistischer Schriften). „Wir schwebten durch den Raum, selbst-leuchtend und in unvergänglicher Schönheit ... Doch als böse, unsittliche Gebräuche sich unter uns ausbreiteten, verschwand die süß-schmeckende Erde, und als sie ihren angenehmen Geschmack verloren hatte, erschienen Auswüchse am Boden ..."

und jetzt ganz damit aufgehört haben ist das Satori.

Ich habe mit dem *Kusen* dieses Sommerlagers angefangen, indem ich Soto- und Rinzai-Zen verglichen habe. Dogen kritisierte das Rinzai-Zen und nannte es *zusan*, nachlässig ... Aber Soto und Rinzai werden, denke ich, in Kontinental-China weiter geübt. Dogen jedoch brachte das Soto-Zen nach Japan, auf eine Insel, und ein feinerer Geist entwickelte sich. [Meister Deshimaru erzählt wieder die Geschichte von Rinzai und Obaku. Rinzai fragte Obaku, was die Essenz des Budddhismus sei und Obaku gab Rinzai dreißig Stockschläge; da verließ Rinzai das *Dojo* von Obaku und ging zu Meister Taigu. Das gleiche geschah zwischen Rinzai und Taigu, dieselbe Frage und dieselbe Antwort – und Taigu schlug Rinzai auf dieselbe Weise; doch diesmal hatte Rinzai Satori.] Die Essenz des Buddhismus ist sehr einfach. Und Rinzai verstand, was Satori ist ... Aber Rinzai machte einen kleinen Fehler. Sein Zen ist ein bisschen *zusan*, ein bisschen nachlässig; darum ist es nicht so einfach. [Deshimaru, der nun die Schlüsselerlebnisse, das jeweilige Erwachen von Dogen und Rinzai vergleicht, erzählt wieder die Geschichten von Dogen und Nyojo. Wie weiter oben schon berichtet wurde Nyojo zornig, als er einen Mönch in Zazen schlafen sah, und er schlug diesen Mönch mehrmals mit seinem Holzschuh. Dogen, der damals neben dem Mönch saß, verspürte einen tiefen Schock.] Die Charakterzüge von Rinzai und Dogen sind da verschieden. Dogen war damals jünger; er war lauterer, feiner als Rinzai. Als Dogen seinen Schock erlebte lief er nicht weg, er wurde auch nicht böse. Nachdem er dann den schlafenden Mönch geschlagen hatte, sagte Nyojo: „Ich höre heute mit Zazen auf, ich höre auf zu erziehen, ich beende das *Sesshin*", und er kehrte sehr aufgebracht in sein Zimmer zurück. Dogen folgte dem Meister auf sein Zimmer und machte *Sanpai*. Dogen war völlig beeindruckt. *„Shin jin datsu raku"*, sagte er. „Heute, Meister, habe ich einen großen Schock bekommen. Mein Körper und mein Geist haben sich völlig verändert. Um 180 Grad gewendet." Meister Nyojos innerer Geist war gänzlich zufriedengestellt. „Meine Erziehung hat den Geist eines Schülers errreicht." Er lächelte, bloß ein kleines Lächeln, und sagte: *„Datsu raku shin jin."* Er sagte Dogen damit, er solle fortfahren, Körper und Geist abzuwerfen. Nyojo war ein großer Meister. Rinzai-Anhänger sagen, Dogen habe in diesem Moment Satori erlangt. Aber Dogen selbst hat das nie gesagt. Dogen hat nur geschrieben, dass er beeindruckt war, schockiert. Nyojo hat nie gesagt: „Ich gebe Ihnen das *Shiho*, Sie haben Satori erlangt."[188] Nyojo lächelte nur. *Shin jin datsu raku, datsu raku shin jin.* Weiter, weiter, *encore,* weiter bis zum Tod. Der Weg ist nicht zu Ende. Das ist Soto-Zen.

[188] Kapleau schreibt über dieses Vorkommnis, Dogen habe „dank dieser Worte Nyojos die völlige Erleuchtung erlangt." (zitiert nach Philip Kapleau, *The Three Pillars of Zen.* Boston: Beacon Press, 1965, S. 6). Über die gleiche Episode sagt Sekida, nachdem er diese Worte (*Shin jin datsu raku*) von Nyojo gehört hatte, habe „Dogen die Große Ursache ... Satori vollendet." (Ketsuki Sekida, *Zen Training.* Tokyo: Weatherhill, 1975).

Was ist *Mayoi*, was ist Illusion? *Mayoi* ist ein starkes Bewusstsein von sich, ein starkes persönliches Bewusstsein. So wird dann das Ego vorangetragen [durch das eigene persönliche Bewusstsein] auf die Seite von *Manpo*, die Seite aller Daseinsformen, die kosmische Ordnung. Und die kosmische Ordnung veranlasst das Ego voranzukommen – sie verändert das Ego. *Mayoi* ist das Ego, das das *Dharma* kreisen lässt.

Wie ein Affe sein

Das *Shobogenzo* ist der Text für das Soto-Zen. Aber es ist nicht nötig, von „Soto" oder von „Zen" zu sprechen. Die Essenz des Buddhismus ist nur eine. Ohne Zazen gibt es keine Essenz. *Shikantaza* – das ist Dogens Schlussfolgerung. Mit Zazen scheint *Hannya Haramitsu* auf, die Weisheit. Automatisch, natürlich, unbewusst. Das ist Dogens Ansicht. Die Praxis, die verborgene Übung. Das heißt nicht zeigen, nicht vorzeigen, keine Dekoration. Es ist nur innen verborgene Praxis, verborgener innerer Geist. Die geheime Praxis. Soto-Zen gibt nach außen nicht viel her. Es ist wie der große Narr, wie der Affe. Ihr sollt wie der Narr üben, so heißt es am Ende des *Hokyo Zan Mai*. Das bedeutet: Ihr müsst aufrichtig, ehrlich üben. Zeigt nicht eure Klugheit, eure Intelligenz. Versteckt sie. Seid ihr wie ein Löwe, bekommen die Menschen Angst. So ist es besser, wie ein Affe zu sein – nicht ein richtiger Affe – und die Menschen werden keine Angst haben. Eine Blume ist zu schön – die Menschen werden sie gleich pflücken. Ein großer, hässlicher Baum mit vielen Knoten – niemand wird ihn schlagen wollen, höchstens vielleicht, um Brennholz zu machen. Das ist Lebensweisheit. Zu intelligent, zu schön – später wird das gefährlich. Man muss es verstecken. Wie der Affe sein, der Narr. Ein großer, kluger Mensch ist wie der ‚Große Narr' ...
Kaijo!

31. August – 10:30
Alle Zivilisationen, alle Religionen sind vergänglich

Das ist das letzte Zazen. Konzentriert euch. Im Zen-Buddhismus sind Mitgefühl und Weisheit sehr wichtig. *Hannya Haramita*, die vollkommene Weisheit, Buddhas Weisheit und Mitgefühl – sie sind wie die beiden Flügel eines Vogels. Mit ihnen könnt ihr zur wahren Wahrheit gelangen. Im Buddhismus ist die wahre Wahrheit selbst diese beiden Flügel. Die Menschheit befindet sich heutzutage in einer völligen Krise. Der Kommunismus kann sie nicht lösen, keine Abhilfe schaffen, weil sie dort das Problem nur durch ökonomische Maßnahmen zu lösen versuchen. Sozialismus kann es nicht lösen, Nationalismus auch nicht, ebensowenig: Wissenschaft, Ökologie. Denn sie befinden sich im Dualismus. So muss jeder von uns den Frieden im eigenen Geist finden. Man muss seine Wünsche sublimieren. Dem Materiellen nicht hinterherlaufen, dem Geld – den Egoismus verringern, das ist notwendig. Deshalb sind alle Religionen wichtig. Der religiöse Mensch muss ausüben, nicht sich etwas vorstellen. Ich denke dieses vierzigtägige Treffen, bei dem mehr als tausend Menschen für die Praxis von Zazen zusammengekommen sind, ist ein großes historisches Ereignis ... Eure Existenz ist äusserst wichtig für die Zukunft der Zivilisation ... Im Verhältnis zur Weltbevölkerung sind es nur ganz wenige Menschen, die hier zusammen waren. Zur Zeit von Christus waren auch nur wenige Menschen mit ihm, doch es hat sich verbreitet. Der sogenannte Austausch zwischen den Kulturen ist seit dem Ersten Weltkrieg in Gang. Die Intellektuellen, die Intelligenz sagt, dass dieser Austausch zwischen Ost und West wesentlich und unerlässlich für den Weltfrieden ist.[189] Das Christentum und die europäische Kultur kamen in der Tokugawa-Zeit[190] nach Japan, vor etwa dreihundert Jahren. Sie wurden von den Japanern angenommen und so entwickelten sie sich und wurden immer einflussreicher. Und nach der Meiji-Revolution[191] wechselte sogar der Kaiser seine Kleidung: Statt eines *Kolomo* ein westlicher Anzug. Davor hatten alle lange Haare, auch die Männer. Jetzt schneiden sie sie. Und heute bekommen alle Japaner eine westliche Erziehung. Wenn ein Japaner in der Mittelschule nicht Englisch lernt, erhält er kein Diplom ... Das ganze japanische Leben hat sich verändert. Vor hundert Jahren kannten die Japaner keine Milch, keine Butter, keinen Käse, kein Brot. Sie wussten nicht einmal, was ein Apfel war: Genauso mit Messern, Gabeln und Häusern. Die Häuser werden jetzt im westlichen Stil gebaut ... China hat sich auch verändert. Mao hat es verändert – Marx und Lenin: der russische Stil. Seit meiner Ankunft in Europa habe ich bemerkt, dass die Europäer die asiatische Kultur nicht so sehr akzeptieren. Nur wenige sprechen Chinesisch oder Japanisch. An der Sorbonne studieren einige Orientalistik – aber ich habe mir das angesehen, für sie ist Orientalistik eine Antiquität.[192] Einige Leute im Westen denken, dass die japanische Kunst wichtig ist. Genauso mit dem Nô-Theater. Aber gar nicht. Japanische Kunst ist eine Antiquität. Westliche Kunst hat sich völlig entwickelt und die Kunst hier ist besser als die japanische. Zazen ist also die eigentliche Essenz der asiatischen Kultur. Auf seiner Reise von Indien nach China nach Japan ist Zazen heute die Essenz der japanischen Kultur geworden. Was von der japanischen Kultur übrig bleibt ist nur westliche Kultur.

Jeder hat eine gute Haltung. Bitte vergesst diese Haltung nicht, wenn ihr von hier weggeht. Heute gibt es kein *Mondo*. Es ist nicht nötig noch mehr Fragen zu stellen.

---

[189] „Diese Synthese von Ost und West ist die wertvollste Art von Pionierarbeit, die ich mir vorstellen kann – unabhängig vom Beifall oder der Ablehnung vom einen oder anderen.“ (Christopher Isherwood).

[190] Das mächtige Geschlecht der Tokugawa herrschte als Shogune von 1603-1867.

[191] Von 1868 bis 1912: Herrschaft des Kaisers Meiji.

[192] Der Meister hielt gelegentlich Vorträge an der Sorbonne.

Drei Kinder werden nach Zazen die Ordination erhalten. Das hat eine tiefe Bedeutung. Der Kaiser hat seinen Kleidungsstil verändert und auch das Militär. Sie sind zum französischen Stil gewechselt. Die Kopfbedeckung und die Uniform und sogar das Schwert haben sich verändert. Ihr Schwert ist kein japanisches mehr. Das ist sehr komisch. Und jetzt seid ihr hier zum schwarzen *Kolomo* übergewechslt – und zum *Kesa!* Das Höchste! Die Japaner haben den scharzen *Kolomo* und das *Kesa* vergessen. Und die japanischen Mönche haben das wahre *Kesa* vergessen. Die japanischen Mönche tragen heutzutage das Kesa nur bei Zeremonien und bei Begräbnissen. Sie tragen das *Kesa* nur im Tempel. Wenn man reist und im Alltag sieht man nicht viele *Kesa.* So ist es in Japan und so ist es auch in Europa. Deshalb sind alle überrascht, die mich mit einem wahren *Kesa* der Weitergabe sehen ... Doch jetzt verbreitet sich dieses *Kesa* im Westen. Sokrates trug auch eins. Alle großen Philosophen zu dieser Zeit in Griechenland trugen ein *Kesa.* Damals beeinflusste Asien Griechenland und Griechenland Asien. Es fand ein Kulturaustausch statt. Nagarjuna schrieb, dass für das Verständnis des wahren Buddhismus, der wahren Religion, das *Kesa* äusserst wichtig ist. Das *Kesa*, schrieb er, ist die Essenz des Buddhismus ... Man soll sich mit dem wahren *Kesa* auseinandersetzen. Nagarjuna beschäftigte sich gegen Ende seines Lebens nur mit dem *Kesa* und er zog diese Auseinandersetzung allen seinen Büchern vor. Und Dogen schrieb, dass alle großen Patriarchen dasselbe getan haben.[193] Wenn ihr Zazen übt und wenn ihr das *Kesa* tragt wird das den Westen beeinflussen. Und dann wird es wiederum die Japaner beeinflussen. Die, die gestern ordiniert wurden, sind der kostbare Schatz dieses Austausches zwischen Ost und West; sie sind historische Kostbarkeiten. Seit zwei- oder dreitausend Jahren bis zum heutigen Tag setzt sich die Weitergabe des *Kesas* fort. Alle Zivilisationen verändern sich und genauso die Religionen; sie gehen vorbei wie Wasser in einem Strom. *Mujo.* Wie Luftblasen an der Wasseroberfläche. Doch Zazen und das wahre *Kesa* gehen weiter bis heute, von Patriarch zu Patriarch, von China und Japan und jetzt nach Europa. Zazen und das *Kesa* sind wieder frisch geworden.

Ich danke euch für eure guten Haltungen und für das gute *Sesshin* ...

[193] Nagarjuna (100-200): Vierzehnter Patriarch und Gründer der Madhyamika-Schule; er war der größte Philosoph in der Geschichte des Buddhismus.

GLOSSAR

BASO (Ma-tsu 709-788). Großer *Chan*-Meister der Tang-Dynastie. Schüler von Nangaku und Meister von Hyakujo. Er bestätigte insgesamt 139 Schüler, von denen viele selbst berühmte Meister wurden: Hyakujo, Nansen, Daibai Hojo und der Laie P'ang. Baso war der erste, der die raue Methode der Schreie und Schläge (*zusan*) nutzte, um seine Schüler zu erwecken. Er war aber auch für sein nie endenwollendes *Gyoji*, sein starkes *Samu* und für sein unnachlässiges Zazen bekannt, das er auf einem großen Stein praktizierte. Baso errichtete sein *Dojo* in Kosei, westlich des Flusses Yangtse. Zur selben Zeit errichtete Sekito sein *Dojo* südlich des Toung-Ting Sees und die Schüler reisten oft von einem *Dojo* zum anderen. Daher kommt der Ausdruck „westlich des Flusses, südlich des Sees." Vielleicht liegen hier die wirklichen Ursprünge der beiden Schulen (später jeweils Rinzai und Soto genannt), Baso und Sekito als ihre eigentlichen Vorväter. „Vom Fluss zum See", heißt eine Zeile in einem alten Gedicht, das beiden gewidmet ist, „wie oft sind sie gegangen, wie oft sind sie geblieben?"

BODAI-SHIN (*Bodhi-citta* in Sanskrit). Der Geist, der den Weg sucht, der die höchste Buddhaheit anstrebt. Der Geist, der *Mujo*, die Unbeständigkeit der Welt, Geburt und Tod beobachtet.

BODHI oder **BODHIDHARMA** (Sanskrit). Erster Zen-Patriarch und 28. in der Linie nach Buddha. Indischer Mönch aus Ceylon, Schüler von Hannyatara und Meister von Eka. Verbrachte das letzte Jahrzehnt seines Lebens in China, wo er im Alter von 150 Jahren gestorben sein soll. Nachdem er in China angekommen war – und nach einem kurzen und unharmonischen, jedoch berühmten *Mondo* mit dem Kaiser –, brach Bodhidharma zum Gelben Fluss auf. Nach tausenden Meilen zu Fuß kam er in den Bergen des Nordens an, wo er fortan eine Höhle bewohnte. Zu seiner Zeit einfach als ‚der Brahmane, der vor der Wand sitzt' bekannt, saß er neun Jahre vor seiner Höhlenwand.

BODHISATTVA (Sanskrit). Entweder ein menschliches oder himmlisches Wesen. Seine Grundeigenschaften sind Mitgefühl und Ausdauer. Er setzt sein Leben daran, anderen zu helfen, indem er an der gesellschaftlichen Wirklichkeit teilnimmt. Nichts unterscheidet ihn von anderen, dennoch ist sein Geist Buddha. Ein Bodhisattva ist durchaus ein lebender Buddha. Seine Essenz ist Bodhi, also die Weisheit aus der direkten Wahrnehmung der Wahrheit. Mit dem Aufkommen des Mahayana löste das Bodhisattva-Ideal das ältere Arahat-Ideal des Hinayana ab und brachte so eine völlig neue Breite, ein neues Ziel für den Buddhismus; denn während der Arahat nur auf Selbsterleuchtung abzielt, geht es dem Bodhisattva darum, alle Menschen zur Erleuchtung zu führen.

BONNO (*Klesha* in Sanskrit). In Ermangelung eines besseren Begriffs kann *Bonno* mit „Illusion" übersetzt werden. Existenz in Dunkelheit, Verwirrung und Leiden. (*Bon* bedeutet schwierig, und *No* bedeutet Leiden.) *Bonno* werden geschaffen, wenn eine Person mit ihrem persönlichen, subjektiven Geist denkt. Die grundlegenden *Bonno,* von denen alle anderen *Bonno* abstammen, sind: Unwissenheit, Wut, Stolz, Zweifel, Verlangen und falsche Ansichten.

BONNO SOKU BODAI. Aus *Bonno* wird Satori.

BUDDHA. Ein Begriff aus dem Sanskrit, der viele Bedeutungen hat:

1. die legendären Buddhas der Vergangenheit, Gegenwart und Zukunft,
2. eine erleuchtete Person,
3. einfach: Erleuchtung oder Erwachen,
4. die fundamentale kosmische Kraft und/oder die wirkliche Natur des Universums,
5. und historisch: Buddha Shakyamuni, der Mann, der in Kapilavatthu im Jahre 536 v. Chr. geboren wurde und in Kuchinagara im Jahre 483 v. Chr. starb.

Shakyamuni war in seiner Jugend als der Prinz Siddhartha Gautama bekannt, er war der Sohn des Königs der Shakya, eines kleinen Königreichs in den Himalaya-Vorgebirgen des heutigen Nepals; später in seinem Leben wurde er berühmt als der Buddha oder der Erwachte; oder einfacher als der Shakyamuni, was ‚der Stille Weise des Shakya-Clans' bedeutet. Das Leben von Buddha war sehr einfach. Er verließ sein Zuhause im Alter von 29 Jahren, hatte Satori unter dem Bodhi-Baum in Bodhgaya im Alter von 35 und verbrachte den Rest seines Lebens damit, seine Schüler zu unterweisen. Er starb in den Wäldern nahe des Flusses Kushinagara im Alter von 80 Jahren. Shakyamuni Buddha wird weder als Gott noch als Retter angesehen, vielmehr als ein völlig erwachtes, vollkommenes menschliches Wesen. In einer anderen Dimension wiederum betrachtet man ihn als nicht verschieden von den fünf menschlichen Buddhas vor ihm oder von dem Buddha Maitreya nach ihm. In letzterem Fall sieht man Shakyamuni Buddha als eine der Verbindungen in einer Kette von Buddhas, die sich von der entferntesten Vergangenheit in die unermessliche Zukunft erstreckt.

BUDDHISMUS. Diesen Namen gibt man den Unterweisungen von Buddha Shakyamuni (563-483 A. C.). Es ist die Unterweisung von *Ku* oder *Sunyata,* was Leerheit bedeutet. Buddhismus wird manchmal der Mittelweg genannt, die Mitte ohne Extreme, das ist *Ku* oder die Existenz ohne Numenon, ohne Wesenskern (Substanz). Der Buddhismus wird in zwei Hauptrichtungen unterteilt, Hinayana und Mahayana, zusammen bilden sie die große Weltreligion mit über 300 Millionen Gläubigen. Hinayana oder Theravada, wie es richtiger genannt wird, entstand in Südindien und breitete sich nach Ceylon, Burma, Thailand, Kambodscha und Vietnam aus. Mahayana breitete sich unterdessen von Nordindien nach Tibet, in die Mongolei, nach China, Korea, Japan und auch Vietnam aus, wo beide Richtungen fest verwurzelt sind. Der Buddhismus geht über Abstammung, Hautfarbe, Dogma, Ideologie und Rassengrenzen, Spaltung, religiösen Fundamentalismus und Fanatismus hinaus. Vielmehr lehrt er Mitgefühl, selbstlosen Einsatz, nie versiegendes Gutes und Glück für jeden und alle. Buddhismus lehrt den Menschen, sich von den drei Wurzeln des Leidens zu befreien (Gier, Hass und Täuschung), er bietet Lösungen für die zeitlosen Probleme der menschlichen Existenz und persönlichen Entwicklung. „Buddhimus", sagt Kodo Sawaki, „klärt die Frage, wie man sein Leben für das höchste Gut leben kann, wie man es mit Sinn leben kann." *(cf. Mahayana und Hinayana).*

BUDO (*Bu:* Krieg und *Do:* der Weg). Der Weg des Samurai, der Weg des Kampfes. Die Kampfkünste. *Bushido* (*Bushi:* Krieger) ist der Ehrenkodex des Kriegers.

BUSSHO KAPILA. Das Mahlzeitensutra, das vor dem Frühstück und Mittagessen gesungen wird, nicht aber vor dem Abendessen, weil Buddha nach Mittag nicht aß. Das Sutra beginnt mit einer kurzen Geschichte über das Leben von Buddha:

Bussho Kapila (Buddha wurde in Kapila geboren)
Jodo Makada (er hatte Satori in Makada)
Seppo Harana (er lehrte in Harana)
Nymetsu Kuchira (er ging in Kuchira in das Nirwana ein).

Im nächsten Vers werden die Namen der Buddhas und der Bodhisattvas genannt und eine kleine Holzklapper wird nach jedem Namen geschlagen. In einem der Schlussverse heißt es, dass wir mit dem ersten Löffel, den wir essen, alles schlechte Karma kappen, mit dem zweiten Löffel alles gute Karma erschaffen und mit dem dritten die Menschheit retten.

CHAN (Chinesisch für Zen, *dhyana* im Sanskrit). Vom Mönch Bodhidharma in China im sechsten Jh. eingeführt, ist *Chan* (oder Zen) die Unterweisung des Buddhismus in seinem nacktesten, bloßesten, unverfälschtesten, reinsten Sinn. Die Unterweisung von Buddha, weitergegeben von Meister zu Schüler. Nach dem Tod von Eno (713), dem sechsten und letzten offiziellen Patriarchen, verbreitete sich *Chan* rasch und teilte sich in zwei Hauptrichtungen auf, die Nördliche und die Südliche Schule. In den folgenden Jahrhunderten entwickelte sich eine Vielfalt an Schulen (Unmon, Honen, Igyo, Rinzai und Soto, die fünf Schulen des Chan), aber mit dem zwölften Jahrhundert wurden alle fünf Schulen mehr oder weniger von den zwei Hauptlehren rückabsorbiert, Rinzai und Soto.

CHUKAI! Ausdruck des Meisters, der sich an den *Kyosaku*-Verantwortlichen richtet. Er bedeutet ihm damit aufzuhören, den *Kyosaku* (den Stock) zu geben. Wenn der Meister „*Chukai!*" sagt, legt der *Kyosaku*-Verantwortliche die *Kyosaku* auf den Altar unter die Buddha-Statue.

DAICHI (1290-1366). Schüler der Soto-Meister Meiho Sotetsu und Keizan. Reiste elf Jahre lang durch China und verbrachte ein Jahr in Korea. Daichi hatte keine Schüler und starb allein in seinem Tempel in Kyushu (der später von den Jesuiten bis auf die Grundmauern abgebrannt wurde). Berühmt für seine zahlreichen und charakteristischen Gedichte über Zazen.

DAISHI *(cf. Genkaku).*

DAIE SOKO (Ta-Hui auf Chinesisch, 1089-1163). Chinesischer Rinzai-Meister und großer Verfechter der Koan-Methode. Er vervollkommnete sie mit dem ausdrücklichen Gelübde, Chan vor den „Soto-Dickköpfen zu retten, die bloß aufrecht mit geschlossenen Augen sitzen, die Erleuchtung völlig vernachlässigend." Von seinen Schülern als die Reinkarnation von Meister Rinzai gepriesen. Vierhundert Jahre später schreibt Rinzai-Meister Hakuin über Daies Lehrmethode, dass sie „das höchste aufwärtsstrebende Zen" war.

DESHIMARU (Taisen, 1914-1982). Schüler von Kodo Sawaki und großer japanischer Soto-Meister, der die letzten 15 Jahre seines Lebens damit verbrachte, in Europa zu unterweisen. Erhielt die Mönchsordination zusammen mit dem Gewand, Schale und der spirituellen Weitergabe von Kodo Sawaki im Jahre 1965. Im Jahre 1975, als er in seinem *Dojo* in Paris lehrte, erhielt Deshimaru das offizielle *Shiho* von Yamada Zenji, dem obersten Abt von Eiheiji. Und im Jahre 1985 wurde ihm von Niwa Zenji, Abt von Eiheiji, posthum der Titel „Zenji“ verliehen. Errichtete über hundert zusammengehörige *Dojo* in ganz Europa, Nordafrika und Kanada und gründete den Tempel „Gendronnière“ im Loire-Tal. Ausweislich der Tempelbücher ordinierte er über fünfhundert Mönche; die Zahl der Menschen, die zu der einen oder anderen Zeit mit ihm praktizierten, beläuft sich auf über 20.000. Es gab nichts Besonderes in der Unterweisung von Deshimaru, kein vorgegebenes Studium der Koan, kein Atemzählen, kein Rezitieren von Sutras, kein *Dokusan*, kein *Sanzen*, keine besondere Suche nach dem Satori. Was er lehrte war unmittelbarstes Zazen, wie es von Bodhidharma, Eno und Dogen praktiziert wurde, ohne etwas hinzuzufügen oder etwas wegzunehmen; er lehrte einfach die Sitzhaltung ohne persönliche Abwandlungen, die lange tiefe Atmung und den Geist des Samadhi, das Selbst jenseits aller Kategorien, was er *Hishiryo*-Bewusstsein nannte.

DHARMA. Zwei Hauptbedeutungen:

1. die von Shakyamuni Buddha verkündete universelle Wahrheit; die Unterweisung Buddhas, die buddhistische Lehre;
2. die Wahrheit, letzte Realität. Die kosmische Ordnung. Das universelle Gesetz. Das Wort *Dharma* kommt in diesem Sinne ontologisch gesehen vor Shakyamuni Buddha und aus diesem Grunde vor allen Buddhas der Vergangenheit. (Buddhas kommen und gehen im Lauf der Geschichte, aber das *Dharma* bleibt bestehen).

DO (*Tao* im Chinesischen). Der Weg. Praxis in Harmonie mit der kosmischen Ordnung. Do kann den Weg des Kriegers bedeuten, wie in *Bushido (cf. Budo)*, und den Weg Buddhas.

DOGEN (1200-1253). Großer Soto-Meister in Japan, Schüler des chinesischen Meisters Nyojo und selbst Meister von Ejo. Begründer des Soto-Zen in Japan und Gründer von Eiheiji, einem kleinen Tempel in den nördlichen Bergen Japans (und heutzutage eine Art Vatikan des Soto-Zen). Dogen wurde in einer gehobenen Gesellschaftsschicht geboren; als Kind verlor er seine Eltern und verließ sein Zuhause in frühem Alter auf der Suche nach dem Buddhismus. Er traf die Meister Eisai und Myozen, bei denen er für einige Jahre Rinzai-Zen und die Koan-Methode studierte; dann verließ er sein Land und überquerte das Meer nach China, wo er den Soto-Meister Nyojo auf dem Berg Tendo in Südchina traf. Dogen praktizierte bei Nyojo drei Jahre lang, dann kehrte er nach Japan zurück. Dogens Unterweisung beruht grundsätzlich auf:

1. der Praxis ohne Ziel oder Gegenstand (*mushotoku*),
2. Körper und Geist fallen lassen (*shin jin datsu raku*),
3. die wunderbare Praxis selbst ist wahres Satori (*shusho ichinyo*).

Dogen war auch ein großer Schriftsteller, die meisten seiner Unterweisungen sind in seinem umfangreichen Werk mit dem Titel *Shobogenzo* enthalten. Seine Gedichte, ebenfalls von außergewöhnlicher Tiefe und Schönheit, sind in *San Sho Doei* zu finden.

DOJO (auch als *Zendo* bezeichnet). Der Ort, wo man Zazen praktiziert, der Ort des Weges. (*Do* bedeutet der Weg, *Jo* der Platz.) Ursprünglich der Ort, wo Buddha sein Satori hatte (unter dem Bodhi-Baum) und daher ein heiliger Ort. *Dojo*, wie wir sie heute kennen, entstanden erstmals im siebten Jh. durch die Patriarchen Konin und Eno.

DOKAN. Kreis des Weges. Die fortgesetzte Wiederholung der Handlungen des täglichen Lebens. Wiederholung der Haltung, des Körpers und des Geistes als fortwährende Praxis. *(cf. Gyoji.)*

DOKUSAN. Privates, aber förmliches Gespräch mit dem Meister in dessen Räumlichkeiten zu einer bestimmten Zeit. Gewöhnlich im Rahmen eines Koan-Studiums; besonders in der Rinzai-Schule üblich.

DOSHU. Wie jemand den Weg ausdrückt. Ausdruck des Weges durch Körper, Mund und Bewusstsein. Ausdruck seiner selbst, des eigenen Satori. Ausdruck des Dharmas.

EIHEIJI. Haupttempel der Soto-Schule in Japan. Gegründet von Meister Dogen im 13. Jh., in der Fukui-Präfektur im nordwestlichen Teil des Landes gelegen. Dogen, der die Sutren besonders respektierte, nannte seinen Tempel „Eihe" (d.h., „67 v. Chr." nach dem chinesischem Kalender) weil „Eihe" das Jahr war, in dem der indische Mönch Matto in China ankam, der auf einem weißen Pferd ritt und zweiundvierzig Sutren Buddhas mit sich trug. Heutzutage ist Eiheiji Hauptquartier von 15.000 Soto-Tempeln in Japan und weltweit.

EISAI (oder *Yosai*, 1141-1215). Begründer des Rinzai-Zen in Japan. Errichtete mit Unterstützung des Kaisers Klöster in Kyoto und Kamakura und wurde Abt in Kenninji, dem ersten Zenkloster in Japan. Obwohl Eisai der erste Japaner überhaupt war, der von einem chinesischem Zen-Meister bestätigt wurde, übte er nicht nur seine Funktionen als Rinzai-Mönch aus, sondern auch weiterhin die, die er als Tendai-, Shingon- und als *Kito*-Mönch hatte. Eisai war kein Rinzai und kein Dogen; nichtsdestotrotz zeigen die Lobreden, die für Eisai im *Zuimonki* gehalten wurden, wie Dogen ihn achtete und sich ihm gegenüber verpflichtet fühlte.

EJO (1198-1280). Erster Schüler und Sekretär von Meister Dogen. Für Treue zu seinem Meister bekannt sowie als Stütze Dogens beim Aufbau von dessen Sangha, ferner für sein historisches Werk der Aufzeichnung und Redaktion von Dogens *Shobogenzo.* In einer adligen Familie in Kyoto geboren, traf er Dogen im Koshoji-Tempel im Jahre 1234 und wurde sein Schüler. Ejo blieb an Dogens Seite bis zu dessen Tod im Jahre 1253 und wurde daraufhin als der zweite Abt von Eiheiji eingesetzt. Die verbleibenden 27 Jahre seines Lebens lebte Ejo nahe dem Grab seines Meisters; jeden Morgen nach dem Zazen besuchte er den Raum seines verstorbenen Meisters, um Weihrauch darzubringen. Am Ende hinterließ Ejo die Anweisung, dass seine Asche neben der von Dogen beerdigt werden sollte, an der Stelle, die für dessen Sekretär reserviert war. *(cf. Shobogenzo.)*

EKA (*Hui-ke* auf Chinesisch, 487-593). Schüler von Bodhidharma und zweiter Zen-Patriarch. Hackte angeblich seinen Arm ab und legte ihn vor Bodhidharma hin als Ausdruck seines Wunsches, als Schüler angenommen zu werden. Blieb neun Jahre lang bei seinem Meister und praktizierte nur *Shikantaza.* Nachdem er die Weitergabe empfangen hatte, zog Eka in die Stadt, wo er manchmal als Straßenfeger arbeitete und begann, das Dharma zu verbreiten. Starb im Alter von 107 Jahren als Opfer eines vom örtlichen Polizei-Chef veranlassten Anschlags.

ENO (Hui-neng, der sechste Patriarch, 638-713). Schüler des fünften Patriarchen Konin und der Meister so herausragender Mönche wie Seigen, Nangaku und Genkaku. Man sagt, dass Eno 32 erleuchtete Nachfolger unterwies, die in der Welt auftraten, 10 ‚Große Verborgene' und unzählige von allen anderen Arten. Eno trug entscheidend zur Verbreitung des Zen in China bei. Im Laufe der Zeit begründeten seine Schüler die *fünf Schulen* (einschließlich Rinzai und Soto) während der Tang- und Sung-Dynastien, die vom achten bis zum zwölften Jh. herrschten. Eno verkaufte Brennholz; er war Analphabet. Er erwachte, als er einen Mönch das *Diamant-Sutra* rezitieren hörte; stampfte Reis in Konins *Dojo* auf dem Berg Hobai; erhielt das *Shiho,* was ihn fast das Leben gekostet hätte; tauchte fünfzehn Jahre bei Fischern unter; wurde als der lange vermisste sechste Patriarch erkannt, als er den Marktplatz einer kleinen Stadt überquerte; ließ sich auf dem Berg Sokai nieder und unterwies seine zahlreichen Schüler in der Praxis des Weges.

FÜNF GO-I DES SOTO-ZEN (Fünf Grade, Zustände oder Schritte). Von den Meistern Tozan und Sozan formuliert, den beiden Begründern des Soto in China, und als Basis der Soto-Lehre angesehen. Die fünf Grade sind: *hen chu sho, sho chu hen, sho chu rai, hen chu rai,* und *ken chu toh. Ken chu toh,* der fünfte Grad, wurde zu den Vier Prinzipien des Rinzai hinzugefügt; hier durchdringen sich Form und Leere (*Shiki* und *Ku*) wechselseitig in einem solchen Maße, dass kein Bewusstsein mehr von einem der beiden besteht, wobei Vorstellungen von Satori und Täuschung verschwinden. Der Zustand vollkommener innerer Weisheit. Wenn der Soto-Meister seinem Schüler das *Shiho* gibt, gibt er ihm die fünf *Go-i.* (*Go* bedeutet fünf, *i* bedeutet Prinzip.)

FÜNF SKANDHA *(cf. skandha).*

VIER PRINZIPIEN DES RINZAI-ZEN (*Rinzai Shi-Ryoken* oder ‚Vier Maße'). Von Rinzai-Meistern benutzt, um zu messen, wie weit ihre Schüler sind. Nimmt man das Physische und das Methaphysische zusammen, sagt Meister Deshimaru, gelangt man man zu vier möglichen Kategorien: Leben – Nicht-Tod, Tod – Nicht-Leben, Nicht-Tod – Nicht-Leben, Leben – Tod. Das erste *Rinzai Ryoken,* fährt Deshimaru fort, besagt, dass da niemand ist und nur das Objekt existiert; das heißt Denken mit dem eigenen Willen, *Shiki*; das zweite, dass in dieser Welt nur Ego existiert und sonst nichts – das heißt Nicht-Denken ohne unseren Willen, *Ku*; das dritte, dass in dieser Welt nichts ist – das heißt ans Nicht-Denken denken, *Shiki* und *Ku*; das vierte, dass die Person und das Objekt beide existieren –

das heißt Denken jenseits des Denkens und Nicht-Denkens: *Shiki soku ze Ku, Ku soku ze Shiki*, was *Hishiryo*-Denken ist.

FUKANZAZENGI. Kurzer Text von Meister Dogen und nicht in seinem *Shobogenzo* enthalten. *Fukan* bedeutet populär machen, verbreiten; *Gi* bedeutet die praktischen Regeln. Die praktischen Regeln verbreiten oder für jeden populär machen. *Zazengi*: das ABC des Zazen. Seine Bedeutung, Schönheit, Kürze und leichte Zugänglichkeit machen das *Fukanzazengi* zum meistbenutzten Text in Dogens Zen.

FUKE (*P'u-hua*, Daten unbekannt). Von Fuke ist wenig bekannt, außer dass er ein guter Freund von Meister Rinzai († 867) war. „Fuke war kein Mönch", sagte Meister Deshimaru, „aber auch kein Laie."

FUKE-SEKTE. Im 18. Jh. in Japan gegründet, rund tausend Jahre nach der Zeit des „Mönchs" Fuke, der während der Tang-Dynastie starb. Während Fuke dafür bekannt war, dass er beim Herumlaufen eine kleine Handglocke ertönen ließ, spielten die Mönche seiner Sekte das *Shakuhachi* als eine Art Gehmeditation. Sehr mächtig vor der Meiji-Revolution. Leistete für die Regierung oft Spitzeldienste. Heutzutage ist diese Sekte verboten.

FUSE (*Dana* in Sanskrit). Ein Geschenk, das ohne Ziel, ohne etwas erreichen zu wollen gegeben wird. Beruht nicht auf Profit. *Mushotoku.* Spirituelle Hinweise oder materielle Güter geben.

FUYO DOKAI (1043-1118). Großer *Chan*-Meister der Soto-Linie. Streng, aber nicht *zusan* (raue Rinzai-Art). Vielmehr war Fuyo Dokai ein großer Kritiker dieser rauen Methode der Unterweisung, die damals in den Rinzai-Tempeln sehr im Schwange war. „Warum macht ihr Geräusche mit den hölzernen Klappern", sagt er über die Rinzai-Mönche, „und wedelt mit dem *Hossu* (Stock und Insignien) des Meisters herum? Warum schreit ihr so laut in Richtung Osten? Und warum schlagt ihr mit dem *Kyosaku* in Richtung Westen? Warum runzelt ihr die Stirn und starrt voller Ärger mit euren Augen? Seid ihr jetzt von Lähmungen befallen? Warum schreit ihr und schlagt den *Joza* (befreundeten Mönch)? Nicht nur, dass ihr schreit und den *Joza* schlagt, sondern ihr macht euch auch über die Patriarchen lustig und verspottet sie." Fuyo Dokai nimmt einen besonderen Platz in der Soto-Linie ein; Meister Dogen sagte über ihn:

Er ist ein Urquell des Soto-Zen
Dessen Wurzeln, Rückgrat, Knochen und Mark.
Er hatte Buddhas Geist und wahres Zen
Wuchs und gedieh dank ihm.

GAITAN. Eingangsbereich des *Dojo.* Vorgesehen für diejenigen, die in der Küche arbeiten und während Zazen gehen müssen. Auch für die, die Probleme mit ihrer Gesundheit oder mit ihrer Haltung haben, die husten und niesen und sich bewegen, um die Beine zu kreuzen oder zu lösen usw.

GASSHO. Eine Geste der Ehrerbietung, bei der die Hände zusammengebracht werden, Handfläche an Handfläche, ungefähr zehn Zentimeter vor dem Gesicht; die Fingerspitzen fast auf der Höhe der Nase, die Unterarme waagrecht. Die linke Hand stellt die spirituelle oder heilige Welt dar, die rechte die Welt des Materiellen oder der Erscheinungsformen. Die so zusammengefügten Hände versinnbildlichen die Einheit des Spirituellen und Materiellen, des Heiligen und Profanen, von Mensch und Kosmos. Sie bilden den einen Geist.

GEBOTE *(cf. Kai).*

GENJO. Unmittelbares Erscheinen der Dinge, wie sie sind. In der Gegenwart verwirklicht. Die Erscheinungsformen nehmen Gestalt an. Die Verwirklichung des Satori in unserem täglichen Leben. Erscheinungsformen, Wirklichkeit, die Wahrheit, die kommt.

GENJO KOAN. Titel des ersten Kapitels in Dogens *Shobogenzo*, verfasst im Jahre 1233. Alle Kapitel des *Shobogenzo* sind eine Weiterentwicklung des *Genjo Koan.* Dieser Text, der ursprünglich als Brief an einen von Dogens Schüler geschrieben wurde, wird als Haut, Fleisch, Knochen und Mark seiner Unterweisung angesehen. *Genjo* bedeutet unmittelbare Verwirklichung der Dinge, wie sie sind, und *Koan* bedeutet in diesem Kontext: Die Erscheinungsformen der Wirklichkeit sind selbst Wahrheit. Die Wahrheit unseres täglichen Lebens, das aktiv ist und hier und jetzt existiert.

GENKAKU (*Yoka Daishi*, 665-713). Schüler von Eno, dem sechsten Patriarchen. Genannt ‚Der Mönch, der eine Nacht verbrachte', weil er eine Nacht mit dem sechsten Patriarchen verbrachte und in einer Nacht erwachte. Heutzutage vor allem für sein *Shodoka* oder ‚*Gesang des Unmittelbaren Satori*', bekannt, einen der vier ältesten Zen-Texte überhaupt.

GEN NO BI CHOKU. Augen waagerecht, Nase senkrecht. *Gen* bedeutet Augen; *no* - waagerecht; *Bi* - Nase; *choku* - gerade, senkrecht. Bei seiner Rückkehr nach Japan wurde Dogen gefragt, was er von seinem Meister Nyojo aus China mitgebracht habe. Zur Überraschung aller antwortete er: „*Gen no bi choku*" – „meine Augen sind waagerecht platziert und meine Nase senkrecht, das ist alles." Was also hatte Dogen nach drei Jahren Beschäftigung mit dem Buddhismus mitgebracht? Einfach den normalen Zustand.

GENSHA (835-908). Großer Soto-Meister der späten Tang-Zeit. Schüler von Seppo und Meister von Rakan. Gensha, dessen ursprünglicher Name Sharo war, hatte das Verlangen, ein buddhistischer Mönch zu werden und dem Weg zu folgen. Aber die Weitergabe des Berufes vom Vater an den Sohn war eine unbeugbare Regel, tief in den Sitten verwurzelt, und Sharo, Sohn eines Fischers, musste sich seinem Schicksal fügen. Also stieg Sharo jeden Abend mit seinem Vater in das Boot. Eines Abends, als Vater und Sohn beim Fischen waren, draußen auf dem Fluss Nandai, fiel sein Vater über Bord. Sharo streckte seine Hand aus, um zu helfen, und sein Vater griff danach. Aber genau in diesem Moment kam Sharos Verlangen wieder, dem Weg zu folgen und ein Mönch zu werden, er zog seine Hand zurück und sein Vater ertrank.

GENSHI. Wurzel, Quelle. Die Ur-Quelle, die den Kosmos erfüllt, wie der Mond auf dem See, in einer Pfütze, in jeder Stadt, jedem Dorf, überall. *Gen* bedeutet tief oder Grund, und *Shi* bedeutet Prinzip. Das ergibt „tiefes Prinzip", „wahrer Weg".

GODO. In der Zen-Hierarchie ist er der erste nach dem Meister. Meister – *Godo – Shusso.* Während der *Shusso* zusammen mit dem Meister arbeitet, eine Funktion, die sich allein auf das *Dojo* begrenzt, gibt der *Godo* innerhalb und außerhalb des *Dojo* die Unterweisung weiter, solange der Meister nicht da ist. *(Cf. Shusso.)*

GENMAI. Traditionelle Reissuppe, die nach dem Morgen-Zazen gegessen wird. Diese Suppe, wie wir sie heute kennen, begann mit Meister Fuyo Dokai, der im Jahr 1118 starb *(Cf. Fuyo Dokai).* Besteht aus einem Teil braunem Reis und je einem Sechstel Lauch, Stangensellerie, Karotten, Rüben und Zwiebeln. Eine einfache Nahrung für Leute, die Zazen praktizieren und ein einfaches Leben führen.

GYOJI. Die fortgesetzte Praxis. Beständige Wiederholung der Handlungen des täglichen Lebens, mit der Betonung auf *Samu* (heilige Arbeit in der Sangha). *Gyo* bedeutet Praktizieren; *ji* bedeutet fortzufahren, zu durchdringen und zu beschützen. *Gyoji* ist Arbeit ohne Anfang oder Ende, ohne Profit oder Ziel.

HAKUIN (1686-1769). Japanischer Rinzai-Meister, lebte im Tempel Shorinji in Suruga (heutige Präfektur Shizuoka) in der Nähe des Berges Fuji. „Es gibt zwei Dinge, durch die Suruga herausragt", lautete eine Redensart zu seiner Zeit, „das eine ist der Berg Fuji und das andere ist Hakuin aus Hara." Auch einer der wichtigsten Figuren in der Geschichte der Zen-Malerei und Kalligraphie. Hakuin war ein glühender Verfechter der Koan-Methode zur Erreichung von Satori und überzeugter Anhänger von rigorosen marathonartigen Zazen-Übungsperioden. Er berichtet, wie sein Freund Jukaku und er in ihrer Jugend einmal sieben Tage lang ununterbrochen aufrecht saßen. „Wir kamen überein, falls einer von uns das Augenlid des anderen nur für den Bruchteil einer Sekunde fallen sehen würde, solle er sich den Stab schnappen und ihm damit zwischen die Augen schlagen. Wir saßen stocksteif gerade, die Zähne zusammengepresst. Wir fuhren so sieben Tage lang fort in völliger Stille. Bei uns zitterte nicht mal eine Wimper." (Hakuin, *Wild Ivy*, nach der Übersetzung von Norman Waddell, zitiert in „The Eastern Buddhist", Frühjahr 1983). Ein vehementer Kritiker falscher Lehrer und ihrer Unterweisungen, nahm er kein Blatt vor den Mund, wenn es um seinen Zeitgenossen Meister Bankei ging und dessen „Sekte des Ungeborenen-Zen", deren leichte, lockere Zazen-Praxis er ablehnte. Auch gegenüber der Soto-Schule war er gern dreist, wenn er sie bezichtigte, sich einer Methode des „Sitzens und Nichts-Tuns" zu befleissigen. „Diesen Pseudo-Lehrern gehen feine, aufrechte Jugendliche ins Netz, und sie verwandeln sie in einen Haufen blinder und haarloser Nieten." (Hakuin, *Wild Ivy*, Übersetzung von Norman Waddell, zitiert in „The Eastern Buddhist", Frühjahr 1983.)

HANNYA SHINGYO. Kurzform von *Makahannya Haramita Shingyo.* (*Maka Prajna Paramita* im Sanskrit.) Auch das *Herz-Sutra* genannt. Wörtlich bedeutet es das ‚Große Sutra der tiefen wesentlichen absoluten Weisheit und darüber hinaus'. *Hannya* bedeutet die höchste Weisheit (*Prajna* im Sanskrit); *Shin* bedeutet wesentlicher Glaube, die Essenz; und *Gyo* (oder

Kyo) bedeutet Sutra. Stellt die Essenz von sechshundert zusammengehörigen Büchern und Sutras dar und gibt die „Essenz“ oder das „Herz“ der gesamten *Prajna Paramita*-Lehren wieder. *Prajna Paramita* ist der Name für ein Sammelwerk (einschließlich z. B. des *Diamant-Sutras*), das um die Lehre von *Ku* oder *Sunyata* kreist. Das *Hannya Shingyo* ist die „Essenz“ dieser Lehre und in einem sehr kurzen Sutra zusammengefasst, das weniger als eine Seite lang ist. Es wird in allen Zen-Tempeln nach dem Zazen gesungen.

HARA *(cf. ki kai tanden).*

HEKIGAN ROKU oder **AUFZEICHNUNGEN VOM BLAUEN FELS.** Sammlung von hundert Koan, zusammengestellt im Jahre 1125. Viele dieser Koan wurden dem *Shin Jin Mei* entnommen, einem langen, von Meister Sosan († 606) verfassten Gedicht. Die *Aufzeichnungen vom Blauen Fels* leiten ihren Namen von einer Schriftrolle ab, die die chinesischen Schriftzeichen für „blau“ und „Fels“ enthält, die zufällig an der Tempelwand hing, wo die Sammlung zusammengestellt wurde. Interessanterweise wird diese Sammlung von Koan (*Hekigan Roku*) im Soto-Zen weithin genutzt; im Rinzai-Zen ist das *Mumonkan* gebräuchlich, eine andere Koan-Sammlung.

HINAYANA oder Theravada. Das sogenannte ‚Kleine Fahrzeug‘ des Buddhismus, im Gegensatz zum Mahayana, dem sogenannten ‚Großen Fahrzeug‘. Der Weg des *Arhat.* Der Weg der *Sravada-* und *Pratyeka*-Buddhas. Beruht in bedeutendem Maß auf dem Ideal der Reinheit, auf der Auslöschung von Leidenschaften. Diese Form des Buddhismus wird vor allem in den südlichsten Ländern wie Ceylon, Burma, Thailand und Kambodscha praktiziert. Wenn der Begriff Hinayana gebraucht wird, um eine begrenzte Praxis zu beschreiben, der sowohl Weisheit als auch Mitgefühl fehlen, bezieht er sich nur auf eine *Geisteshaltung* und nicht auf den Theravada-Buddhismus an sich. „Die höchsten Verdienste“, sagte Deshimaru einmal, „sind im Hinayana und im Mahayana nicht verschieden.“

HISHIRYO, jenseits des Denkens. *Hi* bedeutet jenseits, *Shiryo* bedeutet Denken. *Hishiryo* ist das Geheimnis des Zen: Denken nicht-denkend denken. Denken ohne zu denken. Denken aus dem Grund des Nicht-Denkens. Nicht-denkend denken, nicht-hörend hören, nicht-schauend schauen, nicht-riechend riechen usw. Um mit dem Denk-Vorgang aufzuhören, der sich im Vorderhirn (als Gegensatz zum zentralen oder primitiven Gehirn, dem Hypothalamus) abspielt, und stattdessen mit dem Körper zu denken. *Hishiryo*-Bewusstsein kommt zustande, wenn das persönliche Bewusstsein dem kosmischen Bewusstsein folgt. *Hishiryo*-Bewusstsein ist Geist in völliger Harmonie, völliger Einheit mit der kosmischen Ordnung. Zuerst von Meister Sosan († 606) in seinem *Shin Jin Mei* als Begriff benutzt, später von Meister Yakusan († 834) wieder aufgegriffen. Eines Tages, während Yakusan in Zazen saß, kam ein Mönch zu ihm und sagte: „Meister, was denken Sie, wenn Sie sitzen?“ „Ich denke nicht denkend“, antwortete Yakusan. „Wie denken Sie nicht-denkend?“ - „*Hishiryo*“, antwortete Yakusan.

HOKYO ZAN MAI. Wörtlich: das *Samadhi des kostbaren Spiegels.* Von Soto-Meister Tozan († 869) verfasstes Gedicht; eine der vier ältesten Zen-Schriften. Von allen Meistern angesehen als die im Text verkörperte Essenz des Zen. In Zenklöstern in Japan rezitiert.

HOSSU. Ein kurzer Stab, der vom Meister vor allem während der Ordinationszeremonie benutzt wird; nicht zu verwechseln mit dem *Kotsu*, dem an der Spitze gekrümmten Stab, den der Meister mit sich trägt.

HYAKUJO (*Huai-hai* auf Chinesisch, 720-814). Schüler von Baso und Meister von Obaku. Ein freundlicher und sanfter Mensch (*men mitsu*) und vom Temperament ziemlich verschieden von seinem Meister Baso, der eher den ruppigen Methoden (*zusan*) zuneigte, die später die Rinzai-Schule charakterisierten. In der Tat schrie Baso einmal so laut in das Ohr von Hyakujo, dass dieser drei Tage lang taub war. Heutzutage unter anderem bekannt für sein vielgepriesenes *Shingi*, die ‚Heiligen Regeln des *Dojo*'. „*Chan*-Schulen im ganzen Land", heißt es in einem Bericht, „folgten diesem Beispiel wie Gras, das sich im Wind beugt." Tatsächlich schuf er die Grundregeln, wie sie noch heute in allen Zen-*Dojo* und Tempeln praktiziert werden, ob Rinzai oder Soto. Als einer der herausragendsten *Chan*-Meister der goldenen Tang-Dynastie unterwies er vierzig Jahre lang im buddhistischen Dharma und hatte eintausend Schüler, von denen dreißig die Weitergabe erhielten, darunter Issan und Obaku.

HYPOTHALAMUS. Das instinktive, primitive Zentralgehirn im Gegensatz zum rationalen, intellektuellen Vorderhirn. Ungefähr in der unteren Rückseite des Kopfes gelegen, etwas unterhalb des Thalamus und direkt über der Wirbelsäule. Der Hypothalamus ist der Verbindungspunkt zwischen Körper und Geist, das Gehirnzentrum, das sich während Zazen öffnet. *(cf. Thalamus.)*

IMMO. *Tathata*, So-Sein, „Das", „Es". Das, was ist. Der Körper und der Geist der ewigen Gegenwart. *Immo* (Wahrheit) wird manchmal „Das" oder „Es" genannt; wenn überhaupt Namen oder Bezeichnungen gegeben werden, ist „Es" schon verfehlt. *Immo* ist das Sinnbild des echten buddhistischen Weges. *Immo nin*: der Mensch des Satori.

INKIN. Kleine, feingeformte Klangschale mit Griff. Wird in der Hand gehalten und mit einem winzigen Bronzestab geschlagen, der mit dem *Inkin* über eine Schnur verbunden ist. Wenn die Klangschale aufrecht gehalten wird, fällt von dem Griff ein Seidentuch und bedeckt die Hand; wird in gemäßigtem Takt vom *Inkin*-Verantwortlichen geläutet, während er den Meister nach dem Beginn des Zazen zum *Dojo* begleitet. Klingt hell und rein.

I SHIN DEN SHIN. (*i* bedeutet mit; *Shin* bedeutet Geist; *den* bedeutet weitergeben). Also von Geist zu Geist, vom Geist des Meisters zum Geist des Schülers. Kodo Sawaki übersetzte diesen Ausdruck einmal mit „Herzgeist zu Herzgeist". *I shin den shin* ist der Angelpunkt in der Unterweisung von Kodo Sawaki und von Taisen Deshimaru. Erstmals gebraucht vom sechsten Patriarchen Eno.

IWAZU, „Ich sage es nicht." Eines Tages zeigte der Mönch Zangen auf einen Sarg, der den Körper eines eben verstorbenen Menschen enthielt. Er wandte sich an seinen Meister und fragte: „In diesem Sarg: Ist da Leben oder Tod?" Meister Dogo antwortete: „*Iwazu! Iwazu!*" Das *Iwazu*-Koan wird in der Soto-Schule oft benutzt.

JOSHU (Chao-chou, 778-897). Schüler von Nansen und einer der großen chinesischen Rinzai-Meister. Von den Soto-Meistern Dogen, Kodo Sawaki und Deshimaru sehr bewundert. Joshu traf Nansen im Alter von 61 Jahren, folgte ihm mehr als zwanzig Jahre lang und als er sich im Alter von 80 selbst als Meister niederließ, machte er sich daran, „Männer und Götter für die nächsten vierzig Jahre zu unterweisen." Er starb 897 im hohen Alter von hundertzwanzig Jahren. Joshus Unterweisung war eigentlich untypisch für seine eigene Rinzai-Schule, sie war durchaus *men mitsu,* sehr behutsam, mild und „soto-mäßig". Joshu zeigte ein feines Verhalten und benutzte weder Stock-und-Faust noch ist von ihm überliefert, dass er „KWAT!" gerufen habe, um seine Schüler zu unterweisen. Joshu wurde von Rinzai- und Soto-Meistern bewundert, was noch heute der Fall ist. „Joshu erhielt das Dharma von seinem Meister", schreibt Dogen, „und gab es richtig an andere weiter. Jeder nannte ihn einen alten Buddha."

KAI (*Sila* im Sanskrit). Die Gebote, Moral. Die drei wichtigsten *Kai* sind: vermeiden, Schlechtes zu tun, Gutes tun und den anderen helfen. Im Theravada-Buddhismus befolgen die Mönche zweihundertfünfzig *Kai* und die Nonnen fünfhundert (achtundvierzig haben sie gemeinsam). Im Mahayana-Buddhismus und besonders im Zen befolgen die Mönche nur zehn *Kai,* die sie zum Zeitpunkt der Ordination annehmen (nicht töten, nicht stehlen, keinen Missbrauch mit Sexualität treiben, nicht belanglos daherreden, schwören oder lügen, keine Drogen nehmen, die den Geist verwirren, sich nicht selbst loben oder die anderen verunglimpfen, nicht eitel sein, sich nicht weltlichen Vergnügungen hingeben, nicht in Wut verfallen, nicht über die Drei Schätze Buddha, Dharma und Sangha lästern). Diese *Kai* oder Gebote nimmt man nicht als „Befehle" auf sich, die von außen kommen, sondern vielmehr als etwas, wonach man strebt, als „Gelübde" von innen, die man sich vornimmt. Im Zen werden die *Kai* als „natürliche" und nicht als „vorgeschriebene" Moral angesehen. Die *Kai* nutzen nur denen, die sie brauchen, dem Mörder, der mordet, dem Dieb, der stiehlt, dem Lästerer, der lästert. Nur der Mörder muss die Vorschrift „nicht töten" kennen, nur der Dieb das Gebot „nicht stehlen", der Lästerer das Gebot „nicht lästern". Man muss die Gebote *leben,* um sie zu kennen. Das bedeutet: Man kann ein Gebot erst kennen, wenn man *aufgehört hat, es zu missachten.* Wenn man aber wirklich sitzt wie die Meister und Patriarchen, gibt es dann ein Gebot, das man nicht beachtete, gibt es dann ein Verdienst, das man nicht gegenwärtig machte?

KAIJO. *Kai* bedeutet offen, frei; *Jo* bedeutet Zazen. *Kaijo* ist der Augenblick, in dem die Trommel geschlagen wird, um das Ende von Zazen anzuzeigen und um die Uhrzeit anzugeben. Wenn der Meister: „*Kaijo!*" sagt, schlägt ein Mönch die Trommel; je nach der Uhrzeit – sei es z. B. 9 Uhr vormittags oder 10 Uhr abends – wird die Trommel entsprechend neun oder zehn Mal geschlagen.

KAN. Ein großes Gelübde. Alle Buddhas und Bodhisattvas legen es ab. Ein feierliches Versprechen oder Gelöbnis. *Kan* kommt gewöhnlich aus einem selbst. Das Gelübde, seinem eigenen wirklichen Ideal entsprechend zu leben, das ist *Kan.*

KANNA-ZEN. Eine andere Bezeichnung für Rinzai- oder Koan-Zen. „*Kanna*" bedeutet: das gesprochene Wort zu beobachten – damit hat man „Kanna-Zen" oder „Gesprochenes

Zen". Bezieht sich auch auf Diskussions-, „Debatten-" und „Dharma-Streigespräch"-Zen. Das erste Mal vom Rinzai-Meister Daie im China des zwölften Jh.s verkündet. *(Cf. auch Mokusho-Zen.)*

KARMA, Handlung. Die Summe aller Handlungen eines Menschen, einschließlich der Folgen. Karma wird durch die Handlung von Körper, Mund und Geist geschaffen; sobald es geschaffen ist, ist es für immer. Karma ist das Gesetz von Ursache und Wirkung, von Karma kommt man zur Wiedergeburt und *Samsara* – der Kette der Daseinsformen oder Wiedergeburten, die von den eigenen vergangen Handlungen herrühren. Und doch ist Karma jenseits von Kausalität, jenseits von Schicksal, es schließt beides ein. Es ist nicht Vorherbestimmung, Fatalismus oder Nihilismus, denn obwohl Karma nicht beseitigt (d. h. ausgelöscht) werden kann, kann es doch *verändert* werden. „Alle großen religiösen Gestalten verwandeln das schlechte Karma der Menschheit", sagte Meister Deshimaru.

KEIZAN (1268-1325). Großer japanischer Soto-Meister, praktizierte bei Ejo und Gikai, zwei von Meister Dogens engsten Schülern; Gründer von Sojiji (einer der beiden Haupttempel des Soto), Autor des *Denkoroku*. Er hat das Zen in seinen dortigen Anfängen in ganz Japan verbreitet.

KENSHO. Ein technischer Ausdruck im Rinzai: seine wahre Natur anschauen, die Buddha-Natur in seinem eigenen Geist finden (*Ken*: hineinschauen, *Sho*: die eigene Natur). Manchmal als das „kleine" oder „vorbereitende" Satori beschreiben – und ziemlich verschieden von allem, was man im Soto-Zen finden mag.

KENTAN. Beobachtung zu Beginn des Zazen. (*Ken*: Untersuchen, überprüfen, *Tan:* die erhöhte Zazen-Plattform.) Der Meister geht durch das *Dojo* und beobachtet die Anwesenden. Er achtet auf die Sitzhaltungen und schaut, ob irgendjemand krank ist.

KESA (*Kasaya* im Sankrit). Mönchsgewand, das man gewöhnlich während der Mönchsordination erhält. Es wird über die linke Schulter getragen und ist ein Symbol des ersten von Buddha (unmittelbar nach seinem großen Satori) getragenen Gewands, das er aus alten, auf dem Friedhof aufgelesenen Lumpen zusammennähte. In Wirklichkeit ist das *Kesa* eher ein heiliges Kleidungsstück als ein „Gewand" im wörtlichen Sinne, da es über dem *Kolomo* getragen wird, nur eine Schulter bedeckt und keine Ärmel hat. Das *Kesa* bedeutet Glaube, die wesentliche Kraft im Zen; Mönche werfen sich auch vor dem *Kesa* nieder (*Sanpai*), wie sie es vor dem Meister oder Buddha tun würden – weil nichts im Zen so sehr verehrt wird wie dieses *Kesa*; entsprechend bleibt die Praxis derer, die Zazen viele Jahre lang üben, ohne je das *Kesa* selbst zu tragen, geschweige denn es zu erhalten, eine bloße Trainingsmethode, um gute geistige und physische Gesundheit zu erhalten, wie etwa im Yoga. Das *Kesa* steht symbolisch für ewiges Leben, das ist der Glaube aller Meister der Weitergabe. Das *Kesa* bringt Nahrung in Zeiten der Not (es ist mit horizontalen und vertikalen Linien gestaltet, die das Muster eines Reisfeldes abbilden), es schützt einen vor Unfällen, kann Krankheiten des Geistes und schlechtes Karma kappen und unbegrenzte gute Verdienste in die drei Welten bringen. Um Yoka Daishis Ausdruck zu benutzen: „Das *Kesa* ist Dunst, Tau, Regen und Nebel, die den Körper im Zen bekleiden." *(cf. Rakusu.)*

KETSUMYAKU. Zertifikat der Linie, der Abstammung, von Buddha und den Patriarchen an die Schüler weitergegeben. Vom Meister überreicht, wenn der Schüler die Mönchsordination erhält.

KI. Körperenergie, Aktivität, Vitalität, Kraft. Befindet sich weder nur im Geist noch im *Kikai Tanden (Hara),* sondern in allen Nerven, Geweben und Zellen des ganzen Körpers. Im Buddhismus ist *Ki* ein technischer Begriff, der den Geist bezeichnet, der in der Lage ist, dem spirituellen Impuls zu folgen. Bequemlichkeiten und materielles Leben stumpfen das *Ki* des Menschen ab; *Ki* ist die Quelle des Lebens – es äußert sich in der Atmung. Verlust von *Ki* bedeutet Verlust des Lebens.

KIKAI TANDEN. *Ki* bedeutet Aktivität, Energie; *Kai* bedeutet Ozean (also bedeutet *Kikai* Ozean der Energie); *Tan* bedeutet Essenz; und *Den* bedeutet Feld. *Kikai tanden* ist die wesentliche Quelle oder das Zentrum der Energie und befindet sich ungefähr 5 cm unterhalb des Nabels.

KINHIN. Zazen in Bewegung. Zwischen den Zeiten des Sitzens praktiziert. Man macht einen Schritt vorwärts, von etwa einer halben Fußlänge, drückt in den Boden, besonders an dem Punkt, wo der große Zeh beginnt, und streckt das Knie. Das Rückgrat ist aufrecht, das Kinn zurückgezogen, der Nacken gestreckt und der Blick gesenkt. Die linke Hand bildet um den Daumen eine Faust (die in der Handfläche der rechten Hand gehalten wird) und zusammen drücken die Hände gegen das Sonnengeflecht, gleich unterhalb des Brustbeins. Die Handrücken schauen nach oben, die Unterarme sind waagrecht zum Boden und die Ellenbogen nach außen gestreckt. Die Ausatmung beginnt mit dem ersten Schritt, in diesem Moment ist der Körper in Spannung. Die Einatmung geschieht mit einem Loslassen der Spannung. *Kinhin* wird in einer Reihe praktiziert, eine Person hinter der anderen, es dauert ungefähr fünf Minuten.

KITO-ZEREMONIE. Eine Zeremonie alten Ursprungs, die der Meister oder Abt manchmal auf Anfrage vollzieht. *Kito* bedeutet Gnade, um ein *Kito* zu bitten bedeutet gewissermaßen, um die Gnade der Götter zu bitten, eine spezielle Bitte an den Himmel zu richten. *Kito* hat mit Metaphysik und Psychologie zu tun und wird im Mahayana als niedrige Dimension angesehen. Auch weil die *Kito*-Zeremonie sich nicht an Buddha, sondern an die persönlichen Bedürfnisse des Menschen richtet und nicht mit Weisheit, sondern mit Erscheinungsformen zu tun hat, wird *Kito* nicht als etwas angesehen, was die Essenz von Buddhas Unterweisung verkörpert. Nichtsdestotrotz wird mit dem Einverständnis des Meisters das Foto einer Person auf den Altar gestellt und die Zeremonie für diese Person vollzogen, wenn jemand, der daran glaubt, den Meister um ein *Kito* bittet (zum Beispiel für einen Verwandten, der krank ist). Das *Kito* kann sehr wirksam sein für die, die an dieses Sutra und an diese Zeremonie glauben.

KOAN. Eine Aussage, ein Ausspruch, eine Handlung oder eine Gebärde, die einen zum Verständnis der Wahrheit bringen kann. Eine absolute, ewige Wahrheit, die vom Meister weitergegeben wird. Auch ein Mittel, um einen Schüler zu erziehen. Koan werden im Allgemeinen von früheren *Mondo* abgeleitet, die zwischen alten Chan-Meistern und ihren

Schülern stattfanden und die heute besonders in der Rinzai-Tradition als Studiengegenstand und/oder als ein Weg Satori zu erlangen genutzt werden. Im Soto sind sowohl der Gebrauch von Koan als auch die Interpretation des Satori ziemlich verschieden. Koan werden im Soto gebraucht, aber auf eine sehr freie und offene Weise und überhaupt nicht wie im Rinzai, wo das Vorgehen beim Lösen eines Koan viel formalisierter ist und sich z. B. im Rahmen von privaten Treffen mit dem Meister abspielt.

KONTIN. Wenn der Geist während Zazen in Dunkelheit, Zweifel, Täuschung, Melancholie oder in reine Dumpfheit versinkt. (*Kon* bedeutet Dunkelheit, *tin* bedeutet sinken.) Ein Zustand geistiger und körperlicher Müdigkeit. Während Zazen fällt das Kinn nach vorn, die Daumen sinken, das Rückgrat fällt in sich zusammen. *Kontin* ähnelt dem Geisteszustand während des Schlafens. *(cf. für das Gegenteil Sanran.)*

KOTSU. Stab mit gebogener Spitze, den der Meister im *Dojo*, Speisesaal und anderswo bei sich trägt. Weniger als 60 cm lang und in einer Form gebogen, die der menschlichen Wirbelsäule ähnelt. Nicht mit dem *Hossu* zu verwechseln, einem Stab mit Yak-Haaren, der während bestimmter Zeremonien gebraucht wird.

KU (*Sunyata* im Sanskrit). Leerheit. Jedoch nicht im Sinne von „Nichts" als Gegensatz zu „Etwas". *Ku* ist durchaus etwas, denn es schließt alle Dinge ein, alle Erscheinungsformen, selbst die Erscheinungsformen des Geistes. Alle Dinge kommen von *Ku*. Es ist die reine Quelle, die Essenz. Wörtlich bedeutet *Ku* Himmel. Während die meisten buddhistischen Schulen sich vor allem mit der Lehre vom Karma beschäftigen, wird im Zen *Ku* gelehrt.

KUSEN. Die mündliche Unterweisung, die vom Meister im *Dojo* während Zazen gegeben wird. (*Ku* bedeutet Mund, *Sen* bedeutet Unterweisung.) Die Unterweisung, die dem Meister von seinem eigenen Meister weitergegeben wurde. Die lange Linie der mündlichen Weitergabe von Buddhas Unterweisung. Das *Kusen* ist kein *Teisho*, keine Vorlesung und kein Vortrag.

KU SOKU ZE SHIKI. Leerheit wird Erscheinungsformen, Gestalten. *Shiki soku ze Ku*: Erscheinungsformen oder Gestalt wird Leerheit. Anders gesagt, das Objekt ist im Subjekt, das Subjekt im Objekt. *Ku* (Leerheit) und *Shiki* (Erscheinungsformen) sind untrennbar.

KWATZ (auch *Katsu,* oder „*Kwaat!*", wenn geschrien. Ein Ausruf, der keine besondere Bedeutung hat. Vor allem von Rinzai-Meistern genutzt, um den Geist aus seinen „dualistischen egozentrierten Gedanken" herauszuschocken. Wenn das *Kwatz* mit der Ausatmung ausgestossen wird, sagt Meister Deshimaru (in seinem Buch *Zen in den Kampfkünsten Japans*), ist es ein Schrei, der den Gegner lähmen kann. Andererseits ist es der Schrei universeller Energie („Reine Energie ohne Ursache und Wirkung", nennt es Deshimaru), er kann jemanden zurück ins Leben holen. Auch eine Technik, um das *Ki* wieder zu erwecken. Am häufigsten mit Meister Rinzai in Verbindung gebracht, aber schon hundert Jahre zuvor von Meister Baso eingesetzt.

KYO GE BETSUDEN. Die besondere Unterweisung außerhalb der Schriften. (*Kyo* bedeutet (schriftliche) Unterweisung; *ge* bedeutet außerhalb; *Betsuden* bedeutet eine andere oder besondere Weitergabe.) Dieser Ausdruck wird oft in der Rinzai-Schule gebraucht und macht einen der grundsätzlichen Unterschiede zwischen Rinzai und Soto deutlich. Man sagt, dass im Rinzai im Gegensatz zum Soto die Sutras und andere alte Texte nicht so sehr erforscht und respektiert werden.

KYOSAKU. Der Stock des Erwachens (*Kyo* bedeutet Aufmerksamkeit, *Saku* bedeutet Stock). Der Stock, mit dem der Meister oder der *Kyosaku-Verantwortliche* den Schüler auf jede Schulter schlägt, in der Nähe des Nackens auf Punkte, die zwei Hauptmeridianen in der Akupunktur entsprechen. Ein langer, sich verjüngender Stock, der an einem Ende abgeflacht ist und gewöhnlich aus Eiche gemacht ist. Auf einer Seite ist der Name des Tempels kalligraphiert, die Unterschrift des Meisters, sein Stempel und das Datum; auf der anderen Seite ein Gedicht. (Auf Kodo Sawakis *Kyosaku* stand die Kalligraphie: „Gestern war mein Körper ein stinkender Sack voll Fleisch und Knochen; heute, auf dem Berg der *Bonnos,* greife ich Wolken und Donner an.") Wird eingesetzt, wenn der Mönch entweder in *Sanran* oder *Kontin* verfällt und ist als der Stock angesehen, der Satori fördert. Sowohl im Rinzai als auch im Soto gebraucht – wobei üblicherweise der *Kyosaku* im Rinzai viel größer und schwerer ist als der Soto-*Kyosaku.*

MAHAKASYAPA. Lebte zur Zeit Buddhas im vierten Jh. v. Chr. Stammte aus wohlhabenden Verhältnissen (er wurde in einer brahmanischen Familie aus Magadha geboren), verließ sein Zuhause und ging in die Berge Nordindiens, wo er Yoga, Askese und Kasteiung praktizierte. Dann traf er Buddha Shakyamuni, übte mit ihm den Weg der Mitte und wurde einer von Buddhas zehn großen Schülern. Er wird auch als erster indischer Patriarch in der Zen-Tradition angesehen. Nach Buddhas Tod führte Mahakasyapa die Unterweisung fort und sammelte eine große Anzahl Schüler um sich. Berief im Jahre 483 v. Chr. das erste buddhistische Konzil ein, ausdrücklich „um die Unterweisung zu erhalten." Reichte die Weitergabe an Ananda weiter.

MAHAYANA. Das ‚Große Fahrzeug' des Buddhismus. (*Maha* bedeutet groß, *Yana* bedeutet Erlösung.) Einer der beiden Hauptzweige des Buddhismus – Hinayana oder das Kleinere Fahrzeug ist der andere. Auch als die Schule des Nordens bekannt, da es anders als das Hinayana von Nordindien stammt, von wo es sich nach Tibet, in die Mongolei, China, Vietnam, Korea und Japan ausbreitete. In Indien waren die beiden Hauptschulen des Mahayana die Madyamikas und die Yogacaras. Während in China, Tibet und Japan die Hauptschulen jeweils Tendai, Vajrayana, Reines Land, Shingon und Zen waren. Bekannt für seine Betonung, die es auf Weisheit *und* Mitgefühl setzt, und für das Bodhisattva-Ideal (d. h. Verzicht auf das Nirwana, bis alle Lebewesen ihrerseits zum Erwachen geführt wurden: *Shu jo muhen seigan do* – Wie viele Lebewesen auch immer es sein mögen, ich gelobe sie alle zu retten). Manchmal als der „Mittel-Weg" bezeichnet (d. h. ohne die jeweils paarweisen Extreme). Die großen Sprecher und Bodhisattvas des frühen Mahayana waren Nagarjuna, Asanga, Vasubandu und Santideva.

MEN MITSU. Zart, vorsichtig und/oder aufmerksam. (*Men* bedeutet Baumwolle, *mitsu* bedeutet weich, dick, intim, Honig.) *Men mitsu* wird so mit der Soto-Unterweisung in Verbindung gebracht wie *zusan* (d. h. rau) mit der Rinzai-Unterweisung.

MOKUGYO. Eine ausgehöhlte Holztrommel, in der Form eines Fisches geschnitzt. Mit einem gedämpften Schlägel geschlagen während das *Hannya Shingyo* gesungen wird und während gewisser *Dharani*, um den Rhythmus zu halten.

MOKUSHO-ZEN. Stilles, leuchtendes Zen. (*Moku*: Schweigen, *sho*: scheinen oder leuchten.) Der chinesische Rinzai-Meister Daie († 1163) prägte den Ausdruck „*Mokusho*-Zen" während seines langdauernden Streits mit dem Soto und meinte damit ein Zen, das nichts tut als in Stille zu sitzen. „Soto-Leute", sagte er, „praktizieren ein übles Zen der stillen Erleuchtung." Interessanterweise griff Soto-Meister Wanshi († 1157) dieses Rinzai-Schlagwort auf, nahm es wörtlich und erklärte es zum wahren Sinnbild des Soto; indem er einfach die eigentliche Wortbedeutung ins Licht rückte, machte Wanshi die Essenz des Soto deutlich. *(cf. Kanna-Zen.)*

MONDO. Zeit für Frage-und-Antwort zwischen Meister und Schüler, findet unmittelbar in Anschluss an Zazen statt. Im weiteren Sinne jedoch kann ein „*Mondo*" ein spontaner Austausch zwischen Meister und Schüler sein, im *Dojo* oder außerhalb, vor anderen oder alleine. Nicht zu verwechseln mit einem „Dharma -Zweikampf" oder jeder anderen Form des Wettstreits, spaßeshalber oder wie auch immer. Ferner gibt es auch das historische *Mondo*, die alten Dialoge, die von den Schülern aufgeschrieben wurden. Diese Aufzeichnungen, einschließlich des *Rinzai Roku*, machen den Hauptanteil der heutigen Zen-Literatur aus.

MU (*wu* im Chinesischen). *Mu* kann entweder bedeuten:

1. „Kein", „Nicht-..."; wie in den Wörtern *Mushotoku* (kein Gewinn), *Mushin* (Nicht-Geist) usw.
2. „Nichts" – aber nicht in dem Sinne von „Nichts" im Gegensatz zu „Etwas". Das, was weder jenseits der Existenz noch nicht-jenseits ist – das ist Nicht-Existenz.

Als ein Mönch Joshu fragte, ob ein Hund die Buddha Natur habe, antwortete Joshu nicht „nein" – er antwortete: „Mu".

MUJO (*Anitya* im Sanskrit). Unbeständigkeit aller Dinge. Ewige Veränderung. Grundlegendes Prinzip des Buddhismus. „*Mujo* hört nie auf dir aufzulauern, nicht einmal für einen Moment", schreibt Meister Daichi, „und wenn es zum Angriff übergeht, dann mit einer solchen Geschwindigkeit und Brutalität, dass es dich umhaut, bevor du es überhaupt realisierst."

MUMONKAN. *Das Torlose Tor.* Buch mit 48 Koan, zusammengestellt und kommentiert von Meister Mumon († 1260) aus der Rinzai-Linie. Das *Mumonkan* und das *Hekigan Roku* sind die beiden bekanntesten Sammlungen von Koan, die auf Chinesisch verfasst sind.

MUSASHI, Miyamoto (1584-1645). Berühmter japanischer Samurai, großer *Sumi-e*-Maler und Schüler des Rinzai-Meisters Takuan, von dem er die Bodhisattva-Ordination erhielt. Die letzte Zeit seines Lebens bis zu seinem Tod lebte Musashi in einer Berghöhle, wo er seine Abhandlung über die Kunst des Kampfes verfasste, *Die Fünf Ringe*. Musashi nannte sich selbst *Doraku,* was „Liebhaber in zwei Himmeln" bedeutet.

MUSHIN. Nicht-Geist, nicht-mental, ohne Bewusstsein. (*Mu*: nicht, kein. *Shin*: Geist.) *Mushin* bedeutet: kein getäuschter, trügerischer Geist ist da; das bedeutet aber nicht, dass kein Geist da ist, um falsch von wahr zu unterscheiden. Die Quelle aller Formen des Geistes, sagt Dogen; ungeteilt, jenseits der Gegensätze, kein Analysieren beinhaltend.

MUSHOTOKU. Nichts zu erhalten. (*Mu* ist die negative Vorsilbe; *shotoku* bedeutet erlangen, profitieren). Also die Praxis ohne Ziel, Absicht, Profit oder Gegenstand. Drückt die philosophische Essenz des Soto-Zen aus – ohne Hoffnung sein, das Satori zu erlangen oder Buddha zu werden. Die Philosophie des Nicht-Profits.

MYOZEN (1184-1225). Großer Rinzai-Mönch und Hauptschüler von Eisai (dem Gründer der Rinzai-Schule in Japan). Auch neun Jahre der Meister von Dogen. Reiste mit Dogen nach China. Starb auf dem Berg T'ien-t'ung in Südost-China im Alter von 42 Jahren an Ruhr. Eine Statue wurde am Ort seines Todes errichtet. Als Dogen einige Jahre später nach Japan zurückkehrte, brachte er alle von Myozen zurückgelassenen Habseligkeiten mit.

NAGARJUNA (100-200). Großer indischer buddhistischer Philosoph, Gründer der Madyamika-(oder Weg-der-Mitte-) Schule des Buddhismus, und 14. Patriarch in der Linie nach Buddha. Verbrachte den Großteil seines Lebens in Süd-Indien, wo er in eine brahmanische Familie geboren wurde. Der erste, der die Mahayana-Lehre von *Ku* (*Sunyata* oder Leerheit) verkündete. Er wurde deshalb „der Vater des Mahayana" genannt. Das *Madyamika sastra* ist sein größtes schriftliches Werk. Gegen Ende seines Lebens verbrannte Nagarjuna alle seine Bücher und Sutras und widmete sich der Beschäftigung mit dem *Kesa.*

NANGAKU (*Nan-yeh* im Chinesischen, 677-744). Vor-Rinzai-Linie. Schüler des sechsten Patriarchen Eno und Meister von Baso. Zusammen mit Seigen war er Enos wichtigster Schüler. Nangaku war der Vorläufer des Rinzai-Zen (genau wie Seigen Vorläufer des Soto war), praktizierte über fünfzehn Jahre bei Eno; als er von ihm die Weitergabe erhielt, „war es wie Wasser, das von einer Schüssel in die andere fließt". *(cf. Baso.)*

NEMBUTSU. Bezieht sich auf einen Zweig des Mahayana-Buddhismus, der die Tendai- und Jodo-Schulen mit einschließt und auf die Anrufung „*Namu-Amida-Butsu*" (‚Ich vertraue Amida Buddha'), die anstelle von Meditation praktiziert wird.

NIRWANA

1. Erlöschen, wie beim Löschen einer Flamme; Tod.
2. Das vollständige und endgültige Aussterben wie im Wort „*Paranirwana*"; vollständige Freiheit von der Kette der Geburten und Tode.

3. Das tiefste *Samadhi*, als ob die Flamme der Täuschung erloschen wäre: ursprüngliche Erleuchtung, wirkliches Satori offenbart sich.

NUMENON (*Svabhava* im Sanskrit). Ein Ding an sich. Wesenskern, Substanz. Buddhismus ist nicht die Lehre vom Numenon, es ist die Lehre vom Nicht-Numenon. Nagarjuna schreibt: „Die, die Selbst-Existenz, die Existenz der anderen und die eine existierende und eine nicht-existierende Sache wahrnehmen, nehmen nicht die wahre Natur von Buddhas Unterweisung wahr.“ (d. h., dass alle Dinge leer sind von einem Sein durch sich selbst oder Numenon).

NYOJO (*Ju-ching.* 1163-1228). Schüler von Setcho Chikan und Meister von Dogen. Soto-Meister während der Sung-Dynastie. Reiste von *Dojo* zu *Dojo* und kam im Laufe seiner Wanderungen mit all den verschiedenen damals existierenden Zen-Arten in Kontakt. Manche Schulen mischten Zazen mit der Rezitation des *Nembutsu*, mit Atem-Zählen, mit Taoismus und Konfuzianismus, andere mit dem Koan-Studium. Traurig über diesen Stand der Dinge ließ sich Nyojo als Abt des Tendo-Klosters (in Südost-China) nieder und unterwies nur Zazen. Strenger Kritiker der Vermischung, die damals in China stattfand. Er fühlte, dass man die Eine Lehre von Bodhidharma und den Patriarchen nicht vermischen sollte, indem man etwas hinzufügte. Er nannte jene Mönche und Lehrer, die derartige Praktiken vertraten, „Erniedriger der wahren Lehre“ (der Unterweisung Bodhidharmas) und „Zerstörer des Buddha-Dharma“. Nyojo war der letzte der großen chinesischen Zen-Meister. Dennoch lebt seine Lehre heute fort, ohne Zweifel dank Dogen, der Nyojos Unterweisung im Jahre 1225 mit sich nach Japan brachte.

OBAKU (*Huang-po* auf Chinesisch, † 850). Schüler von Hyakujo und Meister von Rinzai. Einer der großen Meister des Tang-China. Seine Art der Unterweisung war oft sehr *zusan* (rau) und wurde von seinen späteren Nachfolgern in der Rinzai-Linie weithin nachgeahmt. Nichtsdestotrotz haben alle Meister, unabhängig welcher Schule oder Sekte, höchste Achtung vor ihm. Dogen schreibt im *Bukkyo,* dass „Obakus Ausdruck und Wissen selbst dasjenige seines Meisters Hyakujo übertrifft. Obaku war ein alter Buddha jenseits seiner Zeit, er war Hyakujo weit überlegen und weitaus scharfsinniger als Baso; auch Rinzai war im Vergleich ein kleines Kaliber.“

OBAKU-SEKTE. Gegründet von Obakus *Shusso*, existiert in China nicht mehr. Von Ingen im Jahre 1654 nach Japan eingeführt. Das Obaku-Zen besteht dort immer noch. Der Haupt-Tempel, im chinesischen Stil gebaut, wird *Mampuku-ji* genannt und befindet sich in Uji, in der Nähe von Kyoto. Seltsamerweise ist Obaku-Zen nicht das Zen, das von Meister Obaku praktiziert wurde (geschweige denn von Rinzai oder Dogen). Im Obaku singt man das *Nembutsu* während Zazen; „Obaku“ ist einfach nur Namensgeber.

PRAJNA (Sanskrit, *Hannya* auf Japanisch). Transzendentale Weisheit, intuitive Einsicht. Eine der sechs *Paramitas* (Vollkommenheiten).

RAKUSU. Kleines *Kesa,* das über der Brust getragen und normalerweise während der Ordination vom Meister dem Schüler gegeben wird. Kann auch von allen Mahayana-

Buddhisten (Mönchen, Nonnen und Laien-Schülern) getragen werden, denn es symbolisiert das ursprünglichste zusammengeflickte Gewand von Buddha Shakyamuni. Form rechteckig und ungefähr 33 Zentimeter lang und 23 Zentimeter breit. *(cf. Kesa.)*

RENSAKU. Eine Serie von Schlägen mit dem *Kyosaku* auf die Muskeln zwischen Nacken und Schultern. Sein Zweck ist zu erziehen, nicht zu bestrafen.

RINZAI (*Lin-chi* auf Chinesisch, † 867). Schüler von Obaku und großer Meister der goldenen Tang-Epoche. Seine Art der Unterweisung war *zusan*, sehr grimmig und direkt, aber auch sehr effektiv; obwohl seine Laufbahn als Lehrer nur einen Zeitraum von nicht mehr als zehn Jahren umfasste, hatte er viele Schüler und seine Linie setzt sich bis heute fort.

RINZAIS VIER PRINZIPIEN *(cf. Vier Prinzipien des Rinzai).*

RINZAI ROKU (*Lin-chi Lu* auf Chinesisch). Die Worte von Meister Rinzai, in einem kleinen einbändigen Werk von seinem Schüler Enen aufgezeichnet und zusammengestellt. Nach Rinzai-Meister Shibayama ist „das *Rinzai Roku* das herausragendste Zen-Buch in der Rinzai-Schule."

RINZAI-ZEN. Die wichtigste und bedeutendste Schule im Zen neben der Soto-Schule. Geht von den Unterweisungen von Meister Rinzai († 867) aus, die in weiten Teilen des *Rinzai Roku* zu finden sind. Anhänger der formalisierten Anwendung der Koan-Methode und der Suche nach dem Satori. Von Eisai im Jahre 1190 nach Japan übermittelt.

ROSHI. Ein respektvoller Titel mit der Bedeutung „alter Meister" (*Ro* bedeutet alt, *Shi* bedeutet Meister). Als Titel für Zen-Meister mit fortgeschrittenem Alter benutzt (auch wenn er heutzutage von Lehrern allen Alters in Anspruch genommen wird).

SAMADHI (*Zanmai* auf Japanisch). Vollständige Konzentration des Geistes. Konzentration, die sich auf keine Vorstellung oder irgendeine Sache stützt. Das reine Wirken von Nicht-Geist (*Mushin*). „Das Samadhi der Buddhas und der Patriarchen", sagt Dogen, „ist Frost und Hagel, Wind und Blitz."

SANPAI. Niederwerfung oder richtiger: „drei Niederwerfungen". Im Buddhismus macht man im allgemeinen jeweils drei Niederwerfungen, daraus ergibt sich der Ausdruck: *San* (drei) *Pai* (Niederwerfung). *Sanpai* ist der höchste Gruß und wird im allgemeinen vor dem Buddha oder dem Meister gemacht: Körper und Geist an alle Dinge aufgeben. Die Füße, Knie, Hände und Stirn berühren den Boden. „Der Tod von *Sanpai*", sagte Meister Deshimaru, „ist der Tod von Buddha."

SAMU. Konzentration auf Handarbeit wie z. B. Boden schrubben, Toiletten reinigen, die Wege fegen usw. Arbeit, aber nicht gegen Bezahlung. *Samu* ist vielmehr Arbeit ohne Gegenstand oder Ziel, für nichts. Es heißt, wenn man *Samu* jeden Tag macht erlangt man große Verdienste. Heilige Arbeit.

SANDOKAI. Eines der vier ältesten Textwerke des Zen; von Meister Sekito (700-790) verfasstes Gedicht; als Inbegriff des Zen in schriftlicher Gestalt angesehen.

SANGHA (Sanskrit). Wörtlich „die Versammlung der Mönche", *die gute heilige Gesellschaft;* wenn sich drei oder mehr Schüler um den Meister versammeln. Das eigentliche Herz des Buddhismus: Alle verschiedenen Schulen kommen in der *Sangha* zusammen. Kurz nachdem Buddha im sechsten Jh. v. Chr. sein großes Satori in Bodhgaya hatte, kamen seine früheren Gefährten und diejenigen, die er auf dem Weg getroffen hatte, Ananda, Sariputra, Mahakasyapa usw. zu ihm; dieses Zusammensein wurde „die *Sangha* von Shakyamuni Buddha" genannt. Im Japanischen wird manchmal das Wort *sorin* benutzt (*So* bedeutet Gruppe und *Rin* bedeutet Wald): Ein Wald oder Platz, wo verschiedene Arten von Bäumen zusammenleben.

SANRAN. *San* bedeutet zerstreut, *Ran* bedeutet Gedanke. Ein abgelenkter Geist unter nervöser Spannung, überaktiv, aufgeregt, ekstatisch. Ein Zustand, bei dem der Geist nach außen abdriftet; auch wenn der Körper äußerst angepannt ist, besonders im Schulterbereich; während Zazen bewegen sich die Augen, der Kopf, die Hände und die Finger. *(cf. für das Gegenteil Kontin.)*

SAN SHO DOEI. Sammlung von dreißig kurzen Gedichten, im 13. Jh. von Meister Dogen verfasst. *Sansho* bedeutet Pinie; es ist auch der frühere Name vom Berg Eihei im Nordwesten Japans; *Do* bedeutet Weg.

SATORI. Unübertroffen richtiges Erwachen; zu seiner wahren Natur zurückkehren, zum ursprünglichen Geist; nicht vom persönlichen Ego gelenkt, sondern von der fundamentalen kosmischen Kraft; die Verwirklichung von *mushotoku.* Ganz im Gegensatz zur allgemeinen Ansicht ist Satori nichts Besonderes. Satori existiert nicht; es ist etwas und es ist nichts. Es ist weder gut noch schlecht. Es ist der Normalzustand des Geistes und jenseits des Bereichs des Moralischen, jenseits dessen, was gutes Verdienst einbringt und die Wiedergeburt im Paradies bewirkt. Wirkliches Satori ist unbewusst; bewusstes Satori ist kein Satori. Anders als im Rinzai gibt es im Soto kein Streben nach dem Satori. Weil Zazen selbst Satori ist.

SAWAKI, KODO (1880-1965). Großer Soto-Meister des zwanzigsten Jahrhunderts in Japan und Meister von Taisen Deshimaru. Von Meister Koho Shoryu in Kyushu im Alter von achtzehn Jahren ordiniert, dann Schüler von Meister Shokoku Zenko. War die meiste Zeit seines Wirkens als Lehrer in Japan unterwegs, um an Universitäten, in Stadthallen und Gefängnissen zu unterweisen, bis Mitte 1960, als er nicht mehr länger gehen konnte. Er hatte lange keinen eigenen Tempel und wurde „der Unbehauste Kodo" genannt. Kodo Sawaki lehrte nur Zazen, er war ein revolutionärer Meister. „Die, die denken, sie müssten arbeiten, um ein Gehalt zu verdienen", sagte er einmal, „sind arme Gestalten; und die, die denken, sie müssten studieren, um danach Geld zu verdienen, sind hoffnungslose Fälle."

SEKITO (700-790). Schüler von Seigen und Meister von Yakusan; führender chinesischer Meister der goldenen Tang-Epoche. Zazen praktizierte er immer auf einem großen Stein – daher sein Name „Sekito", was „Steinkopf" bedeutet. Autor des Gedichtes *San Do Kai.*

SENSEI. Eine respektvolle Bezeichnung für „Lehrer", die im gesellschaftlichen Kontext oft benutzt wird. Nicht so eingeschränkt wie das Wort „Meister", das sich spezifisch auf einen Zen-Meister bezieht, einen Judo-Meister usw., oder wie „Roshi", was „alter Meister" bedeutet und eher als „*Sensei*" wie ein Ehrentitel benutzt wird.

SESSHIN. Ein der konzentrierten Zazen-Praxis gewidmeter Zeitraum (seien es zwei Tage, drei, vier, fünf, sechs oder sieben). *Ses* bedeutet berühren und *Shin* bedeutet wahrer Geist. Seinen wahren Geist berühren, mit ihm in Kontakt treten, den Blick nach innen richten. Mit dem universellen kosmischen Ego in Kontakt treten.

SHIHO. Traditionell eine geheime Zeremonie, die um Mitternacht zwischen dem Meister und einem seiner Schüler stattfindet, während der der Meister die Weitergabe dem Schüler überträgt. In diesem Sinn stellt es die echteste, authentischste und reinste, die höchste Ordination im Zen dar. Wenn der Meister das Satori des Schülers bestätigt. Das wahre *Shiho* ist keine formale Angelegenheit, sondern einfach der Akt des Gebens und Annehmens des Dharma von einem wirklichen Meister. Im umgangssprachlichen Sinn kann *Shiho* auch das eigentliche „Zeugnis" der Weitergabe bedeuten, das den Zen-Mönch in seinen Funktionen und Privilegien offiziell bestätigt. *(cf. auch Fußnote 21, Übungsperiode 1.)*

SHIKANTAZA. Nur Sitzen. Konzentriertes Sitzen in der Haltung des Zazen. Der Akt, Körper und Geist in der sitzenden Haltung loszulassen. Sitzen mit geeintem Geist. Sitzen ohne Absicht oder Ziel, ohne unterstützende Mittel, ohne den Atem zu zählen, ohne Beschäftigung mit einem Koan. Wenn jemand die Soto-Praxis in einem Wort beschreiben müsste, würde er „*Shikantaza*" sagen. *Shi* (wörtlich: nur) bedeutet Zustand der Konzentration, *Kan* bedeutet Zustand der Beobachtung, *Taza* bedeutet aufrechtes, richtiges Sitzen.

SHIKI. Phänomen, Form, Substanz, Wesenskern.

SHIKI SOKU ZE KU. Erscheinungsform wird Leerheit. *Shiki* bedeutet Erscheinungsform und *Ku* bedeutet Leerheit. Wirklichkeit wird das Ideal. *(Für das Gegenteil cf. Ku soku ze Shiki.)*

SHIN. Je nach *Kanji* (Schriftzeichen) kann es bedeuten: scharfe Aufmerksamkeit, Herz, Geist, Glaube. Glaube ohne Gegenstand.

SHIN JIN DATSU RAKU. *Shin* ist Geist, *Jin* ist Körper, *datsu raku* ist abwerfen, wegwerfen. Also wörtlich: Körper und Geist abwerfen (d. h. Körper und Geist aufgeben). Das Credo des Zen von Dogen und Deshimaru.

SHIN JIN MEI. Wörtlich: *Gedicht über den Glauben des Geistes.* Das älteste aller alten Zen-Gedichte, von Meister Sosan († 606) verfasst; es verwendet das erste Mal den Begriff „*Hishiryo*".

SHOBOGENZO. Titel des monumentalen Werkes von Dogen. Niedergeschrieben (d. h. aufgezeichnet und zusammengestellt) von Ejo, Dogens Sekretär. *Shobo* bedeutet die absolute Wahrheit bezüglich des Dharma, *Gen* heißt Auge (daher: für die Wahrheit wach werden), und *Zo* bedeutet: der Speicher, die Schatzkammer. Also wörtlich: „Schatzkammer-Auge der wahren Lehre".

SHODOKA. Wörtlich: *Gesang des Unmittelbaren Satori.* Die zweitälteste Werk des Zen, von Meister Yoka Daishi (665-713) in der Form eines langen Gedichts geschrieben. Yoka Daishi war bekannt als ‚Der Mönch, der eine Nacht verbrachte' (mit dem sechsten Patriarchen Eno [Hui-neng]); in jener Nacht erwachte er.

SHUSSO. Der *Shusso* kommt im *Dojo* direkt nach dem Meister (oder dem *Godo*). Er ist für alles verantwortlich, was im *Dojo* geschieht – verantwortlich dafür, wie jeder sitzt, für die *Kyosaku*-Geber, die Pfeiler, die Zeremonie, für die Atmosphäre insgesamt. Er sitzt links neben dem Eingang und wird als der erste Schüler des Meisters betrachtet. *(Cf. auch Godo.)*

SHUZEN. Die Praxis von Zazen, Schritt für Schritt; impliziert, dass man sich von einer Ebene des Verstehens zur nächsten bewegt. Wird normalerweise mit der Rinzai-Schule in Verbindung gebracht und ihren verschiedenen Ebenen des Koan-Studiums.

SIX PARAMITAS. Die sechs Vollkommenheiten: 1. Geben oder *Dana.* 2. Gebote oder *Sila.* 3. Ausdauer oder Beachtung, *Kshanti.* 4. Bemühen, *Virya.* 5. Meditation, *Dhyana.* 6. Weisheit, *Prajna. Para* in „*Paramita*" bedeutet: „zum anderen Ufer gegangen".

SKANDHA oder **FÜNF SKANDHA.** Fünf Kategorien oder Zusammensetzungen der mentalen Aktivität, aus denen unsere Geist-Körper-Erfahrung besteht: Form, Fühlen, Wahrnehmung, Vorstellungen, Bewusstsein. *Shiki, ju, so, gyo, shiki* auf Japanisch. Das was man als „das Selbst" bezeichnet.

SOSAN († 606). Schüler von Eka und Meister von Doshin. Dritter Zen-Patriarch. Autor des *Shin Jin Mei*, des allerersten genuinen Zen-Texts.

SOTOS FÜNF GO-I *(cf. fünf Go-i).*

SOTO-ZEN. *Ts'ao-tung* auf Chinesisch. Die älteste und gewichtigste aller Zen-Schulen (Rinzai und Obaku sind die einzigen beiden anderen existierenden). Obwohl ihre Linie und Tradition zurückverfolgt werden kann über die Meister Seigen, Eno und Bodhidharma, wurde die Soto-Schule im China des neunten Jh.s von Meister Tozan und Sozan formal begründet. Durch Dogen nach Japan überliefert im Jahre 1228. Im Soto wird Zazen (anders als im Rinzai) vor der Wand praktiziert – ohne Gegenstand, ohne Ziel. Und obwohl das Koan-System im Soto benutzt wird, ist die Anwendung nicht formalisiert oder systematisch. *(cf. Sozan.)*

SOZAN (840-901). Enger Schüler von Tozan (das „*So*" und das „*To*" in ihren Namen wurde zusammengesetzt und bildet das Wort „Soto").

SUNYATA *(cf. ku).*

SUTRA (Sanskrit, *Kyo* auf Japanisch). Wörtlich „ein Faden, auf dem Juwelen aufgezogen sind." Buddhistische Schriften. Die Predigten von Shakyamuni Buddha. Die Hinayana-Sutren wurden ursprünglich auf Pali aufgezeichnet, die des Mahayana auf Sanskrit. Die Zen-Schule bezieht sich, im Gegensatz zu allen anderen buddhistischen Schulen, nicht auf ein bestimmtes Sutra, sondern auf alle und keines gleichermaßen.

SUZUKI, Professor D. T. (1870-1966). Buddhistischer Gelehrter, Übersetzer, setzte sich sehr für die Verbreitung des Zen im Osten und im Westen ein. Anhänger der Koan-Methode zur Erlangung von Satori. Schrieb über hundert Bücher.

SUZUKI, Shunryu (1905-1971). Großer, in Amerika tätiger Soto-Meister. Kam im Alter von 53 in die Vereinigten Staaten. Ließ sich in San Francisco nieder, wo er bis zu seinem Tod im Alter von 66 Jahren die Praxis des Zazen lehrte.

TENZO. Chefkoch. Einer der wichtigsten Mönche in der Zen-Hierarchie, auf einem der forderndsten Posten im Tempel oder Kloster.

THALAMUS. Die im Zentralgehirn oberhalb des Hypothalamus angesiedelte Region, die von Sinnesimpulsen auf ihrem Weg in die Gehirnrinde passiert wird. Der Thalamus reguliert den Energiekreislauf und fungiert als Verbindung oder Austauschzentrum zwischen den primitiven (instinktiven) und den nicht-primitiven (zerebralen) Hemisphären des Gehirns. Aus diesem Grund nutzt man den Begriff „Thalamus", um das instinktive oder primitive Gehirn zu bezeichnen. *(cf. Hypothalamus.)*

TOKUSAN (782-865). Schüler von Ryutan und Meister von Seppo. Einst ein berühmter Gelehrter des *Diamant-Sutras*; verbrannte seine Bücher und Sutras, um den Weg und Zazen zu praktizieren. Großer Chan-Meister der Tang-Dynastie; obgleich zur Soto-Linie gehörend, war er unter anderem für den starken Einsatz des Stocks bekannt (*zusan*).

TOZAN (*Tung-shan* auf Chinesisch, 807-869). Großer Chan-Meister der späten Tang-Dynastie. Schüler von Ungan und Meister von Ungo Doyo, wird als Gründer der Soto-Schule angesehen. Das „to" in Soto kam von dem „To" in „Tozan" (manchen Quellen zufolge bezieht sich das „So" in „Soto" auf den Berg Sokei, wo Eno, der sechste Patriarch, lebte). Verfasser des *Hokyo Zan Mai*, einem grundlegenden Zen-Text, der heute noch in Zenklöstern in Japan rezitiert wird. Formulierte auch die „Fünf-*Go-i*-Theorie des Soto-Zen." Tozans herausragende Eigenschaft war seine Unabhängigkeit gegenüber jedem religiösen Dogma und gegenüber jeder etablierten, stereotypen Unterweisung. Er war für seine Behutsamkeit bekannt (*men mitsu*).

WANSHI (*Hung-chih* auf Chinesisch, 1091-1157). Wanshi und sein Bruder Shingetsu († 1151) waren beide Schüler von Tanka († 1119). Chinesischer Soto-Meister, hochangesehen und von Dogen sehr bewundert. Schuf den Ausdruck „*Mokusho*-Zen" (stilles, sitzendes Zen) als Antwort auf den Ausdruck „*Kanna*-Zen" (Koan sprechendes Zen). Stellte das *Shoyo Roku* (die Reden früherer Chan-Meister) zusammen und verfasste das erste *Zazenshin* (später wiederaufgegriffen von Dogen).

WASA. Technik. Im *Budo* benutzter Begriff: eine Art Super-Technik, die von Meister zu Schüler weitergegeben wird. Das *Budo-Wasa* geht auf die historische Epoche der Samurai zurück. Eine Fähigkeit oder Stärke jenseits individueller Kraft.

WATTS, Alan (1915-1973). Geboren in England, gestorben in Frankreich, lebte in Kalifornien. Bekannt für seine populären Schriften über Zen.

YOKA DAISHI *(cf. Gengaku).*

ZAFU. Kissen, auf dem man während Zazen sitzt. Mit Kapok gefüllt. (Buddha und seine Schüler benutzten *Zafu*, die mit getrocknetem Gras gefüllt waren.)

ZAZEN (*Tso-ch'an* auf Chinesisch). *Za* bedeutet sitzen, *Zen* bedeutet das intellektuelle Funktionieren oder „die Philosophie"; mit gekreuzten Beinen auf einem Zafu sitzen, vor der Wand, an einem ruhigen Ort. In Zazen sitzen bedeutet, seinen ganzen Körper und Geist dem gegenwärtigen Augenblick zu geben. Die Übung, *hier und jetzt* zu sein. In völliger Konzentration zu sitzen, ohne Koan, *Kensho*, Singen oder Beten; ohne irgendetwas zu sitzen. Zazen ist nur *Shikantaza*.

ZEN (*Chan* auf Chinesisch, *Dhyana* im Sanskrit). Zweig des Mahayana-Buddhismus. Aus China in Japan während des zwölften Jh.s eingeführt von Meister Eisai und Dogen. Eine Religion, deren Unterweisung und Praxis direkt von Buddha Shakyamuni aus Indien und vom ersten Patriarchen in China, Bodhidharma, kommt. Da es eine meditative Religion ist, wird das Wort „Zen" oft im selben Sinne wie „Zazen" benutzt. Die wesentlichen Schulen sind die des Rinzai- und Soto-Zen. *(cf. Chan.)*

ZUSAN. Nachlässig, grob; wild, rau und unaufmerksam. Von Meister Dogen benutztes Wort, um das Rinzai-Zen zu kennzeichnen. *(cf. das Gegenteil men-mitsu.)*

Übertragungslinie des Zen in China

Bodhidharma ca. 470-532

Eka (Hui-k'o) 487-593

Sosan (Seng-ts'an) ?-606

Doshin (Tao-hsin) 580-651

Konin [Gunin] (Hung-jen) 601-674

Eno (Hui-neng) 638-713.............Jinshu (Shen-hsiu) 605-706

Seigen Gyoshi 660-740/Nanyo Echu 675-775/Kataku Jinne 670-762/Nangaku Ejo 677-744/Yoka Genkaku 655-71
(Ch'ing-yüan Hsing-ssu/Nan-yang Hui-chung/Ho-tse Shen-hui/Nan-yüeh Huai-jang/Yung-chia Hsüan-chüeh)

Sekito Kisen 700-790............ (Shih-t'ou Hsi-ch'ien) | **KATAKU-Schule** | Baso Doitsu 709-788 .... (Ma-tsu Tao-i)

Yakusan Igen 745-828 (Yüeh-shan Wei-yen) | Tenno Dogo 748-807 (T'ien-huang Tao-wu) | Hyakujo Ekai 720-814 (Pai-chang Huai-hai) | Nansen Fugan 748-83 (Nan-ch'üan P'u-yüan)

Ungan Donjo 780-841 (Yün-yen T'an-sheng) | Ryutan Soshin (Lung-t'an Ch'ung-hsin) | Obaku Kiun ?-850 (Huang-po Hsi-yüan) | Joshu Jushin 778 -89? (Chao-chou Ts'ung-sh

Sozan Honjaku... (Ts'ao-shan Pen-chi) 840-901 | Tozan Ryokai 807-869 (Tung-shan Liang-chieh) | Tokusan Senkan 782-865 (Te-shan Hsüan-chien) | Rinzai Gigen ?-868) |**..........................RINZAI-Schule........**

Ungo Doyo ?-902 (Yün-chü Tao-ying) | Seppo Gison 822-908.....Gensha Shibi 835-908 (Hsüeh-feng I-ts'un) (Hsüan-sha Shih-pei)

Doan Dohi | Ummon Bunen 864-949 (Yün-men Wen-yen) | Rakan Keijin 867-928 (Lo-han Kuei-ch'en)

Doan Kanshi

Ryozan Enkan (Liang-shan Yüan-kuan) | **UMMON-Schule** | Hogen Bun'eki 885-958 (Fa-yen Wen-i)

Taiyo Kyogen 943-1027 | **HOGEN-Schule**

?

Toshi Gisei 1032-1083

Fuyo Dokai 1043-1118 (Fu-ying Tao-kai)

Wanshi Shogaku.....Tanka Shijun ?-1119 (Tan-hsia Tzu-ch'un)
(Hung-chih Cheng-chüeh) 1091-1157

Shingetsu Shoryo [Choro Seiryo] 1089-? (Chen-hsieh Ch'ing-liao)

Tendo Sokaku

Setcho Chikan 1105-1192

Tendo Nyojo (T'ien-t'ung Ju-ching) 1163-1228

Dogen Kigen [Eihei Dogen] 1200-1253..........SOTO-Schule...............

Übertragungslinie des Soto-Zen in Japan

Dogen Kigen	1200-1253
Koun Ejo	1198-1280
Tettsu Gikai	1219-1309
Keizan Jokin	1268-1325
Meiho Sotetsu	1277-1350
Shugan Dochin	-1387
Tessan Shikaku	-1376
Kegan Eisho	-1412
Chuzan Ryoun	-1432
Gizan Tonin	-1462
Shogaku Kenryu	-1485
Kinen Horyu	-1506
Teishitsu Chisen	-1536
Kokei Shojun	-1555
Sekiso Juho	-1574
Kaiten Genju	-1632
Shuzan Shunsho	-1647
Chozan Giketsu	1581-1672
Fukushu Koshi	-1664
Myodo Yuton	-1668
Hakuho Genteki	1594-1670
Gesshu Soko	1618-1696
Tokuho Ryoko	1648-1709
Mokushi Soen	1673-1746
Gankyoku Gankei	1683-1767
Kokoku Soryu	
Rosetsu Ryuko	
Ungai Kyozan	
Shoryu Koho	
Shokoku Zenko	
Somon Kodo Sawaki	1880-1965
Mokudo Taisen Deshimaru	1914-1982

Angkor Verlag – Auszug aus unserem Programm.
Vielen Dank für Ihr Interesse!

Yamamoto Tsunetomo: *Hagakure. Der Weg des Samurai.*

Die Bibel der Samurai. Zitiert im Film *GHOST DOG*. Amazon.de-Bestseller. Managementtauglich. Neuauflage von Mai 2000. Teil 2 bei *Piper*. (11 Euro)

Chou Ta-Kuan: *Sitten in Kambodscha. Über das Leben in Angkor im 13. Jahrhundert.*

Wie haben die Khmer damals im sagenhaften Königreich von Angkor und in seinen überragenden Tempeln gelebt? Dieser Augenzeugenbericht eines chinesischen Gesandten gibt als einziger Aufschluss darüber. (6 Euro)

Kosho Uchiyama: *Die Zen-Lehre des heimatlosen Kodo.*

Kosho Uchiyama hat als Schüler und Dharma-Nachfolger von Kodo Sawaki Roshi Aussprüche seines Meisters gesammelt und kommentiert. Tiefe, kernige und zeitlose Weisheiten. (11 Euro)

Dogen Zenji: *Shobogenzo Band 3. Die Schatzkarmmer des Wahren Dharma*

Klassiker der Zen-Literatur aus dem 13. Jahrhundert. Die ersten zwei Bände erschienen im *Theseus-Verlag* und werden bei uns fortgesetzt. (22 Euro)

Suzuki Shosan: *Du wirst sterben! Der Zen-Krieger II.*

Suzuki Shosan war wie der Autor des *Hagakure* zunächst Samurai, bevor er Zen-Mönch wurde. Seine kriegerische Zen-Lehre ist einmalig und stellt die Konfrontation mit dem Tod in den Mittelpunkt. Hervorragende Ergänzung und Vertiefung zu *Samurai-Beat. Der Zen-Krieger(Budoshoshinshu).* (11 Euro)

Wolfgang Walter (Hg.): *Die große Kôan-Sammlung I: Gemischte Kôan, Mumonkan, Hekigan-roku.* (22 Euro)

ders: *Die große Kôan-Sammlung II: Shôyô-roku, Denkô-roku, Echo der Leerheit.* (22 Euro)